Diogenes Taschenbuch 20587

Wahre Morde

Die berühmtesten
Kriminalfälle und -prozesse
aus England,
gesammelt und vorgeführt von
Mary Hottinger,
übersetzt von
Peter Naujack

Diogenes

Die Erstausgabe erschien 1976
im Diogenes Verlag
Umschlagillustration von
Tomi Ungerer

Veröffentlicht als Diogenes Taschenbuch, 1978
Alle Rechte vorbehalten
Copyright © 1976
Diogenes Verlag AG Zürich
Nachweis der einzelnen Beiträge
am Schluß des Bandes
40/91/29/7
ISBN 3 257 20587 2

»In der ganzen Geschichte des Menschen ist kein Kapitel unterrichtender für Herz und Geist als die Annalen seiner Verirrung.«

Friedrich Schiller

»Kriminalgeschichten muß man lesen, um zu erkennen, was, in moralischer Hinsicht, der Mensch eigentlich ist.«

Arthur Schopenhauer

»Denn jeder tötet, was er liebt...«

Oscar Wilde

Inhalt

Vorwort

Im englischen Strafrecht gibt es eine ausgeprägte Tendenz, das Studium des Verbrechens von seiner früheren Basis der gesellschaftlichen Bezüge und des Moralbegriffs zu lösen und mehr auf die Seite der wissenschaftlichen Untersuchung und der Psychologie zu verlagern. Die alten Zeiten, da man die Schuld den Eltern, der Erziehung, dem Umgang mit anderen zuschob, sind vorbei, und die Wissenschaft hat zu einer objektiveren Sicht der Dinge geführt. Früher mußte sogar die Schule die Schuld für ein Verbrechen einstecken, das von jemandem aus ihren Kreisen begangen worden war. Ein Geistlicher pflegte in die Zelle des zum Tode Verurteilten zu treten und mit erhobenem Zeigefinger sein Urteil zu sprechen: »Du mußt deine verdiente Strafe auf dich nehmen. Der Herr ist mit dir. Und Beten hilft immer«, nur um von dem Gefangenen unterbrochen zu werden: »Der Herr – wer is das? Nie gesehn. Was is Beten? Kenn ich nich.«

Dieser Richtungswechsel ist noch beschleunigt worden von dem ungemeinen Interesse an der Zukunft, die uns das dritte Jahrtausend bringen wird, wenn wir nicht erwachsen genug sind, sie zu verhüten.

Einer der unermüdlichsten Gefängnisbesucher war Charles Dickens, der eine Unterredung mit einem zum Tode Verurteilten verlangte, sobald er ein Gefängnis betrat. Er redete nicht über Gott, sondern sammelte Augenblicke mit Charakterstudien, um sie in seinen Büchern zu verarbeiten. Er liebte die Sprache und schloß aus ihr auf Charakter und Persönlichkeit seiner Gesprächspartner. Kleine Leute waren Unschuldslämmer. Stämmige und sehr großgewachsene Gestalten waren meistens Schurken.

Diese neue Einstellung zum Verbrechen ist jedoch nicht ohne Präzedenzfall. Thomas de Quincey, ein sehr fruchtbarer Schriftsteller aus der ersten Hälfte des 19. Jahrhunderts, gehörte zu ihren Wegbereitern. Sein bekanntestes Werk, die *Bekenntnisse eines englischen Opiumessers*, ist eine subtile autobiographische Studie. Er verfaßte aber auch eine Studie über den Mord, wobei ihm die Ermordung eines Dienstmädchens zu Hilfe kam. Dreißig Jahre später fand dieses Geschehen reflektiert seinen Niederschlag in dem Vortrag: *Der Mord als eine schöne Kunst betrachtet*. Der Titel ist gut, und de Quincey bringt sein Anliegen mit einem sardonischen Lächeln vor. In seiner besten Form war Thomas de Quincey ein wunderbarer Schriftsteller, und seine Prosa hat eine poetische Qualität. Mit seinem Essay *Der Mord als eine schöne Kunst betrachtet* hat er den Mord vermutlich literaturfähig gemacht. »Wir fangen langsam an zu erkennen«, schrieb er, »daß zur künstlerischen Abrundung einer Mordtat doch etwas mehr gehört als ein Messer, eine Brieftasche, eine dunkle Seitenstraße und zwei Idioten, einer, der tötet, und einer, der getötet wird. Formgebung, meine Herren, Sinn für Gruppierung, für Verteilung von Licht und Schatten, das Poetische, die Empfindungsstärke – das sind heute die unerläßlichen Voraussetzungen für ein solches Talent.«

In Amerika schrieb Edgar Allan Poe zwei Essays über den Mord. Der erste, *Das Geheimnis der Marie Rogêt*, ist die auf Zeitungsberichten aufgebaute Untersuchung eines mysteriösen Mordes, die sich viele Jahre später als richtig erwies. Edgar Allan Poes Verstand muß aus mathematischen Zellen bestanden haben. Die zweite Mordgeschichte ist die Untersuchung eines Doppelmordes in einer Straße in Paris. Interessant daran ist, daß der Detektiv und sein Freund etliche Jahrzehnte später Conan Doyle als Vorbild für seinen Helden Sherlock Holmes und dessen Adlatus Dr. Watson dienten.

In seinem Buch *Bloody Murder*, erschienen im Jahre 1972, gibt Julian Symons eine bewundernswert klare und inhaltsreiche Übersicht der verschiedenen Typen der Mord- und Detektivgeschichte. Seine eigenen Mordgeschichten reichen von Edgar Allan Poe und früheren Schriftstellern bis in unsere Zeit. Was er jedoch kaum anschneidet, ist die gegenwärtige Stellung des Mordes in der Literatur.

Doch die wirkliche Geschichte dieses Genres ist viel älter, als wir es uns allgemein vorstellen. Da ist zum Beispiel der erste überlieferte Mord: »Kain tötete Abel«, berichtet Kapitel 4, Vers 8 der Genesis. Die Genesis wirft aber auch ein Auge auf die übrige Vorgeschichte, und eine Bemerkung ist hochinteressant: »Es gab auch Riesen auf Erden zu jener Zeit« (Kapitel 6, Vers 4). Aber im Alten Testament finden wir große Morde, und im Neuen Testament wird über die Ermordung Christi berichtet; denn für eine Kreuzigung hatten die Juden keine gesetzliche Grundlage – es gab sie nicht in ihrer Rechtsprechung –, und deshalb mußten die Römer diesen Henkersdienst für sie übernehmen. Interessanterweise gab es aber auch bei den Römern keine gesetzliche Grundlage für diese Kreuzigung, denn Christus hatte sich keines Verbrechens gegen die Römer schuldig gemacht. Pilatus ließ sich lediglich durch das Drängen und die Volksaufwiegelei der Hohepriester zu dieser Kreuzigung bewegen. Möglicherweise ist dies der erste schriftlich überlieferte Justizmord, vollstreckt aus Willfährigkeit und Angst vor dem Volkszorn, dem sogenannten ›gesunden Volksempfinden‹, das in unserem 20. Jahrhundert so oft mißbräuchlich angerufen und verhängnisvoll ausgenutzt worden ist.

Etwas hat mich immer wieder verwundert: wo bleibt der poetische Mord? Ich meine die Poesie im Gegensatz zur Prosa mit dem Mord als dichterischem Gegenstand?

Mittelalterliche Morde scheinen etwas Possenhaftes an sich zu haben. Doch das ist reine Ignoranz. Bei Shakespeare wurde der Mord zu einer alles entscheidenden Frage. In *Macbeth* gibt es eine Szene, die weit über allen anderen steht. Macbeth wägt trüben Sinnes die Chancen eines Erfolges in der bevorstehenden Schlacht gegen Malcolm und die Engländer ab, als ihm die Nachricht vom Selbstmord der Lady Macbeth überbracht wird:

»Sie hätte später sterben können;
Es hätt' die Zeit sich für ein solches Wort gefunden. –

Morgen, und morgen, und dann wieder morgen,
Kriecht so mit kleinem Schritt von Tag zu Tag,
Zur letzten Silb auf unserm Lebensblatt;
Und alle unsre Gestern führten Narrn
Den Pfad des stäub'gen Tods. –«
(Akt V, Szene V)

Im großen und ganzen jedoch ist der Mord heute weniger grausam, als er früher war. Der grausame Mord hat an Beliebtheit verloren. Zwar findet das Publikum im allgemeinen jeden Mord faszinierend, aber ein ›blutiger‹ Mord ist nicht so faszinierend – gewünscht wird ein netter, sauberer Mord in passender Umgebung.

Bis ins frühe 19. Jahrhundert wurden Mordfälle auf sogenannten *broadsides* berichtet, einseitig bedruckten Papierbögen, die etwa unseren heutigen Plakaten oder Posters entsprachen. Aber die *broadsides* brachten nicht die Einzelheiten, die von den Lesern gewünscht wurden. Ein Beispiel: in meiner Kindheit las ich auf so einem *broadside*: »Maria B. wurde ermordet im Roten Schuppen gefunden.« Doch die Fragen, die sich in mir regten, erhielten keine Antwort. Wer war diese Maria? Warum mußte sie ermordet werden? Und warum ausgerechnet in jenem »Roten Schuppen«?

Die Vielfalt der menschlichen Charaktere und Mordmotive, die all diesen Fragen zugrunde liegt, kommt in der vorliegenden Sammlung wahrer Kriminalfälle und Prozeßberichte zum Ausdruck. Sie versucht eine Antwort auf die Frage nach den Triebfedern des Mordes zu geben, die wiederum unweigerlich in der jeweiligen Persönlichkeit des Mörders – und manchmal seines Opfers – begründet ist.

Mary Hottinger

F. Tennyson Jesse

Triumph der Nerven: Madeleine Smith

I.

Der Prozeß gegen Madeleine Smith wegen der Ermordung ihres Liebhabers Pierre Emile L'Angelier durch Verabreichung von Arsenik endete am Donnerstag, dem 9. Juli 1857, mit dem Richterspruch »Schuldbeweis nicht erbracht«, und sie verließ den High Court of Justiciary in Edinburgh durch einen Nebenausgang als freier Mensch.

Erst einundzwanzig Jahre alt, gut gewachsen und von einer strahlenden, herben und zugleich herausfordernden Schönheit, die nicht im geringsten von einem Erleben gezeichnet war, das sie gut hätte vernichten können, verschwand sie wieder im Dunkel der Anonymität, aus dem sie vorübergehend in den Brennpunkt des allgemeinen Interesses getreten war. Denn trotz des grellen Lichtes, in das man sie und ihr Tun gerückt hatte, trotz der Art und Weise, in der man ihre Vergangenheit öffentlich ausgebreitet und aufs genaueste untersucht hatte, blieb ihr Wesen damals und bis zum heutigen Tage ein Rätsel. Kein unbedachtes Wort kam je über ihre Lippen, und der Mund von L'Angelier war für immer versiegelt, als die Namen der beiden zum Anlaß erhitzter Debatten in ganz Großbritannien wurden. Von Zeit zu Zeit hob sich noch kurz der Vorhang über ihrem späteren Leben. Man weiß, daß sie vier Jahre nach dem Prozeß einen jungen Künstler in London heiratete, daß sie sich für gesellschaftliche Probleme ihrer Zeit interessierte und Sozialistin wurde. Man hat auch berichtet, daß sie schließlich in die Vereinigten Staaten von Amerika auswanderte; aber ihr

Leben nach dem Prozeß gehörte ihr allein. Es sind jene Monate zwischen April 1855 und Juni 1857, die ein Rätsel aufgeben, das nie seine Faszination verloren hat.

II.

Im April 1855 wohnten die Smiths, eine hochgeachtete und außerordentlich auf gesellschaftliche Konventionen bedachte Familie, in der India Street in Glasgow. Sie besaßen ein Landhaus, genannt Rowaleyn, in Row (oder Rhu) am Fluß Clyde, wo sie die Sommermonate verbrachten. Mr. Smith war ein erfolgreicher Architekt, ein Mann mit Ansehen und einigem Vermögen, der Wert auf ›standesgemäßes Auftreten‹ legte. Madeleine, das älteste Kind der Familie, besaß Schönheit, Energie und einen abenteuerlustigen Geist. Sie war ein tüchtiges Mädchen, und als sie aus ihrem vornehmen englischen Internat nach Hause kam, nahm sie ihrer Mutter die Sorgen der Haushaltsführung weitgehend ab. Von einem solchen Mädchen durfte man erwarten, daß es eine gute Heirat machte; und Pierre Emile L'Angelier, ein auf Jersey geborener Brite und Angestellter bei Huggins & Company in Glasgow für 10 Shilling die Woche, lag so aussichtslos im Rennen um Madeleine, daß selbst ein Vorgestelltwerden nicht im Bereich des Möglichen zu liegen schien. Dennoch hatte der Anblick von Madeleine ihn so entflammt, daß er beschloß, sie kennenzulernen; und er erreichte auch, daß ein gemeinsamer Bekannter, ein junger Mann namens Robert Baird, ihn Madeleine in der Sauchiehall Street vorstellte. Madeleines zwei Jahre jüngere Schwester Bessie war bei dieser ersten Begegnung dabei, und Bessie war es auch, der L'Angelier sein erstes Briefchen für Madeleine anvertraute. Die solchermaßen heimlich begonnene Bekanntschaft wurde heimlich fortgesetzt, jedoch bald von Madeleines Vater entdeckt. Mr. Smith verbot jede weitere Korrespondenz und jede weitere Zusammenkunft, und Madeleine schrieb L'Angelier, daß es besser wäre, alles zwischen ihnen als beendet anzusehen.

L'Angelier jedoch wollte sein Mädchen so leicht nicht gehen lassen. Er war entschlossen, sie zu heiraten, und zwar nicht als die mittellose, verstoßene Tochter eines zornigen Vaters, sondern als die Braut eines akzeptierten und willkommen geheißenen Schwiegersohnes. Eine Freundin von ihm, eine sentimentale ältliche Jungfer namens Mary Perry, war bereits die Vertraute des Pärchens; sie überbrachte Briefe und Botschaften, und die Liebenden pflegten sich in ihrem Hause zu treffen. Zur gleichen Zeit, da Madeleine an L'Angelier schrieb und ihm Lebewohl wünschte, schrieb sie auch an Mary Perry und erklärte ihr die Notwendigkeit ihres Handelns. Aber die sentimentale Miss Perry stellte sich ganz auf L'Angeliers Seite, und die Zusammenkünfte und der Briefwechsel begannen von neuem. Madeleine pflegte L'Angelier in das Haus in der India Street zu lassen, nachdem die übrige Familie zu Bett gegangen war, und im Frühling 1856 traf er sich mit ihr nach Einbruch der Dunkelheit bei ihrem Landhaus Rowaleyn, und sie war seine Geliebte geworden.

Im Winter des gleichen Jahres zog die Familie von der India Street in Glasgow an den Blythswood Square Nr. 7, und auch in diesem Haus empfing Madeleine ihren Pierre Emile nach Einbruch der Dunkelheit. Doch das lodernde Feuer ihrer Leidenschaft war kurzlebig und schon fast heruntergebrannt. Sie war seiner überdrüssig geworden, und ein akzeptablerer Freier, wenn auch ein wesentlich älterer, ein Mr. William Minnoch, begann sie zu umwerben; er war ein guter Bekannter von Mr. Smith und wohnte im Nebenhaus am Blythswood Square. Madeleine brach erneut alle Verbindungen mit L'Angelier ab und bat ihn, ihre Briefe zurückzugeben. Er weigerte sich jedoch und drohte, die Briefe ihrem Vater zu zeigen, wenn sie nicht weiter bei ihm bliebe. Madeleine bat ihn um Erbarmen, doch er erpreßte sie mitleidslos. Daraufhin schenkte sie ihm scheinbar wieder ihre Gunst und schrieb ihm so leidenschaftliche Briefe wie zuvor, in denen sie ihn aufforderte, sich mit ihr zu treffen.

Einmal im Februar und zweimal im März 1857 wurde L'Angelier sehr krank, mit Leibschmerzen und Erbrechen, und der dritte Anfall dieser Erkrankung endete mit dem Tode. Er starb in seinem Zimmer am Vormittag des 23. März, nachdem er in den frühen Morgenstunden in sehr elendem Zustand und mit heftigen Schmerzen nach Hause gekommen war. Dieser plötzliche Tod kam seinen Arbeitgebern und Freunden sehr eigenartig vor, und eine Leichenöffnung wurde angeordnet, deren Ergebnis keinen Zweifel daran ließ, daß er an einer Überdosis Arsenik gestorben war, wovon allein in seinem Magen zweiundachtzig Gran gefunden wurden. Madeleines Briefe tauchten in seinem Zimmer und an seinem Arbeitsplatz in der Firma auf; das Ergebnis war unvermeidlich – sie wurde verhaftet und kam unter der Anklage vor Gericht, L'Angelier bei drei Gelegenheiten Gift verabreicht zu haben, das dritte Mal mit tödlichem Ausgang.

Ganz Großbritannien verfolgte mit großer Anteilnahme den neun Tage dauernden Prozeß, und es gab drei Standpunkte dazu, die von drei verschiedenen Parteien vertreten wurden. Es gab überzeugte Pro-Madeleinisten, die dafür eintraten, daß sie unschuldig war und L'Angelier Selbstmord begangen hatte; genauso überzeugte Anti-Madeleinisten, die Mord als erwiesen ansahen und für sie als Täterin die gerechte Strafe forderten; und eine dritte Richtung – in der sich wahrscheinlich die meisten wiederfinden, die seitdem diesen Fall studiert haben –, die erklärt, daß »sie es wahrscheinlich getan, er es aber auf jeden Fall verdient hat«. Ganz gewiß aber fehlte der absolut schlüssige, letzte Beweis für ihre Schuld. Dieser Beweis wird jetzt hinterher auch nie mehr erbracht werden können, und deshalb wird das Rätsel für immer ungelöst bleiben müssen; doch seine große Faszination bleibt bestehen, und indem man nicht nur alle im Prozeß vorgebrachten Fakten, sondern auch die als Beweismaterial vor Gericht nicht zugelassenen Dokumente prüft und abwägt sowie Madeleines Briefe sorgfältig studiert, kann man vielleicht ein wenig die verschiedenen beteiligten Menschen und die Umstände, unter denen sie lebten, kennen-

und verstehen lernen, so daß vor unserem inneren Auge ein lebendiges Bild dieses tragischen menschlichen Dramas entsteht.

III.

Wie in Schottland noch bis zum heutigen Tage meist – und in der damaligen Zeit absolut – üblich, war Mr. Smith das unbestrittene Familienoberhaupt. ›Papa‹, wie Madeleine ihn nennt, erscheint in ihren Briefen als das Urbild des ehrfurchtgebietenden und gestrengen viktorianischen Vaters; selbst Madeleine, deren Mut und Entschlossenheit unbestritten ist, fürchtete seinen Zorn. ›Mama‹ dagegen, mehr eine schattenhafte Randfigur, zeigt sich als echter Typ einer viktorianischen Mutter – sanftmütig im Vergleich zu ›Papa‹, aber unbeirrbar in ihrer Unterwerfung unter seinen Willen. Beide flüchteten sich in Krankheit, als die Katastrophe über das Haus am Blythswood Square hereinbrach, und keiner von ihnen saß während der Verhandlung im Gerichtssaal, um mit einem Blick oder einem Lächeln die Tochter zu ermutigen, die sie so sehr entehrt hatte.

Madeleine war also das älteste Kind. Gleich nach ihr kamen ihre Schwester Bessie, dann ihr Bruder Jack und in größerem Abstand zwei sehr viel jüngere Geschwister, James und Janet. Aus Madeleines Briefen kann man einen Eindruck gewinnen, wie diese Brüder und Schwestern waren, oder besser, was Madeleine von ihnen hielt.

Madeleine und Bessie waren keine guten Freundinnen, und es hat den Anschein, daß das jüngere Mädchen Madeleine um ihre stärkere Persönlichkeit beneidete. Die Schwestern lernten Emile L'Angelier zur gleichen Zeit kennen, und in ihrem ersten Brief an den jungen Mann schreibt Madeleine: »Bessie hat mich gebeten, Sie von ihr zu grüßen.« Doch in ihrem nächsten Brief lesen wir: »Wir werden morgen, am Mittwoch, in der Stadt sein. Bessie sagt, ich sollte es Sie nicht wissen lassen, aber ich muß Ihnen sagen, warum.

Ein Bekannter war so *reizend*, Papa zu erzählen, daß er Sie öfters mit uns spazierengehen gesehen hätte. Papa war sehr ärgerlich darüber, daß ich mit einem Herrn spazierengehe, der ihm nicht vorgestellt worden ist. Bessie schlägt sich auf Papas Seite und macht mich für die ganze Angelegenheit verantwortlich. Sie weiß nicht, daß ich dies an Sie schreibe, also erwähnen Sie es nicht. Wir werden am Mittwoch gegen Viertel nach zwölf an unserem alten Treffpunkt vorbeikommen; wenn Sie also in Mr. McCalls Wohnung sein könnten – und uns aus Mrs. Ramseys Laden kommen sehen –, gehen Sie uns nach – sagen Sie, Sie seien erstaunt, uns in der Stadt zu sehen, ohne es Sie wissen zu lassen – und wir werden sehen, wie Bessie reagiert. Sie sagt, sie würde Ihnen nicht schreiben.« Vielleicht war Bessie es einfach satt, immer die zweite Geige bei Madeleine zu spielen, die anscheinend die meisten jungen Männer, denen sie begegneten, einfing. Als Madeleine später von ihrer geplanten Heirat an L'Angelier schrieb, bemerkte sie: »Viele werden uns beneiden – B. aber ganz bestimmt.« Als Bessie eine neue rosa Haube bekam, wählte Madeleine eine rehbraune, weil sie wußte, daß Emile rosa für vulgär hielt. In einem ihrer leidenschaftlichen Liebesbriefe aus der Zeit, da sie eine Heirat mit ihm noch für möglich hielt, schreibt sie: »Bessie hat eine Einladung auf Edinburgh Castle für die nächste Woche. Da der Major weiß, daß ich nicht mitkommen würde, hat er mich gar nicht erst eingeladen. Ich glaube nicht, daß sie gehen wird. Papa wird sie nicht allein gehen lassen, und da ich nicht gehe, wird sie wohl zu Hause bleiben müssen – was auch viel besser für sie ist, meinst Du nicht auch?« Ob Bessie derselben Meinung war, steht natürlich auf einem anderen Blatt.

Jack erscheint zuerst als recht guter Freund von Madeleine. »Am Sonntag war ich in der Kirche, und am Nachmittag haben Jack und ich einen Spaziergang von vier Meilen gemacht. Wenn ich aber mit einem Bruder vier Meilen weit laufen kann, könnte ich mit meinem herzallerliebsten Mann acht Meilen weit laufen, ohne müde zu werden.« Einmal ist sogar die Rede davon, daß sie Jack ins Vertrauen ziehen und um Hilfe bitten will. »Ich werde versuchen, am Sonntag mit Jack zu reden«, schreibt sie, und L'Angelier drängt sie: »Ja, sprich mit Deinem Bruder! Öffne ihm Dein Herz und versuche, seine Freundschaft zu gewinnen! Sage ihm, wenn er Dich liebt, muß er sich auf Deine Seite stellen!« Doch nirgendwo findet sich eine Andeutung, daß Madeleine ihren Bruder ins Vertrauen zog, und bei ihrer Verschwiegenheit ist das auch sehr unwahrscheinlich. Es dauert auch nicht lange, und sie schreibt recht kühl über ihn an ihren Liebhaber: »Jack ist auch nicht annähernd mehr so nett wie früher«, klagt sie, und: ». . . in letzter Zeit hat Jack einen ziemlich unverschämten Blick. Es wird auch nicht besser mit ihm, und James ist weiter nichts als ein nichtsnutziger kleiner Bursche, der mit schlimmen Ausdrücken um sich zu werfen beginnt und dabei große Fortschritte macht.« Aber trotz dieser – vielleicht nur eingebildeten – Veränderung von Jack zum Negativen hin war er der einzige der ganzen Familie, der sie nach ihrem Freispruch abholte und zum Landhaus Rowaleyn der Smiths begleitete, wo die restlichen Angehörigen sie mit steinernen Gesichtern erwarteten.

Was Janet betrifft, so empfand ihre Schwester, mit der sie das Zimmer teilte, das kleine Mädchen häufig als große Plage. »Ich habe Dich so bedauert, mein Liebster, wie Du gestern da draußen in der Kälte stehen mußtest«, schreibt Madeleine, »aber ich konnte Janet, dieses dumme kleine Ding, nicht zum Einschlafen bringen.« Und ein andermal: »Janet ist ein gutes Mädchen, aber nicht besonders liebevoll.« Nun, Madeleine war dagegen ohne Zweifel sehr liebevoll. Leute, die sie liebte oder gern mochte, schienen ihr in jeder Hinsicht vollkommen, zumindest eine kurze Zeit lang. Einen Freund oder eine Freundin von L'Angelier hielt sie für die Vollkommenheit in Person. Von einer Bekannten L'Angeliers schreibt sie: »Mir gefällt Miss Williams Brief sehr. Ich glaube, sie ist sehr nett, und ich mag sie schon gern, ehe ich sie überhaupt gesehen habe.« Und von Miss Perry, von der man später noch so viel zu hören bekommen sollte, schreibt Madeleine: »Es tut mir leid, daß ich so etwas über Mary gesagt habe. Das war nicht nett von mir. Sie ist Deine liebe und gute Freundin. Es war sehr häßlich von mir, aber ich war ärgerlich. Sie hatte gesagt, sie wollte mir nicht schreiben. . . . Mein einzig Geliebter, sage kein Wort zu ihr, daß ich mich unfreundlich über sie geäußert habe. Nein, Liebster, erzähle ihr nichts davon. Sie ist Deine Freundin, und das genügt. Eines Tages, schon bald, wird sie auch meine Freundin sein.« Alle Neigungen und Abneigungen von Madeleine waren offenbar Schwankungen unterworfen. In einem Ausbruch von Offenheit erklärt sie Emile: »Ich bin zu dem Schluß gekommen, daß Du mich nicht kennst. Wenn Du länger mit mir zusammen wärest, würdest Du mich besser kennen – nur denen gegenüber, die ich liebe, bin ich scheinbar gleichgültig – selbst gegenüber meinem Hund, den ich liebe – manchmal hasse ich ihn, ohne jeden Grund – es ist nur eine Voreingenommenheit, gegen die ich nichts machen kann. Bei Fremden ist das anders.«

IV.

Madeleine überschüttete L'Angelier förmlich mit Briefen; und ausgerechnet aus einigen jener Briefe, in denen sie sich am meisten verstellt, erhalten wir die wahrsten Einblicke in ihr wirkliches Wesen. Denn das Merkwürdige an Madeleine Smith ist, daß dieses Mädchen trotz aller Zweifel, die für immer einige ihrer Handlungen verhüllen werden, in einer Klarheit vor uns steht, die so gut wie keine Ungewißheit über ihre Persönlichkeit aufkommen läßt. Madeleine besaß eine starke Vitalität. Eine moderne Erziehung hätte ihr zweifellos vieles erspart. Sport, eine berufliche Karriere oder beides hätten diesen ruhelosen Geist und Körper vollauf beschäftigt. Ihre enorme Willenskraft, nicht lediglich von Pläneschmieden und Heimlichtuerei in Anspruch genommen, hätte sie weit bringen können. Selbst als alles vorüber war und sie ihr Leben zwar zurückgewonnen hatte, aber nur

Schmach und Schande auf sie warteten, ließ ihre Seelenstärke sie nicht im Stich. Abgestumpft von den Ereignissen, hätten die meisten Frauen an ihrer Stelle sich die größte Mühe gegeben, sich wieder den Vergnügungen des Lebens zuzuwenden. Nicht so Madeleine. Sie nahm ihren unbeugsamen Geist, ihren scharfen Verstand in den Schoß jener Familie mit zurück, von der jedes Mitglied gewünscht haben muß, sie wäre nie geboren worden. Selbst ihre Schönheit hatte nicht gelitten. Sie besaß eine helle, rosige Haut, dunkle Augen und wie poliertes Ebenholz schimmerndes Haar, das, von den Schläfen zurückgekämmt, ihr Gesicht umrahmte. So sah sie das gaffende Publikum im Gerichtssaal, auf dem Hinterkopf eine kleine, modisch gefaltete Haube, die jenes klare Profil krönte, das in seinen herausfordernden Konturen ein wenig an einen Adler erinnerte.

Madeleine Smith war vor ihrer Zeit geboren worden. Sie war einer tiefen physischen Leidenschaft fähig, die zum Hauptinhalt ihres Wesens gehörte; und eine solche Leidenschaft hatte es zu der damaligen Zeit bei einer ›anständigen‹ Frau einfach nicht zu geben. Heutzutage hätte Madeleine verschiedene Ventile für ihr ungestümes Temperament gehabt. Sie hätte Geschäftsfrau werden, zum Theater gehen oder in einer Junggesellenwohnung leben und Liebesaffären haben können, ohne daß deswegen die Welt untergegangen wäre. Zu ihrer Zeit aber war keine dieser Lösungen erreichbar. In jenen Tagen gab es für sie nichts anderes, als sich zu verloben – eine sehr zahme Angelegenheit für einen Charakter wie sie, es sei denn, man könnte sie mit einem Kranz eigenartiger Umstände verbrämen, die sie interessant machte. Diese Begleitumstände fand sie bei L'Angelier, für den sie zweifellos eine Zeitlang eine rein sinnliche Leidenschaft empfand, von allen Formen der Liebe diejenige, die einer heftigen Reaktion am meisten ausgesetzt ist. Sehnsucht, Erfüllung, Überdruß und Ekel – das waren die vier Stadien, die Madeleine durchlief, und das letzte Stadium war von Anfang an vorgezeichnet.

V.

Sie begegnete L'Angelier zum erstenmal im April 1855, und was in dieser Affäre auch an Liebe gesteckt haben mochte, sie dauerte nicht länger als bis zum Herbst 1856, auch wenn äußerliche Anzeichen davon noch bis Ende Januar 1857 in ihren Briefen zu finden sind, von welchem Zeitpunkt an selbst vorgetäuschte Hingabe merklich schwindet. Seit einiger Zeit schon hatte sie einen anderen Mann ermutigt, der sich um sie bemühte und den sie akzeptierte. Madeleine war in einem vornehmen Internat in Clapton bei London erzogen worden. Sie liebte Musik, las gern, tanzte gern, vergnügte sich gern und genoß das Gefühl, bewußt die Macht der Ausstrahlung ihrer Persönlichkeit einzusetzen. Ein solches Geschöpf in der respektablen Solidität eines Glasgower Hauses einzupferchen, wo das gesellschaftliche Leben aus einer Runde von Anstandsbesuchen mit Mutter und Schwester bestand und aus Abendessen bei Geschäftspartnern ihres Vaters, mußte eine Katastrophe heraufbeschwören. Für Bessie oder Janet mochte dieses Leben genügen, für eine Madeleine jedoch war es verhängnisvoll.

Ihr Wesen verlangte nach Abenteuern. In den beiden Weltkriegen wäre sie ein bewundernswertes Mitglied der menschlichen Gesellschaft gewesen. Sie hätte einen Krankenwagen gesteuert, sentimentale kleine Affären mit verwundeten Offizieren gehabt und wäre durch und durch tüchtig, zuverlässig und vollauf beschäftigt gewesen. Als Italienerin im Mittelalter wäre sie vielleicht eine erfolgreiche Intrigantin gewesen, hätte Leute, die ihren Ambitionen im Wege standen, beseitigt und jene, die sie verführen wollte, ohne jeden Verlust gesellschaftlichen Ansehens verführt. Nach Lage der Dinge aber war sie in jene Periode der Weltgeschichte hineingeboren worden, die für ein Wesen wie sie am allerwenigsten Hoffnung ließ. Stärke, Entschlußkraft, Leidenschaft und Rücksichtslosigkeit waren eine schlechte Grundlage für die viktorianische Sentimentalität, die ihr ebenfalls in reichem Maße zuteil geworden war und der sie in jener Zeit, in der sie lebte, kaum entrinnen konnte. Sie war ihr einziges Ventil, und sie schöpfte sie voll aus. L'Angelier erschien ihr als eine sehr romantische Gestalt; er war praktisch ein Ausländer, er war arm und sah blendend aus und verfügte vor allem über eine glänzende Unterhaltungsgabe. Er hatte sie von weitem angebetet und einen beiderseitigen Bekannten gebeten, ihn ihr vorzustellen. Das war für jede Frau ein guter Anfang, und bei L'Angelier kam zu dem unwiderstehlichen Reiz seiner Gefühle für sie noch ein persönlicher Charme hinzu, der für sie völlig neu war. Anstelle der nördlichen Zurückhaltung und Selbstbeherrschung, der strengen Männlichkeit, die sie gewohnt war, besaß er ein lebhaftes und gefälliges Wesen, war zierlich gebaut und hatte ein hübsches Gesicht, lockiges Haar und zarte, weiße Hände mit einem buchstäblichen Fingerspitzengefühl für die Kunst der Liebe. Aber wie bei Madeleine selbst verbarg diese weiche Schale, schön anzusehen für das Auge, die erbarmungslose Kraft eines harten Kerns. Pierre Emile L'Angelier hatte nicht die geringste Lust, sich mit der verstoßenen Tochter eines reichen Mannes zu belasten. Es hat den Anschein, daß Madeleine auf dem Höhepunkt ihrer Liebe absolut bereit war, Armut mit einem Lächeln in Kauf zu nehmen, doch L'Angelier leistete stets Widerstand. Der elterliche Segen war für seine ehrgeizige Natur unabdingbar.

Er war zehn Jahre älter als Madeleine und hatte, bevor sie ihn kennenlernte und nach einer Zeit als Angestellter der Samenhandlung Dickson & Co., eine Zeitlang in Paris gewohnt und als Angehöriger der Nationalgarde die Aufregungen der Revolution von 1848 miterlebt – ein weiterer romantischer Zug an ihm, der ihr gefiel. Er pflegte mit seinen Erfolgen bei Frauen zu prahlen und fast im selben Augenblick damit zu drohen, sich eine Kugel durch den Kopf zu jagen, und wie die meisten lasterhaften Menschen hegte er eine fast dünkelhafte Einstellung zu anderen, insbesondere zu Frauen, mit denen er sich gerade in sittlichen Ausschweifungen abgab.

Und hier, in eben dieser Dünkelhaftigkeit, finden wir bei

ihm jenen Charakterzug, der vor allen anderen Madeleine gefesselt zu haben schien. Wie viele leidenschaftliche Mädchen, die noch nicht genügend Kenntnisse der menschlichen Natur erworben haben, um selbst im Gleichgewicht bleiben zu können, war Madeleine eine unbewußte Masochistin. Sie sah sich selbst als Sklavin von L'Angelier. Dafür legen ihre Briefe ein unbestreitbares Zeugnis ab. Dieser selbstsüchtige kleine Abélard in der Rolle des Schulmeisters, diese sinnenfreudige Héloise, zur Unterwerfung unter seine Führung entschlossen, spielten ein Spiel, von dem er mit seiner größeren Erfahrung gewußt haben mußte, daß es sie zum Abscheu vor sich selbst führen würde, dessen Verlockungen sie jedoch nicht widerstehen konnte.

In ihrem ersten Brief an L'Angelier schreibt Madeleine: »Ich versuche, mich von allen meinen *sehr* schlechten Gewohnheiten loszureißen. Allein Ihnen habe ich dies zu danken, und ich tue das aus ganzem Herzen.« Es gibt viele Passagen in ihren Briefen, die dieselbe Geschichte erzählen: »Wenn ich je wieder schlechte Laune oder Gereiztheit zeigen sollte – und ich hoffe zu Gott, daß dies nicht der Fall sein möge –, machen Sie sich nichts daraus. ... Ich darf Sie nie und in keiner Weise ärgern oder erzürnen.« – »Ich glaube oft, daß Sie mich für sehr, sehr dumm halten müssen. Sicherlich sind Sie von mir enttäuscht. Ich wüßte zu gern, ob Sie mich ein ganz klein wenig mögen.« – »Wie sehr habe ich mich die ganze Woche gescholten, daß ich Dir so unfreundliche Briefe geschrieben habe! Bitte, liebster Emile, vergib mir dafür. ... Wie sehr ich mich auf unsere glückliche Ehe freue! Ich kann nicht anders als glücklich sein. Wir werden einander so sehr lieben, und glaub mir, es wird alles anders werden. Ich werde bei Dir sein, und wenn ich etwas falsch mache und Du mir Einhalt gebietest, werde ich es bestimmt nie, nie wieder tun! Ich werde genau so sein, wie Du mich nur wünschen kannst. Du wirst mich lieben, und ich werde Dir gehorchen.« – »Ich werde Dir nie wieder Grund geben, unglücklich zu sein. Ich war kalt und lieblos, aber das wird nie wieder vorkommen. Nein, ich bin jetzt eine Ehefrau – eine Ehefrau in jedem Sinne des Wortes, und es ist meine Pflicht, mich wie eine solche zu verhalten. Ja, ich werde mich jetzt mehr nach Deinen Erwartungen richten.« – »Ich liebe Dich herzlich und aufrichtig. Du wirst mich, Deine Frau, nicht verlassen, schutzlos, führungslos, ohne einen Freund, ohne jemanden, der mich liebt, der für mich sorgt und der mir meine Fehler sagt.« – »Ja, Emile, ich werde alle Versprechen halten, die ich Dir gegeben habe. Ich werde Dich lieben und Dir gehorchen, denn das ist meine Pflicht als Deine Frau. Ich werde alles tun, was Du von mir verlangst.« Und in einem Brief an Mary Perry, die sentimentale Vermittlerin zwischen dem Paar, verrät sie die Art ihrer Beziehung zu L'Angelier mit dem Satz: »Bis jetzt, fürchte ich, habe ich wenig getan, um ihm zu gefallen; aber er hat mir alle meine Fehler verziehen.«

L'Angelier spielte ausgezeichnet die ihm zugewiesene Rolle als Herr und Meister. Einem Freund gegenüber brüstete er sich: »Ich werde Madeleine verbieten, so etwas zu tun.« Und in der Anfangszeit ihrer Beziehung, als sie den ersten Versuch machte, sich von ihm zu lösen, schrieb er: »Madeleine, Du hast wahrhaftig schlecht gehandelt. . . . Ich überlasse es Deinem Gewissen, Dich dafür zur Rechenschaft zu ziehen.« Aber seine glänzendste Leistung hob er sich auf, bis er seine erste körperliche Vereinigung mit ihr erreicht hatte, für die er sie dann tatsächlich verantwortlich machte und tadelte: »Ich bin traurig über das, was Du getan hast«, schrieb er. »Ich bedaure es sehr. Warum, Mimi, hast Du nach all Deinen Versprechungen nachgegeben? Mein Liebling, es ist wirklich schade. . . . Ich war enttäuscht, mein Liebes, daß Du so wenig zu sagen hattest, aber ich kann mir denken, warum. Du bist nicht dumm, Mimi, aber wenn Du mich zuwenig informierst und mir Grund gibst, Dich deswegen zu tadeln, darfst Du die Schuld nur bei Dir selbst suchen, denn ich habe Dich lange genug gewarnt und aufgefordert, Dich zu bessern. Manchmal glaube ich wirklich, daß Du keine Notiz von meinen Wünschen und Begehren nimmst und nur aus reiner Förmlichkeit ›ja‹ sagst. . . . Wir dürfen uns nicht diesen ganzen Winter lang trennen, Mimi, denn ich weiß, Du wirst dann genauso flatterhaft sein wie im letzten. Du wirst öffentliche Bälle besuchen, und das kann ich nicht ertragen. Bei meiner Ehre, Liebste, ich würde eher selbst Glasgow verlassen als zusehen oder hören zu müssen, daß Du Dich so herumtreibst wie im letzten Winter. Wenn ich Dir auch gewiß verziehen habe, kann ich doch nicht das Elend vergessen, das ich um Deinetwillen erlitten habe. ... Ich kann Deinem Wort, daß Du nicht flirten willst, einfach nicht Glauben schenken. Das gleiche hast Du mir versprochen, bevor Du nach Edinburgh gingst, und doch hast Du während Deines Aufenthalts dort nichts anderes getan. Ich glaube schon, daß Du mir in dieser Sache keinen Grund mehr zu Beanstandungen geben willst, aber ich zweifle sehr an der Aufrichtigkeit Deiner Versprechen. ... Oh, Mimi, sorge dafür, daß Dein Betragen mich glücklich macht!«

Es ist kein Wunder, daß ein solches Verhältnis in Überdruß und Ekel endete. Als Madeleine im Februar 1857 an L'Angelier appellierte, sie gehen zu lassen, gibt sie zu: »Ich habe Dich geliebt, und es war mein sehnlichster Wunsch, Deine Frau zu sein. Ich habe Dich gebeten, mir meine Fehler zu sagen. Du hast es getan und damit erreicht, daß meine Gefühle für Dich immer mehr abkühlten. Als Du nicht mehr mit mir zufrieden warst, begann ich abzukühlen. Es war nicht aus Liebe für einen anderen, denn es gibt niemanden, den ich liebe.«

Madeleine sagte die Wahrheit damit, daß sie niemanden liebte. Ihr affektiertes Eingehen auf Mr. Minnochs Werben und ihre gedrechselten kurzen Briefe lassen keinen Zweifel offen, daß sie den wohlhabenden Kaufmann mittleren Alters einfach deswegen heiraten wollte, weil sie das Gefühl hatte, daß die Zeit gekommen war, ihre Liaison mit L'Angelier zu beenden und in einem eigenen Haushalt zur Ruhe zu kommen. Was hätte sie sonst auch tun können? Sie erkannte immer deutlicher, daß ihre Eltern eine Ehe mit L'Angelier nie und nimmer sanktionieren würden, und sie war weder finanziell unabhängig, noch hatte sie eine Möglichkeit, ihren Lebensunterhalt zu verdienen. Die Monate genußvoller Leidenschaft zwischen April 1855 und Februar 1857 hatten ihren Vorrat an Gefühlen wohl für einige Zeit erschöpft, denn sie waren so voller Erregungen gewesen, daß selbst eine Madeleine nach anfänglichem Vergnügen ihrer überdrüssig wurde. Sie hatte viel von L'Angelier ertragen müssen. Seine glutvollen Beteuerungen, selbst jene, die einen Beigeschmack seiner Schulmeisterei aufwiesen, hatte sie unzweifelhaft ersehnt und ermutigt; aber sein offenes und schamloses Intrigieren hätte wohl auch ein weniger verliebtes Mädchen verabscheut. Im selben Brief, in dem er sie dafür tadelt, daß sie seinem Begehren nachgegeben hat, stellt er die erstaunliche Frage: »Hast Du an die Konsequenzen gedacht, wenn ich Dich nun nicht heiraten würde? ... Prüfe Deine Freunde noch einmal, erzähle ihnen von Deinem Entschluß, sage ihnen, daß nichts ihn ändern wird, daß Du ernsthaft darüber nachgedacht hast; und daraufhin werde ich dann für September eine Unterredung mit Huggins festlegen. Wenn Du nicht irgend etwas in dieser Richtung unternimmst, weiß der Himmel, wann ich Dich heiraten werde. Wenn Du's nicht tust, Liebste, werde ich das Land verlassen müssen. ... Deine Eltern trifft die Schuld, wenn Schande das Ergebnis ist. Sie tragen für alles die Verantwortung. ... Mimi, Liebste, Du mußt einen kühnen Schritt unternehmen, um meine Frau zu werden. Ich werde Dich so behandeln, mein Kleines, wie Deine Liebe zu mir es verdient. Sprich mit Deiner Mutter, Mimi. ... Oh, Mimi, sei einmal kühn! Fürchte Dich nicht vor ihnen! Sage ihnen, daß Du vor Gott meine Frau bist. Laß nicht locker, bis sie Dich heiraten lassen, denn ich kann nicht verantworten, was sonst geschehen könnte. Mein Gewissen macht mir Vorwürfe wegen einer Sünde, die nur die Ehe tilgen kann. ... Ich zürne Dir nicht, daß Du mich geliebt hast, Mimi; aber ich bin traurig, daß es geschehen ist. Du hattest keinen festen Willen. Es war wirklich sehr schlecht. Ich werde mit Bedauern auf diese Nacht zurückblicken. Nein, nichts außer unserer Heirat wird sie aus meinem Gedächtnis löschen. Mimi, stell Dir nur vor, wenn das bekannt würde!«

Dieser unvorstellbare Erguß wurde im Prozeß nicht als Beweismaterial zugelassen, da Madeleine sowohl diesen wie einen anderen langen Brief, den er an sie richtete, vernichtet hatte und beide nur noch in Entwürfen existierten, die der vorsichtige Liebhaber in seinem Zimmer aufbewahrt hatte. Die Verteidigung wendete ein, daß die Zulassung von Entwürfen nicht statthaft sei, und dieser Einwand wurde als rechtsgültig anerkannt. L'Angeliers Briefe müssen daher – mit Ausnahme der wenigen tatsächlich mit der Post zugestellten Mitteilungen und einer durchgeschriebenen Kopie, die als Beweismaterial zugelassen waren – als inoffizieller Nachweis für seine merkwürdige Geistesverfassung dienen.

VI.

Die Sommermonate pflegte die Familie Smith in ihrem Landhaus Rowaleyn zu verbringen, und hierher kam auch L'Angelier mehrere Male und traf sich mit Madeleine auf Verabredung nach Einbruch der Dunkelheit. Auf dem Landbesitz Rowaleyn fand auch der erste Geschlechtsverkehr der beiden statt, und zwar im Sommer 1856; aber nach dem Studium von Madeleines Briefen kann nicht daran gezweifelt werden, daß schon seit langer Zeit sehr intime Liebesbeziehungen zwischen ihnen bestanden. Seit vielen Monaten waren sie erfüllt von den glühendsten Beteuerungen, unterzeichnete sie ihre Briefe mit ›Deine Frau‹ und nannte ihn ›mein heißgeliebter Mann‹, schrieb von dem Vergnügen, von ihrem geliebten Emile ›gestreichelt und gekost‹ zu werden. Nachdem diese völlige Intimität zwischen den beiden einmal hergestellt war, ließ Madeleine der bacchantischen Seite ihrer Natur freien Lauf. Vielleicht war dies das Bewundernswerteste an ihr, auf jeden Fall aber schockierte es ihre Zeitgenossen am meisten, als sie es zu wissen bekamen. Sie schrieb sehr offen über das Vergnügen, das ihr sinnliche Genüsse bereiteten: »M. [Mutter] läßt uns nicht fort, wenn wir Freunde in unserem Haus zu Gast haben; ich weiß also nicht, wo wir uns sehen sollen. Ich wünschte, sie würden verschwinden, damit ich Dich wiedersehen kann, von Dir ans Herz gedrückt und geküßt werde, mein lieber, mein geliebter, mein allerliebster Emile. Heute abend bin ich sehr erregt. Wärest Du hier, ich würde Dich mit Herz und Seele lieben.« – »Ich muß jetzt zu Bett gehen, denn mir ist kalt, deshalb wünsche ich Dir gute Nacht. Wünschte bei Gott, Du lägest an meiner Seite. Wie glücklich und zufrieden würde ich dann sein. Ich glaube, wenn Du jetzt bei mir wärst, würde ich wünschen, daß Du mich *liebs*, und ich glaube nicht, daß Du mich zurückweisen würdest, denn ich weiß, es würde Dir Freude machen, Deine Mimi zu *lieben*.« Und ein andermal: »Emile, Du bist nicht erfreut, weil ich Dir gestern abend nicht gestattete, mich zu *lieben*. Bei Deinem letzten Besuch hast Du gesagt, Du würdest es erst wieder tun, wenn wir verheiratet sind. Und da habe ich mir gesagt, nun gut, ich werde es Emile nicht wieder tun lassen. Es war eine Strafe für mich, Deiner *Liebe* beraubt zu sein, denn das ist ein Vergnügen, und niemand könnte es bestreiten. Es gehört eben zur Natur des Menschen. Ist denn nicht jeder, der *liebt*, der gleichen Meinung? Ich sage ja.«

Eine derartige Offenheit bei einer jungen Frau galt als absolut schockierend; und um dem Geist der damaligen Zeit gerecht zu werden, muß gesagt werden, daß es wahrscheinlich als genauso schockierend empfunden worden wäre, wenn das Paar verheiratet gewesen wäre. Geschlechtsverkehr galt als eine geheimnisvolle Vorkehrung des Schicksals, die für die Männer notwendig war und von den Ehefrauen, wenn sie gute Ehefrauen waren, als ihre vertragliche Pflicht erfüllt wurde. Es war kein heidnisches Fest, wie Madeleine es empfand. Der Vizepräsident des Hohen Gerichtes (Lord Hope) drückt das Gefühl der Allgemeinheit aus, als er in seiner Zusammenfassung erklärte: »In ihren Briefen benutzte sie auch weiterhin noch beträchtliche Zeit die gleichen Ausdrücke leidenschaftlicher Liebe. Ich sage *leidenschaftlicher Liebe*, weil sie unglücklicherweise ohne jedes Gefühl für Anstand und in höchst unzüchtiger Ausdrucksweise geschrieben sind.«

Danach las seine Lordschaft einen der Briefe vor, der mit den Worten endete: »Oh, in Deinen Armen zu liegen, mein Heißgeliebter! In steter Liebe bleibe ich Deine Dir ewig ergebene Mimi, Deine Frau.« – »Was«, so fragte seine Lordschaft, »konnte sie anderes erwarten als Geschlechtsverkehr, nachdem sie sich so angeboten, ihn so dazu eingeladen hatte?« Die Antwort lautet natürlich, daß sie Geschlechtsverkehr beabsichtigte und wünschte und daß sie dies wahrscheinlich nie bedauert haben würde, wenn L'Angelier sie nur, als sie von ihm loskommen wollte, hätte gehen lassen; darüber kann kaum Zweifel bestehen, auch wenn sie in späteren Briefen konventionelle Zerknirschung darüber äußert – zu einer Zeit, da sie L'Angeliers Herz zu erweichen versuchte. Ihr Freimut schien dem Richter fast unglaublich, und er fuhr fort: »Kann man nach solchen Briefen, wie denen vom 29. April und vom 3. Mai, überrascht sein, daß er drei Tage später, am 6. Mai, auch körperlich Besitz von ihr ergreift? Am 7. Mai schreibt sie an ihn, und findet sich in diesem Brief auch nur das kleinste Anzeichen von Gram oder Reue? Nicht das geringste! Es ist der Brief eines jungen Mädchens, das sein Vergnügen über das Geschehene äußert und darauf besonders in einem Satz mit Ausdrücken anspielt, die ich hier nicht wiedergeben werde, denn vielleicht sind sie noch nie in dieser Beziehung zwischen Mann und Frau zu Papier gebracht worden. Was geschehen ist, muß im Freien geschehen sein, nicht im Hause, und sie schreibt davon genauso von ihrer wie von seiner Handlung.« Diese Bemerkungen, die zu jener Zeit als die allerschwerste Verurteilung gewertet wurden, beinhalten jedoch eine Wahrheit, die Madeleines einzige Rechtfertigung darstellt. Die Verantwortung für ihr Tun traf sie genauso wie ihn, und sie hat dies auch niemals abgestritten. Wahrscheinlich war es ihr auch ziemlich egal, ob die Befriedigung ihrer Lust in einem Schlafzimmer oder unter den Bäumen von Rowaleyn stattfand. (»Mein einzig geliebter Mann«, schrieb Madeleine in dem Brief, den der Richter nicht vorlesen wollte, »wenn wir letzte Nacht unrecht getan haben, so geschah das im Rausch unserer Liebe! Ja, mein Geliebter, ich habe Dich wirklich und wahrhaftig mit meiner ganzen Seele geliebt. Ich war glücklich, es war eine Lust, bei Dir zu sein.« Und weiter teilte die deflorierte Jungfrau offenherzig mit: »Ich habe überhaupt nicht geblutet, aber für den Rest der Nacht hat es ziemlich weh getan.«) »Diesen Brief hat das Mädchen um fünf Uhr morgens geschrieben«, fuhr der Richter fort, »nachdem sie die Lust in seinen Armen ausgekostet hatte. Können Sie sich einen schlimmeren Geisteszustand vorstellen, als ihn dieser Brief offenbart? In anderen Briefen benutzt sie das Wort ›Liebe‹ dick unterstrichen, und das zeigt ja wohl deutlich, was sie damit sagen will . . .« Madeleine wollte damit sagen, was die meisten Leute damit meinen, aber sie hatte den Mut, es auch auszudrücken.

VII.

Auf dem Höhepunkt ihrer glühenden Liebe hatte Madeleine kein Schamgefühl gezeigt; doch als die Kraft ihrer Leidenschaft abflaute, schienen ihre Empfindungen sich sehr gewandelt zu haben. Es gibt keinen Zweifel, daß sie sich diese veränderte Einstellung gegenüber L'Angelier eine ganze Zeitlang nicht anmerken ließ. Mr. Minnoch hatte ihr während des ganzen Winters von 1856 den Hof gemacht, was niemandem in ihrer Umgebung verborgen geblieben war, und L'Angelier hatte sich außerordentlich eifersüchtig gebärdet.

»Ich habe Dir doch einmal erzählt, daß ich William Minnoch nicht mochte; aber er war so liebenswürdig, daß er ziemlich in meiner Achtung gestiegen ist«, schrieb Madeleine im Herbst 1856 an L'Angelier; und ein andermal: »Mr. Minnoch ist seit Freitag hier – er ist ein sehr angenehmer Gesellschafter – finde ich – wir werden ihn in diesem Winter sehr oft sehen – wenigstens sagt er das, und da P. so ein Faible für ihn hat, bin ich sicher, daß er ihn oft einladen wird.« Sie wußte, daß L'Angelier bestimmt Minnochs Werben um sie zu Ohren kommen würde, und hielt es wohl für besser, mit dem Anschein von Offenheit darüber zu schreiben. Keine zwei Wochen nach dem zuletzt zitierten Brief beginnt sie einen neuen ziemlich kühl mit der Anrede: »Mein lieber Emile« und fährt fort: »Unser Treffen gestern abend war sonderbar. Emile, Du bist unvernünftig; ich wundere mich nicht, daß Du mich nicht mehr so liebst wie einst. Emile, ich bin Deiner nicht würdig. Du verdienst eine bessere Frau, als ich es bin. Dieser Winter wird trübselig für mich werden. Ich wünschte bei Gott, wir wohnten nicht so nahe bei Mr. Minnoch. Du wirst alle möglichen Geschichten hören und glauben. Du wirst sagen, daß ich Dir gegenüber gleichgültig geworden bin, weil ich Dich nicht mehr so oft werde sehen können. Ich vergaß, Dir letzte Nacht zu sagen, daß ich Dich in Zukunft abends nicht mehr einlassen kann. Mein Zimmer liegt direkt neben Bessies und auf gleicher Ebene mit dem Hauseingang. Ich werde nie mehr die glücklichen Stunden genießen können, wie wir sie im letzten Winter zusammen verbrachten.« Ob Madeleine hoffte, L'Angelier würde, wenn sie ihm nur oft genug einredete, daß er sie nicht mehr liebte, vielleicht selbst zu dieser Überzeugung kommen, wissen wir nicht; wenn sie aber so dachte, erzielte sie damit jedenfalls keine Wirkung.

Eine Hausangestellte namens Christina Haggart, die schon am Wohnsitz der Familie im Haus an der India Street gewohnt war, L'Angelier einzulassen, und die L'Angeliers Briefe an Madeleine während der beiden Sommer in Rowaleyn annahm und weiterleitete, wurde auch im Haus am Blythswood Square wieder von dem Liebespaar für seine Zwecke eingespannt, wenn auch offenbar gegen Madeleines Wunsch, denn in dem am 20. Oktober zur Post gegebenen Brief schrieb sie: »Du mußt wissen, daß ich eine große Abneigung gegen C. H. hege. Ich muß versuchen, in diesem Winter ohne ihre Hilfe auszukommen. Sie ist seit vier Jahren in unseren Diensten, und ich bin ihrer überdrüssig, aber ich werde es ihr nicht zeigen; deshalb sei vorsichtig, Liebster, was diesen Punkt betrifft.« Ab November jedoch, nachdem die Familie wieder am Blythswood Square wohnte, waren Madeleines Briefe so glühend wie eh und je; und sie, die doch wußte, daß Minnoch ihr den Hof machte, und die schon versucht hatte, L'Angelier die Aufgabe ihrer Beziehungen einzureden, benutzte jetzt Phrasen wie: »Mein einzig geliebter, bester Mann, ich sehne mich danach, Deine Frau zu sein!«

Minnoch war jetzt ständiger Gast im Hause Smith. »Es war Mr. Minnoch, mit dem ich das Konzert besuchte. Du siehst, ich will Dir das nicht verheimlichen. Er ist Papas Freund, und ich weiß, Emile, daß er ihn gern bei uns im Hause sieht; aber mußt Du Dir deswegen Gedanken machen, wo ich Dir doch gesagt habe, daß ich mir nichts aus ihm mache? Du bist der einzige Mann, den ich liebe, mein Emile! Du solltest nicht auf den Klatsch hören!«

Im Dezember schickt sie L'Angelier ein Porträt von sich mit den Worten: »Ich hoffe, daß Du in Kürze das Original bekommen wirst, denn ich weiß, daß Du es lieber magst als so ein Abbild unter Glas. Hab ich nicht recht, Liebster? Ich hoffe, Du hast es unversehrt erhalten. C. H. hat es Dir vor die Tür gestellt.« Ihre Briefe aus dieser Zeit sind voller Anspielungen auf eine Heirat mit L'Angelier und ihr sehnliches Verlangen danach. Sie geht sogar so weit, die verschiedenen Möglichkeiten einer Eheschließung zu diskutieren, obschon sie längst beschlossen hat, William Minnoch zu heiraten. Am 28. Januar hatte sie seinen Antrag in aller Form angenommen.

L'Angelier hatte die Angewohnheit, Mitteilungen für sie auf den Fenstersims ihres Schlafzimmers zu legen, das sich unterhalb des Straßenniveaus befand. Mindestens einmal betrat er das Haus, denn Christina Haggart gestand, daß sie ihm die Hintertür geöffnet hätte und daß sie mit der Köchin in der Küche gesessen hätte, während L'Angelier und Madeleine im Dienstbotenzimmer gleich neben der Hintertür gewesen wären. Gegen Ende Januar ist der Ton ihrer Briefe zwar immer noch liebevoll, aber schon viel mutloser; sie redet jetzt von der Ehe als von einem schönen, unerfüllbaren Traum: »Ich habe mich noch nie so ruhelos und unglücklich gefühlt wie in letzter Zeit. Ich würde alles tun, um mir die traurigen Gedanken fernzuhalten. ... Ein dunkler Schatten liegt über der Zukunft. Was kann das sein? O Gott, behüte uns davor! Bitte, laß uns glücklich sein! Mein Liebster, bete für unser Glück! Ich muß weinen, Emile, wenn ich an unser Schicksal denke. Wenn wir nur heiraten könnten, alles würde gut werden. Doch wehe, wehe, ich sehe keine Chance, keine Möglichkeit für mich, glücklich zu sein. Ich muß mit Dir reden. Ach ja, von Dir an die liebende Brust gedrückt, von Dir geküßt werden, mein Allerliebster, mein einzig geliebter, lieber Mann. Warum sind wir vom Schicksal verdammt, so unglücklich zu sein? Warum hat das Schicksal uns so dauerhaft getrennt? ... Ich brauche Dir nicht zu sagen, wie glücklich ich wäre, wenn Du morgen abend von Dir hören lassen könntest. Wenn Du um zehn Uhr kommst, warte nicht erst, um mich zu sehen; denn wenn Janet vielleicht noch wach ist, kann ich Deinen Brief erst hereinnehmen, wenn sie eingeschlafen ist. Sei bitte leise.«

Ein Brief, den sie nach diesem Brief geschrieben hat, wurde ihr von L'Angelier zurückgegeben; denn in den ersten Tagen des Februar – das genaue Datum ist unleserlich – schreibt sie: »Ich habe wirklich gestaunt, als ich meinen letzten Brief zurückbekam; aber ich werde Dir keine Gelegenheit mehr geben, mir einen Brief zurückzuschicken. Wenn Dir die Briefe, die ich Dir schreibe, nicht gefallen, können wir unsere Korrespondenz ja beenden; und da unsere Gefühle abgekühlt zu sein scheinen, halte ich es für das beste, wenn wir unsere Verlobung lösen. ... Alles in allem halte ich es für besser, wenn wir uns in Anbetracht dieser Abkühlung und Gleichgültigkeit füreinander (denn das und nichts anderes ist es) in Zukunft als Fremde betrachten. Ich baue auf Deine Ehre als Gentleman, daß Du nichts, was zwischen uns geschehen ist, weitersagen wirst. Ich wäre Dir sehr verbunden, wenn Du mir am Donnerstagabend um sieben meine Briefe und mein Bild zurückbringen würdest. Komm ans Hoftor, wo C. H. das Päckchen von Dir in Empfang nehmen wird.« Dieser Brief blieb unbeantwortet und ohne jede Reaktion, deshalb schreibt sie erneut: »Ich führe es auf Deine Erkältung zurück, daß ich keine Antwort auf meinen letzten Brief erhielt. Ich nehme an, daß Du Dich am Donnerstagabend vor der kühlen Nachtluft gefürchtet hast. Ich hoffe, daß Deine Erkältung bald besser ist, und setze den nächsten Donnerstag fest, am gleichen Ort und zur gleichen Zeit, sieben Uhr abends.«

L'Angelier antwortete offensichtlich mit einer Drohung, denn ihr nächster Brief beginnt: »Montagabend. Emile, ich habe soeben Deine Mitteilung erhalten. Emile, ich beschwöre Dich bei der Liebe, die Du einmal für mich empfunden hast, unternimm nichts, bis wir uns gesehen haben. Um Gottes willen, setze Deine einst geliebte Mimi nicht der offenen Schande aus! Emile, ich habe Dich getäuscht; ich habe meine Mutter getäuscht. ... Ich habe Dich getäuscht, indem ich Dir erzählte, sie wüßte von unserer Verlobung. Sie weiß nichts. ... Emile, schreibe an niemanden, weder an Papa noch sonst wen. Bitte, unternimm nichts, ehe ich Dich am Mittwochabend treffe.« Der Brief geht dann weiter mit inständigen Bitten, mit denen sie ihren Liebhaber beschwört, sie nicht zur Verzweiflung oder in den Tod zu treiben. L'Angelier antwortete ihr, aber offensichtlich nichts, was ihre Angst beschwichtigte, denn in ihrem nächsten Brief sagt sie: »Niemand kann sich die entsetzlichen Seelenqualen vorstellen, die ich letzte Nacht und heute erduldet habe. Der Zorn meines Vaters würde mich töten, Emile. Du weißt nicht, wie heftig er sein kann. Emile, um der Liebe willen, die Du einst für mich empfunden hast, verrate mich nicht an meinen P. Emile, wenn er meine Briefe an Dich zu lesen bekäme – er würde mich verstoßen, er würde mich für eine Verbrecherin halten! Ich habe Dich geliebt und Dir in meiner ersten, heißen Liebe geschrieben – ich hätte Dich nicht tiefer lieben können. Und um Deiner Liebe willen habe ich Dich angebetet. Ich habe niedergeschrieben, was ich nie hätte zu Papier bringen dürfen. Ich war allzu frei, weil ich Dich von ganzem Herzen liebte. Wenn er oder jemand anders diese innigen Briefe an Dich zu Gesicht bekäme, was würde da nicht über mich gesagt und gedacht werden? Auf meinen Knien schreibe ich Dir und bitte Dich, so Du auf Gnade am Jüngsten Tage hoffst, verrate mich nicht. Liefere mich nicht der öffentlichen Schande aus!« Unter diesem Brief befindet sich noch ein Postskriptum: »Ich kann nicht zur Hintertreppe kommen. Den Anblick des Weges dorthin habe ich noch nie ausstehen können. Ich werde Dich durch die Haustür einlassen. Das Tor zur Passage wird offen sein. Ab zwölf Uhr bin ich an meinem Fenster und werde Dich kommen sehen. Ich warte bis ein Uhr.« Eine Begegnung muß stattgefunden haben, bei der sie ihn anscheinend hat umstimmen können, indem sie ihm weismachte, sie würde wieder ganz die Seine sein – vielleicht sogar, indem sie sich ihm einmal mehr hingab –, und am 14. Februar schreibt sie ihm: »Bring mir alle meine kühlen Briefe zurück – die vier letzten, die ich Dir geschrieben habe –, und ich werde Dich andere anʼ ihrer Stelle haben lassen.« L'Angelier war jedoch nicht der Mann, der etwas aufgab, was er einmal in den Händen hielt, und Madeleine sah ein, daß es keinen Ausweg aus ihrer verzweifelten Lage gab; und um Zeit zu gewinnen, überschüttete sie L'Angelier weiterhin mit heißen Gunstbezeugungen.

VIII.

An einem Tag in der zweiten Februarwoche nun, genau zu der Zeit, da L'Angelier ihr mit Bloßstellung drohte, beauftragte Madeleine einen Jungen mit Namen William Murray, der in ihrem Haus am Blythswood Square beschäftigt war, für sie in die Apotheke zu gehen und ihr eine kleine Phiole mit Blausäure zu holen. Sie schrieb diesen Auftrag auf einen

Zettel und gab ihn ihm. Der Apotheker weigerte sich, und zu dem Jungen, dem sie erzählt hatte, sie brauche die Blausäure zum Bleichen ihrer Hände, sagte Madeleine: »Laß nur, ist schon gut.« Madeleine hatte großes Glück, daß der Lordrichter und Vizepräsident des Hohen Gerichtes in seiner Zusammenfassung nicht besonders auf diesen Punkt einging. Selbst der Generalstaatsanwalt schien diesen Umstand in seinem Plädoyer nicht als so schwerwiegend zu betrachten, wie er es hätte tun können. Denn Madeleine schrieb L'Angelier am 9. Februar einen beschwörenden Brief, und sowohl William Murray wie auch der Arzt und Apotheker des Ladens, in dem der Junge die Blausäure holen sollte, sagten übereinstimmend aus, daß das Datum dieses Kaufversuches in der zweiten Februarwoche gelegen hätte. Um den 12. Februar herum fand eine Aussöhnung zwischen Madeleine und L'Angelier statt, und die leidenschaftlichen Briefe und Zusammenkünfte begannen von neuem. Während dieser ganzen Zeit, muß man sich erinnern, war Madeleine definitiv mit Mr. Minnoch verlobt, und zwar mit dem Segen ihrer Eltern. Sie muß also gewußt haben, daß die Dinge nicht so wie bisher weiterlaufen konnten.

Am 17. Februar, einem Dienstag, aß L'Angelier mit Miss Perry zu Abend und soll nach ihren Angaben gesagt haben, daß er sich am 19. mit Madeleine treffen würde; aber es gibt keinerlei Beweise, daß er an diesem fraglichen Datum mit Madeleine zusammengekommen ist. Bei diesem Tag, an dem er sich laut Miss Perrys Aussage mit Madeleine treffen wollte, handelte es sich also um Donnerstag, den 19. Februar.

In einem Brief, den Madeleine nach Heilung des Bruchs zwischen ihr und L'Angelier geschrieben und am 14. Februar zur Post gegeben hatte, sagte sie: »Ich hoffe Dich bald zu sehen. Schreib mir zum nächsten Donnerstag, dann werde ich Dir sagen, wann ich Dich treffen kann.« Dies steht in dem Brief, in dem sie schrieb, er möchte ihr alle ihre »kühlen Briefe« zurückbringen.

Mitten in der Nacht des 19. wurde L'Angelier in seinem Zimmer von einer äußerst heftigen Übelkeit heimgesucht, nachdem er an jenem Abend ausgegangen war und ein unbekannt gebliebenes Ziel aufgesucht hatte. Am Morgen des 20. fand Mrs. Jenkins, seine Zimmerwirtin, ihn schmerzverkrümmt auf dem Boden seines Schlafraumes liegen. Er erzählte ihr, daß er auf dem Heimweg von heftigen Schmerzen in Magen und Gedärm gepackt worden sei. Im Laufe des Vormittags erholte er sich einigermaßen, und zwischen zehn und elf Uhr zog er sich an und ging aus. Am Nachmittag kam er zurück, erklärte, daß er einen Arzt aufgesucht habe, und brachte eine Flasche Medizin mit, die er einnahm. Die Symptome dieser seiner ersten Übelkeit entsprachen jenen der beiden späteren Anfälle, und dieses erste Unwohlsein ereignete sich, ehe Madeleine Smith nachweislich Arsenik oder überhaupt irgendein Gift gekauft hatte. Ihr erster bekanntgewordener Arsenikkauf (und dieser Kauf, wie auch die beiden folgenden, fand ohne jede Heimlichkeit statt) war am 21. Februar.

IX.

Am Sonnabend, dem 21. Februar, ging Madeleine Smith in das Geschäft eines gewissen Mr. Murdoch und kaufte Arsenik. Dieser Vorgang wurde wie folgt in Mr. Murdochs Buch eingetragen: »21. Februar. Miss Smith, Blythswood Square Nr. 7, für sechs Pennies Arsenik. Für Garten und Landhaus. M. H. Smith.« Es handelte sich um gewöhnliches weißes Arsenik, das den gesetzlichen Vorschriften entsprechend mit Ruß vermischt war. Drei Tage nach dem Kauf tauchte Madeleine erneut in dem Laden auf und fragte, ob Arsenik nicht weiß sein müsse, worauf Mr. Murdoch erwiderte, das Gesetz schreibe vor, es mit einem Farbstoff zu vermischen.

L'Angelier erlitt seinen zweiten Anfall von Übelkeit in der Nacht von Sonntag, dem 22. Februar, nachdem er sich gerade kaum von dem Anfall des vorhergehenden Freitagmorgens erholt hatte. Es gibt keinerlei Beweis dafür, daß er

Madeleine in der Nacht von Sonntag, dem 22., getroffen hat. Gegen vier Uhr morgens rief er seine Vermieterin. Er erbrach den gleichen grünlichen Schleim wie beim letztenmal. Sie wußte nicht, ob er am Abend davor ausgegangen war; er hatte ihr nichts dergleichen gesagt. Ein Freund von L'Angelier holte am Nachmittag Dr. Thomson, der ein Rezept ausstellte, das auch unverzüglich zubereitet wurde. L'Angelier blieb ungefähr acht Tage im Hause und seinem Arbeitsplatz fern. Die Staatsanwaltschaft konnte keinen Nachweis dafür erbringen, daß während dieser Zeit eine Zusammenkunft zwischen Madeleine und L'Angelier stattgefunden hätte.

Am 6. März machte Madeleine einen zweiten Arsenikkauf, und zwar im Geschäft eines gewissen Mr. Currie. Sie erstand für sechs Pennies die gleiche Menge wie beim letztenmal. Als sie diesen zweiten Kauf machte, wurde sie von Mary Jane Buchanan begleitet, einer Freundin. Miss Buchanan hörte, wie Madeleine nach Arsenik fragte und wie der Geschäftsinhaber erklärte, sie müsse dafür im Giftbuch unterschreiben. Miss Buchanan fragte Madeleine, wofür sie das Arsenik denn benötigte – eine Frage, die der Geschäftsinhaber nicht stellte –, und Madeleine erwiderte, daß sie damit Ratten vernichten wolle. Der Geschäftsinhaber schlug daraufhin Phosphor dafür vor. Madeleine erklärte, daß sie es damit schon früher versucht und überhaupt keinen Erfolg gehabt hätte, und sie fügte hinzu, daß die Familie in den nächsten Tagen nach Bridge of Allan führe und deshalb keine Gefahr bestünde, wenn das Arsenik in ihrem Stadthaus ausgelegt würde. »Beim Verlassen des Geschäftes«, bemerkte Miss Buchanan naiv, »lachte ich über die Vorstellung, daß eine junge Dame ausgerechnet Arsenik einkauft! Sie sagte nichts dazu, sondern lachte ebenfalls nur.«

Madeleine fuhr mit ihrer Familie noch am selben Tage nach Bridge of Allan. Am 4. März hatte Madeleine an L'Angelier geschrieben und ihm vorgeschlagen, sich zur Erholung von seinem Unwohlsein auf die Isle of Wight zu begeben: »Ich hoffe, Du wirst nicht nach Bridge of Allan fahren, denn Papa und Mama würden sonst sagen, ich hätte Dich dorthin gebracht. ... Fahr zur Isle of Wight. Es tut mir schrecklich leid, Liebster, daß ich Dich dort, wo ich hingehe, nicht sehen kann. Das ist unmöglich, aber wenn ich zurückkomme, wird es das erste sein, was ich tue, mein Herzgeliebter.« L'Angelier schrieb zurück: »Der Arzt sagt, ich muß nach Bridge of Allan gehen. Ich kann nicht fünfhundert Meilen zur Isle of Wight reisen und wieder fünfhundert zurück. Was bezweckst Du damit, daß Du so sehr wünschst, ich solle in den Süden fahren?« Was bezweckte Madeleine damit? Die wahrscheinlichste Lösung des Rätsels ist, daß Madeleine glaubte, wenn L'Angelier nur weit genug weg wäre, könnte während seiner Abwesenheit ihre Heirat mit Minnoch sicher über die Bühne gebracht werden, und wenn dieses gefürchtete Ereignis erst einmal *fait accompli* sei, würde L'Angelier vielleicht aufhören, sie zu belästigen. L'Angeliers Weigerung jedoch machte diesen Plan, falls sie einen solchen gehabt hatte, unwirksam. Wütend und argwöhnisch drückte L'Angelier erneut seinen Glauben an Madeleines Verlöbnis mit Minnoch aus. Madeleine schrieb zwei besänftigende Briefe zurück, voller Liebe und zärtlicher Worte.

Ein Brief, den sie zur gleichen Zeit an William Minnoch schrieb, bildet einen eigenartigen Gegensatz zu ihren Briefen an L'Angelier. »Mein liebster William«, heißt es da, »nach all Deiner Freundlichkeit mir gegenüber ist es nur fair, daß ich Dir ein Briefchen schreibe. An dem Tag, da ich von Freunden scheide, fühle ich mich immer traurig; doch der Abschied von jemandem, den ich so liebe wie Dich, macht mich besonders traurig und niedergeschlagen. Mein einziger Trost ist, daß wir uns bald wiedersehen. Morgen werden wir zu Hause sein. Ich wünschte so sehr, Du wärest heute hier. Wir könnten einen langen Spaziergang machen. An unseren Spaziergang nach Dunblane werde ich mich immer mit Freude erinnern. Jener Spaziergang besiegelte den Tag, an dem wir ein neues Leben beginnen werden – ein Leben, hoffe ich, das lange und voller Glück für uns beide sein wird.

Mein Lebensziel und -inhalt wird es sein, Dir zu gefallen und Dich zu verwöhnen. Lieber William, ich muß nun schließen, da Mama zum Aufbruch nach Stirling bereit ist. Ich gehe nicht mit dem gleichen Vergnügen mit wie letztes Mal. Ich hoffe, Du bist sicher in die Stadt zurückgekommen und hast Deine Schwestern gesund vorgefunden. Nimm meine herzlichsten Grüße, und sei stets meiner zärtlichen Zuneigung gewiß, Deine Madeleine.«

Die Familie Smith kehrte am 17. März in das Haus am Blythswood Square zurück, und L'Angelier fuhr am 19. zu einem kurzen Erholungsaufenthalt nach Bridge of Allan, nachdem er Monsieur Thuau, der mit ihm bei Mrs. Jenkins wohnte, mit der Nachsendung seiner Post betraut hatte. Er war kaum aus dem Hause, als ein Brief für ihn eintraf, der ihm nach Bridge of Allan nachgesandt wurde; und in einem Brief an Miss Perry, den er von dort am 20. schrieb, erklärt er: »Ich hätte gestern abend jemanden aufsuchen sollen, aber der Brief kam zu spät.«

Dieser L'Angelier nachgesandte Brief wurde nie gefunden, nur der Umschlag steckte in seinem Koffer, als man seine Sachen später untersuchte. Der folgende Brief jedoch zeigt unzweifelhaft, daß darin der Vorschlag zu einem Stelldichein gestanden haben muß, denn Madeleine schreibt am 21. März aus Glasgow und beginnt mit den folgenden Worten: »Warum, mein Liebster, bist Du nicht zu mir gekommen? Geht es Dir gut, Liebling? Komm zu mir, mein Schatz! Ich habe so auf Dich gewartet, Du aber bist nicht gekommen. Morgen abend werde ich wieder warten, am selben Ort und zur selben Zeit. Komm bitte, mein lieber Schatz, mein aller-, allerliebster Liebling! Komm, Geliebter, und presse mich an Dein Herz! Komm, und wir werden glücklich sein. Ein Kuß, Heißgeliebter; adieu mit zärtlichen Umarmungen!« Wie der Generalstaatsanwalt in seiner Ansprache an die Geschworenen sagte: »Dieser Brief wurde in Glasgow aufgegeben – wenn über einen Briefkasten, dann zwischen neun Uhr vormittags und 12.30 Uhr nachmittags, wenn auf dem Hauptpostamt, dann zwischen 11.45 Uhr vormittags und ein Uhr nachmittags. Dieser Brief wurde in einer Rocktasche gefunden. Über diesen Brief und Umschlag gibt es überhaupt keine strittigen Fragen. Es gab eine Verabredung für Donnerstag, den 19. Am Mittwoch, dem 18., ging sie wieder in den Laden von Currie, erzählte ihm, daß die ersten Ratten getötet seien und daß sie bei ihrer Rückkehr eine ganze Menge großer Exemplare im Hause herumliegen gefunden hätte; und da sie schon einmal bei ihm Arsenik gekauft hatte, eine achtbare Person zu sein schien und ihre Geschichte ohne Zögern erzählte, bekam sie ihr drittes Päckchen Arsenik. Dieser Brief wurde L'Angelier noch am selben Tage mit der restlichen Post von Thuau nachgesandt. Thuau legte einen eigenen Brief bei, in dem er erklärte, daß dieser Brief gegen 12.30 Uhr gekommen sei und daß er ihn schnellstens zur Post bringe, damit er noch rechtzeitig fortkäme. L'Angelier erhielt diesen Brief am Sonntagvormittag nach neun Uhr in Stirling.«

Gegen Abend traf L'Angelier in seiner Wohnung ein und erklärte seiner Vermieterin, daß ihn ein nachgesandter Brief nach Hause gebracht hätte. Er habe gut ausgesehen, berichtete die Vermieterin, und habe gesagt, er fühle sich viel besser, fast wieder gesund. Er sei am selben Abend gegen neun Uhr ausgegangen und habe zuvor noch zu ihr gesagt: »Würden Sie mir bitte den Hausschlüssel geben? Ich weiß nicht genau, wann ich wiederkomme, aber es kann spät werden.«

»Ich sah ihn erst um halb drei Uhr am Montagmorgen wieder«, bekräftigte seine Vermieterin. »Er benutzte den Hausschlüssel nicht. Die Türglocke läutete sehr heftig. Ich stand auf und rief: ›Wer ist da?‹ Er antwortete: ›Ich bin's, Mrs. Jenkins. Machen Sie mir bitte auf.‹ Das tat ich. Er stand mit über dem Magen gekreuzten Armen da und sagte: ›Mir geht's sehr schlecht. Ich werde wohl wieder Galle spucken müssen.‹«

L'Angelier mußte sich in der Tat wieder erbrechen, viel schlimmer als beim erstenmal, ja sogar noch schlimmer als beim zweitenmal. Gegen vier Uhr ging es ihm sehr schlecht, und die Vermieterin wollte den Arzt holen gehen, er aber sagte, es sei noch zu früh am Tage. Gegen fünf ging es ihm so schlecht, daß sie darauf bestand, den Arzt zu holen, und sie ging zu einem gewissen Dr. Steven. Der Arzt fühlte sich selbst nicht wohl und konnte nicht kommen, empfahl aber fünfundzwanzig Tropfen Laudanum und ein Senfpflaster auf den Magen. L'Angelier lehnte sowohl das Laudanum wie auch das Senfpflaster ab und fuhr fort, sich zu übergeben. Gegen sieben Uhr ging Mrs. Jenkins erneut zu Dr. Steven, und diesmal kam er mit ihr zurück. Augenscheinlich erkannte er, daß der Patient sehr krank war. Der Arzt packte Flaschen mit heißem Wasser rund um den Körper des Patienten und legte noch mehr Decken über ihn. Er gab ihm Morphium und legte einen heißen Breiumschlag auf.

Um Viertel nach elf kam Dr. Steven wieder, und Mrs. Jenkins nahm ihn mit der Mitteilung in Empfang, daß es L'Angelier bis eben auch weiter genauso schlecht gegangen wäre wie in der Frühe, daß er sich aber gerade beruhigt habe. Dr. Steven ging in sein Zimmer und fand ihn tot daliegen, abgewendet vom Licht und in bequemer Haltung, die Knie leicht angezogen und einen Arm über den Bettdecken, so als schliefe er.

Gegen Mittag ging Dr. Steven und suchte Dr. Thomson auf, der L'Angelier bei seinem vorhergehenden Anfall betreut hatte. Beide kamen überein, daß es unmöglich sei, ohne Obduktion einen Totenschein auszustellen. Eine zweite Obduktion wurde später von einem Dr. Frederick Penny vorgenommen, und es konnte zweifelsfrei bewiesen werden, daß L'Angelier an einer Arsenikvergiftung gestorben war.

x.

Wenn wir von dem Datum der ersten Erkrankung absehen, haben wir also zwei Daten von allergrößter Wichtigkeit in diesem Fall: den 22. Februar und den 22. März, beides Sonntage, und für keines dieser beiden Daten gibt es den geringsten Beweis, daß L'Angelier mit Madeleine zusammengekommen ist.

Der Präsident der Anwaltskammer machte diesen Umstand natürlich zu seinem Hauptargument: »Bedenken Sie bitte, meine Herren«, sagte er, »daß – falls Sie es nicht für wahr und durch das Ihnen zur Kenntnis gebrachte Beweismaterial für erwiesen halten, daß diese zwei Personen sich am 22. Februar, einem Sonntag, getroffen haben, oder falls Sie es nicht in gleicher Weise für erwiesen halten, daß sie sich erneut an jenem verhängnisvollen Abend des 22. März trafen – dann überhaupt keine Zusammenkunft zwischen ihnen stattgefunden hat, nachdem die Untersuchungsgefangene einen ihrer Arsenikkäufe tätigte. Ich behaupte, daß nicht nur keine Zusammenkunft stattgefunden hat – daß wir keinen Beweis für eine solche Zusammenkunft besitzen –, sondern daß praktisch keine Möglichkeit für überhaupt eine Zusammenkunft bestanden hat. Ich behaupte – es sei denn, Sie wollen dem Beweismaterial Glauben schenken, daß am 22. Februar oder erneut am 22. März eine Zusammenkunft stattgefunden hat –, daß gar keine Gelegenheit bestanden hat, bei welcher es ihr möglich gewesen wäre, Gift zu verabreichen oder zu planen oder zu beabsichtigen, es zu verabreichen.« Gewiß, Mrs. Jenkins konnte sich nicht daran erinnern, daß L'Angelier am Abend des 22. Februar ausgegangen war. Und wie der Präsident der Anwaltskammer fortfuhr: »L'Angelier wurde es erst am frühen Morgen schlecht, und er kam nicht schon krank nach Hause. Es gibt keinerlei Beweis, daß er überhaupt in dieser Nacht nach Hause gekommen beziehungsweise ausgegangen ist. Alles, was wir als belegte Tatsache wissen, ist, daß es ihm zwischen vier und fünf Uhr morgens schlecht wurde.«

Das Argument der Staatsanwaltschaft, daß L'Angelier tatsächlich Madeleine am Abend des 22. gesehen hätte, stützte sich auf einen an einem Mittwoch in Glasgow aufgegebenen Brief, der jedoch ein unentzifferbares Datum trug und in dem Madeleine schreibt: »Du hast schlecht ausgesehen am Sonntagabend und am Montagmorgen.« Die Staatsanwaltschaft gab der Überzeugung Ausdruck, daß dieser Brief am 25. Februar geschrieben worden sei und daß die Schreiberin auf den Anfall in der Nacht nach Sonntag, dem 22., anspielte. Wenn das hätte bewiesen werden können, wäre dieser Brief in der Tat ein vernichtendes Beweisstück gewesen; aber der Poststempel auf dem Umschlag war unleserlich. Die Verteidigung behauptete, daß er an irgendeinem Mittwoch während der Bekanntschaft zwischen der Angeklagten und dem Verstorbenen geschrieben worden sein könnte. Die Staatsanwaltschaft verfocht die Ansicht, daß sie nachgewiesen hätte, er wäre am 25. Februar geschrieben, und zwar unabhängig von dem Poststempel. Der Brief fuhr fort: »Ich glaube, Dir ist schlecht geworden, weil Du so spät nach Hause gegangen bist und so lange nichts gegessen hast; deshalb werde ich dafür sorgen, wenn wir uns das nächste Mal sehen, daß Du vor dem Nachhausegehen eine Scheibe Brot ißt. Ich sehne mich danach, Dich wiederzusehen, mein Liebster. Mein Kopf schmerzt so sehr, und ich sehe so schlecht aus, deshalb kann ich nicht so lange aufbleiben wie sonst; aber ich werde ein Pulver nehmen, damit ich wieder Farbe bekomme, und ich werde Dich bald wiedersehen.«

»Also, meine Herren Geschworenen«, sagte der Generalstaatsanwalt, »wenn das am 25. geschrieben wurde, beweist es, daß er sie am Sonntag und Montag, dem 22. und 23., gesehen hat. Es beweist, daß er sich zu jener Zeit krank fühlte und daß er sehr schlecht aussah. ... Es beweist, daß sie daran dachte, ihm etwas zu essen zu geben; daß sie den Grund für ein Wiedersehen legte; daß sie ein Pulver nahm, um wieder Farbe zu bekommen. Es beweist, daß sie eine Erklärung für seine Symptome zurechtlegte, weil sie sagte, es ginge ihr ebenfalls nicht gut; und es beweist, daß all dies an dem Tag stattfand, der ihrem Arsenikkauf bei Mr. Murdoch folgte.«

Miss Perry sagte aus, daß L'Angelier am 9. März mit ihr Tee getrunken habe, also nach seinen beiden ersten und vor dem dritten Anfall, und daß er dabei zu ihr gesagt habe: »Ich weiß gar nicht, wieso mir so schlecht war, nachdem ich diesen Kaffee und diese Schokolade von ihr bekam.« Miss Perry bestand darauf, daß er dabei auf zwei getrennte Male angespielt habe und daß mit ›von ihr‹ nur Madeleine gemeint sein könnte. Sie fügte hinzu, daß er noch gesagt hätte: »Es ist eine regelrechte Bezauberung, meine Liebe zu diesem Mädchen. Wenn sie mich vergiften wollte, ich würde ihr verzeihen.« Als Beweismaterial ist diese Aussage natürlich wertlos, und von einem englischen Gericht wäre sie auch abgelehnt worden.

Wir kommen jetzt zu dem überaus wichtigen Datum des 22. März, jenes Sonntags, an dem L'Angelier nach Empfang des nachgesandten Briefes nach Glasgow zurückeilte. Es steht außer Frage, daß er an jenem Abend das Haus verließ, und die Vermieterin nahm an, daß er seine junge Dame besuchen ging, da er bei diesen Gelegenheiten stets um den Hausschlüssel zu bitten pflegte. Diese Tatsache spricht natürlich für das Argument der Verteidigung, daß er am Abend des 22. Februar nicht zu Madeleine gegangen ist; denn die Vermieterin sagte aus, daß er an diesem Tage nicht um den Hausschlüssel gebeten und daß sie ihn auch nicht eingelassen habe. Die Äußerung des Präsidenten der Anwaltskammer, daß die Sache der Staatsanwaltschaft auf recht wackeligen Beinen stehe, ist also gar nicht so unbegründet. Bis es zur Behandlung der verhängnisvollen Ereignisse am Abend des 22. März kam, war die Verteidigung doch ziemlich im Vorteil. Trotz gründlichster Nachforschungen konnte Madeleine kein Kauf von Arsenik zur Zeit von L'Angeliers erster Erkrankung nachgewiesen werden, und zur Zeit seiner zweiten Erkrankung konnte nicht einmal nachgewiesen werden, daß er das Haus verlassen hatte.

Zum Zeitpunkt seiner dritten Erkrankung waren insgesamt drei Arsenikkäufe nachgewiesen sowie auch die Tatsache, daß L'Angelier seine Wohnung verlassen und den Hausschlüssel mitgenommen hatte; aber auch hier wieder werden wir mit dem Umstand konfrontiert, daß nie der Beweis für ein Zusammentreffen zwischen ihm und Madeleine in jener Nacht erbracht werden konnte. Madeleines eigener

Bericht über jenen Abend in ihrer schriftlichen Erklärung besagt lediglich: »Ich ging am Sonntagabend gegen elf Uhr zu Bett und blieb im Bett bis zur üblichen Aufstehenszeit am nächsten Morgen, gegen acht oder neun Uhr.« Ihre kleine Schwester Janet, die von der Verteidigung aufgerufen wurde, sagte: »Ich erinnere mich an Sonntag, den 22. März. Wir gingen an jenem Abend zur gleichen Zeit zu Bett. Ich bin ganz sicher. Es war etwa um 10.30 Uhr oder danach. Wir gingen zusammen vom Eßzimmer die Treppe hinunter. Ich weiß nicht mehr, wer von uns beiden zuerst im Bett lag. Wir zogen uns beide zur gleichen Zeit aus und gingen auch fast gleichzeitig ins Bett. Wir brauchen gewöhnlich ungefähr eine halbe Stunde zum Ausziehen. An jenem Abend haben wir uns beim Ausziehen nicht besonders beeilt. Jedenfalls war meine Schwester im Bett, ehe ich eingeschlafen war. Das weiß ich noch ganz genau. Sie hatte ihre Kleider ausgezogen wie immer und ihr Nachthemd an.« Im Kreuzverhör durch den Generalstaatsanwalt sagte sie: »Ich habe meine Schwester Kakao trinken sehen; ich habe nie gesehen, daß sie ihn in ihrem Zimmer bereitete. Sie bewahrte das Kakaopulver in einem Papier in ihrem Zimmer auf.« Und nochmals durch den Verteidiger dazu befragt: »Ich habe gesehen, daß meine Schwester im Eßzimmer Kakao trank. Ich weiß nicht, ob jemand ihr empfohlen hat, Kakao zu trinken. Niemand sonst im Hause trank welchen. Sie bewahrte ihn in ihrem Zimmer auf und trank ihn im Eßzimmer. Am Montagmorgen, dem 23. März, sah ich meine Schwester im Bett liegen, als ich aufwachte.«

L'Angelier verließ sein Haus an jenem Abend gegen neun Uhr. Ein Mann namens James Galloway, der L'Angelier vom Sehen her kannte, sagte aus, daß er L'Angelier am Sonntag, dem 22. März, in der Sauchiehall Street nach Osten in Richtung Blythswood Square habe gehen sehen, und zwar ungefähr vier oder fünf Minuten von dort entfernt. Er sei ziemlich langsam gegangen. Mary Tweedle, eine Hausangestellte in einer Pension in der Terrace Street, die L'Angelier ebenfalls vom Sehen her kannte, gab an, daß er an jenem

Abend gegen zwanzig Minuten nach neun im Haus ihrer Arbeitgeberin, Mrs. Parr, vorsprach und nach seinem Freund Mr. McAlester fragte, der nicht zu Hause gewesen sei. Dieses Haus lag ungefähr fünf Minuten vom Blythswood Square entfernt. Thomas Kavan, ein Nachtdienst-Polizist in Glasgow, zu dessen Runde die Nord- und Ostseite von Blythswood Square gehörte, erinnerte sich gut daran, L'Angelier mehr als einmal auf der Gartenseite an den Zäunen entlang gehen gesehen zu haben, aber er konnte beschwören, daß er ihn in der Nacht des 22. März nicht gesehen hatte.

Niemand wird je genau erfahren, wie L'Angelier die Stunden zwischen neun Uhr abends und halb drei Uhr morgens verbrachte, als Mrs. Jenkins von einem heftigen Läuten an der Haustür geweckt wurde. Sicher ist nur, daß er während dieser Zeit eine große Menge Arsenik geschluckt hat.

Es besteht kein Zweifel, daß Madeleine ein Motiv für den Wunsch besaß, L'Angelier loszuwerden. Es besteht auch kein Zweifel, daß sie die Gelegenheit dazu gehabt hätte, wenn sie es hätte tun wollen. Und genauso gibt es keinen Zweifel, daß sie – was auch von der Verteidigung nie bestritten wurde – Arsenik in ihrem Besitz hatte. Nach ihrer eigenen Erklärung hatte sie das Gift als Kosmetikum zum Waschen von Gesicht und Armen gekauft und auch alles für diesen Zweck verbraucht – alle die Geschichten, die sie erzählt hatte, sie benötige es zur Vernichtung von Ratten, erwiesen sich als falsch. Die Verteidigung behauptete, daß es unmöglich sei, eine so große Menge Arsenik unbemerkt in irgendeinem Getränk zu verabreichen. »Selbst wenn wir annehmen«, bekräftigte der Präsident der Anwaltskammer, »daß jemand dieses viele Arsenik in einer Tasse Kakao trinken könnte, ist es immer noch unmöglich, daß er bei all diesem kratzigen, ungelösten Pulver, das durch seine Kehle rinnt, nicht bemerken würde, er hätte etwas Ungewöhnliches getrunken. Und doch«, fuhr er fort, »statt sofort ärztliche Hilfe in Anspruch zu nehmen oder seine Furcht, oder seinen Verdacht, jemandem mitzuteilen, taumelt er unter großen Schmerzen nach Hause; und während der langen, düsteren Stunden jenes verhängnisvollen Morgens, inmitten seines entsetzlichen Leidens, deutet er weder gegenüber seiner Vermieterin noch gegenüber dem Arzt an, daß er vergiftet worden sein könnte, oder läßt auch nur den Schatten eines Verdachtes auf jene fallen, die er zuvor einmal des Versuches, ihn zu vergiften, verdächtigt haben soll.«

XI.

Und hier kommen wir zu der rätselhaftesten Frage in diesem rätselhaften Fall. Madeleine selbst, ob schuldig oder unschuldig, stellt ein verhältnismäßig einfaches Problem dar; es ist L'Angelier, dieser kleine, ränkeschmiedende, sinnliche, von einem eisernen Willen angetriebene Weiberheld und Herzensbrecher, der das unlösbare Rätsel aufgibt. Es gibt nur vier Deutungen von den Vorgängen jener Nacht, von denen aber zwei gar nicht ernst genommen werden können. Die erste ist, daß ihm das Gift von einer oder mehreren Personen unbeabsichtigt eingegeben wurde, worüber man offensichtlich nicht weiter nachzudenken braucht. Die zweite ist, daß er von einer anderen Person als Madeleine ermordet wurde, und das ist genauso unhaltbar. Niemand hatte einen Grund, ihm Böses zu wünschen. Diese beiden Phantastereien können darum ruhig beiseite gelegt werden. Die dritte Annahme besagt, daß Madeleine ihm mit kühler Berechnung das Gift verabreichte, und die vierte ist die der Verteidigung, daß er Selbstmord beging. Nun, diese vierte Annahme liegt nicht außerhalb des Bereichs der Möglichkeit, aber man sollte annehmen, es sei unwahrscheinlich, daß er mehrere Selbstmordversuche mit der gleichen, äußerst schmerzhaften Methode unternommen habe. Doch das ist keinesfalls ein schlüssiges Gegenargument. Die menschliche Natur birgt so vieles Seltsame, und besonders L'Angelier war ein so einfallsreicher Mann, daß er absolut geplant haben könnte, sich mit einem solchen Selbstmord an Madeleine zu rächen.

Er mag ihr vielleicht die moralische Schuld für seinen Tod in die Schuhe haben schieben wollen oder vielleicht sogar – denn nichts ist so phantastisch, daß es nicht im wirklichen Leben passieren könnte – sich in der Absicht umgebracht haben, sie des Mordes anklagen zu lassen; aber falls eine dieser Annahmen zutreffen sollte, ist es doch eigenartig, daß er keine sicheren Vorkehrungen für die Erfüllung seiner Pläne traf. Er brauchte in seinem Todeskampf nur eine Bemerkung fallenzulassen, wie er sie früher gegenüber Miss Perry gemacht hatte, um die Last der Tat fest auf Madeleines Schultern zu packen; aber während all dieser Stunden qualerfüllten Bewußtseins erwähnte er sie mit keinem Wort.

Wenn wir uns andererseits für einen Moment die Annahme erlauben wollen, daß es tatsächlich Madeleine war, die ihm den tödlichen Trank verabreicht hat, sehen wir uns einem genauso seltsamen Rätsel gegenüber, und wir werden zu dem Glauben veranlaßt, daß letzten Endes doch wohl mehr Gutes in diesem bislang verachtenswürdigen kleinen Mann gesteckt haben muß, als es den Anschein hatte. Denn wenn er von seiner tödlichen Erkrankung angefallen wurde, nachdem er ein Getränk aus Madeleines Hand entgegengenommen hatte, mußte er doch, falls seine frühere Bemerkung zu Miss Perry irgend etwas bedeutete, er habe sich nach dem Kaffee und Kakao aus derselben Hand schon einmal elend gefühlt, mit absoluter Sicherheit gewußt haben, warum er hier im Todeskampfe lag. Er hatte sich bis zu diesem Zeitpunkt Madeleine gegenüber vollkommen erbarmungslos gezeigt, er war bereit, ihr Leben zu ruinieren – und doch verschließt er seine Lippen, als sie, wie er geglaubt haben muß, den letzten Verrat an ihm beging. Nichts an diesem ganzen Fall ist so sonderbar wie das Problem von L'Angeliers geistiger und seelischer Verfassung während dieser letzten Stunden seines Lebens. Keine mögliche Lösung des Rätsels seines Todes bietet eine mögliche Lösung des Rätsels seines Seins.

Als gegen die Theorie von seinem Selbstmord sprechend mag hier noch erwähnt werden, daß selbst gründliche Nachforschungen über alle Käufe von Arsenik in Glasgow und

Umgebung auch nicht die geringste Spur auf L'Angelier als
Käufer ergaben – genausowenig konnten Madeleine mehr als
die drei offen getätigten und zugegebenen Käufe nachgewiesen werden.

XII.

Ehe L'Angelier am Montagmorgen starb, hatte er seine Vermieterin gebeten, nach Miss Perry zu schicken; als diese
jedoch eintraf, war er bereits tot. L'Angelier hat sicherlich
nicht geglaubt, daß er so bald sterben würde, und wenn Miss
Perry noch rechtzeitig erschienen wäre, hätte er ihr vielleicht
das Geheimnis der vorhergehenden Nacht anvertraut; aber
er schien seine Bitte nicht besonders dringend oder innerlich
beunruhigt vorgebracht zu haben, denn die letzten Worte,
die er an seine Vermieterin richtete, lauteten tatsächlich:
»Wenn ich nur ein bißchen Schlaf finden könnte, würde es
mir wohl bald besser gehen.« Es sieht so aus, als hätte er gar
nicht realisiert, daß er sein Todesurteil schon in der Hand
hielt; und dies ist ein Argument, das gegen einen Selbstmord
spricht.

Miss Perrys nächster Schritt war sehr sonderbar. Sie ging
zu dem Haus am Blythswood Square und verlangte Mrs.
Smith zu sprechen, die sie nicht kannte und die, wie sie wußte,
keine Ahnung hatte, daß Madeleine ihr Verhältnis mit
L'Angelier nicht vor zwei Jahren beendet hatte. Miss Perrys
Bericht im Zeugenstand lautete darüber wie folgt: »Ich
suchte Mrs. Smith auf und teilte ihr seinen Tod mit. Ich sah
auch Miss Smith, erwähnte davon ihr gegenüber aber nichts.
Sie erkannte mich, schüttelte mir die Hand und bat mich,
ins Wohnzimmer zu gehen, wenn ich ihre Mama zu sehen
wünschte. Sie fragte auch, ob irgend etwas nicht stimme.
Ich sagte ihr, daß ich ihre Mama sprechen wollte und ihr den
Zweck meines Besuches mitteilen würde.« Es ist unglaublich,
aber wahr, daß nicht nur Mrs. Smith niemals als Zeugin
über diese einzigartige Begebenheit aufgerufen wurde,

sondern daß auch Miss Perry nie gefragt wurde, warum sie Mrs. Smith und nicht Madeleine sprechen wollte oder wie Mrs. Smith diese Nachricht aufnahm, ob sie Miss Perry gefragt hatte, warum sie damit überhaupt zu ihr gekommen sei, oder was für einen Eindruck Madeleine an jenem Morgen gemacht hätte. Wenn man nur die Wahrheit über diese Unterredung kennen würde, wäre das von unschätzbarem Wert für das richtige Verständnis dieses Falles. Aber es gibt keinen Zweifel, daß die Familie Smith während des ganzen Verfahrens in jeder Weise geschont wurde. Das einzige Familienmitglied, das zu einer Aussage herangezogen wurde, war die kleine Janet, und auch die nur auf Veranlassung der Verteidigung.

Am Nachmittag des gleichen Tages besuchte Monsieur Auguste de Mean, Sekretär am französischen Konsulat in Glasgow, Mr. Smith. Er kannte L'Angelier seit ungefähr drei Jahren und wußte von der Liaison mit Madeleine. Er wußte auch, daß Briefe von Madeleine vorhanden waren, die entdeckt werden mußten, und hielt es für besser, zu Mr. Smith zu gehen und ihn zu warnen, damit dieser vielleicht verhindern könnte, daß die Briefe in falsche Hände fielen. Mr. Smith wurde nicht als Zeuge aufgerufen, deshalb gibt es auch keinen Hinweis darauf, wie er diese Nachricht von M. de Mean aufnahm.

An einem Tag jener Woche – das genaue Datum festzulegen ist nicht möglich – hatte der Franzose auch eine Unterredung mit Madeleine in Gegenwart ihrer Mutter, in der er ihr sehr eindringlich riet, die Wahrheit zu sagen, falls sie L'Angelier am Sonntagabend gesehen hätte. Er warnte sie, daß irgendein zufällig vorbeigekommener Spaziergänger sie gesehen haben könnte, und wenn das der Fall sei, würde seine Aussage ernstlich gegen sie sprechen, wenn sie leugnete. Madeleine jedoch blieb bei ihrer Verneinung und sagte: »Ich schwöre es Ihnen, Monsieur de Mean, ich habe L'Angelier seit drei Wochen nicht mehr gesehen.« M. de Mean sagte weiter aus: »Ich habe ihr erklärt, daß ich im Moment davon überzeugt sei, daß sie ihn am Sonntag gesehen und gesprochen haben müsse, daß er auf ihre spezielle Aufforderung von Bridge of Allan zurückgekommen sei, um sie aufzusuchen; und ich hielte es nicht für wahrscheinlich – einmal angenommen, er habe Selbstmord begangen –, daß er Selbstmord verübt habe, ohne zu wissen, warum sie ihn gebeten hätte, nach Glasgow zu kommen.« Madeleine leugnete M. de Mean gegenüber auch, daß L'Angelier jemals im Hause am Blythswood Square gewesen wäre.

Am Abend des 25. März aß Madeleine bei Mr. Middleton, einem Geistlichen der Vereinigten Presbyterianischen Kirche, zu Abend. Mr. Smith lag krank zu Bett – das Bett schien überhaupt eine bewährte Zuflucht für das Elternpaar Smith während dieser Periode der Belastung gewesen zu sein –, und so war es Mr. Minnoch, der Madeleine abholte und zu der Einladung zum Abendessen begleitete. Er schien immer noch nicht zu wissen, daß irgend etwas nicht stimmte, und man kann unmöglich der vornehmen Art, wie die Familie Smith die Fiktion aufrechterhielt, es sei nichts geschehen, seine Bewunderung versagen. Das wesentliche an diesem Mittwoch aber ist, daß sich an ihm irgend etwas ereignete, das Madeleine Angst einjagte. Vielleicht war dies der Tag, an dem M. de Mean sie und ihre Mutter aufsuchte – gewiß hätte man Mrs. Smith zu diesem Punkt vernehmen können –, oder vielleicht drehte sich die Unterhaltung in der Abendgesellschaft bei den Middletons um den mysteriösen Tod des jungen Handlungsgehilfen. Niemand wurde darüber befragt. Aber am nächsten Morgen stand Madeleine früh auf – falls sie überhaupt zu Bett gewesen war – und verließ das Haus. »Ich erinnere mich an den Morgen, an dem Madeleine fortging«, erklärte Janet in ihrer Zeugenaussage. »Ich nehme an, daß sie an jenem Abend zu Bett gegangen ist. Ich schlief schon, als sie ins Zimmer kam. Und als ich aufwachte, war sie fort.« All das zeigt nebenbei, daß die kleine Janet einen sehr gesunden Schlaf hatte, und verringert sehr den Wert ihrer Aussage über den Abend und die Nacht von Sonntag, dem 22. März.

Es muß Bestürzung in der Familie Smith geherrscht haben,

als man entdeckte, daß Madeleine verschwunden war; und zu diesem Punkt wissen wir wieder nichts Genaues, nicht annähernd genug, da niemand von der Familie über die Geschehnisse dieses Morgens vernommen wurde. Nur Mr. Minnoch legte insoweit Zeugnis darüber ab, als er sagte, man habe ihm bei seinem Besuch am Donnerstagmorgen mitgeteilt, daß Madeleine das Haus verlassen habe. Er äußerte die Vermutung, daß sie vielleicht nach Rowaleyn gefahren sei, und fuhr mit ihrem Bruder Jack dorthin, um sie zu suchen. Sie fanden sie an Bord des Dampfers, der nach Helensburgh und Row ging. Sie fuhren mit ihr in einer Droschke nach Rowaleyn und brachten sie zurück in das Haus am Blythswood Square. Mr. Minnoch scheint sie mit größter Rücksichtnahme behandelt zu haben. Er wußte immer noch nicht, was für ein finsterer Schatten sie bedrohte. Er fragte sie, warum sie ihr Heim verlassen und damit allen ihren Freunden solchen Kummer bereitet hätte, und sie antwortete, daß sie bekümmert sei, ihrem Papa und ihrer Mama soviel Unannehmlichkeiten bereitet zu haben. Mr. Minnoch wußte inzwischen, daß da irgendeine alte Liebesgeschichte die Familie Smith beunruhigte, und nahm an, daß sie darauf anspielte. Mr. Minnoch sah sie am Sonntag wieder, und sie erzählte ihm, sie habe einen Brief an jemanden geschrieben mit der Bitte, ihr irgendwelche Briefe zurückzugeben, die sie ihm früher einmal geschrieben hätte. Der vertrauensvolle Mr. Minnoch war am Montag wieder zur Stelle, um sich nach dem Befinden von Mrs. Smith zu erkundigen, da er gehört hatte, daß sie krank sei. An diesem Tage sprachen Madeleine und er nicht über dieses Thema. Der Anschein, daß nichts Ernstliches passiert sei, wurde immer noch im Haus Nr. 7 am Blythswood Square aufrechterhalten. Am Dienstagmorgen kam er wieder zu Besuch, und Madeleine sprach aus freien Stücken über L'Angeliers Tod und über die Nachricht, daß er an einer Arsenikvergiftung gestorben sei. Sie erwähnte auch, daß sie einige Male Arsenik gekauft habe, da sie in der Schule gelernt hätte, es sei gut für den Teint. Dies war das letzte Mal, daß William Minnoch mit

Madeleine sprechen konnte, denn am Nachmittag dieses Dienstages wurde sie von dem Staatsanwalt von Glasgow verhaftet.

XIII.

Sie gab eine eidesstattliche schriftliche Erklärung ab, alles was ein Untersuchungsgefangener in jenen Tagen, da es ihm noch nicht gestattet war, in den Zeugenstand zu treten, tun konnte. Ihr Auftreten war ruhig und gefaßt, ihr Blick frei und offen. Sie erklärte, daß sie L'Angelier seit etwa drei Wochen vor seinem Tode nicht gesehen hätte; das letzte Mal habe sie durch die Gitterstäbe vor ihrem Schlafzimmerfenster mit ihm geredet. Sie gab zu, daß sie ihm bei einer Gelegenheit Kakao aus dem Fenster gereicht hätte, doch das sei schon länger her, das Datum könne sie nicht mehr angeben. Sie erklärte, daß sie das Arsenik zum kosmetischen Gebrauch gekauft und auch nur zu diesem Zweck verwendet hätte und daß sie nur gesagt hätte, sie brauche es als Rattenvernichtungsmittel, weil niemand hätte erfahren sollen, daß sie es für kosmetische Zwecke brauchte. Sie endete mit den Worten: »Ich habe niemals Mr. L'Angelier Arsenik oder irgendeinen schädlichen Stoff verabreicht oder verabreichen lassen und erkläre an Eides statt, daß dies der Wahrheit entspricht.«

Das in Edinburgh abgehaltene Verfahren dauerte neun Tage. Den Vorsitz führten drei Richter, der Vizepräsident des *Court of Justiciary*, Lord Hope, sowie die Lords Ivory und Handyside. Das Aufsehen, das es im ganzen Land hervorrief, war gewaltig. Die Plädoyers beider Parteien waren brillant, das der Verteidigung gewissermaßen ein Modellfall zu nennen. Die Beweislast hatte die Staatsanwaltschaft zu tragen, und die stärkste Position der Verteidigung war, daß nicht der geringste Beweis dafür erbracht werden konnte, daß Madeleine vor einem der drei Anfälle L'Angelier getroffen hatte. Es kann nicht bezweifelt werden, daß hauptsächlich dieser Umstand die Geschworenen in die Lage versetzte, einen Urteilsspruch von »nicht schuldig« in bezug auf das Verabreichen von Gift beim erstenmal und »Schuldbeweis nicht erbracht« in bezug auf den gleichen Anklagepunkt bei den beiden anderen Gelegenheiten auszusprechen.

In seiner bewundernswert logisch aufgebauten und peinlich fairen Zusammenfassung machte Lord Hope die Geschworenen warnend auf den Unterschied zwischen Schlußfolgerung und Beweis aufmerksam. Indem er von der Schlußfolgerung sprach, die man aus ihrem Brief ziehen könne, der L'Angelier nach Glasgow zurückbrachte, forderte er die Geschworenen auf, sich folgende Frage zu stellen: »Ist dieses eine zufriedenstellende und gerechte Schlußfolgerung? Wenn Sie das finden, kann ich Sie nicht daran hindern, danach zu handeln, denn die meisten Dinge in unserem Leben hängen zwangsläufig von Indizienbeweisen ab und von den Schlußfolgerungen, die ein Geschworenengericht vielleicht daraus ziehen muß. Doch dies ist eine Schlußfolgerung sehr ernster Natur – es ist eine Schlußfolgerung, aus welcher der Tod dieses Mannes durch die Hand der Untersuchungsgefangenen klar hervorgehen muß. Dazu werden Sie alle anderen Begleitumstände dieses Falles in gründliche Erwägung ziehen müssen, um zu sehen, ob Sie daraus den Schluß ziehen können, daß die beiden sich getroffen haben. Wenn Sie glauben, daß die beiden sich an jenem Abend getroffen haben und daß er, kurz nachdem er sie verließ, von Übelkeit gepackt wurde, müssen Sie entscheiden, ob in diesem Falle noch der geringste Zweifel besteht, durch wessen Hand das Gift verabreicht wurde.« Gegen Ende seiner Zusammenfassung ermahnte er sie nochmals: »Sie dürfen nicht vergessen, daß das Arsenik nur von ihr verabreicht werden konnte, wenn eine Unterredung zwischen ihr und L'Angelier stattgefunden hat; und diese Unterredung – auch wenn sie als das Resultat einer Schlußfolgerung, die Sie moralisch befriedigt, stattgefunden haben könnte – beruht eben lediglich auf einer Schlußfolgerung; und diese Schlußfolgerung ist und muß die Begründung sein, auf die ein Schuldspruch sich stützt. Meine

Herren Geschworenen, Sie sehen hieraus, warum große Vorsicht und große Sorgfalt bei der Anwendung einer Schlußfolgerung geboten ist, die Sie aus den vorliegenden Indizien ziehen könnten.«

Es gab verschiedene günstige Punkte, die die Verteidigung auch sehr herausstrich; aber alle zusammengenommen waren sie bei weitem nicht so wertvoll wie dieser Mangel an Beweisen auf seiten der Staatsanwaltschaft. Der Präsident der Anwaltskammer argumentierte sehr logisch, daß L'Angeliers Tod sie nur noch in eine schlimmere Lage versetzte, da ihre Briefe gefunden werden mußten und damit die so von ihr gefürchtete Bloßstellung und Schande unweigerlich über sie kommen würde. Das bei Murdoch gekaufte Arsenik war mit Ruß vermengt, das von Currie mit Ausschußindigo. Keiner dieser Farbstoffe wurde im Magen des Verstorbenen gefunden. Die Staatsanwaltschaft argumentierte mit medizinischer Unterstützung, daß die Menge von Ausschußindigo in Curries Arsenik sehr gering gewesen sei und daß bei Verabreichung einer genügend großen Portion Arsenik, die den Tod und davor lange andauerndes Erbrechen verursachte, kein Farbstoff im Magen zurückbleiben würde; und daß, wenn das Kohlenstoffpartikel enthaltende Arsenik lange genug vor Eintritt des Todes verabreicht worden sei, keinerlei Spuren von Kohlenstoff mehr gefunden werden könnten. Die Verteidigung wendete ein, daß es unmöglich sei, so viel Arsenik, wie der Verstorbene eingenommen haben mußte, in irgendeiner Flüssigkeit zu suspendieren. Die Staatsanwaltschaft setzte dem entgegen, daß Kakao ein ideales Vehiculum sei, um eine größere Menge Gift in Suspension zu halten. Es gab also den üblichen Konflikt bei der Auswertung des medizinischen Beweismaterials.

Die Verteidigung behauptete weiter, daß L'Angelier sich selbst gewohnheitsmäßig gern Arzneien verabreichte, daß er ein Arsenikesser sei und sich schon verschiedenen Leuten gegenüber mit dieser Gewohnheit gebrüstet habe; aber L'Angelier prahlte mit so vielem, daß es wohl übereilt gewesen wäre, irgendeine seiner diesbezüglichen Äußerungen als die unbedingte Wahrheit hinzunehmen. Die Verteidigung zeigte auch auf, daß L'Angelier die Gewohnheit hatte, sich selbst medizinisch zu behandeln, und daß er häufige und schlimme Anfälle von Magenbeschwerden hatte. Die Verteidigung versuchte zu beweisen, daß L'Angelier bereits krank war, als er am Sonntag, dem 22. März, von Bridge of Allan nach Glasgow zurückfuhr. Sie brachte Zeugenaussagen zu Gehör, wonach ein Mann, der laut Erklärung der Verteidigung L'Angelier gewesen sein mußte, verschiedene Apotheken betrat und Laudanum verlangte sowie in einem Fall ein weißes Pulver, dessen Natur unbekannt blieb. Die Staatsanwaltschaft trat den Gegenbeweis an, daß L'Angelier sich bei bester Gesundheit befunden habe und auf seinem Heimweg nicht abgewichen sei, um irgendwelche Einkäufe zu machen. Und in der Tat ist es unwahrscheinlich, daß diese phantastische Geschichte von einem herumziehenden Fremden, angeblich L'Angelier, von der Verteidigung besonders ernst genommen wurde. Es bleibt lediglich die unbestrittene Tatsache, daß die Staatsanwaltschaft auch nicht mit der Spur eines Beweises dafür aufwarten konnte, daß Madeleine vor einem seiner drei Übelkeitsanfälle mit L'Angelier zusammengetroffen war. Es ist ebenfalls unbestreitbar, daß die Geschworenen, hätte die Staatsanwaltschaft einen solchen Beweis erbringen können, kein anderes als ein ungünstiges Urteil hätten fällen müssen.

XIV.

Wir kommen jetzt zu dem wohl interessantesten Punkt in diesem ganzen Fall. Unter L'Angeliers Effekten fand man ein kleines Notizbuch, in dem er seit dem 11. November des vorhergehenden Jahres Aufzeichnungen gemacht hatte. Nach verschiedenen, nicht besonders interessanten Eintragungen finden sich folgende: »Donnerstag, 19. Februar. Mimi ein paar Augenblicke lang gesehen. War in der Nacht ziemlich krank. Freitag, 20. Februar. Zwei schöne Stunden mit Mimi im Wohnzimmer verbracht. Sonnabend, 21. Februar. Habe mich nicht wohl gefühlt. Sonntag, 22. Februar. Sah Mimi im Wohnzimmer. Versprach mir eine französische Bibel. War sehr krank.« Diese Eintragungen stimmen, wie man sieht, mit den Daten seiner ersten beiden Anfälle überein. Das Tagebuch wurde von ihm nur bis zum 14. März geführt.

Die Verteidigung kämpfte – mit gutem Recht – sehr hart um den Ausschluß dieses Notizbuches aus dem Beweismaterial. Lord Hope, Lord Handyside und Lord Ivory hatten über diese überaus wichtige Frage zu entscheiden. Vizepräsident Lord Hope und Lord Handyside hielten die Zulassung des Notizbuches als Beweismaterial für nicht statthaft, Lord Ivory war entgegengesetzter Meinung. Lord Hope erklärte, daß er ein solches Beweismaterial nicht zulassen könne: »Es könnte die geheiligten Gesetze der Beweisführung dermaßen lockern, wie wir es uns jetzt nicht vorstellen können. Niemand kann sagen, wie viele Dokumente im Nachlaß eines Verstorbenen existieren und gefunden werden können. Jemand mag von einem anderen bedroht worden sein, er mag Haß gegen ihn empfunden haben und entschlossen gewesen sein, sich an ihm zu rächen – was für Eintragungen könnte so ein Mensch zu diesem Zweck in sein Tagebuch machen?« Lord Handyside legte dar, daß diese Aufzeichnungen auch nicht als Beweismaterial hätten gewertet werden können, wenn ihr Verfasser noch lebte. Sie hätten lediglich im Zeugenstand zur Auffrischung des Gedächtnisses benutzt werden dürfen. Man hielte es allgemein für gefährlich, als Beweismaterial Notizen zuzulassen, die nach Lage der Dinge unmöglich auf ihre Richtigkeit hin überprüft werden könnten. Das Notizbuch wurde aus diesen Gründen von der Beweisführung ausgeschlossen, und es ist begeisternd, zu verfolgen, wie Lord Hope sein persönliches Wissen über diese Eintragungen nicht nur aus seiner Zusammenfassung heraushielt, sondern augenscheinlich auch aus seinen Gedanken, während er diese Zusammenfassung vortrug.

Die Staatsanwaltschaft verfocht mit sehr viel Logik den Standpunkt, daß es Madeleine absolut möglich gewesen sei, ohne ihre kleine, den gesunden Kinderschlaf schlafende Schwester oder das von harter Arbeit erschöpfte Dienstpersonal zu wecken, die Treppe hinaufzuschlüpfen, die Haustür zu öffnen und ihren Liebhaber ins Wohn- oder Speisezimmer des Hauses am Blythswood Square einzulassen. Daß sie ihn trotz ihres Leugnens bei mehreren Gelegenheiten einließ, darüber besteht kein Zweifel. In einem Brief, den sie L'Angelier kurz vor Weihnachten schrieb, sagt Madeleine: »Geliebter Emile, wir müssen uns treffen. Wenn Du mich liebst, wirst Du mich besuchen kommen, wenn P. und M. in Edinburgh sind; ich glaube, das wird am 7. oder 10. Januar sein.« Wir haben Christina Haggarts Aussage, daß er zumindest einmal über den Hintereingang des Hauses eingelassen wurde. Wir haben jedoch weiter nichts als das Wissen, daß die Möglichkeit dazu bestand, die uns zu der Schlußfolgerung führt, daß Madeleine ihn eigenhändig durch die Vordertür eingelassen haben kann.

Madeleine blieb ruhig, und die Farbe wich nicht aus ihren Wangen, wenn Staatsanwaltschaft und Verteidigung stundenlang um jeden Zoll Boden rangen – ohne dabei jemals das geheiligte und abgezäunte Gebiet der Familie Smith zu betreten, aus dem wir so vieles hätten erfahren können.

Es ist nicht uninteressant, sich auszumalen, was alles hätte bekannt werden können, wenn es in jenen Tagen möglich gewesen wäre, Madeleine selbst in den Zeugenstand zu rufen. Wie hätte sie wohl auf die Frage reagiert, die ihr unzweifelhaft von der Staatsanwaltschaft gestellt worden wäre – die Frage, aus welchem Grunde sie jenen letzten, in Ausdrücken leidenschaftlicher Liebe gehaltenen Brief mit der Bitte an L'Angelier geschrieben hatte, zu ihr zu kommen? Sie hätte nicht abstreiten können, daß sie ihn loswerden wollte, daß sie ihre Vorbereitungen für die Heirat mit Mr. Minnoch weiter vorantrieb ... Welchen Grund hätte sie für diese leidenschaftliche Form ihres Briefes angeben können außer dem, daß sie dringend eine Unterredung mit ihm wünschte und daß einzig und allein diese Sprache ihn zu ihr bringen würde? Und welche Antwort hätte sie auf die Frage geben können, aus welchem Grunde sie diese Unterredung wünschte? Die Anklagebank beschützte sie vor der Möglichkeit einer solchen Einvernahme, und in der Anklagebank verließ ihre sichere Haltung sie nie.

Der Spruch »Schuldbeweis nicht erbracht« wurde im Gerichtssaal mit großer Begeisterung aufgenommen; Madeleine Smith blieb die ruhigste Person darin. Eine Minderheit von zwei Geschworenen sprach sich für »schuldig« gegen die Entscheidung der restlichen dreizehn aus, und es wird berichtet, daß auch ein großer Teil der Mehrheit von Madeleines Schuld überzeugt war, aber den anderen Ausweg aus dem Dilemma vorzog, dem sie sich ausgesetzt sah.

XV.

Madeleine wurde nach unten geführt, wo sie ihr Kleid aus schwerer brauner Seide wechselte, ein Cape umhängte und einen Hut mit einem dunklen Schleier aufsetzte, um dann von ihrem Bruder aus einem Seitenausgang zu einer wartenden Droschke geführt zu werden. Sie nahmen den Zug bis zu einer Station vor Glasgow, wo ein anderes Gespann auf sie wartete, um sie nach Rowaleyn heimzubringen, das sie nach zehn Uhr an jenem Abend erreichten. Von dieser merkwürdigen Heimkehr ist nichts bekannt, wenn man sich auch viel zusammenreimen kann. Vier Tage darauf schrieb sie einen Brief an Miss Aitken, die Aufseherin des Gefängnisses in Edinburgh, der wesentlich schockierender ist als irgendeiner ihrer leidenschaftlichen Briefe an L'Angelier:

Liebe Miss Aitken,

Sie werden froh sein zu hören, daß es mir gutgeht – es geht mir wirklich sehr gut, und ich bin nicht im geringsten niedergeschlagen. Ich bin von Edinburgh bis Slateford gefahren und des Nachts zu Hause in Rowaleyn angekommen. Aber wehe, ich fand Mama in einem ziemlich angeschlagenen Gesundheitszustand vor. Doch ich glaube, daß sie in Kürze wieder völlig hergestellt sein wird. Den anderen geht es allen gut. Die Leute hier im Westen bringen mir keine so freundlichen Gefühle entgegen, wie ihr in Edinburgh das getan habt. Es wird vielleicht notwendig sein, daß ich Schottland für ein paar Monate verlasse, aber da es Mama gar nicht gutgeht, wollen wir zur Zeit noch nichts festlegen. Wenn Sie Mr. C. Combe einmal sehen sollten, sagen Sie ihm, daß die Geschworenen gar nicht über den Urteilsspruch glücklich waren. Ich habe mich über den lauten Beifall aus dem Gerichtssaal gefreut. Ich war nicht im geringsten beunruhigt oder aufgeregt, als die Geschworenen draußen berieten, ob sie mich nach Hause schicken oder dabehalten sollten. Ich glaube, ich habe wohl etliche hundert Briefe bekommen, alle von Herren – einige boten mir Tröstung an, andere ihr Herz und ihr Haus. Von meinem *Freund* habe ich nichts gehört. Ich habe ihn nicht gesehen. Wie ich erfahren habe, soll er krank sein, doch das kümmert mich nicht sehr. Ich hoffe, Sie werden mir antworten. Danken Sie Miss Bell und Agnes in meinem Namen für all die Freundlichkeit und Aufmerksamkeit, die sie mir erwiesen haben. Schicken Sie mir bitte meine Bibel und meine Uhr in die St. Vincent Street Nr. 124 in Glasgow, per Adresse J. Smith. Das Land hier sieht wunderschön aus. Sobald ich weiß, wo ich hingehen werde, lasse ich Sie meine Adresse wissen. Mit freundlichen Grüßen an Sie und Mr. Smith bin ich stets ihre Madeleine Smith.

Dies ist unser letzter Eindruck von Madeleine, weder am Boden zerstört noch niedergeschlagen, lediglich leicht pikiert, weil »die Leute hier im Westen mir keine so freundlichen Gefühle entgegenbringen, wie ihr in Edinburgh das getan habt«. Sie glaubt sogar, daß es »vielleicht« für sie notwendig sein werde, für ein paar Monate zu verreisen!

Das Beste von allem aber ist: »Wenn Sie Mr. C. Combe einmal sehen sollten, sagen Sie ihm, daß die Geschworenen gar nicht über den Urteilsspruch glücklich waren.« Was auch immer wir von Madeleine Smith halten mögen, dem ausgezeichneten Zustand ihres Nervensystems können wir unmöglich unsere Bewunderung versagen.

William Roughead

Der Sündenbock: Oscar Slater

Mit keinem meiner Fälle habe ich mich so lange beschäftigt
und bin so intim vertraut wie mit dem Fall Oscar Slater.
Ich hatte mir oft gewünscht, über einen Prozeß schreiben
zu können, dessen Verhandlung ich miterlebt hatte und bei
dem ich den Ort, die Begleitumstände des Verbrechens und
einige der Beteiligten persönlich kannte. Diese Voraussetzungen waren erfüllt, als ich vom 3. bis zum 6. Mai 1909
im High Court of Justiciary in Edinburgh saß, und in
gehöriger Zeit verfaßte ich einen vollständigen Bericht
über den Prozeß. Aber ich konnte damals nicht ahnen,
daß ich mich fünf Jahre später mit der Herausgabe einer
neuen Fassung würde beschäftigen müssen, als der Sheriff
von Lanarkshire im Jahre 1914 in Glasgow eine offizielle
Untersuchung gewisser neu bekanntgewordener Tatbe-
stände leitete. Noch viel weniger hätte ich es für möglich
gehalten, daß ich noch das erstaunliche Nachspiel von 1928
erleben, sehen und in einer dritten, definitiven Fassung
niederschreiben würde, als die Berufung Oscar Slaters
gegen seine neunzehn Jahre alte Strafe angenommen und
seine Verurteilung vom Scottish Court of Criminal Appeal
für ungültig erklärt wurde; ja, daß ich bei der Berufungsverhandlung sogar selbst als Zeuge aufgerufen werden
würde.

1908

I.

Ich erinnere mich noch gut an jene Weihnachtszeit von
1908, als die Nachricht von dem Mord in Glasgow die
Sensation dieser Tage darstellte, denn damals strotzten die

Morgenzeitungen nicht so wie heute von Morden, Meuchel-
morden und dem Blutzoll, den unser Moloch Automobil
täglich fordert.

Gegen sieben Uhr am Abend des 21. Dezember, einem
Montag, wurde eine alte Dame namens Marion Gilchrist
im Eßzimmer ihrer Wohnung an der Queen's Terrace 15
in Glasgow mit großer Brutalität erschlagen, während ihr
Dienstmädchen Helen Lambie für zehn Minuten abwesend
war. Das Opfer, Miss Gilchrist, war 83 Jahre alt, lebte sehr
zurückgezogen und war nur in einer Hinsicht bemerkenswert: sie besaß Schmuck im Wert von gut 3000 Pfund
Sterling, den sie zwischen ihrer Garderobe im Kleiderschrank versteckt hielt. Das Dienstmädchen Helen Lambie
war 21 Jahre alt und seit drei Jahren bei Miss Gilchrist
angestellt, die allein mit ihr die Wohnung teilte und in
steter Furcht vor Einbrechern lebte; ihre Tür hatte außer
dem normalen Schutz durch Schloß und Kette noch zwei
Riegel und zwei Sicherheitsschlösser mit verschiedenen
Schlüsseln, und mit den Nachbarn in der darunterliegenden
Wohnung hatte sie vereinbart, daß sie dreimal auf den
Fußboden klopfen würde, sollte sie einmal Hilfe benötigen.

An jenem Abend hörten Mr. Adams und seine Schwestern
in der Wohnung darunter »ein Geräusch von oben, dann
einen schweren Fall und danach ein dreimaliges lautes
Klopfen«. Mr. Adams ging sofort nach oben und läutete,
aber niemand öffnete, während er von drinnen Geräusche
hörte, »als ob jemand Feuerholz kleinhackte«. Er ging
zurück in seine Wohnung, doch da die eigenartigen Geräusche fortdauerten – »als ob die Decke einstürzen wollte« –,
schickten seine Schwestern ihn erneut nach oben, und seine
Hand lag schon auf der Türglocke, als das Mädchen mit
der Abendzeitung, die sie hatte holen sollen, zurückkam.
Sie öffnete die Tür mit ihren beiden Schlüsseln und ging
über den Flur zur Küche, während Adams auf dem Fuß-
abtreter stehenblieb. Da erschien ein Mann aus der Schlafzimmertür, ging hinter der Lambie vorbei, kam »ganz
freundlich« auf Mr. Adams zu, sauste dann aber »wie ein

geölter Blitz« an ihm vorbei und die Treppe hinunter und schlug die Haustür mit einem Knall hinter sich zu. Helen Lambies Benehmen war merkwürdig: Obgleich Adams ihr von seinen Wahrnehmungen erzählt und sie gewarnt hatte, »irgend etwas ist ganz bestimmt nicht in Ordnung«, ging sie nun seelenruhig in die Küche und dann ins Schlafzimmer; erst als Adams sie fragte: »Wo ist Ihre Herrin?«, ging sie ins Eßzimmer. Ihr Verhalten läßt nur eine Hypothese zu, nämlich, daß sie den Besucher kannte. Als er sie jetzt aufschreien hörte, rannte Adams ebenfalls ins Eßzimmer, wo er zu seinem Entsetzen die alte Dame vor dem Kamin liegen sah, den Kopf mit dem Kaminvorleger bedeckt und umgeben von Blutspritzern. Da er einen Überfall vermutete, lief Adams auf die Straße hinunter, doch der Mann war verschwunden. Adams sah einen Polizisten, mit dem er in die Wohnung zurückkehrte. Als sie den Kaminvorleger fortnahmen, sahen sie, daß Miss Gilchrist mit unvorstellbarer Grausamkeit angegriffen worden sein mußte: ihr Kopf und Gesicht waren völlig zerschmettert. Adams rief seinen Hausarzt, der auf der anderen Straßenseite wohnte und ebenfalls Adams hieß. Dr. Adams untersuchte den Körper, vergewisserte sich, daß das Leben erloschen war, und rief die Kriminalpolizei an. Helen Lambie war inzwischen aus dem Haus gegangen, um Miss Birrell, eine Cousine von Miss Gilchrist, von dem Vorgefallenen zu benachrichtigen.

Kriminalbeamte trafen am Tatort ein; sie stellten fest, daß Kamin und Umgebung blutbespritzt waren und daß der hölzerne Deckel des Kohleneimers zerbrochen und mit Blut beschmiert war. Sie fanden keine Anzeichen eines Kampfes. Nahe beim Kamin stand ein Sessel, auf dem die alte Dame gesessen hatte; eine aufgeschlagene Zeitschrift, darauf ihre zusammengeklappte Brille, lag auf dem Tisch. Im Schlafzimmer waren die Gaslampen von dem Mörder angezündet worden, der zur Unterstützung der Polizei eine Schachtel mit ›Runaway‹-Streichhölzern liegengelassen hatte. Auf dem Toilettentisch lagen, offen in einer Glasschale und unberührt von diesem einzigartigen Einbrecher, ein Brillantring und zwei Ringe mit anderen Schmucksteinen, eine goldene Uhr mit goldener Kette sowie ein goldenes Armband. Aber Helen Lambie erklärte, daß eine halbmondförmige Brillantbrosche fehlte. Die Schätze im Kleiderschrank waren ungeplündert. Eine kleine Holzkassette, in der Miss Gilchrist ihre privaten Papiere aufbewahrte, war erbrochen und der Inhalt auf dem Fußboden verstreut worden. Wenn er den Mord begangen hatte, um den Schmuck zu bekommen, scheint es seltsam, daß er einen Teil seiner wenigen und kostbaren Minuten für die Durchsuchung der Papiere der alten Dame geopfert haben soll – doch genau das hat er zweifellos getan.

II.

Zwei Menschen hatten Gelegenheit, den Mörder zu sehen: Helen Lambie und Mr. Adams. Am Abend des Mordes erklärte die Lambie zwei Kriminalbeamten, daß sie den Mann nicht würde identifizieren können; Adams war kurzsichtig und hatte bei dieser Gelegenheit seine Brille nicht dabei. Trotz dieser Nachteile war die Polizei in der Lage, aufgrund der von diesen beiden erhaltenen Informationen in den Zeitungen des folgenden Tages diese Beschreibung des gesuchten Mannes veröffentlichen zu lassen:

Ein Mann zwischen fünfundzwanzig und dreißig Jahren, 172 bis 175 Zentimeter groß, schlank, dunkles Haar, glattrasiert; trug einen hellgrauen Mantel und eine dunkle Tuchmütze. Kann nicht näher beschrieben werden.

Doch am 23. Dezember sorgte ein kleines Laufmädchen von vierzehn Jahren mit Namen Mary Barrowman dafür, daß dieser Mann doch noch näher beschrieben werden konnte. Mary Barrowman erklärte, daß sie an dem Abend des Verbrechens an dem Haus von Miss Gilchrist vorbeigekommen sei, als ein Mann die Stufen von Queen's

Terrace 15 herunterrannte; er sei mit ihr zusammengestoßen und dann in Richtung West Cumberland Street davongelaufen und verschwunden. Es war sieben Uhr an einem dunklen und regnerischen Dezemberabend auf einer nur schwach beleuchteten Straße, und sie hatte den flüchtenden Mann nur einen kurzen Moment vorbeihuschen sehen können – aber dennoch schien diese intelligente jugendliche Zeugin in der Lage zu sein, eine viel eingehendere Beschreibung zu liefern als Mr. Adams und Helen Lambie, die ihn normalen Schrittes durch den gasbeleuchteten Wohnungskorridor hatten gehen sehen! Diese neue Beschreibung wurde am Freitag, dem 25. Dezember, in den Zweiuhrausgaben der Glasgower Abendzeitungen veröffentlicht:

Der gesuchte Mann ist ungefähr achtundzwanzig oder dreißig Jahre alt, groß und schlank mit absolut glattrasiertem Gesicht. Ein besonderes Kennzeichen ist seine etwas schiefe, nach Ansicht der Zeugin nach rechts gebogene Nase. Er trug einen jener beliebten runden Tweedhüte, bekannt als Donegalhüte, und einen hellbraunen Mantel, der auch ein Regenmantel gewesen sein kann, dazu dunkle Hosen und braune Schuhe.

Aus diesen grundverschiedenen Beschreibungen schloß die Polizei ganz richtig, daß es sich um zwei verschiedene Männer handeln müsse; und noch am selben Tag gingen beide Beschreibungen vom Präsidium an alle Polizeidienststellen mit dem Vermerk, daß »das Dienstmädchen den *zuerst* beschriebenen Mann beim Verlassen der Wohnung sah und daß etwa zur gleichen Zeit ein anderer, der *zweiten Beschreibung* entsprechender Mann gesehen wurde, wie er die Stufen des Hauses hinunterrannte und davonlief«. Die Beamten wurden besonders ermahnt, diese beiden Personen nicht durcheinanderzubringen. Genau das aber taten später, wie wir sehen werden, skrupellos die Behörden, sobald es in ihre Theorie paßte. Slater dagegen – dessen Persönlichkeit die Prokrustesmethoden der Glasgower Polizei den vorliegenden Beschreibungen anpaßten – war damals neununddreißig Jahre alt, mittelgroß, beleibt, ziemlich breitschultrig und mit gewölbter Brust; er trug einen kurzen schwarzen Schnurrbart, und seine Nase war zwar das, was man eine Adlernase nennt, aber keinesfalls schief. Am stärksten aber mußte jedem Beobachter auffallen, daß er trotz seines zwanzigjährigen Aufenthaltes im Lande offensichtlich und unmißverständlich ein *Ausländer* war. Doch weder Adams noch Lambie oder Barrowman bemerkten das. Wir werden später erfahren, daß Helen Lambie am Abend des Mordes Miss Birrell erzählt hat, daß sie den Mann kannte, und daß sie sogar seinen Namen genannt haben soll! Und noch weitere Ungereimtheiten kamen bei den späteren Untersuchungen ans Licht.

III.

Am Freitag, dem 25. Dezember, erschien ein Fahrradhändler namens McLean auf dem Polizeipräsidium und gab zu Protokoll, daß ein »deutscher Jude«, ihm nur unter dem Namen »Oscar« bekannt, im Slooper Club in der India Street einen Pfandschein für eine halbmondförmige Brillantbrosche abzustoßen versucht habe. Er führte einen Kriminalbeamten zur St. George's Road 69, wo Slater unter dem Namen »Anderson« eine Wohnung im dritten Stock gemietet hatte. Dementsprechend wurden gegen Mitternacht Schritte zu seiner Verhaftung unter Tatverdacht unternommen, aber der Vogel war ausgeflogen: »Anderson«, begleitet von einer Freundin und mit nicht weniger als sieben Koffern und etlichen Paketen, war am gleichen Abend nach Liverpool abgereist. Das war eine unschätzbare Spur; deshalb schob die Polizei die bisher offiziell vertretene Ansicht, *der Mörder müsse ein persönlicher Bekannter des Opfers sein*, beiseite und entschied, daß Slater der gesuchte Mann sei. Aber eine große Enttäuschung erwartete sie. Die Brosche konnte leicht in einem Leihhaus in der Sauchiehall Street aufgespürt werden; doch dort stellte sich heraus, daß die Brosche ununterbrochen seit dem 18. November verpfändet war, also seit über einem Monat vor dem Mord! Mehr noch: als man sie der Lambie zeigte, wies sie die Brosche sofort zurück – das fehlende Stück sei mit nur einer Reihe Brillanten besetzt gewesen; die verpfändete Brosche jedoch zeigte drei Reihen Steine.

Man darf nicht vergessen, daß die Polizei außer dieser nun geplatzten Spur mit der Brosche absolut nichts in der Hand hatte, was Slater mit dem Mord hätte in Verbindung bringen können. Er hatte kein Geheimnis aus seiner Absicht gemacht, Glasgow zu verlassen, sobald er jemanden zur Übernahme seiner Wohnung fände; ein Freund in London, ein gewisser Rodgers, hatte zwei Damen gefunden, die dazu bereit waren; sie trafen an jenem Morgen in Glasgow ein, und Slater reiste noch am selben Abend ab. Seine Freunde und andere Leute kannten seine Absicht, nach Amerika zurückzukehren, und im North Western Hotel in Liverpool trug er sich als ›Oscar Slater, Glasgow‹ ein. Fürwahr ein sonderbares Vorgehen für einen Mörder, der vor dem Galgen flieht! Und genauso sonderbar hätte es der Polizei vorkommen müssen, daß ein Mörder fünf Tage lang nach der Tat durch Glasgows Straßen spaziert und einen Pfandschein für eine Brillantbrosche zu verhökern versucht, während alle Zeitungen über die aus dem Haus der Toten gestohlene Brosche schreiben! Aber wenn die Behörden sich einmal in etwas verbissen haben, kann nichts so leicht mehr ihren Sinn ändern. Und deshalb wurde eine Belohnung von 200 Pfund Sterling für Slaters Ergreifung ausgesetzt, ein Haftbefehl gegen ihn erwirkt und folgendes Kabel an die Polizei in New York gesandt:

Verhaftet Otto Sando, zweite Kabine *Lusitania*, gesucht in Verbindung mit der Ermordung von Marion Gilchrist in Glasgow. Er hat eine krumme Nase. Durchsucht ihn und seine Reisegefährtin nach Pfandscheinen.

Antoine, seine Geliebte, erklärte an dem Prozeß in bezug auf die Namensänderung, daß sie ihre Schritte vor seiner Frau hatten verheimlichen wollen. Bei einem früheren

Amerikabesuch seien sie als ›Mr. und Mrs. A. George‹ gereist. In London und Glasgow habe er sich schon Jahre vor dem Mord ›Adolf Anderson‹ genannt.

Ehe wir nun den Atlantik zur Verfolgung der beiden überqueren, dürfte es ganz nützlich sein, Näheres über Slater und seine Herkunft zu erfahren. Oskar Joseph Leschziner wurde um 1870 als Sohn jüdischer Eltern in Oppeln in Deutschland geboren und hatte fünf Geschwister. Sein Vater hatte später eine Bäckerei in Beuthen, Oberschlesien, nicht weit von Oppeln. Mit fünfzehn wurde Oskar Lehrling in einer Holzhandlung, später Bankangestellter in Hamburg; als er aber das dienstpflichtige Alter erreichte und keine Lust verspürte, dem Vaterland womöglich im Felde zu dienen, wanderte er nach England aus. In London wurde er Angestellter bei einem Buchmacher, später selbst Buchmacher. Da sein Name für angelsächsische Zungen unaussprechbar war, änderte er ihn zunächst in Oscar Slater. Wir hören von ihm in Edinburgh, zweimal in New York und zweimal in Glasgow vor seinem letzten, unter einem ungünstigen Stern stehenden Besuch in dieser Stadt. Gewöhnlichen Geschäftsleuten genügt in der Regel ein Familienname, aber Slater gehörte nicht zu ihnen; er spezialisierte sich in der Gründung und Führung von sogenannten Gesellschaftsklubs, die hauptsächlich dem gesellschaftlichen Zeitvertreib durch Glücksspiel dienten; wenn es ihm daher notwendig erschien, firmierte er unter den Namen ›George‹, ›Anderson‹, und ›Sando‹, die ihm auch privat von Nutzen waren. In New York leitete er zum Beispiel erfolgreich so ein beliebtes Etablissement mit dem Namen *The Italian American Gun Club*. 1902 heiratete er in Edinburgh, trennte sich aber bald wieder von seiner Frau und lebte die letzten fünf Jahre bis zu seiner Verhaftung mit einer jungen Französin namens Andrée Junio Antoine zusammen, die ihn auf den Kontinent und nach Amerika begleitete und auch mit ihm nach England zurückkehrte. Anfang November 1908 zog das Paar in Glasgow nach kurzem Aufenthalt in einer Pension in die Wohnung St. George's Road 69, die sie auf Abzahlung mit Möbeln ausstatteten. Zu ihnen gehörte auch das Dienstmädchen der Dame, eine Deutsche namens Katharina Schmalz. Das Schild an der Tür trug den Namen ›Anderson‹ mit der Berufsbezeichnung ›Dentist‹; aber auf einigen seiner Visitenkarten bezeichnete er sich als ›Händler mit Diamanten und kostbaren Steinen‹. Welche Kostbarkeiten die Wohnung auch geborgen haben mag, auf keinen Fall enthielt sie irgendwelche der gefürchteten Apparate zahnärztlicher Kunst. *Enfin,* er war ein Spieler, der von seinem raschen Verstand und dem Mangel an selbigem bei anderen lebte; und zumeist hielt er sich in gewissen Billardzimmern in der Sauchiehall und der Renfield Street sowie im *Motor* und im *Sloper Club* in der India Street auf. Im letztgenannten Klub war er Mitglied. Es steht jedenfalls fest, daß die Polizei bislang nie etwas gegen diesen Mann hatte vorbringen können und daß er bisher auch niemals ›Schwierigkeiten‹, wie der Fachausdruck lautet, gehabt hatte. Und bis zum heutigen Tage ist nicht ein Jota eines wirklichen Beweises aufgetaucht, womit seine ständig wiederholte Behauptung widerlegt würde, daß er den Namen von Miss Gilchrist nie gehört und nie von ihrer Existenz oder der ihres Schmuckes etwas gewußt habe.

IV.

Die Behörden in Glasgow ließen keine Möglichkeit aus, um Slater aus dem ›Land der Freiheit‹ ausgeliefert zu bekommen. Wenn Adams, Lambie und Barrowman ihn nicht als den Mann identifizieren konnten, der das Haus vor ihren Augen verließ, war Slater nach der geplatzten Spur mit der Brosche für sie unerreichbar. Man beschloß also, die drei nach New York zu schicken. Damit das Risiko dieser Reise aber nicht zu groß war, zeigte die Polizei ihnen zuvor noch das Photo des Mannes, den sie identifizieren sollten! Eine dem Ziel der Gerechtigkeit entgegengesetztere Maßnahme läßt sich kaum vorstellen. Die beiden Mädchen wurden gut für ihre Aufgabe der Identifizierung gedrillt. Die Lambie erklärte später, sie habe nicht zählen können, wie oft sie ihre Aussage wiederholen mußte. Und die Barrowman sagte, sie sei zwei Wochen lang Tag für Tag geprüft worden. Dieser Eifer zur Ergründung der Wahrheit fand dann auch seinen Lohn, denn die Aussagen der beiden Mädchen in bezug auf die Kopfbedeckung des Mannes sowie Farbe und Material seines Mantels wurden zur Deckung gebracht, und die zwei Männer aus der Polizeimeldung – die zunächst ausdrücklich nicht durcheinandergebracht werden sollten – verschmolzen zu einem: aus der dunklen Tuchmütze wurde ein Donegal-Tweedhut und aus dem hellgrauen Stoffmantel ein hellbrauner Regenmantel – was es für alle Beteiligten viel einfacher machte. Kein Wunder, daß beide Mädchen bei der Verhandlung beschworen, sie hätten während der zwölftägigen Überfahrt nach New York – bei der sie eine Kabine miteinander teilten – niemals über den Zweck ihrer Reise oder das Aussehen des Mannes gesprochen. Zweifellos war dieses Thema für sie schon erschöpft, ehe sie Glasgow verließen.

1909

I.

Die *Lusitania* legte am 2. Januar 1909 in New York an. Slater und seine Gefährtin wurden verhaftet, und bei ihm fand man den Pfandschein für seine Brillantbrosche. Es sieht nicht so aus, als hätte man die New Yorker Polizei davon unterrichtet, daß diese Spur bereits erkaltet war. Die drei Zeugen zur Identifizierung kamen erst am 25. Januar. Während die Lambie und die Barrowman am nächsten Tag auf dem Korridor vor dem Zimmer des mit den Auslieferungsformalitäten befaßten Richters warteten, wurde Slater zwischen zwei amerikanischen Beamten vorgeführt, an deren einen er mit Handschellen gekettet war. Beide

Mädchen riefen gleichzeitig Inspektor Pyper aus Glasgow zu, der mit ihnen wartete: »Das ist der Mann!« Ob sie dabei wirklich den Mann meinten, den sie in der Mordnacht gesehen hatten, oder den Mann, dessen Photo die Polizei in Glasgow ihnen gezeigt hatte, bleibt eine offene Frage. Unter diesen Umständen ist es nicht verwunderlich, daß sie »den Mann« nachher im Gerichtssaal auch förmlich identifizieren konnten. Auf eine Frage des Richters antwortete Helen Lambie, sie habe ihn nicht an seinem Gesicht erkannt – »Ich habe sein Gesicht nie gesehen« (gemeint ist das Gesicht des Mörders) –, sondern an seinem Gang. (Doch an dem späteren Prozeß erklärte sie unter Eid: »Ich *habe* sein Gesicht gesehen«; und auf die Frage, warum sie das nicht auch in Amerika gesagt hätte, antwortete sie grob: »Ich sage es ja jetzt.«) Als Mr. Gordon Miller, der fähige amerikanische Anwalt, der Slater vertrat, sie fragte, zu welchem Zweck sie mit Mary Barrowman im Korridor Posten bezogen hätte, erwiderte sie in unverschämtem Ton: »Das ist meine Sache und geht Sie gar nichts an!« Doch trotz ihrer Unverfrorenheit und ständigen Ausflüchte konnte Mr. Miller ihr ein äußerst bedeutendes Eingeständnis abringen. Während des Prozesses in Schottland wurde die so wesentliche Frage, auf welche Weise der Mörder in das sorgfältig gesicherte Haus und die doppelt verriegelte Wohnung gelangte – der Leser wird es kaum glauben –, völlig außer acht gelassen und von niemandem gestellt! Mr. Miller aber erkannte ihre Bedeutung und stellte sie. Die Antwort von Helen Lambie lautete: »*Miss Gilchrist muß die Tür geöffnet haben.*«

Als Helen Lambie an jenem Abend das Haus verließ, schloß sie die Tür zur Straße hinter sich; sie war offen, als sie zurückkam. Dies konnte, wenn unten jemand klingelte, mittels eines Zuggriffes von innerhalb der Wohnungstür bewerkstelligt werden. Miss Gilchrist hatte in solchen Fällen die unabänderliche Gewohnheit, wenn sie alleine in der Wohnung war, über das Treppengeländer nach unten zu schauen – das Treppenhaus ist weit, übersichtlich und gut beleuchtet –, und wenn der Einlaßbegehrende ein Fremder oder jemand war, den sie nicht zu sehen wünschte, verschwand sie rasch wieder in ihrer Wohnung. Der ausländisch aussehende und mit seinem schwarzen Schnurrbart leicht finster wirkende Slater hätte die Treppe höchstens halb geschafft, ehe die Wohnungstür von Miss Gilchrist zugeschlagen und doppelt verriegelt worden wäre. Sie muß den Besucher also gekannt oder sogar erwartet haben. In seinen Aussagen bezeichnete Mr. Adams ihn als einen »sehr fein aussehenden Mann« und hielt ihn »für einen Verwandten« der Wohnungsinhaberin. Mr. Adams, ein gebildeter und kultivierter Mensch – er war Berufsmusiker –, der den mutmaßlichen Mörder viel besser hatte sehen können als die beiden anderen Zeugen (der Mann war direkt auf ihn zugekommen), ging nie weiter in seinen Erklärungen, als daß er eine »gewisse Ähnlichkeit« mit dem Beschuldigten gehabt hätte. Doch die beiden unverantwortlichen Mädchen – von denen das eine wiederholt erklärt hatte, sie habe sein Gesicht nie gesehen, während das andere aussagte, er habe sie im Dunkeln angerempelt –, hegten keine Zweifel bei seiner Identifizierung.

Nachdem Mr. Miller erfolgreich die Täuschung durch die falsche Spur der vermißten Brosche dargelegt hatte, die ja die Hauptbegründung für den Haftbefehl gegen seinen Klienten darstellte, blieb nur noch der Nachweis der Identität, den der erfahrene Anwalt unter den gegebenen Umständen für absolut erfolglos und ohne Beweiskraft hielt. Er riet daher seinem Klienten, dem Begehren auf Auslieferung Widerstand entgegenzusetzen; aber Slater wollte jetzt das Ergebnis der Verhandlungen nicht mehr abwarten und bestand darauf, sich in Schottland der Anklage zu stellen. Was bei diesem Appell an die Gerechtigkeit herauskam, werden wir im folgenden zu prüfen haben.

In Glasgow wurden die Siegel von Slaters umfangreichem Gepäck gelöst und der Inhalt untersucht. Zwischen den – trotz Slaters »überhasteter Flucht vor der Gerechtigkeit« – sorgfältig zusammengelegten Anzügen und Wäschestücken fand man unter anderem einen kleinen Tapeziererhammer, den Slater, zusammen mit anderen tödlichen Waffen – Schraubenzieher, Kneifzange, Nagelbohrer und Pfriem – auf einem Karton mit Haushaltswerkzeugen für zweieinhalb Shilling bei Woolworth gekauft hatte. Dieser Hammer wurde nun als das Mordinstrument beschlagnahmt, mit dem der Schädel der alten Dame zu Brei zerschlagen worden war. Ein weiterer glücklicher und vielsagender Fund waren ein leichter, wasserfester Regenmantel, ein weicher Filzhut und zwei Tuchmützen. Die rücksichtsvolle Handlungsweise des Mörders, der damit die zur Tat benutzte Waffe und die dabei getragenen Kleidungsstücke als Beweismittel für die Anklagebehörde sorgfältig aufbewahrte, hätte von der Polizei gewürdigt werden müssen. Denn ansonsten konnte kein anderer belastender Gegenstand in seinem Besitz gefunden werden.

Inzwischen war die Polizei in Glasgow von Leuten belagert worden, die behaupteten, »den Mann« gesehen zu haben. Zwölf von ihnen wurden als Zeugen ausgewählt, die Wochen vor dem Mord einen verdächtig aussehenden Fremden in der West Princes Street hatten herumlungern und zu Miss Gilchrists Fenstern emporblicken sehen. Keiner von diesen kannte Slater von Ansehen her, keiner beschrieb den Fremden als von ausländischem Aussehen, und der einzige, der mit dem Beobachter gesprochen hatte, erklärte bestimmt, daß es kein Ausländer gewesen sei. (Selbst noch zum Zeitpunkt der Berufung, zwanzig Jahre später, sprach Slater noch gebrochenes Englisch mit starkem deutschem Akzent und hatte nichts von seinem ausländischen Aussehen eingebüßt.) Nachdem man die Erinnerung dieser Augenzeugen gebührend aufgefrischt hatte, indem man ihnen eine Photographie des Beschuldigten zeigte, wurde er ihnen zur »Identifizierung« gegenübergestellt. Ein dunkelhäutiger deutscher Jude, offensichtlich und unverkennbar ein Ausländer, wurde zwischen elf Schotten placiert: neun Glasgower Polizisten in Zivilkleidung und zwei Eisenbahnbeamte, in Typ und Aussehen völlig von Slater verschieden. Unter diesen Umständen war die Aufgabe der Zeugen ein Kinderspiel; alle pickten sofort »den Mann« aus der Reihe heraus. Als einer der Polizeibeamten im Kreuzverhör während des Prozesses gefragt wurde, ob es nicht fairer gewesen wäre, den Beschuldigten zwischen Männer zu stellen, die ihm im Typ ähnlicher gesehen hätten, antwortete dieser naiv: »Die fairste Methode wäre das schon gewesen, aber hier in Glasgow ist das nicht üblich.«

Die Aussage einer dieser Zeuginnen verursachte den Offiziellen viel Kopfschmerzen. Agnes Brown, eine junge, gebildete und intelligente Dame – sie war Lehrerin –, hatte die Polizei informiert, daß sie am Mordabend an der Ecke West Cumberland Street gewesen sei und *zwei* Männer vom Schauplatz des Verbrechens habe fortlaufen sehen. Der eine habe einen grauen Mantel, der andere einen blauen Tuchmantel mit einem Samtkragen getragen. In der Annahme, daß derjenige im grauen Mantel sich als der Adams-Lambie-Barrowman-Gentleman entpuppen würde, nahm die Polizei ihr eine eidesstattliche Versicherung ab und schickte diese, zusammen mit anderen, nach Amerika. Doch, o weh, als Slater ihr in Glasgow gegenübergestellt wurde, bezeichnete sie ihn als den Träger des *blauen Mantels*! Außerdem hatte sie die Barrowman nicht gesehen, die, wenn sie wirklich dagewesen wäre, ebenfalls hätte zu sehen sein müssen. Und was noch das schlimmste war, ihre Flüchtigen rannten in der entgegengesetzten Richtung zu der von Barrowmans Verdächtigem davon! Das brachte natürlich nichts ein. Wenn ihre Aussage vorgebracht würde, stünde sie im Konflikt mit denen der anderen und brächte außerdem *zwei* Männer ins Spiel, was nun nicht mehr in das offizielle Konzept paßte. Obgleich also Name und Angaben »Agnes Brown, Lehrerin,

Grant Street 48, Glasgow« unter Nr. 46 in der Liste der Zeugen für die Anklage standen, war der Lord Advocate zu klug, sie aufzurufen.

Eine weitere Zeugin, die zur Verschlimmerung des Durcheinanders beitrug, war Mrs. Liddell, eine verheiratete Schwester von Mr. Adams. Als sie an jenem Abend fünf Minuten vor sieben am Haus ihres Bruders ankam, sah sie einen Mann am Geländer der Vortreppe lehnen, und da sie einen besonderen Groll gegen Herumlungerer hegte, starrte sie ihn »beinahe unverschämt« an. Sie identifizierte den Angeklagten als »den Mann«. Zum Verdruß der Polizei beschrieb sie ihn aber als mit einer braunen Tweedmütze und einem langen, schweren braunen Tweedmantel bekleidet, dessen Tweedkragen einen eigenartigen Saum hatte. Auf keinen Fall sei es der vorgezeigte Regenmantel gewesen.

Der Mann muß ein Verwandlungskünstler gewesen sein, und zwar ein sehr geschickter, um so kurz hintereinander in verschiedenen Kostümen erscheinen zu können: um 6.55 Uhr (Mrs. Liddell), um 7.10 Uhr (Adams, Lambie und Barrowman) und um 7.12 Uhr (Agnes Brown), und um dazwischen noch einen Mord begehen und eine Dokumentenkassette durchwühlen zu können. Doch damit war die reichhaltige Garderobe des Täters noch lange nicht erschöpft. Im Hause gegenüber von Mrs. Gilchrist lebte eine Mrs. M'Haffie mit ihren drei Töchtern. Sie alle identifizierten den Beschuldigten als den Beobachter, den sie so oft hatten die Straße hinauf- und hinunterstreichen sehen. Die Mutter kleidete ihn in einen hellen Mantel (keinen Regenmantel), karierte Hosen und Gamaschen sowie eine schwarze Melone. Die jungen Damen stimmten mit ihrer Mama überein. Unglücklicherweise enthielt keiner der sieben Koffer Slaters eines dieser Kleidungsstücke. Eines der Fräulein hatte sogar ein paar Worte mit »dem Mann« gewechselt und erklärte, sie habe bei ihm keinen Akzent bemerkt und hielte ihn nicht für einen Ausländer.

Am Montag, dem 3. Mai 1909, begann in Edinburgh der
große Prozeß gegen Slater, nachdem die Behörden in Glasgow die Staatsanwaltschaft so gut wie möglich dafür ge-
wappnet hatten. Lord Guthrie war der Richter; Mr. Alexan-
der Ure, derzeit Lord Advocate und der spätere Lord
Strathclyde, assistiert von zwei Stellvertretern, leitete persönlich die Anklage; Mr. McClure, unterstützt von einem
Juniorpartner, waltete für die Verteidigung.

Von den zwölf Zeugen, die den Angeklagten angeblich
als den Mann identifizierten, den ich der Bequemlichkeit
halber auch weiter den »Beobachter« nenne, hatte keiner
Slater vorher je gesehen noch, mit der oben erwähnten Ausnahme, mit dem Beobachter gesprochen. Alle aber hatten
vor der Identifizierung Photos von Slater als offenkundigem
Ausländer in der Zeitung gesehen oder gezeigt bekommen
und die von Adams, Lambie und Barrowman gelieferten
Beschreibungen des Mannes gelesen. Einer von denen, die
Slater als Beobachter, aber in anderer Kleidung gesehen
haben wollten, bot ein typisches Beispiel für den Beweis-
wert solcher Aussagen. Nachdem er den Beschuldigten sich
einmal im Anklagestand hatte umdrehen lassen, erwiderte
der Zeuge auf die Frage des Lord Advocate nachdrücklich:
»Ja; ich bin sicher, das ist der Mann!« Im Kreuzverhör befragt, wie er so sicher in der Identifizierung eines Mannes
sein könne, den er nur einmal, und das von hinten aus zwölf
Metern Entfernung an einem dunklen Dezemberabend um
9.15 Uhr gesehen habe, antwortete er: »Oh, ich will es gewiß nicht beschwören, aber ich bin sicher, daß es der Mann
ist, den ich gesehen habe. Aber beschwören werde ich es
nicht!« Nur in einem Fall schien es sich bei Beobachter und
Mörder um eine Person zu handeln, und zwar bei dem Mann,
den Mrs. Liddell gesehen hatte, wie er fünf Minuten vor
sieben vor dem Haus wahrscheinlich auf den verabredeten
Zeitpunkt wartete. Nach seinem Profil identifizierte sie
Slater als diesen Mann. Unglücklicherweise aber fügte sie

noch hinzu, daß er diesen braunen schweren Tweedmantel und eine braune Tweedmütze getragen habe, keinen Regenmantel, und daß er »von sehr zarter, schlanker Statur« gewesen sei. Sie gab zu, daß sie sehr über Slaters robuste Erscheinung erstaunt gewesen sei, als sie ihn bei der Gegenüberstellung auf der Polizeiwache sah. Zweifellos hatte die doppelte Seereise seiner Figur gutgetan!

Von den drei entscheidenden Zeugen wiederholte Mr. Adams seine Aussage mit der Fairneß und Mäßigung, die ihn die ganze Zeit ausgezeichnet hatten. Was nun sein Wiedererkennen des Angeklagten betrifft, sollte man nicht vergessen, daß er nach eigenen Angaben kurzsichtig war und seine Brille bei der Begegnung mit dem Fremden im Hausflur nicht bei sich hatte. Die beiden Mädchen jedoch waren ihrer Sache fast noch sicherer als zuvor – anscheinend hatte der zeitliche Abstand ihren Blick und ihre Erinnerung eher noch geschärft. Als man ihr den Regenmantel des Angeklagten zeigte, schwor die Lambie, daß dies der Mantel sei, den der Mörder getragen habe: »Das *ist* der Mantel!« Und die Barrowman schwor: »Das ist der Mann, der mich in jener Nacht angerempelt hat.«

Slaters Handeln von seiner Ankunft in Glasgow anfangs November bis zu seiner Abreise aus dieser Stadt am Weihnachtstage war in dem vorgelegten Beweismaterial minutiös zurückverfolgt worden. Sein Tun und Lassen während dieser Zeit läßt kaum, wenn überhaupt, auf eine verbrecherische Absicht schließen. Es konnte nachgewiesen werden, daß er schon anfangs Dezember von den Möglichkeiten in Glasgow enttäuscht war – die Einwohner dieser Stadt brachten seiner Art Geschäfte wohl nicht das nötige Verständnis entgegen – und beschlossen hatte, seine Tätigkeit wieder unter den argloseren Bürgern der Vereinigten Staaten fortzusetzen. Die einzige Frage dabei ist: Wurde die Ausführung seiner erklärten Absicht von dem Geschehen an der Queen's Terrace am 21. Dezember beschleunigt?

Slater begann seine Reisevorbereitungen ganz offen und zielbewußt. Drei Wochen vor dem Mord unterrichtete er bereits mehrere Personen von seiner Absicht, das Land zu verlassen. Er zeigte ihnen auch einen Brief von seinem früheren Partner Devoto, der ihm riet, nach San Francisco zu kommen, wo das ›Geschäft‹ gut sei; und er erklärte, daß er abreisen würde, sobald er die Wohnung und die Möbel losgeschlagen habe. Sein Freund Aumann inspizierte die Wohnung in der Absicht, sie zu übernehmen, entschied sich dann aber doch dagegen. Durch Vermittlung eines anderen Freundes, eines gewissen Rodgers in London, mieteten schließlich eine Mrs. Freedman und deren Schwester die Wohnung; sie kamen am Weihnachtsmorgen in Glasgow an, und Slater reiste von dort am gleichen Abend ab. Gegen Mittag am Tage des Mordes kündigte er dem Hausmädchen Schmalz und zahlte ihr noch den Lohn für eine Woche zusätzlich. Er zog alle seine verfügbaren Guthaben ein und ließ sich am selben Vormittag nochmals und zum letztenmal 30 Pfund auf die verpfändete Brosche auszahlen; davon überwies er fünf Pfund mit der Post seinen Eltern in Deutschland; demnach hatte es nicht den Anschein, daß er, wie es der Ankläger behauptete, »völlig abgebrannt fieberhaft Geld aufzutreiben versuchte«.

Was die Tatzeit und die Zeit unmittelbar davor betrifft, war sein Alibi sogar besser, als man das von einem Manne seiner unkonventionellen Lebensweise hätte erwarten können. Der Mord wurde zwischen 7.00 und 7.10 Uhr abends verübt. Um 6.12 Uhr schickte er ein Telegramm vom Hauptbahnhof nach London wegen seiner Uhr und füllte das Absendeformular handschriftlich aus; um 6.30 Uhr verließ er Johnston's Billardzimmer in der Renfield Street, ein ziemliches Stück Weg von der Queen's Terrace entfernt, und bemerkte beim Hinausgehen zu Rattman, daß er jetzt nach Hause zum Abendessen wolle. Wie Aumann erklärte, trug er zu diesem Zeitpunkt einen Regenmantel und eine Melone; wie er es geschafft haben mag, in der Zwischenzeit nach Hause zu rasen und den schweren braunen Tweedmantel nebst der Tweedmütze anzulegen, womit Mrs. Liddell ihn um 6.55 Uhr am Geländer der Vortreppe gesehen haben will, wissen die Götter. Antoine und Schmalz sagten unter Eid aus, daß er wie gewöhnlich um sieben Uhr zu Hause gegessen habe, und es gab keinen Grund zu der Annahme, daß sie zum Meineid verleitet worden waren. Von der Aussage der Fahrkartenverkäuferin an der Kelvinbridge-U-Bahn-Station, die beschwor, daß Slater zwischen 7.30 und 8.00 Uhr durch das Drehkreuz vor ihrem Fensterchen gestürmt sei, malte der Lord Advocate – »die letzte Zeugin, die den Mörder nach der Tat zu Gesicht bekam« – ein düsteres Bild des Schuldigen, der mit dem Hammer in der Tasche überstürzt vom Schauplatz seines Verbrechens floh, um sich in der Untergrundbahn von Glasgow zu verbergen und »von einem Zug an irgendeinen entlegenen Ort der Stadt fahren zu lassen, um dann von dort nach Hause zu schlendern«. Doch dieses Phantasiebild verblaßte bald im Licht der späteren Aussage von MacBrayne, dem Kaufmannsgehilfen, von dem wir noch hören werden.

IV.

Für den Erfolg der Anklage war es unbedingt notwendig, den in Slaters Gepäck gefundenen Hammer und den Regenmantel mit dem Verbrechen in Verbindung zu bringen. Unglücklicherweise wurde Dr. John Adams, der erste Arzt, der den Leichnam zu Gesicht bekommen hatte, weder als Zeuge aufgerufen noch sein Name überhaupt auf der Zeugenliste für die Anklage geführt, was in völligem Gegensatz zu den üblichen Gepflogenheiten stand. Wir werden später erkennen, warum dies geschah. Als Zeugen der Anklage dienten Professor Glaister und Dr. Galt, die die Obduktion vorgenommen hatten. Ihrer Ansicht nach konnten vierzig bis sechzig Schläge mit dem Hammer die beobachteten schweren Verletzungen verursacht haben. Im Kreuzverhör gab Dr. Galt zu, daß er *a priori* eine schwerere Waffe vermutet hätte. Sie fanden keine Blutspuren auf dem Hammer und auch nicht auf dem Regenmantel des Angeklagten;

und auch Professor Harvey Littlejohn, der diese Gegenstände ebenfalls untersuchte, kam zu keinem anderen Ergebnis. Interessanterweise stellte der Lord Advocate ihm keine Fragen über den Hammer als Tatwaffe; wahrscheinlich deshalb nicht, weil Professor Littlejohn, wie er mir später erzählte, bei einer vorausgehenden Befragung seine Überzeugung geäußert hatte, daß der Hammer überhaupt nichts mit dem Mord zu tun habe. Die beiden medizinischen Experten für die Verteidigung, Dr. Aitchison Robertson und Dr. Veitch, hielten den Hammer für ein äußerst unwahrscheinliches Instrument, um damit so entsetzliche Verletzungen zu verursachen; ein Schürhaken oder ein Brecheisen käme ihrer Meinung nach viel eher dafür in Frage; sie fanden ebenfalls weder an dem Hammer noch am Mantel irgendwelche Blutspuren.

An Antoine stellte Lord Advocate Mr. Ure keine Fragen; dafür nahm er das Dienstmädchen Schmalz ins Kreuzverhör und holte aus ihr das Eingeständnis heraus, daß Madame Antoine »am Abend Herren empfing« und häufiger Gast in den örtlichen Variétés und Music-Halls war. Und von dem Zeugen Cameron sicherte er sich die Aussage, daß er »gehört habe«, der Angeklagte lebe von seiner Geliebten. Wir werden in Kürze sehen, welch tödlichen und rechtswidrigen Gebrauch Mr. Ure von dieser vom Hörensagen abgeleiteten Aussage machte. Der Angeklagte durfte nicht in eigener Sache aussagen, obwohl er dringend danach verlangte. Sein Anwalt riet ihm davon ab, weil er von seiner rein negativen Aussage und dem dann sicher folgenden Kreuzverhör durch den Ankläger einen ungünstigen Eindruck auf die Geschworenen befürchtete; er unterschätzte dabei jedoch das verstärkt sich gegen Slater bildende Vorurteil, das gerade sein Nichterscheinen im Zeugenstand hervorrufen mußte und in der Tat auch hervorrief.

Ich erinnere mich, wie ich nach dem Prozeß Sir Edward Marshall Hall gegenüber mein Erstaunen ausdrückte, wie der Lord Advocate seine wortreiche, zweistündige Ansprache an die Geschworenen ohne Zuhilfenahme von Notizen oder irgendwelchen schriftlichen Unterlagen halten konnte. »Das«, erwiderte der berühmte Strafverteidiger trocken, »dürfte einer der Gründe für seine vielen Unkorrektheiten sein.« Mr. E. C. Palmer zählte in einem Artikel in der *Daily News* im September 1927 nicht weniger als fünfundzwanzig unrichtige Behauptungen und falsche Schlußfolgerungen auf. Eine davon war die wiederholte Behauptung, daß Slater am Weihnachtsabend die Flucht ergriffen habe, weil sein Name und seine Beschreibung an diesem Tage in den Glasgower Abendzeitungen veröffentlicht worden sei. In Tat und Wahrheit aber erfuhr die Polizei an diesem Abend überhaupt erst durch McLean von Slaters Existenz, und sein Name erschien erst in den Zeitungen, als er den Atlantik schon zur Hälfte überquert hatte! Eine weitere fiel mir auf, als ich damals gebannt der Beredsamkeit des Lord Advocate lauschte; es war der Satz: »Wir werden im folgenden darlegen, wie der Gefangene in Erfahrung brachte, daß Miss Gilchrist diesen Schmuck besaß.« Ich habe an jedem Tag der Verhandlung beigewohnt und habe alle Zeugen gehört; ich habe gespannt auf diese lebenswichtige Enthüllung gewartet – sie ist nie erfolgt! Aber zweifellos nahm die Jury den guten Willen seiner Lordschaft für die Tat.

Seine Ansprache an die Geschworenen begann der Lord Advocate mit einem psychologischen ›Heuler‹:

Gestern nachmittag habe ich noch gedacht, daß Sie mit einem ernsten Problem zu kämpfen haben würden – dem Problem, glauben zu können, daß es ein menschliches Wesen gibt, das einer so unmenschlichen Grausamkeit fähig ist! Diese Schwierigkeit, meine Herren Geschworenen, ist nun aber wohl ausgeräumt, nachdem wir aus dem Munde einer Zeugin, die den Gefangenen wohl besser als irgendein anderer kennt, erfahren haben, daß er ein Leben geführt hat, mit dem er in die tiefsten Tiefen menschlicher Erniedrigung hinabstieg: denn nach dem allgemein gültigen Urteil der Gesellschaft kann ein Mann, der vom Ertrag der Prostitution lebt, nicht noch tiefer sinken – sein Moralgefühl ist zerstört und existiert nicht mehr. Nachdem dieses Hindernis nun beseitigt ist, erkläre ich, ohne zu zögern, daß jener Mann auf der Anklagebank dort fähig ist, dieses grauenerregende Verbrechen ausgeführt zu haben.

Sein alter Freund und Kollege Lord Alness schrieb bei seinem Tode: »Manche Anwälte werden von Zweifeln und Skrupeln geplagt – Ure kannte keine. Manche werden von der Kraft der Beweise der Gegenseite verwirrt – für Ure gab es keine andere Seite. Er glaubte fest und unerschütterlich an die Stärke seiner Beweise; er konnte nicht einsehen, daß eine andere Ansicht als die seine überhaupt möglich war.« Zweifellos ist dies eine unschätzbare Gabe für einen Verteidiger – aber eine sehr gefährliche und unbedingt abzulehnende, möchte ich meinen, bei einem öffentlichen Ankläger.

VI.

Die Ansprache der Verteidigung litt unverhältnismäßig durch den Vergleich mit der leidenschaftlichen Rhetorik des Lord Advocate, und die Nachwelt ist McClures Führung dieses sehr verantwortungsvollen und schwierigen Falles noch nicht gerecht geworden. Das Vorurteil gegen seinen Klienten war bitter, die finanziellen Mittel der Verteidigung verschwindend gering und der Verteidiger nicht in Kenntnis gesetzt von vielen Einzelheiten, die seitdem ans Licht gekommen sind und seine Möglichkeiten unermeßlich verstärkt hätten. Doch selbst mit dem unvollkommenen Material, das ihm zur Verfügung stand, führte er einen tapferen und wirkungsvollen Kampf und hätte einen Freispruch für seinen Klienten erzielen müssen, würden dem nicht die eingangs erwähnten widrigen Umstände entgegengestanden haben.

Die Geschworenen, betäubt von den Trommeln und Trompeten des Lord Advocate, blickten hoffnungsvoll zum Richter auf, damit er sie glücklich aus dem Irrgarten ihrer Anfechtungen führe. Unglücklicherweise war Lord Guthrie aber ebenfalls größtenteils dem Bann erlegen, den der Ankläger über sie gebreitet hatte. Seine Lordschaft hieß die Irrtümer und Fehler des Lord Advocate nicht nur gut, sondern fügte seinerseits noch ein paar neue hinzu. Wir werden davon in der Berufungsverhandlung hören und können sie daher hier unberücksichtigt lassen.

Die Geschworenen brauchten eine Stunde und zehn Minuten, um über ihren Spruch zu beraten; er lautete auf »schuldig«, und mitten in eine unbeschreiblich peinliche Szene, in der Slater leidenschaftlich protestierend seine Unschuld beteuerte, fällte der Richter das Todesurteil.

Die Stimmenverteilung war folgende: für »schuldig« 9, für »Schuldbeweis nicht erbracht« 5 und für »nicht schuldig« 1 Stimme. Hätten nur zwei Geschworene mehr der Rhetorik des Lord Advocate widerstehen können, wäre Slater auf freien Fuß gesetzt worden. Der viertägige Prozeß war beendet.

VII.

Die Hinrichtung wurde auf den 27. Mai in Glasgow angesetzt. Die Presse äußerte sich mehrheitlich unzufrieden mit dem Urteil, und die allgemeine Meinung war, daß das vorliegende Beweismaterial höchstens den Spruch »Schuldbeweis nicht erbracht« gerechtfertigt hätte. Die öffentliche Meinung, dieses flatterhafte Geschöpf, das noch vor der Beweisaufnahme den Angeklagten als schuldig betrachtet hatte, erbrachte jetzt eine starke Reaktion zugunsten seiner Unschuld, und eine Petition für die Umwandlung seiner Todesstrafe in Haft wurde von über 20.000 Personen unterzeichnet. Diese Petition, zusammen mit einem ausgezeichneten Memorandum über die teils unzureichenden, teil widersprüchlichen Beweise und die unkorrekte Instruktion der

Geschworenen durch Staatsanwalt und Richter, angefertigt von den Rechtsanwälten des Gefangenen, wurde dem Minister für Schottland überreicht. Erst am 25. Mai um sieben Uhr abends – die Vorbereitungen für die Hinrichtung waren alle bereits getroffen – erhielt der Oberbürgermeister von Glasgow ein Telegramm aus Whitehall, in dem eine Begnadigung angedeutet und Aufschub angeordnet wurde; und am nächsten Morgen kam dann ein offizieller Brief, der die Umwandlung der Todesstrafe in lebenslange Haft bestätigte. Bei seiner Entscheidung beriet sich der Minister für Schottland, Lord Pentland, mit dem Lordkanzler, Lord Loreburn, sowie mit Lord Guthrie, dem Richter des Falles Slater. Wie ich erfuhr, entschied Lord Pentland, ein Laie, sich gegen den Rat dieser beiden für eine Begnadigung, weil er die näheren Umstände, die zu der Verurteilung geführt hatten, für höchst unbefriedigend hielt. Eine offizielle Begründung erfolgte jedoch trotz einer Anfrage im Unterhaus nicht.

So wurde Slater nach Peterhead gebracht, wo er die nächsten neunzehn Jahre seines Lebens bleiben sollte; und die 200 Pfund Belohnung für seine Ergreifung und Verurteilung wurden wie folgt aufgeteilt: Mary Barrowman £ 100; John Forsyth vom Büro der *Cunard Line* in Liverpool £ 40; McLean, der Fahrradhändler (der die falsche Spur der Brillantbrosche lieferte und eher den Betrag als Strafe dafür hätte zahlen sollen), £ 40; und Gordon Henderson, Manager des *Motor Club* in der India Street, £ 20.

1914

I.

Die Ereignisse, die zu der später als *»The Secret Inquiry«* bekanntgewordenen geheimen Untersuchung führten, mögen hier kurz angeführt werden. Meine erste Fassung des Berichts über den Prozeß war 1910 veröffentlicht worden.

Mein Freund Andrew Lang, der eine vielbeachtete Rezension davon veröffentlichte, schrieb mir, daß bei einem derartigen Beweismaterial »wohl kaum eine Katze dafür geschlagen würde, weil sie Rahm genascht hat«.

Zu den Autoritäten, die sich für den Fall interessierten, gehörten auch Sir Arthur Conan Doyle und Sir Herbert Stephen, der eminente Jurist; beide arbeiteten mit Wort und Tat unermüdlich daran, dieses ihrer Meinung nach grobe Fehlurteil anzuprangern. Sir Herbert schrieb an die *Times*, daß die Beweise seiner Ansicht nach keinesfalls einen Schuldspruch rechtfertigten, und betonte die dringende Notwendigkeit zur Schaffung eines schottischen Appellationsgerichtes. Marshall Hall brachte im Unterhaus eine Anfrage zu den diversen zweifelhaften Punkten des Falles ein, aber der Minister für Schottland (inzwischen, am 10. Dezember 1912, Mr. McKinnon Wood) lehnte es ab, darüber zu diskutieren.

Sir Arthur Conan Doyle veröffentlichte darauf ein kleines Buch mit dem Titel *The Case of Oscar Slater*, in dem der geniale Schöpfer von Sherlock Holmes sich an die breite Öffentlichkeit wandte und den Fall nach den Methoden seines Meisterdetektivs aufrollte. Er kam dabei zu dem neuen und einleuchtenden Schluß, daß der Mörder gar nicht hinter dem Schmuck, sondern hinter irgendeinem Dokument, wie zum Beispiel einem Testament, her war und daß die fehlende Brosche nur eine absichtlich gelegte falsche Spur darstellte. So wurde auch das Interesse der Öffentlichkeit wachgehalten.

Die Kampagne in der Presse ging weiter, aber erst im März 1914 kam es zu einer wichtigen neuen Entwicklung. Mr. David Cook, Schriftsteller aus Glasgow, unterbreitete dem Minister für Schottland bestimmte Fragen und Dokumente, die eine Untersuchung des Falles fördern sollten. Die Punkte, mit denen diese Fragen sich befaßten, waren die folgenden:

1. Hat irgendeiner der Zeugen aus der Mordnacht eine andere Person als Oscar Slater genannt?

2. Wußte die Polizei, daß dies der Fall war? Wenn ja, warum wurden diese Aussagen dann nicht auch im Prozeß vorgebracht?
3. Hat Slater sich durch Flucht der Gerechtigkeit entziehen wollen?
4. War die Polizei im Besitz der Information, daß Slater sich unter seinem Namen im North-Western Hotel in Liverpool eingetragen und angegeben hat, woher er kam und daß er mit der *Lusitania* reisen würde?
5. Hat eine der Zeuginnen sich vielleicht im Datum geirrt, an dem sie in der West Princes Street (Queens' Terrace) gewesen sein will?

Die erste und die letzte Frage beziehen sich auf die Aussagen von Lambie und Barrowman.

So schwerwiegend waren die in diesen fünf Punkten enthaltenen Anspielungen, daß nicht einmal ein Minister sie ignorieren konnte; er gab bekannt, daß er den Sheriff of Lanarkshire, Mr. Gardner Millar, mit der Untersuchung und Berichterstattung beauftragt hätte. Diese Untersuchung wurde vom 23. bis 25. April 1914 in Glasgow unter Ausschluß der Öffentlichkeit abgehalten. Die *Times* schrieb in einem scharfen Leitartikel, daß eine solche Untersuchung schon lange überfällig sei, und protestierte gleichzeitig gegen die damit verbundenen Beschränkungen. Dazu gehörte, daß niemand außer dem Sheriff und seinem Schreiber anwesend sein durfte; daß die Zeugen nicht geladen wurden, sondern nach Lust und Laune kommen konnten und *nicht unter Eid vernommen werden sollten;* und daß die Untersuchung sich aufgrund besonderer Anordnung *in keiner Weise mit der Art der Prozeßführung befassen durfte!* Slater wurde von niemandem vertreten, aber der Sheriff »erkannte dankbar die Hilfe an«, die ihm der Staatsanwalt und der Polizeidirektor von Glasgow gewährten. Da diese Herren den Fall gegen Slater erst eigentlich ›ins Rollen‹ gebracht hatten, darf man wohl kaum annehmen, daß sie zu seinen Gunsten voreingenommen waren. Verglichen mit den Beschränkungen, die hier der Wahrheitsfindung auferlegt waren, war die den gefangenen Kindern Israels vom Pharao gestellte Aufgabe fair und vernünftig. Wie Sir Arthur Conan Doyle damals in der *Daily Mail* schrieb: »Die Polizei steht hier genauso vor Gericht wie Slater. Wenn die Methoden der Polizei nicht überprüft werden, ist die ganze Untersuchung sinnlos!« Er sollte recht bekommen.

II.

Doch ehe wir uns mit dem Ergebnis dieser Farce einer Untersuchung befassen, wollen wir sehen, wie sie eigentlich zustande kam. Ihr wirklicher Urheber war John Thomson Trench, seinerzeit Detektiv-Leutnant der Stadtpolizei Glasgow und Träger der Medaille des Königs für besondere berufliche Verdienste. Während seiner einundzwanzigjährigen Dienstzeit hatte er sich durch sein Können und seine untadelige Arbeitsweise soviel Vertrauen und Anerkennung erworben, daß ihn sogar die Polizei anderer Städte bei besonders schwierigen Fällen gelegentlich ›auslieh‹. Und dennoch wurde er 1914 unehrenhaft unter Verlust seiner wohlverdienten Pension aus der Polizei entlassen und seine Karriere zerstört. Und all dies nur, weil er an die Gerechtigkeit glaubte und einen Mann aus dem Gefängnis retten wollte, den er für unrechtmäßig verurteilt hielt.

Mr. Trench war von Anfang an überzeugt, daß die Polizei bei Slater auf der falschen Spur nach dem Mörder von Miss Gilchrist war. Er glaubte und konnte den Beweis dafür erbringen, daß die Lambie am Mordabend einen anderen, ihr bekannten Mann die Wohnung hatte verlassen sehen. Aber da seine Vorgesetzten lieber der fälschlich auf Slater deutenden Spur mit der Brosche folgten, konnte Trench keine weiteren Schritte in der von ihm für richtig gehaltenen Richtung unternehmen. Die nachfolgende Verurteilung Slaters hielt er stets für nicht gerechtfertigt durch das vorliegende Beweismaterial, und sein Gewissen ließ ihm keine Ruhe. Da er wußte, daß es hoffnungslos war, sich an seine direkten

Vorgesetzten zu wenden, bat er den bekannten Glasgower Rechtsanwalt und Schriftsteller David Cook um Rat. Mr. Cook glaubte seinem Bericht und riet ihm, ihn im Interesse der Gerechtigkeit zu veröffentlichen. Doch Trench, der die persönlichen Konsequenzen einer solchen Enthüllung mit Recht fürchtete, wollte nur mit einer irgendwie gearteten Sicherheitsgarantie vor dem Zorn seiner Vorgesetzten handeln. Dr. Devon, einer der königlichen Kommissare für die schottischen Gefängnisanstalten, wurde um Hilfe gebeten und schrieb in diesem Sinne an McKinnon Wood, den Minister für Schottland, der am 13. Februar 1914 antwortete: »Wenn der in Ihrem Brief erwähnte Polizeibeamte mir eine Niederschrift der in seinem Besitz befindlichen Beweise, die er Ihnen gegenüber angedeutet hat, einsenden will, werde ich der Angelegenheit meine volle Aufmerksamkeit widmen.« Trench betrachtete dies als offizielle Genehmigung und schickte dem Minister seine Informationen; die Ergebnisse waren einmal die fruchtlose Untersuchungskommission und zum anderen Trenchs Entlassung und Entehrung.

III.

Auf eine Anfrage im Unterhaus ließ der Minister für Schottland die Ergebnisse der Glasgower Untersuchung in Form eines Regierungsweißbuches drucken. Demnach hat Trench angegeben, daß Superintendent Douglas und zwei Kriminalbeamte infolge der von Lambie erhaltenen Informationen am Tag nach dem Mord zum Hause eines gewissen A. B. gingen, um dessen Aussage aufzunehmen. Wer dieser Herr war und was er zu den Beamten sagte, erfahren wir nicht, denn der Sheriff erklärt in einer Fußnote: *Die Buchstaben A. B. stehen durchweg für den Namen. Gewisse Passagen der Aussagen, die sich auf A. B. beziehen, sind fortgelassen und durch Sternchen gekennzeichnet.* So großzügig ist das Weißbuch mit diesen irritierenden Pünktchen besprenkelt, daß man meinen möchte, es sei an einer Art redaktioneller Masern erkrankt.

Zwei Tage nach dem Mord wurde Trench vom Chief Superintendent zu Miss Birrell geschickt, einer Nichte der Ermordeten, um sie zu verhören und ihre Aussage aufzunehmen; hier ist sie:

Meine Mutter war eine Schwester der Verstorbenen. Miss Gilchrist verstand sich nicht gut mit ihren Verwandten. Wenige, wenn überhaupt welche, besuchten sie. . . . Den Abend des Mordes werde ich nie vergessen. Das Hausmädchen von Miss Gilchrist, Nellie Lambie, kam gegen 7.15 Uhr zu mir. Sie war aufgeregt und zog heftig an der Klingel. Als die Tür geöffnet wurde, stürmte sie ins Haus und rief: »Oh, Miss Birrell. Miss Birrell, Miss Gilchrist ist ermordet worden, sie liegt tot im Eßzimmer, und, o Miss Birrell, ich habe den Mann gesehen, der's getan hat!« Ich erwiderte: »Mein Gott, Nellie, das ist ja furchtbar! Wer war es? Kennst du ihn?« Nellie antwortete: »Oh, Miss Birrell, ich glaube, es war A. B. Bestimmt war es A. B.« Ich sagte zu ihr: »Mein Gott, Nellie, sag nur das nicht. . . . Wenn du nicht ganz sicher bist, Nellie, sag nur das nicht.« Darauf wiederholte sie mir gegenüber, sie sei ganz sicher, daß es A. B. gewesen sei.

Trench lieferte diese Aussage bei Superintendent Orr ab, der bemerkte: »Das ist unsere erste echte Spur!« Bald darauf wurde Trench informiert, »daß A. B. nichts mit der Sache zu tun hat«, und bekam den Auftrag, zu Miss Birrell zu gehen und sie zu ermahnen, Lambies Worte nicht weiterzusagen, was er auch tat.

Sowohl Miss Birrell wie Nellie Lambie (beide nicht unter Eid) leugneten die ihnen von Trench zugeschriebene Aussage; und seine Vorgesetzten leugneten, daß er je zu Miss Birrell geschickt worden sei oder ihnen das Resultat eines solchen Besuches berichtet habe; die angeblich schriftlich aufgenommene Aussage befände sich nicht unter ihren Akten. (Man kann sich vorstellen, wie das geschehen ist.) Doch Trenchs Angaben wurden auf andere Weise bewiesen: Chefinspektor Cameron bestätigte den Trench erteilten Auftrag und erklärte, *daß dieser ihm schon zur fraglichen Zeit erzählt habe*, »Miss Birrell habe ihm berichtet, von dem Hausmädchen Lambie am Abend des Mordes erfahren zu haben, daß der Mann, der an ihr [Nellie Lambie] im Korridor der Wohnung vorbeigegangen sei, wie A. B. ausgesehen habe«; und daß Trench ihm (Cameron) weiter erzählt habe, er hätte die Angelegenheit seinen Vorgesetzten berichtet, die gesagt hätten, die Sache sei aufgeklärt. Außerdem ist durch die Aussage von drei der obersten Polizeibeamten erwiesen, *daß man nach dem Mord jeden Schritt von A. B. genauestens überprüft hat.* Warum wurde nichts von alledem während der Gerichtsverhandlung erwähnt, als die Zeugen vereidigt waren und ins Kreuzverhör genommen werden konnten? In der ganzen Geschichte sind für meinen Geschmack zu viele ›Sternchen‹.

Durch Zeugen von der Eisenbahn und dem Hotel wurde der einwandfreie Beweis erbracht, daß Slater mit nach Liverpool ausgestellten Fahrkarten reiste und sich dort unter seinem eigenen Namen eintrug. »Wir haben alle diese Informationen an den Staatsanwalt weitergeleitet«, erklärte Superintendent Orr, der die Voruntersuchung geleitet hatte; aber zu Slaters Unglück waren diese Tatsachen nicht an die Geschworenen »weitergeleitet« worden, die man in dem Glauben ließ, Slater sei mit nach London ausgestellten Fahrkarten gereist. Zu der Frage, ob Mary Barrowman an dem von ihr angegebenen Ort gewesen war, als sie »den Mann« sah, wurden viele neue Zeugen gehört. Das Ergebnis: die kleine Mary hatte genauso viele Geschichten erzählt wie die Lambie, und dabei beließ man es. Agnes Brown durfte nun ihre vor der Polizei gemachte Aussage über die *zwei* zur selben Zeit und in entgegengesetzte Richtung zu Marys Flüchtling davonlaufenden Männer wiederholen. Wäre das vor Gericht geschehen, hätten die Geschworenen zwischen ihrer und Barrowmans Aussage, die sich gegenseitig aufhoben, wählen müssen. Und schließlich durfte MacBrayne davon berichten, daß er die Polizei informiert hatte, wie er Slater am Abend des Verbrechens um 8.15 Uhr ganz ruhig vor seiner Haustür hatte stehen sehen. Wir können uns nur wundern, wieso dieser Mann nicht unter den 98 Zeugen für die Staatsanwaltschaft zu finden war; und dies um so mehr, als er bei der Gegenüberstellung auf der Polizeiwache von dem Verdächtigen mit den Worten begrüßt wurde: »Ach, Sie sind ja der Mann aus dem großen Laden in der Sauchiehall Street!« Es war die einzige unanfechtbare Identifizierung in dem ganzen Fall. Im Zeugenstand vor Gericht hätte er damit das Mädchen am U-Bahn-Drehkreuz und die Aussage von Henderson sowie das dramatische Phantasiebild des Anklägers von der angsterfüllten Flucht des Mörders in die U-Bahn-Schächte klar widerlegt.

In seinem Bericht an den Minister erklärt der Leiter der Untersuchungskommission, Sheriff Gardner Millar, die angewendete Methode und betont, daß alle Zeugen »intelligent, sorgfältig und vertrauenswürdig« gewesen seien sowie »bestrebt, die Wahrheit zu sagen«. Zu Art und Inhalt von Leutnant Trenchs Aussage gibt der Sheriff keinen Kommentar ab und erwähnt auch nicht weiter den mysteriösen Herrn, dessen Identität sich hinter den Buchstaben A. B. verbirgt.

Das am 27. Juni 1914 veröffentlichte Weißbuch zum Fall Slater hatte eine schlechte Presse. Neue Rätsel waren zu den alten hinzugekommen und verdunkelten die Tatsachen eher noch mehr, als daß sie sie erhellten, und niemand konnte mehr zufrieden sein als die Polizei. Auf eine Anfrage im Unterhaus erklärte der Minister für Schottland: »Nach sorgfältiger Erwägung der Angelegenheit bin ich zu der Überzeugung gekommen, daß kein neues Beweismaterial ans Licht gebracht worden ist, das mich berechtigen würde, eine Neuaufnahme des Verfahrens anzuordnen.« Damit war der Weg frei für die Rache an Trench, der seinen Vorgesetzten durch seine Gewissenhaftigkeit schon manchen Indizienfall verdorben und damit Unschuldige gerettet hatte. Er meldete sich nach Kriegsausbruch freiwillig zu den *Royal Scots Fusiliers* und kam zunächst als Ausbilder nach Stirling.

Doch selbst in der nationalen Krise des Ersten Weltkrieges hatten die Behörden ihre Privatfehde gegen Trench und Cook nicht vergessen. Am 13. Mai 1915, dem Tag, bevor Trenchs Regiment nach Gallipoli ausrücken sollte, wurde er in Stirling unter der Beschuldigung der Entgegennahme gestohlenen Gutes, also der Hehlerei, verhaftet. Mr. Cook nahm man am selben Tage in Glasgow unter der gleichen Beschuldigung fest. Die angebliche Straftat sollte am 19. Januar 1914 begangen worden sein, und die Gefangenen wurden erst am 17. August 1915 vor Gericht gebracht! Die Beschuldigung gegen sie gründete sich darauf, daß sie mit Hilfe eines Vermittlers aus einem Glasgower Geschäft gestohlene Schmucksachen wiederbeschafft hatten, deren Verlust durch eine Versicherung gedeckt war. So dankbar war die Versicherungsgesellschaft für das Geschick und die Schnelligkeit, mit denen der Schmuck wiederbeschafft worden war, daß sie sich in einem Schreiben an den Polizeidirektor »für die guten Dienste des Kriminalbeamten Trench« bedankte und eine Belohnung für diesen Mann vorschlug! Dies war die Belohnung.

Bei der Verhandlung in Edinburgh erklärte der Richter den Geschworenen, es sei klar erwiesen, daß Trench während des ganzen Falles mit Wissen seiner Vorgesetzten und in legaler, ja sogar verdienstvoller Absicht gehandelt habe. Seine Lordschaft wies daher die Geschworenen an, beide Angeklagten von der gegen sie gerichteten Beschuldigung freizusprechen. So geschah es, und unter dem Applaus der Zuhörer wurden die Angeklagten auf freien Fuß gesetzt. Keines der Opfer dieser grundlosen und rachsüchtigen Verfolgung konnte sich je völlig den Nachwirkungen entziehen. Trench schloß sich wieder seinem Regiment an und diente mit Auszeichnung bis zum Ende des Krieges. Er starb am vierten Jahrestage seiner Verhaftung. Mr. Cook überlebte noch zwei Jahre länger die Aufmerksamkeiten der Glasgower Polizei.

Das zehnjährige Schweigen wurde von Slater selbst durch-
brochen. Es gelang ihm, einen Brief an Sir Arthur Conan
Doyle aus dem Gefängnis von Peterhead zu schmuggeln;
die Nachricht war auf satiniertem Papier aus der Gefängnis-
buchbinderei geschrieben und wurde in einer winzigen Rolle
unter der Zunge eines entlassenen Häftlings hinausbeför-
dert. Darin bat der Verurteilte Sir Arthur, sich noch einmal
für seine Freilassung einzusetzen: er habe jetzt fünfzehn
Jahre seiner Strafe hinter sich, die normalerweise das Maß
bei einer lebenslänglichen Verurteilung seien. Sir Arthur
schrieb in diesem Sinne an Sir John Gilmour, derzeit Minister für Schottland, und bat ihn, sich persönlich um den
Fall Slater zu kümmern, »der wahrscheinlich in die Annalen
der Kriminologie eingehen wird« – wieder ein Beispiel für
Sir Arthurs prophetische Gabe. Sir Herbert Stephen schrieb
einen Artikel, in dem er feststellte, daß kein englischer Richter den Fall in dieser Form vor ein Geschworenengericht gebracht hätte und daß kein Gericht in England »aufgrund
derartigen Beweismaterials die Tötung eines Terriers angeordnet hätte, dem man vorwirft, angeblich einen Menschen
gebissen zu haben«. Nach der üblichen offiziellen Verzögerung antwortete Sir John, daß er sich nicht berechtigt
fühle, »in die Strafbemessung einzugreifen«. Damit schien
Slater offensichtlich dazu verdammt zu sein, in Peterhead zu
sterben.

1927

Im Juli dieses Jahres veröffentlichte der Glasgower Jour-
nalist William Park unter dem Titel *Die Wahrheit über Oscar
Slater* seine eigenen Untersuchungsergebnisse zu diesem
Fall, die einen ersten Volltreffer in der langjährigen Schlacht
gegen die Krone darstellten. Das Buch enthielt unter anderem die Theorie von Detektiv-Leutnant Trench, wie er
sie zu Lebzeiten seinem Freund Park noch entwickelt hatte:

Der Mann, der in das Haus kam, während das Mädchen Zeitungen holen ging, muß ein enger Bekannter oder sogar Verwandter des Opfers gewesen sein. Zwischen beiden herrschte eine erbitterte Feindschaft. ... Das Ziel des Mannes war es, sie, wenn nötig mit Gewalt, zur Herausgabe eines Dokumentes zu bewegen, an dem er interessiert war. Er kam ohne Waffen und ohne die Absicht, sie zu ermorden. Sein Besuch kam unerwartet für sie. Er läutete die Türglocke und wurde von Miss Gilchrist eingelassen. ...

Ein Streit brach aus; der Besucher schlug sie, sie fiel hin.

Bei dem Sturz schlug sie mit dem Kopf auf den Kohlenkasten; der Schädelknochen an einer Seite des Kopfes splitterte (am Kohlenkasten fanden sich später Blutspuren, der Kasten selbst war gesplittert und von seinem Platz verschoben). Er erkannte, daß sie schwer verletzt war und nicht von selbst aufstehen konnte, da sie betäubt war. Er beugte sich über sie, untersuchte sie rasch, so gut er konnte, und kam zu dem Schluß, daß sie in großer, wenn auch nicht unmittelbarer Lebensgefahr schwebte. Er mußte befürchten, daß sie seinen Namen nennen würde, wenn sie länger als zehn Minuten überlebte und so von ihrem Mädchen gefunden wurde; und im Falle ihres späteren Todes hätte man ihn als Mörder angeklagt. ...

Er verlor den Kopf und beschloß, sie für immer zum Schweigen zu bringen. Er ergriff einen Stuhl und hackte damit auf die am Boden liegende Frau ein, um ihr Leben auszulöschen und zu verschwinden, ehe die Lambie zurückkehrte. ...

Als es klingelte, wußte er, daß jemand anders an der Tür sein mußte, da die Lambie die Schlüssel besaß; also vollendete er sein Werk, bis er sicher war, daß sie nie mehr würde sprechen können. Und selbst dann zögerte er noch mit seiner Flucht. Es gab ein Dokument in der Kassette der alten Dame, das er unbedingt haben mußte. Wenn es zurückbliebe, könnte sein Inhalt womöglich den Verdacht auf ihn lenken. Deshalb ging er ins Schlafzimmer, wo sie, wie er wußte, ihre Dokumente aufbewahrte, brach die Kassette auf und brachte das Papier, das er haben mußte, an sich. Danach schlüpfte er unbehelligt aus der Wohnung, weil das Hausmädchen ihn kannte und seine Gegenwart ihren Argwohn eher beschwichtigte denn erregte.

Die Waffe in Trenchs Theorie ist nicht nur wahrscheinlich, sondern auch nach Ansicht des Fachmannes ein Stuhl.

Dr. Adams, der als erster Arzt die Leiche zu sehen bekam und entgegen allen Gepflogenheiten nicht als Zeuge der Staatsanwaltschaft auftreten durfte, war davon überzeugt, daß der Stuhl, auf dem die alte Dame gesessen hatte, als Schlagwaffe gegen sie verwendet worden war: ein Hinterbein dieses Stuhles tropfte noch von Blut, als er die Tote untersuchte.

Die *Morning Post* vom 1. August enthielt, neben einem scharfen Leitartikel zu dem Fall, eine lange Rezension des Buches *Die Wahrheit über Oscar Slater* von Edgar Wallace, in dem dieser die Aufmerksamkeit des Lesepublikums auf die mannigfachen Ungereimtheiten lenkte, von denen der Fall nur so wimmelte. Das *Solicitor's Journal* griff die Angelegenheit auf und betonte die dringende Notwendigkeit einer neuen Untersuchung; andere Zeitungen schlossen sich an, und man wurde an die gute alte Zeit des Zeitungskrieges gegen den Prozeß von Edinburgh und die Untersuchung von Glasgow erinnert.

Am 23. Oktober veröffentlichte die *Empire News* ein Interview mit Helen Lambie, das für die dramatische Wendung in diesem Fall sorgte. Darin gab sie zu, den Mann im Korridor gekannt zu haben: es sei jemand, der ihre Herrin öfter zu besuchen pflegte; sie habe das der Polizei gesagt, die ihr aber eingeredet hätte, das sei Unsinn und sie habe sich geirrt. *Der Mann habe Slater entfernt ähnlich gesehen*, sei aber besser gekleidet und von höherem gesellschaftlichem Stand gewesen. Helen Lambie teilte weiter interessante Einzelheiten über frühere Besuche anderer Männer mit, die ihre Herrin ihr nicht zu sehen erlaubte und stets eigenhändig ins Haus und wieder hinausließ; und bei einer Gelegenheit habe sie einen Streit zwischen Miss Gilchrist und einem dieser heimlichen Besucher gehört. Sie sagt auch, daß ihre Herrin sie manchmal mit unwichtigen Botengängen aus dem Haus gesandt habe, wenn einer dieser heimlichen Herren erwartet wurde, und daß es nicht ihr regelmäßiger Auftrag gewesen sei, allabendlich eine Zeitung zu besorgen. »Ich habe das Dokument gelesen, das direkt von Helen Lambie kommen soll«, schreibt Sir Arthur Conan Doyle dazu; »der Interviewer kann das eidesstattlich bestätigen.« Ein Aufruf über Rundfunk und Zeitungen, sich zu melden und ihre Aussage unter Eid zu wiederholen, wurde von der Lambie nicht beantwortet. Sie hatte kurz vor dem Krieg einen Bergmann namens Gillon geheiratet und war nach den USA ausgewandert. Jedenfalls hat sie dieses Interview, das meiner Meinung nach von allen ihren diversen Aussagen der Wahrheit am nächsten kommt, auch nicht widerrufen.

Inzwischen hatte die *Daily News* Mary Barrowman ausgegraben, die irgendwo in Glasgow wohnte und inzwischen zu einer Matrone mittleren Alters herangewachsen war. Sie erklärte jetzt, daß sie nie mehr habe sagen wollen, als daß Slater dem Manne *ähnlich gesehen* habe, daß der Staatsanwalt sie aber durch Einschüchterung gezwungen habe zu sagen, Slater *sei* dieser Mann; sie habe ihre Aussage zwei Wochen lang Tag für Tag im Büro des Staatsanwaltes wiederholen müssen! Mary Barrowman war damals ein Mädchen von vierzehn Jahren. Ihre unterschriebene Aussage wurde am 5. November in der *Daily News* veröffentlicht.

Die Erinnerungen von Lambie und Barrowman waren nicht ohne Wirkung auch höheren Orts. Als Erwiderung auf die alte Frage, was der Minister von Schottland jetzt zu tun gedenke, gab Sir John Gilmour am 10. November die neue und originelle Antwort: »Oscar Slater hat nun mehr als achtzehneinhalb Jahre seiner Strafe verbüßt, und ich halte mich für berechtigt, die Behörden anzuweisen, ihn auf Bewährung zu entlassen.« Diese großzügige Geste stieß auf wenig Verständnis. Die öffentliche Meinung, ausgedrückt in Leitartikeln und Briefen, hielt die Freilassung undankbarerweise für den genialen Versuch, die immer dringendere Forderung nach einer Neuaufnahme des Verfahrens zum Schweigen zu bringen. Wie dem auch sei, das Hauptziel war erreicht: Am 14. November 1927 öffneten sich die Pforten von Peterhead, und Slater wurde auf freien Fuß gesetzt.

Während Slater sich so gut wie möglich den Nachstellungen unersättlicher Reporter zu entziehen versuchte, schickte Sir Arthur Conan Doyle ein Rundschreiben an die Mitglieder des Unterhauses, in dem er noch einmal die Tatsachen des Falles Slater darstellte und die dringende Notwendigkeit einer neuen Untersuchung und Verhandlung betonte. Auf entsprechende Anfragen im Unterhaus erwiderte der Minister, er wolle die ganze Angelegenheit dem neugegründeten Schottischen Appellationsgericht für Kriminalfälle überweisen. Dies geschah, und alles hing nun von der Entscheidung dieses Tribunals ab. Würde Oscar Slater nun endlich eine faire, unparteiische Anhörung und ein gerechtes Urteil bekommen?

1928

I.

Doch bevor dieses Ziel erreicht werden konnte, mußten Slaters Anwälte das in zwanzig Jahren angesammelte Beweismaterial sichten und sieben. Alte Zeugen mußten aufgespürt, alte Unterlagen gesucht, neues Material verfügbar gemacht, neue Tatsachen und Indizien gesammelt und geordnet werden. Als leitender Anwalt der Verteidigung in einem so außergewöhnlichen Fall konnte kein besserer gewählt werden als Mr. Craigie Aitchison, derzeit der berühmteste und gewandteste Anwalt vor schottischen Gerichten.

Am 8. Juni 1928 wurde schließlich vor dem *High Court of Justiciary* in Edinburgh die Voruntersuchung in der Berufungsverhandlung von Oscar Slater gegen den Staatsanwalt Seiner Majestät eröffnet. Sie dauerte zwei Tage, und ich hatte das Glück, sie gemeinsam mit Sir Arthur Conan Doyle zu erleben, der nächst dem Appellanten wohl am stärksten an dem Ergebnis interessiert war. Slater wollte nicht neben seinen Anwälten sitzen, sondern zog einen Platz zwischen den Zuschauern im überfüllten Gerichtssaal vor. Sein ehemaliger Platz auf der Anklagebank wurde nun von einer wahren Armee von Presseleuten eingenommen.

Mr. Aitchison beantragte, weitere Beweise vorlegen und bestimmte Dokumente wiederbeschaffen zu dürfen. Er schlug vor, den Appellanten in eigener Sache aussagen zu lassen und Helen Lambie vorzuladen, zu deren Ausforschung er die Hilfe der Staatsanwaltschaft erbat. Weiter beantragte er die Vorladung von Lambies ehemaliger Herrin, der sie von Miss Gilchrists Angst vor einer Ermordung erzählt hatte. Außerdem wünschte er die Niederschrift der eidlichen Aussage des inzwischen verstorbenen MacBrayne vorzulegen sowie die Aussagen von neun Leuten, die Slater nach seiner Abreise aus Glasgow und vor der Überfahrt von Liverpool gesehen und erklärt hatten, sie hätten an seinem Benehmen nichts Verdächtiges feststellen können. In bezug auf die Identifizierung in New York beantragte er die Zulassung von Slaters amerikanischen Anwälten und dem US-Justizvollzugsbeamten, der ihn in Haft gehalten hatte. (Diese drei Herren waren bereits nach Edinburgh gekommen.) Da Dr. Adams ebenfalls inzwischen verstorben war, sollte seine Ansicht über das Mordinstrument von seiner Witwe und Mr. William Roughead vorgetragen werden, mit denen er zu Lebzeiten darüber diskutiert hatte. Da Professor Littlejohn es abgelehnt haben sollte, die Theorie der Staatsanwaltschaft bezüglich des Hammers als Mordwaffe zu unterstützen, beantragte Aitchison auch dessen Berichterstattung. Als letzten wünschte er noch Sir Bernard Spilsbury zu hören, der aufgrund der Angaben von Dr. Adams überzeugt war, daß der Hammer nichts mit dem ganzen Fall zu tun habe, wie dies aus der Beschreibung der Verletzungen sowie aus Photographien des Schädels hervorgehe.

Der Lord Advocate, derzeit Right Hon. William Watson, wandte sich gegen den Versuch, den ganzen Fall neu aufzurollen; nur wirklich neues Beweismaterial dürfe zugelassen werden, nicht aber rein fachliche Ansichten. Professor Littlejohn legte keinen formellen Bericht vor; er erhob keine Einwände gegen das Beweismaterial von Liverpool.

Das Gericht entschied, daß es die Aussagen von Lambie und ihrer ehemaligen Herrin zulassen wolle, ebenfalls die von

Mr. Pinkley, dem US-Vollzugsbeamten, nicht aber die von Slaters amerikanischen Anwälten. Zu den medizinischen Fragen würde es die Aussagen von Mrs. Adams und von Mr. Roughead zulassen, nicht aber die von Sir Bernard Spilsbury. Erlauben wolle es auch die Niederschrift der eidlichen Aussage von MacBrayne sowie die der Zeugen aus Liverpool. Die Aussage des Appellanten in eigener Sache gestattete es jedoch nicht. Für das übrige wurde keine Verfügung getroffen. Die Verhandlung wurde auf den 9. Juli vertagt.

II.

Als Slater hörte, daß er auch diesmal nicht würde aussagen dürfen, war er nicht mehr zu halten. Er fuhr nach Glasgow und erzählte den Reportern, ohne sich vorher mit seinen Anwälten zu beraten, er würde die Berufung zurückziehen. Diese Ankündigung erschien am 14. Juni in der Presse und erregte bei allen Beteiligten große Bestürzung. Glücklicherweise konnte Slater am selben Tage zur Vernunft überredet werden, aber inzwischen hatte er seine Absicht schon schriftlich dem Gerichtspräsidenten mitgeteilt, und es war fraglich, ob Mr. Aitchison unter diesen Umständen die Verteidigung in gutem Glauben würde weiterführen können. Noch am selben Abend ging daher eine neue Verlautbarung an die Presse:

Die Berufung von Oscar Slater wird nicht zurückgezogen. Der Brief an den Lord Justice-General entsprang dem übergroßen Verlangen des Appellanten, in eigener Sache aussagen zu dürfen, sowie der Sorge, daß sein Nichterscheinen im Zeugenstand mißgedeutet werden könnte. Der Appellant erklärt sich damit einverstanden, seinen Fall uneingeschränkt in die Hände seiner Anwälte zu legen.

Da ich bei der Unterredung zwischen Slater und Mr. Aitchison in bezug auf die Weiterführung der Berufung anwesend war, kann ich Slaters übergroßes Verlangen, in eigener Sache aussagen zu dürfen, nur bestätigen. Diese Episode – einzigartig wie so vieles in diesem einmaligen Fall – spricht absolut für Slaters Glauben an die Beweiskraft seiner eigenen Geschichte.

III.

Als das Gericht am 9. Juli zusammentrat, wurde zunächst das neue Beweismaterial unterbreitet. Helen Lambie hatte sich nicht dazu bewegen lassen, aus ihrer neuen Heimat in Peoria, Illinois, zur Verhandlung nach Schottland zu kommen, und in ihrer Abwesenheit konnte man auch ihre frühere Herrin nicht zur Sache verhören. Das Beweismaterial gliederte sich in vier Abschnitte: 1. Dr. Adams Theorie bezüglich der Tatwaffe; 2. das Zeugnis von MacBrayne; 3. die Aussagen zu Slaters Verhalten in Liverpool; 4. die Aussage bezüglich der »Identifizierung« in jenem Korridor in New York.

Mrs. Adams bestätigte, daß ihr Mann ihr erklärt hatte, seiner Ansicht nach müsse die Tat mit einem Stuhl ausgeführt worden sein; er habe sein Befremden darüber geäußert, bei dem Prozeß nicht als Zeuge geladen worden zu sein. William Roughead bestätigte, daß er im Februar 1910 eine Unterredung mit Dr. Adams hatte, in der dieser ihm seine Ansicht über die medizinische Seite des Falles darlegte. Er, Roughead, habe diese Informationen in seinem Buch über den Fall Slater verwendet und in folgendem Abschnitt niedergeschrieben:

Dicht neben dem Kopf und mit dem Sitz diesem zugewandt, stand ein gewöhnlicher Stuhl. ... Dr. Adams sah, daß das linke Hinterbein des Stuhles von Blut troff und daß die Innenseiten der vorderen Beine Blutspritzer aufwiesen. Das Hinterbein hatte seiner Auffassung nach offensichtlich Kontakt mit den Schädelverletzungen gehabt. Mit diesem Instrument waren seiner Ansicht nach die Schädelverletzungen zugefügt worden. Außer dem Aussehen des Stuhles sprächen auch die Art der Verletzungen, die verhältnismäßig geringe Blutmenge dicht neben dem Kopf sowie das begrenzte Gebiet voller Blutspritzer für den Stuhl als Tatwaffe. Nach Meinung von Dr. Adams wurde der Angriff mit ein paar schweren, weit ausholenden Schlägen mit dem Hinterbein dieses Stuhles ausgeführt, während der Angreifer auf den Körper seines Opfers trat und ihm dabei die Rippen brach. Die Hände des Angreifers blieben auf diese Weise sauber, und der Sitz des Stuhles schützte ihn vor dem herausspritzenden Blut im Moment der Schlageinwirkung.

Der Zeuge legte überdies zwei Briefe von Dr. Adams an ihn vor, in denen Dr. Adams die Richtigkeit dieser Angaben im Buche des Zeugen nach Durchsicht der Fahnenabzüge bestätigte und sich später für die Übersendung eines gebundenen Exemplars bedankte. Im Kreuzverhör durch den Lord Advocate erklärte der Zeuge Roughead, er habe den Eindruck, daß Dr. Adams seine Ansicht damals weder der Staatsanwaltschaft noch der Verteidigung mitgeteilt habe. Der Stuhl wurde auf einem Photo in der ersten Ausgabe des Buches des Zeugen gezeigt. Nochmals von Mr. Aitchison befragt, bestätigte der Zeuge, daß Dr. Adams alle wesentlichen Tatsachen kannte sowie die Berichte der Leichenschau gelesen hatte.

Im Anschluß daran wurden die restlichen Zeugen gehört und das übrige Beweismaterial vorgelegt.

IV.

Zum Abschluß der Beweisaufnahme erklärte Mr. Aitchison dem Gericht, daß ein Beauftragter nach Amerika geschickt worden sei, um die Lambie zum Herkommen zu bewegen; sie habe das jedoch abgelehnt, und es gäbe kein Mittel, sie dazu zu zwingen. Das Beweismaterial, das von ihrem persönlichen Erscheinen abhinge, könnte daher nicht vorgelegt werden.

In einem flammenden, mitreißenden Plädoyer, gestützt auf klare Beweise, schilderte Mr. Aitchison nun dem Gericht all die Fehler, Versäumnisse, Ungereimtheiten sowie die unfaire Behandlung seines Klienten, die im Laufe der Voruntersuchung und des Prozesses im Jahre 1909 zu der ungerechtfertigten Verurteilung Oscar Slaters geführt hatten. Abgesehen von den Unkorrektheiten bei der »Identifizierung« durch die drei Zeugen Adams, Lambie und Barrowman und dem unentschuldbaren Versäumnis, Dr. Adams als Zeugen zu laden, würde schon das Fehlen von MacBrayne genügen, dem Appellanten zum Erfolg zu verhelfen: es sei die einzige brauchbare Identifizierung in dem ganzen Fall gewesen, und die Nichtberufung dieses Zeugen sei, falls nicht unabsichtlich geschehen, Betrug und arglistige Täuschung des Angeklagten und der Geschworenen. Als nächstes befaßte er sich mit dem Angriff des Lord Advocate auf den Charakter des Angeklagten, der die Handhabung des Strafrechts in Schottland an ihren Wurzeln träfe! Am vernichtendsten aber war seine Würdigung von Lord Guthries Unterweisung der Geschworenen; dieser Richter hatte erklärt, der Angeklagte »lebe von der Zugrunderichtung von Männern und der Entehrung von Frauen«, wofür es keinerlei Beweise gab; es stand lediglich fest, daß er Berufsspieler war und eine Geliebte hatte. Und weiter hatte Lord Guthrie behauptet: »Wir wissen nicht, wo er geboren ist, wer seine Eltern sind oder wo er aufgewachsen und erzogen ist« – alles Dinge, die für eine Mordanklage genauso wenig wichtig sind wie zum Beispiel der Geburtsort der Geschworenen. Die schwerste Verfehlung Lord Guthries aber war die folgende Feststellung:

»Ein Mann dieser Art hat keinen Anspruch auf die Vermutung seiner Unschuld bis zum Beweis des Gegenteils, wie das sonst jedermann zusteht und bei einem normalen Menschen eine Selbstverständlichkeit ist. Aber nicht nur, daß jedermann Anspruch auf diese Vermutung seiner Unschuld hat, sondern der normale Mensch hat darüber hinaus im Falle einer so brutalen, grausamen Tat wie der vorliegenden einen besonders starken Anspruch auf diese Vermutung.«

Eine solche Unterweisung der Geschworenen war durch nichts gerechtfertigt. Abschließend führte Mr. Aitchison aus, daß jeder der Gründe für die Berufung für sich allein stark genug, alle zusammen aber überwältigend seien. Eine Aufhebung des erstinstanzlichen Urteils sei nur ein einfacher Akt der Gerechtigkeit gegenüber dem Appellanten. Insgesamt hatte Mr. Aitchison, ein Meister des knappen Stils, vierzehn Stunden für die Darlegung des umfangreichen neuen Beweismaterials und sein Plädoyer gebraucht.

v.

Am Donnerstag, dem 12. Juli und letzten Verhandlungstag, hielt der Lord Advocate seine Gegenrede für die Anklage, die recht halbherzig wirkte – es fehlte ihr die glühende Überzeugung, die das großartige Plädoyer von Mr. Aitchison auszeichnete. Die Stellung Seiner Lordschaft war nicht zu beneiden; er hatte keine frühere Verbindung mit dem Fall und mußte dennoch die Verantwortung dafür übernehmen und versuchen, die Taten und Missetaten der Anklage zu entschuldigen. Seine nur zweistündigen Ausführungen gipfelten darin, daß die heute entscheidenden Richter nur isolierte Teile, die damaligen Geschworenen aber den ganzen Fall gehört hätten; alles in allem könne die Jury deshalb damals nicht fehlgeleitet worden sein. Der Rest seiner Ansprache nahm eher die Form einer Diskussion an, da er sich einem wahren Kreuzfeuer von Fragen vom Richtertisch stellen mußte. Danach vertagte sich das Gericht zur Beschlußfassung.

VI.

Am Freitag, dem 20. Juli 1928, hob sich der Vorhang über der Schlußszene des großen Slater-Dramas. In nur fünfundzwanzig Minuten verlas der Lord Justice-General, der

Präsident des Berufungsgerichtes, Lord Clyde, die Urteils-
begründung. Sie war einstimmig gefaßt worden. Außer
dem Endresultat stellte sie eine Enttäuschung für die
Parteigänger des Appellanten dar. Das Gericht hatte seiner
Entscheidung folgende Fragen zugrunde gelegt: 1. War
der Spruch der Geschworenen unlogisch oder nicht durch
Beweismaterial gestützt? 2. Haben sich neue, für den
Fall wesentliche Fakten ergeben? 3. Hat der Appellant
durch die Nichtbekanntgabe von Beweismaterial, das der
Staatsanwaltschaft bekannt war, einen Nachteil erlitten?
4. War der Schuldspruch beeinflußt infolge unrichtiger
Rechtsbelehrung durch den vorsitzenden Richter? In den
ersten drei Punkten wurde die Berufung abgewiesen; im
vierten hielt es das Gericht für notwendig, das Urteil aufzuheben. Und so endete die zwanzigjährige Kontroverse.

Es hat keinen Sinn und würde nicht befriedigen, dasselbe
Feld nochmals zu beackern. Sir Arthur bemerkte wohl
ganz richtig zu dieser Entscheidung: »Es ist nun vorüber,
und wir müssen dankbar sein für das, was wir erreicht
haben.« Ähnlich war auch die Reaktion von Mrs. Gillon,
geborene Lambie, als sie in Peoria das Ergebnis der Berufungsverhandlung hörte: »Ich bin froh, daß alles vorüber
ist.« Ich hege keinen Zweifel, daß sie wenigstens hier
einmal die Wahrheit sprach.

VII.

Nicht so glücklich war jedoch der Minister für Schottland.
Auf eine Anfrage im Unterhaus vom 23. Juli, was die
Regierung in bezug auf eine Entschädigung des erfolgreichen Appellanten zu unternehmen gedenke, erwiderte
er, er hielte es für richtiger, daß »die betroffene Person«
ihre diesbezüglichen Forderungen anmelde. Worauf »die
Person« verärgert der Presse mitteilte, soweit er, Oscar
Slater, damit gemeint sei, »würde nie eine Rechnung für
eine Entschädigung eingesandt werden«. Am 4. August

schrieb der Minister persönlich an »die Person«, bot Slater £ 6000 »für Ihre zu Unrecht erfolgte Verurteilung im Mai 1909 und die nachfolgende Haft« und fragte, ob die Zahlung direkt erfolgen oder auf ein Bankkonto überwiesen werden sollte. Mit seiner üblichen Impulsivität nahm Slater das Angebot an, ohne vorher seine Anwälte zu fragen, die zweifellos mehr herausgeholt hätten. Auf jeden Fall wäre die unschöne Situation vermieden worden, die sich nun angesichts der Kosten der Berufung ergab.

Sir Arthur hatte großzügig Auslagen bis zu £ 1000 vorgeschossen; £ 750 waren durch eine öffentliche Sammlung aufgebracht worden, so daß nun noch £ 250 zum Ausgleich fehlten. Diese zu zahlen weigerte Slater sich standhaft mit der Begründung, daß die Regierung das zahlen müsse und bei Annahme und Angebot der Entschädigung keine Rede von den Kosten gewesen sei. Die Regierung lehnte ihrerseits aber jede weitere Zahlung ab, und der Lord Advocate erklärte, selbst wenn die auf £ 1500 geschätzten Gesamtkosten von Slaters Entschädigung abgezogen würden, »wäre Mr. Slater immer noch in der Lage, sich von der Restsumme eine Lebensrente bei der Post in Höhe von £ 351 pro Jahr, oder fast £ 1 pro Tag, für den Rest seines Lebens zu kaufen«. Ob Slater diesen unentgeltlichen juristischen Rat befolgte, weiß ich nicht. Wie dem auch sei, als Slater von einer gewissen Zeitung, die ihn verleumdet hatte, ein Schmerzensgeld von £ 250 erhalten sollte, wurde diese Summe prompt von Sir Arthurs Rechtsanwalt beschlagnahmt. Slater bekam eine Stinkwut, aber Sir Arthur bekam sein Geld.

Oscar Slater starb am 31. Januar 1948 in seiner Wohnung in Ayr im Alter von 76 Jahren. Er war glücklich verheiratet und hatte seit seiner Entlassung still und ehrbar in Ayr gelebt, wo er viele Freundschaften schloß.

VIII

Von den vielen Geheimnissen im Falle Slater ist eines der merkwürdigsten die Tatsache, daß die Polizei von Glasgow nie daran dachte, Fingerabdrücke zu nehmen, was inzwischen zur Routine bei derartigen Untersuchungen gehört. Diese Methode war damals offiziell seit sechs Jahren im Gebrauch, und doch wurde nicht ein Wort darüber bei der Verhandlung oder sonstwo gesprochen. Die Umstände des Verbrechens boten hingegen besondere Gelegenheit für die Anwendung dieser Kunst. Der Mörder hatte die Streichholzschachtel angefaßt, den Wandarm der Gasleuchte sowie die Dokumentenkassette und deren Inhalt. Darüber hinaus besitze ich eine Großaufnahme vom Kamin und der näheren Umgebung in Miss Gilchrists Zimmer, die den blutbespritzten Rost und Kaminvorsetzer zeigt, zusammen mit dem berühmten Stuhl, auf dessen Rückenlehne deutlich der Abdruck einer blutigen Hand zu sehen ist. Sheriff Wilton, eine Autorität für Fingerabdrücke, schrieb darüber in einem Artikel im *Glasgow Herald* vom 26. und 27. Dezember 1933. Er erklärt, er habe dieses Photo verschiedenen anderen Experten gezeigt, die alle entschieden der Meinung seien, der Abdruck gehöre zu einer rechten Hand, die den Stuhl von hinten umklammert halte. Unglücklicherweise ist der Abdruck auf dem Photo zu winzig, um richtig ausgewertet werden zu können.

Zu den verbleibenden Problemen des Falles und ihrer möglichen letzten Lösung bemerkte Sir Arthur Conan Doyle in seinem letzten Brief an mich, kurz vor seinem Tode: »Ich glaube, wenn A. B. stirbt, wird eine Flut von Beweismitteln ans Licht kommen. Und ich glaube auch, daß Helen Lambie möglicherweise nach ihrem Tode ein volles schriftliches Geständnis hinterlassen wird. Nur in dieser Richtung sehe ich eine Hoffnung, dieses Rätsel aufzuklären.« Auch ich bin der Ansicht, daß Helen Lambie den Schlüssel zu dem Geheimnis besitzt und daß das letzte Wort in diesem Fall noch nicht gesprochen ist.

Filson Young

Dr. Crippen an Bord

I.

Das meiste Interesse und etwas von dem Entsetzen, das
große Verbrechen auslösen, geht nicht von dem Abnormalen,
sondern von dem Normalen an ihnen aus; was wir mit dem
Verbrecher gemein haben – mehr noch als die schwer
deutbare Geistesstörung, die ihn von uns unterscheidet –,
läßt uns mit so lebhafter Anteilnahme einen Mitmenschen
betrachten, der diese tragischen und tödlichen Gefilde
betreten hat.

Ein niedriges Verbrechen wie das des brutalen Kerls,
der wegen ein paar Shillingen in der Ladenkasse einer
alten Frau den Kopf einschlägt, hat ein niedriges Motiv;
ein großes Verbrechen, wie das eines Ehemannes, der seine
Frau und seine kleinen Kinder umbringt und anschließend
Selbstmord begeht, weil er nur Hunger und Elend als
Zukunft für seine Familie sieht, wächst zu einem verzweifelten Protest gegen das Schicksal und sammelt in sich
alles, was diesem Menschen noch an Edelmut und Größe
geblieben ist. Deshalb gebührt seinem Verbrechen aber
nicht mehr juristische Rechtfertigung als dem des Raub-
mörders; auf keinen Fall. Im Gegenteil, es stellt einen
größeren Frevel gegen das Leben dar und ist weit schäd-
licher in seinen Auswirkungen auf die menschliche Gesellschaft. Dennoch hassen oder verfluchen wir den Urheber
dieses Verbrechens nicht – wir bedauern ihn zutiefst; und
manchmal ist es sogar möglich, eine gewisse schreckliche
Schönheit in dem Motiv zu erkennen, das ihn reinen Tisch
mit dieser kleinlichen Welt machen ließ, die dem Vergleich
mit einer größeren Welt nicht länger standhalten konnte.

Für ein großes Verbrechen gibt es zumindest Gründe; für ein niedriges Verbrechen aber gibt es höchstens Entschuldigungen.

Das Reich des menschlichen Todes ist kein flaches Feld; es gibt Hügel und Täler darin, Tiefebenen und Hochebenen; doch auch gewisse schroffe Felsen ragen vereinzelt daraus hervor, furchtbar in ihrer Vereinsamung, in Stürme und düstere Nebel gehüllt, aber dennoch fällt dann und wann ein Sonnenstrahl auf sie herab und enthüllt die wilde Schönheit der Blumen und funkelnden Moose, die sich in ihren schrecklichen Schrunden verbergen.

Irgendwo zwischen diesen Extremen, weit unter dem höchsten, aber hoch über dem niedrigsten, liegt der Fall des Dr. Crippen, der seine Frau tötete, um sein Leben der Frau zu widmen, die er liebte. Sein Fall war eine Seltenheit in den englischen Annalen – ein *crime passionnel*. Zwar waren der Urheber ein Amerikaner und das Opfer eine deutsch-russisch-polnische Amerikanerin, aber der Schauplatz der Inszenierung war das alltäglichste und langweiligste Londoner Leben und Quartier, und die zum allgemeinen Interesse beitragenden Begleitumstände glichen denen, wie sie von Tausenden Tag für Tag erlebt oder beobachtet werden. Die anschließende Gerichtsverhandlung ist vom juristischen Standpunkt aus in keiner Hinsicht bemerkenswert, abgesehen vielleicht von den medizinischen Beweisstücken; das Hauptinteresse liegt in der Geschichte an sich, in den Charakteren der beteiligten Personen und in der dramatischen Flucht und Verhaftung von Crippen und seiner Geliebten auf hoher See.

II.

Im Jahre 1900 kam ein gänzlich unauffälliger, kleiner Mann nach London, der sich als amerikanischer Arzt bezeichnete und sich einen Platz in jener großen Industrie zu sichern suchte, die auf dem Grenzgebiet zwischen echtem Heilen und der kommerziellen Ausbeutung der modernen menschlichen Leidenschaft, Medizin zu schlucken, angesiedelt ist. Dies war Dr. Hawley Harvey Crippen, ein Bürger von Coldwater in Michigan, wo er im Jahre 1862 geboren und sein Vater Tuchwarenhändler gewesen war. Er besuchte nicht zum ersten Male England; er war im Jahre 1883 schon einmal dagewesen, damals einundzwanzig Jahre alt, um sich ein wenig medizinisch weiterzubilden. Bisher hatte seine Schulung für den Arztberuf den derzeit in Amerika üblichen Verlauf genommen. Nach einem Grundstudium an der Universität von Michigan hatte er ein Praktikum am Hospital College von Cleveland, Ohio, absolviert. In London arbeitete Dr. Crippen im Jahre 1883 dann abwechselnd in verschiedenen Kliniken als Assistenzarzt und kehrte wieder nach New York zurück, wo er 1885 am dortigen Ophthalmic Hospital ein Diplom als Augen- und Ohrenspezialist erwarb. Anschließend praktizierte er zwei Jahre lang in Detroit, zwei Jahre lang in Santiago, dann in Salt Lake City, in New York, in St. Louis, Philadelphia und Toronto. Insgesamt nahm diese Tätigkeit an verschiedenen Orten von 1885 bis 1896 zwölf Jahre in Anspruch.

Im Jahre 1887 hatte er in Santiago seine erste Frau geheiratet, Charlotte Bell; im darauffolgenden Jahr bekamen die beiden einen Sohn, Otto Hawley Crippen, der zur Zeit der Verhandlung gegen seinen Vater in Los Angeles lebte. Im Jahre 1890 oder 1891 starb Crippens Frau in Salt Lake City, und von dort kehrte er nach New York zurück, wo er zwei Jahre später die Bekanntschaft eines siebzehnjährigen Mädchens unter dem Namen Cora Turner machte. Er verliebte sich in sie, und obgleich sie zu der Zeit, als er sie kennenlernte, als die Geliebte eines anderen Mannes lebte, heiratete er sie und nahm sie mit nach St. Louis, wo er einen Posten als Vertragsarzt für einen Optiker gefunden hatte. Er hatte inzwischen in Erfahrung gebracht, daß seine junge Frau in Wirklichkeit gar nicht Cora Turner hieß, sondern Kunigunde Mackamotzki, und daß ihr Vater ein aus Rußland stammender Pole und ihre Mutter eine Deutsche war.

Mrs. Crippen besaß eine Gesangsstimme, klein, aber von großer Klarheit, und die lobende Anerkennung ihrer Freunde verleitete sie zu Ambitionen, die sich später als nicht gerechtfertigt herausstellten. Crippen jedoch, der ein überaus nachsichtiger Ehemann war, erlaubte ihr, die Stimme ausbilden zu lassen. Das war im Jahre 1899, als sie in Philadelphia lebten; aber Crippen gestattete seiner Frau, in New York zu bleiben und dort Gesangsstunden zu nehmen, die er natürlich bezahlte. Sie hatte den Ehrgeiz, sich für die große Oper ausbilden zu lassen. Sie blieb noch in New York, als Crippen im Jahre 1900 als Leiter von Munyon's Werbeabteilung für nicht rezeptpflichtige Präparate nach London kam; die Büros der Firma befanden sich in der Shaftesbury Avenue. Ungefähr vier Monate später kam seine Frau nach, die ihre Gesangsstunden in New York mitsamt der Idee, zur großen Oper zu gehen, aufgegeben hatte. Ihre Ambitionen gingen jetzt mehr in Richtung Variététheater, und wahrscheinlich betrachtete sie England mit seinen *music-halls* als vielversprechendes Feld für die Entwicklung ihres Talentes in dieser Richtung.

Dieser Teil der Geschichte ist rasch erzählt. Obgleich sie mit einem selbstgeschriebenen Sketch herüberkam und viele gefällige Agenten sich Mühe gaben, sie in diesem Lande zu starten, kam dabei nichts heraus als Profit für die Agenten. Ihr musikalischer Sketch stellte sich als Gebilde heraus, für das die richtigen Noten und Worte noch geschrieben werden mußten, und berufene Künstler wurden von den Agenten engagiert, um diese Lücken auszufüllen.

Mrs. Crippen, die sehr emsig all die äußeren Bedingungen für ihre angestrebte Karriere zu erfüllen trachtete, nahm den Künstlernamen ›Belle Elmore‹ an und deckte sich mit einer Menge prächtiger Kostüme ein – alles natürlich auf Kosten ihres gutmütigen Ehemannes. Doch die einzigen Attribute der Variétékünstlerin, die sie weiterhin sehnlichst werden wollte, blieben ihr Künstlername und ihre Garderoben. Von Starauftritten in einer erstklassigen Londoner *music-hall* waren ihre Ambitionen bis zu Auftritten in irgendeiner *music-hall* abgesunken; und selbst diese konnten die Agenten, als es Ernst wurde, ihr nicht vermitteln. Ein oder zwei Auftritte in sehr unbedeutenden Etablissements dieser Gattung hatte sie schließlich schaffen können; aber Mrs. Crippens Begabung war so unzureichend und ihr Versagen so offensichtlich, daß selbst diese Versuche (für die Dr. Crippen natürlich zu zahlen hatte) eingestellt wurden.

In Wahrheit hatte Mrs. Crippen nie auch nur das geringste Bühnentalent besessen – nicht einmal ein so bescheidenes, wie es genügt, um die Darbietungen einer attraktiven jungen Frau mit annehmbarer Stimme, schöner Garderobe und der nötigen finanziellen Rückendeckung der Zuhörerschaft einer *music-hall* erträglich zu machen. Die arme Mrs. Crippen mußte sich damit zufriedengeben, in *music-hall*-Kreisen zu verkehren, die Zeitschrift *The Era* zu lesen, ihren ›Künstlernamen‹ Belle Elmore beizubehalten und ihren bereits ansehnlichen Vorrat an Theatergarderobe weiter aufzustocken.

Dahinter verbarg sich in der Tat eine kleine Tragödie. Hätte sie nur ein bißchen Bühnenbegabung besessen und es zu jenem Publikumsliebling der *music-halls* gebracht, der sie so gern geworden wäre, hätten sie und ihr Mann möglicherweise ein ganz normales Eheleben geführt, jeder glücklich in seiner eigenen Sphäre; doch offenbar besaß sie nichts als Eitelkeit und nicht die Spur von Fähigkeit und Fleiß, die selbst zur Erreichung ihres geringen Zieles notwendig gewesen wären. Die bescheidenste englische *music-hall* stellt gewisse Mindestanforderungen; und ›Belle Elmore‹ konnte sie trotz ihrer persönlichen Reize und ihrer prächtigen Kleider nicht erfüllen.

III.

Freunde der Crippens aus jener Zeit beschreiben sie als Leute, die Bekanntschaften mit dem Künstlervölkchen aus der Bohemewelt der *music-halls* kultivierten, das in kleinen Restaurants verkehrt und jedermann in seinem Kreis willkommen heißt, der fröhliche Gesellschaft verspricht und

freigiebig mit seinem Geld umzugehen versteht. Ihre da-
damaligen Freunde erklären, daß Belle Elmore äußerst lebhaft gewesen sei. Ihre laute, klare Stimme mit starkem New
Yorker Akzent lenkte in jeder Umgebung die Aufmerksamkeit auf sie, aber auch ihre ganze Erscheinung war im Einklang mit ihrem lebhaften Wesen. Man beschreibt sie als gut
aussehend, mit großen dunklen Augen, rabenschwarzem
Haar, sowie stets sehr sorgfältig und farbenfroh gekleidet.
Ein Enthusiast verglich ihr Äußeres mit dem eines ›Paradiesvogels‹. Wirklich, ein sonderbares Paradies, aus dem dieser
arme Vogel geflogen war oder zu dem er hinflog.

Crippen war damals schon der unauffällige Mann, der er
immer geblieben ist; klein, schlank und schmächtig, mit
einem rotblonden Schnurrbart, leicht hervortretenden Augen
hinter einer goldgeränderten Brille und unter einer hohen,
gewölbten Stirn. Im gesellschaftlichen Leben spielte er die
Rolle eines Zuschauers. Er war ein stiller Teilhaber an jenen
fröhlichen kleinen Gesellschaften, die er mit seinem Paradies-
vogel ausrichtete. Stets höflich und ein guter Gastgeber,
war er anscheinend damit zufrieden, zuzuschauen und die
kleinen gesellschaftlichen Erfolge seiner Frau bei ihren
Freunden zu genießen. Ihre Kleider und ihre Juwelen wurden
sehr bewundert, und Crippen, der alles bezahlt hatte, be-
gnügte sich mit der stillen Freude über die Aufmerksamkeit
und den Beifall, die sie erregten. Er schenkte ihr oft Geld
oder ein Schmuckstück in Gegenwart ihrer Freunde und
wurde, bestimmt nicht ohne gewisse Berechtigung, als ein
idealer Ehemann betrachtet, würdig des großen Glückes, das
ihm als Besitzer und Gefährten dieses Paradiesvogels zugefallen
war.

Zu jener Zeit hatte er seine Frau zweifellos noch sehr gern,
war sehr lieb zu ihr und brachte sehr viel Geduld auf für
ihre Extravaganzen und die grenzenlosen Anforderungen,
die sie an seine Zeit und an seine finanziellen Mittel stellte.
Ich bin nicht der Ansicht, daß diese Dinge Opfer sind, wenn
sie so gegeben werden, wie Crippen sie gab. Seine Einstellung
Frauen gegenüber war eigenartig. Er war nicht der Typ

eines Mannes, der Frauen beherrschen möchte; er gehörte zu jener Art, die sich gern von ihnen beherrschen läßt; und in seiner Vorliebe, seine Frau öffentlich mit Geschenken zu überhäufen, sowie in der Tatsache, daß er einen unsinnig großen Teil seines Einkommens dafür verschwendete, ihre dralle kleine Gestalt mit Schmuck und Kleidern zu behängen, zeigte er die Symptome des Psychopathen, zu welchem Typ er unzweifelhaft gehörte.

IV.

Es ist nicht meine Absicht, in allen Einzelheiten das Leben dieser Leute weiter zurückzuverfolgen, als es unbedingt notwendig ist, um ihren Charakter darzustellen. Die Beziehungen zwischen ihnen zu jener Zeit, von der ich hier geschrieben habe, dauerten nicht weiter an. Die übermäßige Eitelkeit der Frau verlangte mehr als die Bewunderung eines Ehemannes, und Crippens Liebe zu ihr, die niemals geistiger Art gewesen war, starb den natürlichen Tod aller solcher Leidenschaften. Es ist unangenehm, von Mrs. Crippens Beziehungen zu anderen Männern zu sprechen, aber offensichtlich war der Zugang zu ihrer Liebe weder sehr schmal noch sehr schwierig zu durchschreiten. Das hatte natürlich auch seine Auswirkungen auf die Beziehungen zwischen den Ehepartnern. Nach zwei Jahren in England mußte Dr. Crippen einen kurzen Besuch in Amerika machen, und als er zurückkam, entdeckte er, daß sie sehr freundschaftliche Bande mit einem Mr. Bruce Miller angeknüpft hatte, der später als Zeuge bei der Gerichtsverhandlung auftrat. In Crippens schriftlich festgehaltener Aussage steht: »Sie erzählte mir, daß dieser Mann sie besucht habe, mit ihr ausgegangen sei und sie sehr gern habe, genau wie sie ihn. ... Es ist jetzt gut vier Jahre her, daß sie zum letztenmal öffentlich gesungen hat; und obgleich wir scheinbar glücklich miteinander lebten, häuften sich in Wirklichkeit die Gelegenheiten, bei denen sie ziemlich heftige Wutanfälle bekam und sogar drohte, sie würde mich verlassen; sie habe einen Mann, zu dem sie gehen könne, und sie würde hier mit allem Schluß machen.«

Ist dies nun eine wahre oder eine unwahre Aussage? Da wir das nicht wissen, müssen wir uns fragen, ob sie wahrscheinlich oder unwahrscheinlich klingt. Selbst jemand mit sehr mäßiger Lebenserfahrung dürfte, stelle ich mir vor, beim Studium dieses Falles überzeugt sein, daß diese Aussage wahrscheinlich eine sehr treffende Schilderung des Zustandes ist, zu dem die Verhältnisse in einigen Ehejahren, wie ich sie zu umreißen versucht habe, geführt hatten.

v.

Im Jahre 1905 zogen die Crippens aus ihrer bisherigen Wohnung in der Shore Street, Bloomsbury, nach Hilldrop Crescent Nr. 39 um – in ein kleines, alleinstehendes Doppelhaus an einer stillen, baumgesäumten, halbmondförmigen Seitenstraße der Camden Road. Es hatte kürzlich einen ziemlich unangenehmen Prozeß in Verbindung mit dem Drouet Institut gegeben, bei dem Crippen arbeitete, und er hatte daraufhin sein Dienstverhältnis mit dem Institut gelöst und war in die Geschäftsleitung von Munyon's zurückgekehrt, wo Ethel LeNeve zu dieser Zeit als Sekretärin und Buchhalterin arbeitete.

Das Leben im Haus an der Hilldrop Crescent, nach außen hin alltäglich, wies bei näherer Betrachtung ein paar sonderbare Eigenarten auf. Von einer guten Bekannten der Crippens, die in ihrer Nachbarschaft wohnte und ständig mit ihnen verkehrte, können wir ein paar interessante Aufschlüsse darüber erhalten, wie es in jenem Haushalt zuging. Mrs. Crippens verschrobener Geschmack kam, soweit das ihre Mittel gestatteten, in ihren Möbeln und Dekorationen zum Ausdruck. Als sie einmal eine grüne Tapete im Wohnzimmer ihrer Bekannten gesehen hatte, tat Mrs. Crippen regelrecht entsetzt und sagte: »Nein! Das ist aber gar nicht gut! Grüne Tapeten! Das bringt ganz sicher Unglück. Wenn wir ein Haus haben, werde ich darin nirgendwo Grün dulden. Es soll überall rosa sein, das bringt Glück.« Und anscheinend waren auch fast ihre sämtlichen Zimmer an der Hilldrop Crescent in dieser glückbringenden Farbe gehalten.

Ich kann nichts Besseres tun, als zu diesem Thema einige Aufzeichnungen von Mrs. Harrison über das Leben an der Hilldrop Crescent wiederzugeben. Möglicherweise sind ein paar ihrer Ansichten darin von den späteren Ereignissen gefärbt, aber ihre Beobachtungen sind so interessant, daß sie in ihren eigenen Worten zitiert werden sollen.

»In kleinen Dingen war Mrs. Crippen sehr sparsam, soweit es den privaten Lebensunterhalt der Familie betraf. Sie trieb es damit tatsächlich so weit, daß es schon an Geiz grenzte. Sie suchte sich die billigsten Fleischerläden aus und ging zum Einkauf von billigem Geflügel auf den Schottischen Markt. Sie versuchte immer, die Pennies zu sparen, und verschleuderte die Pfunde. Das war ein eigenartiger Charakterzug an ihr. . . . Kurz nachdem sie das Haus an der Hilldrop Crescent bezogen hatten (im September 1905), wurde der Doktor von seiner Frau zum Katholizismus bekehrt. Sie, die ihre Religion so weit vernachlässigt hatte, daß sie nicht mehr zur Frühmesse gegangen war, begann wieder regelmäßig die römisch-katholische Kirche in Kentish Town zu besuchen.

Eines Sonntagmorgens kamen beide nach der Messe am Vormittag bei uns vorbei, um uns zu einem kleinen festlichen Abendessen am gleichen Tage einzuladen, und bei dieser Gelegenheit erzählte uns der Doktor, daß seine Frau aus ihm einen Katholiken gemacht habe. Er schien sich überhaupt stets ihren Wünschen unterzuordnen, und ich hatte zu jener Zeit den Eindruck, daß sie zufriedener und ausgeglichener denn je war, da sie nun ein Haus hatte, das sie interessierte und beschäftigte. Er war ganz begeistert von der guten Luft hier in der Gegend der Camden Road und lachte vergnügt, als er erzählte, seine Kleider würden ihm schon zu eng, so sehr habe er hier Fett angesetzt. In wenigen Monaten hatte er ganz schön zugenommen und machte einen recht heiteren und lebhaften Eindruck. Sie gingen viel zusammen aus, und die Verschönerung von Garten und Haus schien für sie eine Quelle großen Interesses zu sein. Er war ein Mensch ohne ersichtliche Laster, ja sogar ohne die üblichen Schwächen und Vorlieben eines normalen Mannes. Zurückhaltung war der einzige erkennbare Ausdruck von Festigkeit als Charakterzug bei ihm. Er konnte nicht rauchen: ihm wurde schlecht davon. Er nahm auch keinen Alkohol in Form von Wein oder Spirituosen zu sich, da diese Getränke sein Herz und seine Verdauung angriffen; statt dessen trank er helles Bier und Stout, und auch das nur sehr mäßig. Er war kein ›männlicher‹ Mann. Niemand hatte ihn jemals an einem fröhlichen Zechgelage teilnehmen sehen; er kam stets rechtzeitig nach Hause und niemals erst gegen zwei Uhr morgens mit einem stupiden Grinsen im Gesicht und in Begleitung von Zechkumpanen aus dem Klub in der Nachbarschaft. Er machte niemals Frauen Komplimente oder flirtete gar mit ihnen, nicht einmal im Scherz. Sein exzentrischer Geschmack in Krawatten und Anzügen kann im allgemeinen der Tatsache zugeschrieben werden, daß es sich hier einfach um weiblichen Geschmack handelte. Seine Frau kaufte nämlich seine Krawatten und bestimmte das Muster seiner Anzüge. Sie besprach mit dem Schneider die Farbe seiner Hosen, während er daneben stand und zuschaute, ohne überhaupt den Versuch zu machen, eine Meinung dazu abzugeben.

Das Haus als neue Errungenschaft nahm ihre Gedanken ganz in Anspruch. Ihre nächste harmlose Laune war dann die Idee, zahlende Gäste zur Gesellschaft zu suchen. Sie machte sich sogleich ans Werk und annoncierte im *Daily Telegraph*. Etliche junge deutsche Männer meldeten sich und mieteten Zimmer, angezogen von dem neumöblierten Haus und der reizenden jungen Gastgeberin. Insgesamt waren es vier junge Leute, die in dem Haus Einzug hielten. Mrs. Crippen, die weiterhin kein Dienstpersonal haben wollte, übernahm die zusätzliche Arbeit, gelegentlich von einer Reinmachefrau unterstützt. Auch der Doktor mußte seinen Teil übernehmen. Er mußte um sechs Uhr morgens aufstehen, die Schuhe der Pensionsgäste putzen, Kohlen heraufholen und die Feuerung besorgen, den Frühstückstisch decken und ganz allgemein helfen. Noch vor acht war er jedoch stets in seinem Büro. Es war eine anstrengende Zeit und, da Crippen gut verdiente und seine Frau reichlich mit Geld versah, für beide eine völlig unnötige Kräfteverschwendung. Wie man im späteren Verlauf dieser merkwürdigen Geschichte sehen wird, war sie es sogar, die den Geldbeutel der Familie verwaltete. Sie kassierte die Miete der Pensionsgäste für persönliche Verschönerungszwecke, und er zahlte weiter alle Haushaltsrechnungen.

Ein Mr. Richards, der eine Zeitlang Mitglied ihres Haushalts gewesen war, schrieb aus Paris, daß er während seines Aufenthalts unter ihrem Dach etliche häusliche Vulkanausbrüche ziemlich einseitiger Natur miterlebt hätte. Mrs. Crippen, nervös und leicht erregbar, habe ihren Gatten heruntergeputzt, während dieser zwar blaß, aber ruhig und unerschütterlich gewesen sei.

Ethel LeNeve, die stille, damenhafte, bescheidene Sekretärin, stets zur Stelle, adrett im Aussehen, methodisch und ergeben, interessierte den Mann, dem sie diente. Ruhig und unmerklich nahm sie einen Platz in seinem Herzen ein und löschte die Liebe zu seiner Frau aus. Crippens häusliches Leben, das mit den ihnen zur Verfügung stehenden Mitteln hätte glücklich gestaltet werden können, war keineswegs friedvoll. Der Sonntag war ein anstrengender, ruheloser Tag für einen hart arbeitenden Geschäftsmann. Frühmesse, nach der Rückkehr Zubereitung des Frühstücks für die Untermieter, Stiefel putzen, Betten machen, Geschirr waschen, Mittagessen kochen und servieren, und all das ohne Hilfe von Dienstpersonal. Nach dem Mittagessen spielten sie mit ihren Pensionsgästen Karten, servierten ihnen um fünf Uhr Tee und um neun Uhr Abendessen. Der Reiz des Neuen an dieser Pensionsgemeinschaft, die so viel Plackerei mit sich brachte, verlor bald seine Wirkung. Dr. Crippen deutete an, daß er diesen Zustand nicht länger haben wolle. Kurz darauf zogen sie aus, und die Crippens nahmen ihre eigenartig zurückgezogene Lebensweise wieder auf. Es gab kein System in ihrem Haushalt. Mrs. Crippen mochte weder frische Luft noch offene Fenster. Es gab keinen regelmäßigen Hausputz, sondern nur, wenn es sie einmal überkam. Die Fenster in allen Räumen, einschließlich Kellergeschoß, wurden nur selten geöffnet. Sie hatten zwei Katzen, die niemals umherstreifen durften, und zwar aus Furcht, sie könnten das Opfer unerlaubter Liebe werden. Auf Wunsch seiner Frau baute Crippen einen Käfig im Garten, damit die Tiere an die Luft konnten. Nur wenn die Crippens Besuch empfingen, wurde Licht in der Diele oder den Wohnzimmern gemacht. Sie lebten praktisch in der Küche, die gewöhnlich vor Schmutz und Unordnung starrte. Das Kellergeschoß roch infolge der fehlenden Belüftung erdig und ziemlich unangenehm. Ein merkwürdig ›schauriges‹ Gefühl überkam mich jedesmal, wenn ich hinunterstieg – es war so düster und trostlos, obgleich es auf gleicher Höhe wie der Garten hinter dem Hause lag.

Eines Morgens, als Mrs. Crippen dort zu tun hatte, folgte ich ihr in die Küche. Es war ein warmer, feuchter Tag, und die schmierigen Fenster waren alle fest geschlossen. Auf der Anrichte herrschte ein wirres Durcheinander von schmutzigem Geschirr, Eßwaren, steifen Kragen des Doktors, falschen Locken von ihr, Haarnadeln, diversen Bürsten, Briefen, einer mit Gold und Juwelen besetzten Geldbörse und etlichen anderen Gegenständen. Es erinnerte einen an den Inhalt von Mrs. Jellybys Küchenschrank in Dickens' Roman *Düsteres Haus*, als das Großreinemachen für die Hochzeit ihrer Tochter begann. Der Kohlenherd und der Gasherd waren braun von Rost und Speiseresten vom Kochen. Der Küchentisch war übersät mit Päckchen, Kochtöpfen, schmutzigen Messern und Tellern, Bügeleisen, einer Waschschüssel und einer Kaffeekanne. Nachlässig über eine Stuhllehne geworfen hing ein reizendes weißes Chiffonkleid, bestickt mit seidenen Blumen und mit einem weißen Glacéunterkleid. Eine von den kleinen Katzen, die sich als Gefangene fühlten, kratzte wild an einer Fensterscheibe in dem vergeblichen Versuch, die Aufmerksamkeit eines vorbeistreunenden Don Juan zu erregen.«

VI

Zu dieser Zeit machte Mrs. Crippen die Bekanntschaft von einigen ziemlich bedeutenden Leuten aus der Welt der *music-halls* und wurde Mitglied der *Music Hall Ladies' Guild* – einer Gesellschaft, die im stillen wohltätige Arbeit für die weniger glücklichen Angehörigen dieser Berufsgattung leistete. Mrs. Crippens Begeisterung für die Arbeit dieser Gilde ist vielleicht das Beste, was man über sie sagen kann. Sie hatte den doppelten Reiz, einerseits an die impulsive, für Leute ihres Schlages charakteristische Herzensgüte zu appellieren und Mrs. Crippen andererseits Zugang zu einer interessanteren Gesellschaftsklasse zu verschaffen, als sie ihr sonst offengestanden hätte. Mrs. Martinetti, Mrs. Ginnett, Mrs. Eugene Stratton, Lil Hawthorne und Mrs. Harrison gehörten zu denjenigen, mit denen sie dadurch in näheren Kontakt kam. Und auf diese sozusagen ›posthume‹ Weise konnte sie selbst als Angehörige dieses großen Standes erscheinen, sich weiterhin ›Belle Elmore‹ nennen und scheinbar den späten Ruhm jener glänzenden Erfolge genießen, die sie in Wirklichkeit nie errungen hatte. Sie wurde Ehrenschatzmeisterin der Gilde, was sie dazu veranlaßte, eines von Dr. Crippens Dienstzimmern im *Albion House* an der New Oxford Street zu mieten. Des einen Unglück ist zwar des anderen Glück, aber eingebildeter Ruhm bringt niemals etwas Gutes; der *music-hall*-Streik verschaffte ihr Gelegenheit, wieder einmal auf der Bühne zu erscheinen, doch selbst unter diesen vorteilhaften Umständen war das Schicksal gegen sie. Sie wurde für eine Woche am *Bedford* und am *Euston Palace* engagiert, doch bei ihrem ersten Auftritt im *Euston* (nach einer Woche aufgeregten Drehens und Wendens all ihrer kostbaren Garderoben) weigerte das Publikum sich, sie anzuhören, und pfiff sie aus, weil es sie offensichtlich als ›Streik-brecherin‹ betrachtete. Das arme Geschöpf litt sehr unter dieser Demütigung und wurde nur von Crippens Mitleid und Güte getröstet. Bei dieser Gelegenheit ereignete sich ein merkwürdiges Zusammentreffen. Ein Schauspieler na-mens Weldon Atherstone, der am selben Abend auftrat und den gleichen Empfang beim Publikum fand, konnte der weinenden ›Belle Elmore‹ seine Sympathie bekunden. Drei Jahre später, im Juli 1910 und in derselben Woche, in der London von der Entdeckung der sterblichen Überreste Mrs. Crippens an der Hilldrop Crescent widerhallte, fand man Atherstone erschossen im Garten neben seiner Wohnung in Battersea. Der Leichenbeschauer Dr. Danford Thomas, der noch eine Stellungnahme zu diesem Zusammentreffen abge-geben hatte, war eine Woche später ebenfalls tot.

Während dieser ganzen Zeit traten die Crippens in der Öffentlichkeit stets sehr großzügig auf und gaben viel Geld in Restaurants und beim Veranstalten von kleinen häuslichen Festen mit Gästen aus, lebten jedoch privat weiter so elend und verwahrlost, wie Mrs. Harrison das geschildert hat. Auch Crippens Liebe zu Miss LeNeve machte Fortschritte. Der ruhige und zurückhaltende Crippen nährte für dieses stille, zurückhaltende und reizvolle Mädchen eine echte Leiden-schaft. Nach den Belastungen und Aufregungen zu Hause fand er in seiner Verbindung mit Miss LeNeve so etwas wie Entspannung und echte Kameradschaft. Seine Mittel wurden zusätzlich in Anspruch genommen, da er sich bemühte, sie genauso herauszuputzen, wie er das mit seiner Frau getan hatte – mit so großem Erfolg, daß der für Munyon's arbei-tende Arzt gegen ihr zu modisches Aussehen Einspruch er-hob und sie aufforderte, sich wieder etwas nüchterner zu kleiden.

Kurz und gut, die Gründe, die zu einem so tragischen Er-gebnis führen sollten, waren nun alle beisammen, und es be-durfte nur noch eines genügend starken auslösenden Mo-ments, um die Tragödie zu beschleunigen. Da war das häus-liche Leben – garstig, gemein und voller Streiterei. Da war der äußere Schein von Wohlstand und Pomp, gekoppelt mit dem mühsam aufrechterhaltenen Bild ehelicher Treue. Da waren die geschäftlichen Interessen und Nöte und auf der anderen Seite die heimlich wachsende Leidenschaft für Miss LeNeve.

VII.

Crippen führte also ein wenn auch nicht gerade liebevolles, so doch einigermaßen erträgliches Leben mit seiner Frau. Daß diese Verbindung eines Tages auf irgendeine Weise enden würde und sogar müßte, haben wahrscheinlich beide gewußt. Sie hatten keine Kinder, die das Verhältnis zwischen ihnen komplizieren konnten, und Mrs. Crippens früherer Lebenswandel und ihre Beliebtheit bei einer bestimmten Sorte Männer ließen sie bestimmt Mittel und Wege kennen, die sie leicht von ihrem Mann unabhängig machten. Aber ich glaube einfach nicht, daß die Situation im Januar so unerträglich geworden war, daß einer von beiden daran gedacht haben könnte, den anderen zu ermorden. Mord ist, milde ausgedrückt, selbst bei ehelichen Zwistigkeiten ein extremer Schritt; und diese Zwistigkeiten müssen schon ein extremes Stadium erreicht haben; und diese Lösung ist eine sehr extreme Methode. Es gibt Tausende von Männern und Frauen, die täglich die gleiche Bürde wie Crippen zu tragen haben, die jeden Morgen zu einem neuen Tag erwachen, in dem Zank und Abscheu voreinander die bestimmenden Elemente ihrer Ehe sind; vor denen sich eine lange, traurige Reihe solcher Tage ohne jede Hoffnung erstreckt. Aber sie nehmen nicht Zuflucht zu Mord als letztem Ausweg.

Mit Ausnahme für einen Irren oder einen Menschen, der vor Wut, Eifersucht, Haß, Angst oder Verzweiflung außer sich ist, stellt die vorsätzliche Tötung eines Mitmenschen ein schwieriges, abscheuliches und äußerst abschreckendes Unterfangen dar. Und außerdem ist es sehr gefährlich und bringt (dank dem Gesetz und der Maschinerie der Rechtsprechung) den Verbrecher so gut wie sicher in eine Situation, im Vergleich zu der das unglücklichste Eheleben so reizvoll sein muß wie die Erinnerung an den Garten Eden für unsere gefallenen Urahnen. Unter solchen so lange ertragenen und deswegen auch noch etwas länger erträglichen Umständen muß schon etwas sehr Entscheidendes, Unerwartetes und Endgültiges geschehen, um eine derartige Tat auszulösen. Und etwas in dieser Art muß sich im Hause der Crippens ereignet haben, um den Doktor zu dem Entschluß zu veranlassen, seine Frau nicht nur zu verlassen, sondern sie zu ermorden. Was war das?

Es gibt vier Theorien, nicht mehr, die auch nur annähernd als Lösung des Problems angesehen werden können. Wir wollen sie einmal näher untersuchen.

VIII.

Die erste Theorie, die wir die offizielle Theorie der Staatsanwaltschaft nennen können, geht von der Voraussetzung aus, daß Crippen seine Frau lediglich umbrachte, um seiner strafbaren Leidenschaft für Ethel LeNeve frönen zu können. Dies ist ein Motiv, das einer Jury stets vollauf genügt, besonders wenn der Mord in seinen Einzelheiten nachgewiesen werden kann; doch in diesem Falle hält es einer vernünftigen Untersuchung nicht stand. Es ist nicht logisch, da es weder mit den bekannten Tatsachen noch mit dem Charakter der beteiligten Personen übereinstimmt. Was die strafbare Leidenschaft betrifft, so hatte Crippen ihr nicht nur schon seit geraumer Zeit mit Genuß gefrönt, sondern hegte dabei auch offensichtlich keine besonderen Schuldgefühle; ebenfalls offensichtlich ist, daß er sich nicht mehr Mühe gab, sie zu verheimlichen, als es den elementarsten Erfordernissen der Verschwiegenheit und des normalen Menschenverstandes entsprach. Es ist ziemlich sicher, daß alle seine Freunde und Geschäftspartner alles über diese Angelegenheit wußten und sich daran so gewöhnt hatten, daß sie keinen Anstoß mehr daran nahmen. Ethel LeNeve war seine Gefährtin im Geschäftsleben und bei Tage; seine Frau war nicht einmal die Gefährtin seiner Nächte. Und sosehr er auch zweifellos gewünscht haben mochte, mit Ethel LeNeve und nicht mit Cora Crippen verheiratet zu sein, so wenig kann das für sich allein ein Motiv gewesen sein, einen Mord zu begehen. Er hatte stets die Möglichkeit, einfach fortzugehen, seine Frau zu verlassen und offen mit der LeNeve zusammenzuleben. Doch wenn er das im Sinn gehabt hätte, würde er es schon früher getan haben. Wenn ein Ehemann eine andere Frau liebt, ist der Beginn dieser neuen Beziehung die Zeit, in der er am wahrscheinlichsten geneigt sein wird, seine Frau wegen seiner Geliebten zu verlassen; nicht aber erst, wenn die Beziehung schon seit Jahren andauert und sozusagen zu einer festen Institution geworden ist, wie das hier der Fall war. Und wenn das schon für ein einfaches Verlassen zutrifft, wieviel mehr trifft es dann für Mord zu, der ein so viel stärkeres Motiv, eine so viel heftigere Leidenschaft erfordert. Wenn diese Theorie in bezug auf das Motiv stimmen würde, hätte Crippen das Verbrechen gewiß schon einige Jahre früher begangen und nicht erst, nachdem er in eine tägliche Eheroutine verfallen war, die, wie ich schon ausführte, wenn auch nicht gerade glücklich, so doch voller Abwechslung infolge der verschiedenen Interessen war und ihre privaten Entspannungsmöglichkeiten hatte.

IX.

Ein weiterer und sehr einfallsreicher Versuch zur Erklärung der plötzlichen Beseitigung von Mrs. Crippen ist meines Erachtens die Theorie von Sir Edward Marshall Hall, die er sehr ausführlich in einer Diskussion vor einer privaten Gesellschaft in London darlegte. Auf dieser Theorie würde er, wenn er Crippen verteidigt hätte, seine Verteidigung aufgebaut haben; und nur deshalb lehnte er den ihm angebotenen Auftrag dazu letzten Endes ab, weil zuvor die Verteidigung

vor dem Polizeigericht schon eine andere Richtung eingeschlagen hatte.

Seine Theorie besagt, daß Crippen und seine Frau keineswegs ihr eheliches Beisammensein aufgegeben hätten, sondern daß er in Wirklichkeit so etwas wie ein Opfer ihres über-
steigerten Liebesverlangens gewesen sei. Mrs. Crippen habe
einen abnormalen sexuellen Appetit gehabt – abnormal nicht
in der Art, sondern im Ausmaß dieses Appetits; und ihr
Ehemann, ergeben, wie er seiner Geliebten war, habe sich
als Opfer eines zweiseitigen Verlangens gesehen, dem der
arme Mann infolge seiner schwachen körperlichen Konsti-
tution und seiner fortgeschrittenen Jahre nicht gewachsen
gewesen sei; deswegen habe er in der Arzneimittelliste nach
einer Medizin gesucht, diesen qualvollen Zustand zu beenden. Und da er aus früherer Erfahrung wußte, daß Hyoscin
manchmal in Irrenanstalten bei Fällen akuter Nymphomanie
zur Unterdrückung des Sexualtriebs verwendet wird, sei ihm
die Idee gekommen, seiner Frau ein paar Dosen davon zu
verabreichen, um vor ihr Ruhe zu haben. Doch obwohl er
dieses Anwendungsgebiet der Droge gekannt habe, sei ihm
nicht die Höhe der Dosierung bekannt gewesen. Und so
habe er sich in aller Unschuld fünf Gran[1] Hyoscin gekauft
und die ganze Menge seiner Frau in einer Tasse Kaffee eingegeben. Als Mrs. Crippen dann, statt friedlich einzuschlafen,
zur Überraschung und zum Entsetzen ihres Mannes unvor-
hergesehen starb, sei er so sehr verängstigt gewesen und
habe so viele Schwierigkeiten in einer Erklärung seiner Tat
vorausgesehen, daß er die sterblichen Überreste seiner Frau
zerteilte, verbrannte und auf andere Weise beiseite schaffte
und seinen Freunden die bekannte Erklärung für ihr Verschwinden gab. Crippen hätte, kurz gesagt, eher öffentliches
Mitleid erweckt als die Strafe des Gesetzes herausgefordert,
wenn er statt dessen auf die Straße gelaufen wäre und einem
Polizisten seinen schrecklichen Irrtum berichtet hätte.

Die scharfsinnige Konstruktion dieser Theorie kann man
nicht abstreiten; und trotz der grausamen Tatsachen liegt

[1] Gran – altes Apothekergewicht; = 0,0648 g.

ein Hauch von Komödie darin, der einen bedauern läßt, daß sie nicht die Gelegenheit erhielt, im Strafprozeß voll dargelegt zu werden. Sir Edward Marshall Hall glaubte nicht nur fest daran, daß er die Geschworenen davon überzeugt haben und die Anklage auf Totschlag herabgemildert haben würde, sondern (was noch gesuchter anmutet) er hielt dies sogar für die wahre Erklärung der Ereignisse. Aber ich fürchte, dieser Schein trügt. Dagegen spricht die Tatsache, daß die Crippens, die in ihren früheren Wohnungen Schlafzimmer und Bett miteinander teilten, im Hause Hilldrop Crescent in getrennten Zimmern schliefen. Es klingt ja sehr schön, Crippen als das Opfer übermäßiger Sinnenlust seiner Frau wie gleichzeitig seiner Leidenschaft zu seiner Geliebten darzustellen; aber dies sind zwei Feuer, zwischen denen man einen Mann in seiner Situation nicht wirklich zum Bleiben zwingen kann. Wenn auch die Gerichte weiterhin Anordnungen zur Wiederherstellung der ehelichen Rechte und Pflichten treffen, so hat man doch bis heute noch keine Methode gefunden, die Ausführung dieser Anordnungen zu erzwingen; und Hilfe in einer solchen Situation, wie sie diese Theorie des Falles voraussetzt, könnte in einer einfachen Nichterfüllung dieser sogenannten Pflichten liegen. Darüber hinaus (und das ist der schwächste Punkt dieser Theorie) ist es fast undenkbar, daß ein Mediziner, dem die Eigenschaften von Hyoscinhydrobromid bekannt sind, nicht über die kritische Dosierung Bescheid weiß. Es ist sehr wohl möglich, daß er nicht die präzisen Dosismengen für die verschiedenen Krankheitsbilder kennt; daß ihm aber ein so grober Irrtum unterläuft, wie er in der Differenz zwischen einem halben Gran und fünf Gran liegt, ist unvorstellbar. Daß Crippen jedoch seiner Frau ganze fünf Grain verabreichte, ist nicht nur aus der in den sichergestellten Leichenteilen entdeckten Menge, sondern auch aus der Tatsache zu schließen, daß kein Rest der Droge mehr in seinem Besitz gefunden wurde. Dabei wäre es für ihn sozusagen lebenswichtig gewesen, einen solchen Rest vorzuzeigen, und zwar im Hinblick auf seine eigene Darstellung des Grundes, der ihn zum Kauf des Hyoscin bewogen hatte. Deshalb muß meines Erachtens diese Theorie abgelehnt werden, so scharfsinnig und hochinteressant sie als Grundlage der Verteidigung auch sein mag; nicht etwa, weil ich sie für unlogisch halte, sondern weil sie nicht mit den bekannten Fakten des Falles in Einklang zu bringen ist.

X.

Und hier ist die dritte Theorie, der ich nach gründlicher Erwägung aller mysteriösen Elemente des Falles als der vernünftigsten Erklärung dieser außergewöhnlichen und gewalttätigen Handlung eines Mannes zuneige, dessen hauptsächliche Charaktereigenschaften von seinen langjährigen Freunden und Geschäftspartnern als Geduld, Güte und Liebenswürdigkeit geschildert wurden. Sie beruht darauf, daß die mehr oder weniger plötzliche auslösende Handlung der Tragödie von Mrs. Crippen selbst herrührte, indem sie den endgültigen Entschluß faßte, ihren Mann zu verlassen und das gemeinsame verfügbare Vermögen der Familie, einschließlich des Guthabens auf der Bank und des Schmuckes, mitzunehmen.

In Beziehung hierzu steht eine sehr bedeutende Tatsache, die bei der Verhandlung nicht ans Licht kam, aber weitgehend erklärt, was sonst fast unerklärlich erscheint. Es ist bekannt, daß Mrs. Crippen ihren Freunden im Laufe des Januars mehr als einmal erklärte, wenn Crippen sein Verhältnis mit der LeNeve nicht löse, würde sie ihn verlassen und ihr Geld mitnehmen. Man beachte, daß sie von ›ihrem‹ Geld sprach, und es ist klar, daß sie es auch als solches betrachtete. Welche Einstellung Crippen zu dieser Betrachtungsweise hatte, weiß ich nicht, aber es ist zumindest seltsam, daß der Hauptteil ihres Geldes auf einem gemeinsamen Bankkonto lag. Es entspricht nicht der ordentlichen und kaufmännischen Art von Crippen, daß er all seine Mittel – von denen er nicht nur für die Haushaltskosten, sondern auch für die Führung der vielen kleinen Geschäfte, mit denen er sich von Zeit zu Zeit befaßte, abhing – dem Zugriff eines Menschen wie seiner Frau offenließ. Er kannte ihren Charakter nur zu gut – so gut wie kein anderer; er muß gewußt haben, daß sie nicht zu der Art Frauen gehörte – welche sonstigen Qualitäten sie auch sonst besessen haben mochte –, der man die Kontrolle des Familienvermögens anvertrauen kann. Und dennoch lagen die 600 Pfund auf der Charing Cross Bank zum Teil auf einem gemeinsamen Konto von Ehemann und Ehefrau und zum Teil auf einem Konto unter dem Namen Belle Elmore. Mrs. Crippen hatte aber keine Möglichkeit, Geld zu sparen, das sie nicht von ihrem Mann oder jemandem anderen geschenkt bekam; während der fünf kritischen Jahre dieses Falles hat sie nie mit Arbeit Geld verdient.

Wenn Crippen Geld hatte, war er, das mußten selbst ihre Freunde zugeben, stets sehr großzügig ihr gegenüber; er gab ihr, was auch immer sie verlangte, soweit seine Mittel das gestatteten. Aber die Gehälter, die Crippen in den ganzen Jahren verdiente, entsprachen keineswegs den Summen, die von Zeit zu Zeit im getrennten oder auch gemeinsamen Besitz der Eheleute waren. Zwar hatte er an einem Teil seiner Geschäfte das Anrecht auf Kommission (bei einem geringen Gehalt von drei oder vier Pfund die Woche), aber schließlich konnte diese Kommission auf keinen Fall eine beträchtliche Summe erreicht haben. Als er im Jahre 1905 Geschäftsführer der *Sovereign Remedy Company* war, machte diese Bankrott. Von dort ging er als beratender Arzt zur *Drouet Company*, die ebenfalls Bankrott machte; als nächstes trat er in die *Aural Clinic Company* ein, und in sechs Monaten ging auch diese bankrott. Danach kehrte er zu *Munyon's* als Geschäftsführer zurück und übernahm deren Londoner Niederlassung nach ungefähr zwei Jahren als Agentur – was zu bedeuten scheint, daß die Inhaber die Zweigstelle nicht für profitabel genug hielten, um sein Gehalt zu tragen, weswegen sie ihm gestatteten, sie auf Kommissionsbasis weiterzuführen. Seit November 1909 also war er nicht mehr Geschäftsführer der Agentur, sondern blieb lediglich, wie eben gesagt, auf Kommissionsbasis; und selbst dieses Arbeitsverhältnis sollte am 31. Januar 1910 zu Ende gehen.

Zweifellos hatte Crippen noch diverse Nebeneinkommen aus dem Handel mit rezeptfreien Medikamenten, aber seine Haupteinnahmequelle zur Zeit des Mordes war höchstwahrscheinlich die Partnerschaft in einer Zahnarztpraxis, die er zusammen mit Dr. Rylance im Albion House in der New Oxford Street führte. Aber trotz all dieser Geschäfte und in Anbetracht der Tatsache, daß er ein Haus und dazu eine Frau zu unterhalten hatte, die für ihre soziale Stellung als bekannterweise extravagant galt, scheint nicht viel Gelegenheit zum Zurücklegen von Geld und zum Kauf von teurem Schmuck geblieben zu sein. Woher ist dieses Geld dann also gekommen? Und wie weit war Mrs. Crippen berechtigt, es als ihr persönliches Eigentum zu beanspruchen?

Wir müssen uns daran erinnern, woher sie kam und wer sie war. Zweifellos erhielt sie gelegentlich ›Geschenke‹ von verschiedenen Männern; und ob dies nun in Form von Geld oder Schmuck oder gar beidem geschah, wir können annehmen, daß sie es absolut als ihr persönliches, nur zu ihrer Verfügung stehendes Eigentum betrachtete. Was Crippen über die Herkunft dieser Dinge wußte, kann ich nicht sagen. Der Schleier des Geheimnisvollen, der einen großen Teil des Charakters dieses stillen, zurückhaltenden Mannes umgibt, hebt sich nicht, um einen Blick auf diesen Aspekt des Falles zu gestatten. Er war gleichgültig gegenüber seiner Frau geworden, die durch ihre Eitelkeit, ihre Extravaganz und ihr zänkisches Wesen sich schon längst seine frühere tiefe Zuneigung und seinen Stolz über die Aufmerksamkeit, die sie überall erregte, verscherzt hatte. Crippen war körperlich kein robuster Mann; seine Vitalität war mehr nervöser Art. Sie dagegen war robust und sinnlich. Ihre Vitalität war von jener lauten, aggressiven und körperlichen Art, die die Luft um sie herum zu verbrauchen scheint und zweifellos auch einen Menschen, der mit einer solchen Person zusammenlebt, langsam, aber sicher aufbraucht. Aller Wahrscheinlichkeit nach machte es ihm daher letzten Endes nicht viel aus, was sie tat, wohin sie ging oder mit wem sie sich traf, solange sein persönliches Leben dadurch nicht ernstlich gestört wurde. Natürlich gab es Streitigkeiten; ›Belle Elmore‹, die gegenüber ihren Freunden aus der Welt der *music-halls* so freundlich und reizend sein konnte, war nicht die Frau, die ihre Zunge im Zaum halten konnte, wenn sie sich provoziert fühlte, oder die das Verhältnis ihres Mannes mit einer anderen Frau klug und beherrscht betrachtet hätte. Zwar hegte auch sie keinerlei Zuneigung mehr zu ihm und schonte seine Gefühle weder in der Öffentlichkeit noch vor ihren Freunden; aber in einer gemeinen Seele nimmt Eitelkeit den Platz edlerer Leidenschaften ein, und obgleich sie Crippen nicht für sich selbst haben wollte, gestattete ihre Eitelkeit nicht, daß er die Liebe einer anderen Frau genießen durfte.

Wahrscheinlich langweilte sie mit der Zeit das Leben im Hause Hilldrop Crescent; wenn das Geld nicht mehr reichlich floß, um es zu vergolden, war dies eine zu schäbige Existenz für eine Frau, wie sie zu sein glaubte. Außerdem hatte sie jenes Alter erreicht – fünfunddreißig Jahre –, in dem eine Frau ihres Temperaments und ihrer Veranlagung zu realisieren beginnt, daß ihre Jugend vorbei ist und daß die Zeit, in der ihre Reize von der Männerwelt allgemein anerkannt werden, rasch abläuft. Sie besaß jede Menge Kleider, viel Schmuck und einiges Geld. Warum also nicht einen Streit mit Crippen vom Zaun brechen und unter der Maske eines tugendhaften und schlecht behandelten Weibes unter die Fittiche eines Mannes fliehen, der bereit war oder den sie für bereit hielt, sie aufzunehmen?

Ich glaube, daß sie irgendwann Mitte Januar 1910 Crippen damit drohte und vielleicht nach der Möglichkeit Ausschau zu halten begann, diese Drohung wahr zu machen. Ich glaube, daß er sich Sorgen machte – sowohl wegen des Geldes und seiner geschäftlichen Angelegenheiten als auch möglicherweise wegen seiner Liebe zu Ethel LeNeve. Es kann sein, daß auch sie, wie Mrs. Crippen, mit der derzeitigen Situation nicht zufrieden war; das Gegenteil wäre auch außergewöhnlich gewesen. Obgleich sie sich Crippen völlig ergeben hatte und wußte, daß sie die einzige war, die er wirklich verehrte und liebte, arbeitete sie immer noch als einfache Sekretärin bei *Munyon's*; und der Gegensatz zwischen ihrer Situation und der jener Frau, die offiziell die Position von Crippens Ehefrau einnahm und über sein Geld, die schönen Kleider, den Schmuck verfügte, Schatzmeisterin der *Music Hall Ladies' Guild* war und so weiter, muß ihr zunehmend unangenehm geworden sein. Es gibt keinen Beweis, daß sie in dieser Hinsicht irgendeinen Druck auf Crippen ausgeübt hätte; das anzudeuten wäre nicht fair. Doch vielleicht hat Crippen gerade aus diesem Grunde nur um so mehr gewünscht, der Frau, die er liebte, das zu geben, was zur Zeit an die Frau verschwendet wurde, die er nicht liebte? Wenn seine Frau ihre Drohung ausführte und mitsamt all ihrem Besitz fortging, wäre die Situation nur schlimmer statt besser geworden. Es hätte einen Skandal in ihrer kleinen Welt gegeben; und gerade zu der Zeit, da er es am nötigsten brauchte, wäre kein Geld dagewesen; er hätte keine Juwelen kaufen können, mit denen er so sehnlichst seine Geliebte zu schmücken wünschte. Man erinnere sich an Crippens Einstellung zu kostbarem Schmuck. Zweifellos hatte er seiner Frau Schmuck in einem Wert gekauft, der für Leute in ihren Verhältnissen recht ungewöhnlich war; und es gibt keinen Zweifel, daß er zu der Zeit, da er seine Frau noch liebte, wie andere Männer auch einen Stimulus seiner Leidenschaft darin verspürte, sie mit kostbaren und blendenden Dingen zu behängen. Jetzt, da seine ganze Liebe sich auf Ethel LeNeve konzentrierte, wünschte er nichts sehnlicher, als dieser Liebe auf ähnliche Weise Ausdruck verleihen zu können. Wenn Mrs. Crippen ihn aber verließ und alles mitnahm, waren diese Hoffnungen durchkreuzt. Was aber, wenn sie nun stürbe?

XI

Hier nun kam der Wendepunkt in Crippens Leben, an dem er sich von einem vielgeprüften und viel erduldenden Mann, verstrickt in die Umstände und die Konsequenzen seiner eigenen Handlungen, zu einem Verbrecher wandelte. Es ist eine tiefe, unergründliche Kluft, die zwischen diesen beiden Verhaltensweisen liegt, aber sie kann sehr schmal sein. Auf welcher Planke er sie überquerte oder welches aufreizende Wort, welche zur Verzweiflung treibende Handlung ihn den Sprung hinüber wagen ließ, weiß ich nicht, noch erwarte ich, es je zu erfahren. Doch von diesem Moment an hat er nicht mehr geschwankt oder gezögert. Er ging und kaufte das Hyoscin – stets besonnen und rücksichtsvoll, wie man sieht, selbst in der Wahl der Waffe, mit der er seine Frau töten wollte. Er hatte entschieden, daß es besser sei, wenn sie nicht mehr existierte; und seine Umsicht und Rücksichtnahme fanden sofort das schonendste und zugleich sicherste Gift, das er benutzt haben könnte.

Vom 19. Januar an, als das Gift in seinen Besitz kam, machte er sich wahrscheinlich Gedanken über die Art und Weise und die Gelegenheit zu seiner Anwendung. Man weiß allerdings nicht, ob die Tat am 31. Januar, nachdem die Martinettis zum Abendessen bei ihnen waren, sich zufällig ergab oder vorausgeplant war. Vielleicht hatte er im Sinn, es nach einem scheinbar liebenswürdigen Abend mit Freunden zu tun, an dem diese ihn und seine Frau in einer Atmosphäre ehelicher Eintracht gesehen hatten. Wenn ja, so wurde dieser Plan ziemlich dadurch beeinträchtigt, daß Mrs. Crippen ihren Mann in Gegenwart der Martinettis kräftig herunterputzte, weil er Mr. Martinetti allein zur Toilette in den ersten Stock hatte gehen lassen, statt ihn als Gastgeber die Treppe hinauf zu begleiten. Die Dinge, die wir hier erörtern, scheinen unbedeutend zu sein; doch wer kann sagen, welchen Einfluß sie auf die Ereignisse gehabt oder nicht gehabt haben? Mrs. Crippen hat vielleicht gern ein paar Worte unter vier Augen mit Mrs. Martinetti wechseln wollen und war nun wütend darüber, daß ihr Mann ihr diese Gelegenheit nicht verschaffte. Wenn man andererseits in Betracht zieht, daß Mr. Martinetti das Haus gut kannte, da sie ja gewöhnlich mindestens einmal die Woche dort zu Abend aßen, scheint Mrs. Crippens Verärgerung über ihren Mann sehr übertrieben gewesen zu sein. Wie auch immer, das alles scheint genügt zu haben; es mag der Tropfen gewesen sein, der das Faß zum Überlaufen brachte; sicher ist jedenfalls, daß Mrs. Crippen nach diesem Abend nie wieder lebend gesehen worden ist und daß ein Teil ihrer sterblichen Überreste mit Spuren einer Überdosis Hyoscinhydrobromid späterhin im Erdboden unter der Kellertreppe von Crippens Haus gefunden wurden.

Die einzige weitere Theorie, die mit den Fakten in Übereinstimmung gebracht werden könnte, würde die vorherige geheime Absprache mit einem Komplizen einschließen; sie kann jedoch aus den bereits bekannten Gründen nicht zutreffen.

XII.

Aber nehmen wir einmal die dritte Theorie als diejenige, die uns als die vernünftigste der möglichen erscheint, so paßt Crippens nachfolgendes Verhalten haargenau dazu und wirft ein äußerst interessantes Licht auf seinen Charakter. Über die Kluft hinweg, die den normalen Bürger von dem Verbrecher scheidet, hatte er den schicksalsschweren und alles entscheidenden Schritt getan; aber statt nun danach wie so viele Mörder als Gesetzloser aus der Gesellschaft auszubrechen, führte er sein normales Leben weiter; er ging weiter geradeaus, nur jetzt auf der anderen Seite des schmalen Abgrundes. Wenn man seinen Lebenslauf auf einer Karte eintragen wollte, würde man nicht die bei Verbrechern meist übliche scharfe rechtwinklige Abknickung sehen, sondern eine gerade Linie mit nur einem winzigen Seitenschritt in der Mitte, die danach unbeirrt weiter in der bisherigen Richtung verläuft. Es ist sicher, daß er keine Verwirrung, Reue oder Angst nach seiner entsetzlichen Tat zeigte; und ich glaube, daß er auch nichts dergleichen empfand. Auf irgendeine unverständliche Weise rechtfertigte er sich vor sich selbst, was er getan hatte, ohne dabei sein Gewissen zu belasten; denn soweit man das beurteilen kann, verlief sein Leben danach glücklicher als zuvor. Aber auch mit der Annahme, daß er sein Verbrechen aus Liebe zu der LeNeve beging, stimmt sein nachfolgendes Verhalten absolut überein. Er unternahm alle notwendigen Vorkehrungen, und zwar mit großem Geschick und kühlem Verstand, um sämtliche Spuren des Verbrechens zu verwischen. Die Knochen, die Glieder, der Kopf wie auch bestimmte charakteristische Organe waren alle von den gefundenen Überresten entfernt worden, dem Augenschein nach von einer im Sezieren geübten Hand. Niemand weiß, wie sie beiseite geschafft wurden; aber es muß eine Arbeit von Tagen gewesen sein. Nach der einen Theorie muß die Zerlegung im Bad vor sich gegangen sein, die Knochen und Glieder wurden im Küchenherd verbrannt, während der Kopf auf Crippens Reise kurz darauf nach Dieppe beseitigt wurde – in einer Handtasche über Bord geworfen. Aber wie die Methode auch gewesen sein mag, sie muß entsetzlich und mit anstrengender körperlicher Arbeit verbunden gewesen sein.

Er erfand eine Geschichte, die das Verschwinden seiner Frau erklären sollte. Mit einer kunstvollen Verbrämung der wirklichen Umstände entwickelte er ihre Abwesenheit zu ihrem Tod im fernen Kalifornien; und er widmete sich ganz dem Mädchen, für dessen Zuneigung er einen so hohen Preis zahlen sollte. Es ist typisch für die Inkonsequenz menschlichen Vorurteils, daß die Hälfte der Empörung und des Entsetzens über ihn auf der Tatsache beruhte, daß er die sterblichen Überreste seiner Frau zerteilte und scheinheilige Briefe über ihren Tod in Kalifornien an die Damen von der *Music Hall Ladies' Guild* schrieb. Wie absurd ist doch eine solche Haltung. Das Verbrechen bestand in der Ermordung seiner Frau; es war ein so schweres Verbrechen, daß nichts, was er danach tat, es noch verschlimmern konnte – es sei denn, daß damit Grausamkeit oder Betrug gegen einen Lebenden verbunden gewesen wäre. Im Gegenteil, wenn man das Verbrechen und seine Größe in Betracht zieht, war das, was er danach tat, in technischer Hinsicht bewundernswert. Es gehörte zu seiner Aufgabe, alle Spuren davon zu verwischen oder zu beseitigen, und das hat er auch um Haaresbreite erreicht. Wenn er vorhatte, eine Lüge über den Tod seiner Frau in Kalifornien zu verbreiten, mußte er es besser gut anstatt schlecht tun; und er machte seine Sache in dieser Hinsicht wirklich gut. Wenn er seine Frau ermordet hatte, um mit Ethel LeNeve glücklich zu sein, war das mindeste, was er tun konnte, daß er sich ihr hingebungsvoll widmete; und von seiner Tat an bis zu dem Augenblick an jenem Morgen, da man ihn im Strafgefängnis Pentonville hängte, dachte er an nichts anderes als an ihr Wohlergehen, hatte er kein anderes Ziel als die Gewährleistung ihrer Sicherheit und ihres Glücks, keine andere Furcht als die, daß irgendeine Folge seiner Tat auf sie zurückfallen könnte.

XIII.

Doch menschliche Eitelkeit und Anmaßung, die sich wie ein schillernder Faden durch das düstere Gewebe dieser Geschichte ziehen, sollten zu Crippens Verderben beitragen. Nachdem seine Frau fort war, ihr Verschwinden erklärt und ihr Tod angezeigt, die damit verbundenen Einzelheiten erledigt, einschließlich des Versands von Trauerkarten und Anzeigen in *The Era* – Dinge, die etliche Wochen in Anspruch nahmen –, begann Crippen mehr oder weniger offen mit Miss LeNeve im Hause Hilldrop Crescent zusammenzuleben (12. März). Meine Theorie des Verbrechens wird von der Tatsache gestützt, daß Crippen am 2. und 9. Februar Schmuck im Wert von 195 Pfund verpfändete. Er hatte jetzt die Verfügungsgewalt über die Geldangelegenheiten; Miss LeNeve lebte mit ihm zusammen, und er konnte beginnen, die Früchte seiner schrecklichen Tat zu genießen. Sie traten immer kühner zusammen in der

Öffentlichkeit auf. Man sah sie an einem Wohltätigkeitsessen mit Tanz am 20. Februar, wobei sie Schmuck trug, der Mrs. Crippen gehört hatte. Das schien einigen Freundinnen von Mrs. Crippen zuviel zu sein. Vielleicht meinten sie, wenn diese ein Testament gemacht hätte, würde sie ihre kostbaren Besitztümer unter ihnen verteilt haben. Sie wußten jedenfalls, daß Miss LeNeve die letzte war, der Mrs. Crippen den Besitz ihrer Juwelen gegönnt hätte. Sie redeten, sie wunderten sich, sie wurden argwöhnisch; und am 30. Juni ging ein Mr. Nash zu Scotland Yard und rollte die ganze Frage von Mrs. Crippens Verschwinden auf.

Eine Woche später begannen Inspektor Dew und Sergeant Mitchell ihre Untersuchungen und kamen zu Crippen in seine Praxis. Er erzählte ihnen dann, daß die ganze Geschichte von Mrs. Crippens Tod nicht wahr sei; sie habe ihn verlassen, er wüßte nicht mit wem, und um einen Skandal zu vermeiden, habe er die Geschichte von ihrer Reise nach Kalifornien, ihrer Krankheit und ihrem Tod erfunden. Er unterzeichnete eine schriftliche Aussage – die später bei der Verhandlung vorgezeigt wurde – und schien nichts sehnlicher zu wünschen, als jede ihm mögliche Unterstützung zur Entdeckung des Aufenthalts seiner Frau zu geben. Diese Angaben machte er gegenüber Inspektor Dew in seiner Praxis, und zwar in den Pausen zwischen ärztlichen Konsultationen und Zahnziehen; er diktierte einen Teil, ging nach nebenan und zog einen Zahn, kam zurück und diktierte weiter. Das nahm den größten Teil des Tages in Anspruch, und zwischendurch gingen Crippen und Inspektor Dew zusammen ins Holborn Restaurant eine Kleinigkeit essen. Anschließend nahm Crippen die Beamten in sein Haus an der Hilldrop Crescent mit und half ihnen, alles zu inspizieren. Sie machten eine gründliche Untersuchung vom Keller bis zum Dachboden und fanden nichts, was gegen seine Geschichte gesprochen hätte. Inspektor Dew hat mir selbst erzählt, daß ihm an diesem Tage, dem 8. Juli (nachdem er fast ununterbrochen von morgens bis abends mit Crippen zusammen gewesen sei und das ganze Haus untersucht habe), nicht das geringste aufgefallen wäre, was ihn zu der Annahme gebracht haben könnte, daß Crippen nicht die Wahrheit über den Hergang gesagt hätte. Die Untersuchung konnte also in jeder Hinsicht als abgeschlossen gelten.

XIV.

Doch dann brach etwas in dem Gerüst zusammen. Es waren nicht die Nerven von Dr. Crippen; aber es ist nicht unwahrscheinlich, daß es die Nerven von Miss LeNeve waren. Man kann unmöglich mit Sicherheit sagen, ob sie die Wahrheit kannte oder nicht; es ist sogar sehr gut möglich, daß sie, entsprechend ihrem Eid und dem Eid von Crippen, nicht eingeweiht war. Wenn aber doch, wäre es kaum zu verwundern, daß die Situation über ihre Kräfte ging. Aber selbst wenn sie nichts wußte, könnte sie doch unsicher und argwöhnisch geworden sein, und Crippen mag befürchtet haben, daß ihre Nerven unter der jetzt im Gange befindlichen Untersuchung versagen, daß sie durch ihr Benehmen Verdacht erwecken könnte und daß sich schließlich die Belastung einer weitergehenden Untersuchung als zuviel für sie erweisen würde. Er entschied sich für eine unverzügliche Flucht. Er muß einen sehr starken Einfluß auf Miss LeNeve gehabt haben, um ihre Zustimmung zu dem gewagten Plan einer unvermittelten Flucht in der Verkleidung eines jungen Mannes zu erlangen. Wenn sie nur gewußt hätten, daß das Schlimmste vorüber war! Denn wenn sie nicht geflohen wären, hätte man aller Wahrscheinlichkeit nach die ganze Angelegenheit auf sich beruhen lassen, und Mrs. Crippens Verschwinden wäre unter die vielen ungelösten Rätsel des Londoner Alltagslebens eingereiht worden.

Aber sie wußten es nicht; und mit meisterhafter, kühler Umsicht arrangierte Crippen die Einzelheiten ihrer Flucht. Er ließ seine geschäftlichen Angelegenheiten geordnet zurück; er fand die Zeit, selbst in diesen knappen Stunden dringender Reisevorbereitungen Briefe in der für ihn bezeichnenden höflichen Form zu schreiben, mit denen er seinen Geschäftspartnern so viele Unannehmlichkeiten wie möglich als Folge seiner Abreise ersparen wollte. Unverdächtigt und unbehindert gelangten sie nach Rotterdam und weiter nach Antwerpen, wo sie unter den Namen von Mr. und Master Robinson, also als Vater und Sohn, für den 20. Juli eine Überfahrt auf dem Dampfschiff *Montrose* nach Quebec buchten.

XV.

Inzwischen war jedoch in London etwas geschehen, was den schon fast erloschenen offiziellen Verdacht mächtig und unheilvoll anfachte. Inspektor Dew hatte sich aus irgendeinem unbedeutenden Grunde entschlossen, am Montag, dem 11. Juli, noch einmal Crippen in seiner Praxis im Albion House zu besuchen, um ein paar ergänzende Fragen zu stellen. Dort hörte er, daß Crippen abgereist sei.

Mit neu erwachtem Argwohn machte er sich nochmals auf den Weg zur Hilldrop Crescent und startete eine erneute Durchsuchung des Hauses, ließ Teile des Gartens aufgraben, untersuchte den Kohlenkeller, prüfte den Ziegelbelag mit dem Fuß, fand jedoch nichts. Mit Hartnäckigkeit und Zuversicht, die ihn in diesem Fall berühmt machten, nahm er die Suche am nächsten Tag wieder auf und führte sie auch am darauffolgenden Tag weiter; und als er an diesem 13. Juli die Ziegel auf dem Kellerfußboden mit einem Schürhaken gründlich untersuchte, stellte er fest, daß einige davon sich abheben ließen. Nachdem er noch ein paar mehr auf dieselbe Weise abgehoben hatte, holte er sich einen Spaten und begann zu graben; und in einer Tiefe von ein paar Zoll stieß er auf eine kompakte Masse, die sich nach Untersuchung durch Fachleute als der größere Teil eines menschlichen Körpers erwies, von dem der Kopf, die Gliedmaßen und die Knochen fehlten sowie diejenigen

Organe und Körperteile, aus denen man auf das Geschlecht der Leiche hätte schließen können.

Am 16. Juli wurde ein Haftbefehl für Crippen und Miss LeNeve erlassen, aber wie man gesehen hat, waren sie bereits erfolgreich entkommen und warteten zur Zeit und während der folgenden Tage in Antwerpen auf die Abfahrt der *Montrose*.

Die tragischen Kapitel der Geschichte folgten einander mit dramatischer Geschwindigkeit. Die Zeit hatte noch gereicht, um die sensationelle Entdeckung im Haus an der Hilldrop Crescent bekanntzumachen, und die Beschreibung der beiden Flüchtigen erreichte Antwerpen, ehe das Schiff ablegte. Der Kapitän hatte sie gelesen, und sie waren noch keine zwei Tage auf See, als er schon glaubte, in Mr. und Master Robinson die zwei von der Polizei gesuchten Leute identifiziert zu haben, für deren Aufspürung und Meldung die *Daily Mail* eine Belohnung von 100 Pfund ausgesetzt hatte. Die drahtlose Telegraphie, damals noch im Frühstadium ihrer kommerziellen Verwendung, wurde hier zum erstenmal in der Geschichte zur Entdeckung eines Verbrechers benutzt. Kapitän Kendall schickte am 22. Juli eine lange drahtlose Botschaft über seine Beobachtung und hielt seine Opfer danach noch neun Tage lang völlig arglos über die furchtbare Rolle, die eine ratternde Morsetaste und ein Funktelegramm in ihrem Leben gespielt hatten, brachte sie zum Reden und Lachen und verleitete sie dazu, sich in ihrer nicht sehr erfolgreichen Verkleidung eine Blöße zu geben. Am 23. Juli legten Dew und Mitchell mit einem schnellen Schiff von Liverpool ab, und am 31. wurden Crippen und Miss LeNeve verhaftet, als sich ihr Dampfer auf der Höhe von Father Point befand und Dew als Pilot verkleidet an Bord kam. Nach den Auslieferungsverhandlungen in Quebec wurden sie zum Prozeß gegen sie nach London zurückgebracht.

XVI

Die Art, wie durch den zufälligen Einschluß eines Stückes von einer Schlafanzugjacke zwischen den Körperteilen das Datum des Vergrabens – das auf andere Weise nicht zu ermitteln war – in sehr engen Grenzen festgelegt werden konnte; die mühevolle und hervorragende Analyse, mit der bewiesen wurde, daß diese paar Stücke Fleisch und Haut Teile eines menschlichen Körpers gewesen waren, der eine tödliche Dosis Hyoscin enthalten hatte; der überaus starke Widerspruch und schließlich das Zusammenbrechen der von der Verteidigung benannten Experten – das alles findet man im offiziellen Protokoll der Verhandlung.

Sir Richard Muir war nie in seiner langen Laufbahn als Strafverfolger gewaltiger und zielstrebiger als in diesem Fall, da er mit meisterhaftem Geschick die Fäden zu dem Strick verspann, der Crippen schließlich an sein Schicksal band. Aber der erstaunlichste Charakterzug dieses Prozesses war die absolute, kühle Gelassenheit und Unerschütterlichkeit, mit der Crippen das lange und schreckliche Kreuzverhör durchstand, dem er unterzogen wurde. Die gräßlichen Minuten, in denen Teile der Haut seiner toten Frau auf einem Suppenteller zur Inspektion herumgereicht wurden, ließen allein ihn von allen Menschen im überfüllten Gerichtssaal völlig unbewegt. Er schaute sie sich mit einer Art verständnisvoller Neugier an, als seien es reine Museumsstücke. Nicht mit einem Wort oder einem einzigen Beben der Stimme verriet dieser zerbrechliche kleine Mann, in welch schrecklicher Situation – gegenüber der er, wie wir aus anderen Zeugnissen wissen, in Wirklichkeit erschütternd empfindsam war – er sich befand. Dieses Verhalten charakterisierte ihn bis zum letzten Augenblick in seinem Leben.

Und wie die Staatsanwaltschaft mit all den ihr zur Verfügung stehenden Hilfsmitteln nicht fähig gewesen war, eine einzige Person aufzutreiben, die etwas anderes über Crippen hätte sagen können, als daß er sich in jeder Beziehung und Lebenslage stets voller Güte, Rücksichtnahme und Selbstlosigkeit gezeigt habe, so betrachtete ihn auch jeder, der von seinem Prozeß bis zu seinem Tode nùr irgendwie mit ihm zu tun hatte – und einige davon waren recht hartgesottene Gefängnisbeamte – nicht nur mit Achtung, sondern sogar mit einer gewissen Zuneigung.

Er machte nie Unannehmlichkeiten, zeigte nie irgendwelchen Kummer oder bat um irgendeine Vergünstigung für sich selbst; seine ganze Sorge und alle seine Bitten galten nur der Frau, die er liebte. Ich habe das schicksalsschwere kleine Buch gesehen, in welches die Wärter, die ihn Tag und Nacht in der Todeszelle beobachten mußten, stündlich sein Verhalten einzutragen hatten; aber wenn ich mich auch gebunden fühle, nicht daraus zu zitieren, kann ich doch sagen, daß nichts in diesem Bericht steht, was Crippen über irgend etwas anderes besorgt zeigt als einzig und allein sie. Nur ein einziges Mal brach er zusammen, und das war am späten Abend vor seiner Hinrichtung, als der Direktor des Pentonville-Gefängnisses ihm das Abschiedstelegramm von Miss LeNeve brachte; und als der Direktor ihn bei jener mitternächtlichen Unterredung fragte, ob es noch irgend etwas gäbe, was er für ihn tun könnte, lautete seine einzige Bitte, daß die ein oder zwei Briefe, die er von ihr besaß, sowie ihr Photo am nächsten Morgen mit ins Gefängnisgrab gegeben werden sollten. Das wurde ihm versprochen und auch gehalten.

XVII.

Niemand wird annehmen dürfen, aus diesen Seiten eine Entschuldigung oder Rechtfertigung für einen nachgewiesenen Mord herauslesen zu können. Sie stellen den Versuch dar, die verschlungenen Fäden des Motivs in einem Fall zurückzuverfolgen, der ein äußerst ungewöhnliches Beispiel guter und schlechter Einflüsse auf die menschliche Verhaltensweise gibt. Richtig gelesen und verstanden, ist es eine warnende, ernüchternde und instruktive Geschichte.

Wir mögen Crippen für einen hassenswerten Menschen halten – aber niemand, der mit ihm in Berührung gekommen ist, konnte das über ihn sagen.

Angefangen mit jenen, die in geschäftlicher Hinsicht oder als Freunde seiner Frau keinen Grund hatten, ihn gern zu haben oder zu loben, bis hin zu den Beamten des Gefängnisses, in dem er als verurteilter Mörder hingerichtet wurde, gibt es nur eine einstimmige Beurteilung seines in täglicher Begegnung mit seinen Mitmenschen geprüften Charakters; selbst im Hinblick auf die unmittelbar mit seinem Verbrechen in Beziehung stehenden oder darauf folgenden Umstände sehen wir das eine, herausragende Merkmal seines Charakters: das Verbrechen als solches brachte hohe menschliche Qualitäten in ihm zum Vorschein.

Es gibt zwei Seiten dieses Falles – die äußerlich sichtbare, die schmutzig und gemein, schrecklich und abstoßend ist, sowie die geistig-seelische, die gut und heroisch anmutet; und dies letztere in einem Ausmaß, daß die meisten aufrichtigen Menschen, wenn sie – aus welchen Gründen immer – in eine derartige Situation gerieten, in der Crippen sich letzten Endes befand, und wenn sie jenen Prüfungen ausgesetzt wären, denen er unterzogen wurde, froh sein würden, wenn sie nur halb so gut wie er daraus hervorgingen. Einen solchen Fall kann man nur mit Hilfe der Vorstellungskraft verstehen; und er sollte uns bei der Beurteilung unserer Mitmenschen mahnen, nie den Dualismus im Wesen des menschlichen Charakters sowie das Geheimnisvolle zu vergessen, kraft deren Taten größter moralischer Verwerflichkeit mit einer über dem Durchschnitt stehenden menschlichen Verhaltensweise einhergehen; einer Verhaltensweise, die – wenn wir so gerecht sein wollen, wie wir Gerechtigkeit uns gegenüber erhoffen – nicht weniger im Gedächtnis bleiben und geschildert werden soll wie das Verbrechen selbst.

E. Majoribanks

Der Fall Frederick Henry Seddon

Ganz anders als der liebenswerte kleine Dr. Crippen war der Versicherungsagent Frederick Henry Seddon; keiner jener Umstände, die Crippens Verhaltensweise erklärten oder beschönigten, tauchte in diesem Fall auf, und in seinem Charakter zeigte sich nicht eine Spur von Crippens Güte oder Selbstlosigkeit, die Mitleid oder Sympathie hätten erwecken können.

Eines Tages war das Glück einem noch sehr jungen, erst einundzwanzigjährigen Rechtsanwalt in London hold, dessen Name eben erst in der Liste der bei Gericht zugelassenen Anwälte erschienen war; ein neuer Klient sprach bei Mr. T. W. Saint aus Islington vor. Der neue Klient war Bezirksleiter der *London and Manchester Industrial Assurance Company* und wohnte in derselben Straße. In der Hand hielt er eine Vorladung, als Zeuge bei einer Leichenschauverhandlung auszusagen. Es war alles sehr unangenehm: eine ›alte Jungfer‹, seine ehemalige Mieterin, war plötzlich vor ein oder zwei Monaten in seinem Haus gestorben; man hatte sie nun exhumiert und anscheinend Gift in ihren sterblichen Überresten gefunden. Ob Mr. Saint ihn wohl bei der gerichtlichen Untersuchung vertreten würde? Mr. Saint, selbst noch ziemlich jung, hatte kürzlich einen sehr jungen Anwalt, einen Mr. Gervais Rentoul, mit einem Fall auf dem Lande betraut. Obwohl das Honorar dafür nur eine Guinee betrug, hatte Rentoul sich sehr große Mühe gegeben, und Saint belohnte ihn mit der Vertretung der Seddons bei der Leichenschauverhandlung. Im Verlauf der Untersuchung wurden Seddon und seine Frau verhaftet, und Rentoul vertrat sie beide während der Verhandlungen vor dem Polizeigericht. Sie wurden wegen Mordverdachtes dem Kriminalgericht zur Aburteilung überstellt, und ihr Fall wurde nicht nur die große Sensation jener Zeit, sondern war auch von höchstem Interesse als wissenschaftliche Untersuchung. Offensichtlich mußte ein führender Verteidiger mit der Leitung des Falles betraut werden. »Wen sollen wir nehmen?« fragte Walter Saint. »Suchen Sie sich aus, wen Sie haben wollen.«

»Oh, wenn ich wählen darf«, sagte der junge Anwalt bescheiden, »so sollten wir, meine ich, Marshall Hall bitten.«

Denn Marshall Hall hatte inzwischen eine einzigartige Stellung bei Gericht errungen: als Verteidiger von Angeklagten, denen die Todesstrafe drohte, gab es anerkannterweise niemanden, der ihm überlegen war, und sein Name stand in höchstem Ansehen. Für diesen Fall hätte unter keinen Umständen eine bessere Wahl getroffen werden können. Sein gerichtsmedizinisches Wissen wurde von keinem Mitglied der Anwaltskammer übertroffen; es war ein Wissensschatz, den er bis jetzt noch bei keinem Kapitalfall hatte anzuzapfen brauchen.

So kam Marshall Hall zu seiner ersten großen Giftmordverteidigung durch die Wahl eines noch sehr unerfahrenen Bewunderers, der sich seinerseits diese großartige Gelegenheit verdient hatte, indem er einem anderen jungen Anwalt einen Gefallen tat. Man beschloß, daß es besser sei, Marshall Hall die Leitung der Verteidigung beider Angeklagten zu übertragen, auch wenn Mrs. Seddon nominell allein von Rentoul verteidigt wurde. Marshall Hall hatte als Junioren Mr. R. Dunstan und Mr. Wellesley Orr. Von der wissenschaftlichen Seite des Falles war Marshall regelrecht entzückt, doch nachdem er die Akten studiert hatte, machte die menschliche Seite ihn sehr unglücklich und deprimierte ihn sehr. »Dies ist der düsterste Fall, mit dem ich je zu tun gehabt habe«, bemerkte er bei der ersten Beratung.

Dieser Pessimismus und das mangelnde Vertrauen in seinen Klienten schon von Anfang an waren so gut wie einmalig in der Laufbahn des großen Verteidigers. Er würde diesen Fall ohne jenen leidenschaftlichen persönlichen Glauben an die Unschuld seines Mandanten führen müssen, mit dem er durch so viele seiner Prozesse gegangen war. Doch das hinderte ihn nicht daran, sich voll und ganz der bevorstehenden großen Aufgabe zu widmen. Er gab alle anderen Arbeiten ab und konnte an nichts anderes mehr denken als an den Fall Seddon. In den vielen sorgenvollen Konferenzen mit den Kollegen erklärte er immer wieder: »Denken Sie daran, das Leben zweier Menschen hängt von uns ab!« Und zu Saint sagte er: »Wenn Sie mich irgendwann sprechen müssen, kommen Sie – ob bei Tag oder bei Nacht, ich werde zu Hause sein und Sie empfangen.« Er trainierte wie ein Sportler vor einem Wettkampf oder ein Student vor einer Stipendienprüfung, ging früh zu Bett und fütterte seinen Geist mit Werken über die wissenschaftlichen Aspekte dieses Falles.

Wenn Seddon schuldig war, so mußte man den Fall wirklich als außerordentlich düster bezeichnen. Denn hier gab es keine große, überwältigende Leidenschaft, keinen plötzlichen, wahnsinnigen Impuls, keine bitterböse Provokation, die dieses gemeine Verbrechen – falls es ein solches war – hätten entschuldigen können. Die bloße Gier nach Gold hatte den Mann dazu getrieben. Der Angeklagte war zur Zeit vierzig Jahre alt und hatte seiner Versicherungsgesellschaft zwanzig Jahre lang tüchtig und zuverlässig gedient, wobei er von der tiefsten Sprosse der Erfolgsleiter bis zu seiner gegenwärtigen, Verantwortung tragenden Vertrauensposition aufgestiegen war. Er war ein sehr anspruchsvoller, von seinen Untergebenen ungeliebter Vorgesetzter, seine Arbeitgeber dagegen schätzten ihn sehr. Seine Frau stammte aus dem Norden Englands und hatte ihm fünf Kinder geboren; er hatte sich als redegewandter Laienprediger betätigt und war eine ziemliche Leuchte in der Welt der Freimaurer. Dank großer Sparsamkeit hatte er ein wenig Geld auf die hohe Kante legen können; sein Einkommen betrug ungefähr vierhundert Pfund im Jahr. Einen Teil seiner Ersparnisse hatte er in ein Haus investiert, Tollington Park Nr. 63, in das er selbst eingezogen war, da er keinen Mieter dafür hatte finden können. Im Parterre richtete er sich ein Büro ein, und das Obergeschoß hielt er zum Vermieten frei. Insoweit sprach also nichts gegen Mr. Seddon, außer vielleicht sein übertriebener Hang zum Geldverdienen. Im übrigen gab es nur Gutes über ihn zu vermelden. In seiner kleinen Welt betrachtete man ihn zweifellos als eine Stütze der Gesellschaft und einen Mann mit Zukunft.

Auf seine Zeitungsannonce im Juli 1910 zog ein achtundvierzigjähriges, ältliches Fräulein namens Eliza Barrow als Mieterin in sein Obergeschoß; mit sich brachte sie einen kleinen Jungen mit Namen Ernest Grant, den sie praktisch adoptiert hatte, sowie ein Ehepaar, Mr. und Mrs. Hook, die mit dem Jungen verwandt waren. Miss Barrow liebte den Jungen abgöttisch, und die Hooks durften mietefrei bei ihr wohnen. Bald aber kam es zu Streitereien zwischen Miss Barrow und den Hooks, und Seddon kündigte ihnen im Namen von Miss Barrow.

Miss Barrow blieb nun allein mit dem kleinen Jungen bei den Seddons. Sie wurde sehr deprimiert und bekümmert: in ihren besten Augenblicken war sie eine außergewöhnliche Frau mit einer Neigung zur Streitsucht und Angriffslust. Unmittelbar vor ihrem Einzug bei den Seddons hatte sie bei Verwandten namens Vonderahe gewohnt, und von ihrer Aufenthaltszeit dort wußte man, daß sie ihrer Gastgeberin ins Gesicht gespuckt hatte. Ihre wesentlichen Charakterzüge waren Schlampigkeit, Knauserei und die Liebe zum Gold. Sie war ein regelrechter Geizkragen: für ihr Leben gern hatte sie Banknoten und Goldmünzen um sich und hortete auf diese Weise Hunderte von Pfund. Ihr Hauptinteresse im Leben war ihr kleines ererbtes Vermögen von ungefähr 3000 Pfund Kapitalwert; was aber darüber hinaus an natürlicher Liebe noch in ihr steckte, schenkte sie dem kleinen Ernest Grant. Ihr Geld war in India Stock und in einem Wirtshaus investiert, das sie verpachtet hatte. Die Aktien India Stock waren in letzter Zeit erheblich im Wert gefallen, und die Steuer- und Lizenzpolitik der Liberalen bedrohte ihr

Wirtshaus. Seddon entdeckte, daß diese Sorgen schwer auf der alten Jungfer lasteten, und sie stellte bald fest, daß er ein sehr vernünftiger und tüchtiger Geschäftsmann war, was auch absolut stimmte. Als Versicherungsmakler kam Seddon zu der Erkenntnis, daß Miss Barrow kein gutes Risiko für eine Lebensversicherung darstellte, sich dagegen ausgezeichnet für eine Jahresrente eignete; und nachdem sie zwölf Monate bei ihm gewohnt hatte, überredete er sie, ihm dieses gesamte Vermögen für eine Leibrente von ungefähr 150 Pfund im Jahr zu übertragen. Wie ihre Verwandten sagten, war Miss Barrow ›eine harte Nuß‹ und nicht leicht von etwas zu überzeugen; aber zweifellos mußte sie glauben, ein gutes Geschäft gemacht zu haben, erhielt sie doch auf diese Weise etwa 30 Pfund mehr im Jahr von Seddon, als sie aus einer Versicherungsgesellschaft oder der Post hätte herausquetschen können. Seddon zahlte ihr die Leibrente pünktlich wöchentlich bis zum September 1911 aus, gewöhnlich in Gold, doch die bedauernswerte alte Dame hatte noch andere finanzielle Sorgen. Die Zahlungsschwierigkeiten der Birkbeck Bank hatten ihr Angst gemacht; vielleicht besprach sie die Angelegenheit mit Seddon. Jedenfalls ging sie zusammen mit Mrs. Seddon zur *London and Finsbury Savings Bank*, ließ sich ihre Ersparnisse in Höhe von 216 Pfund in Gold auszahlen und nahm sie mit nach Hause. Nach ihrem Tode erklärte Seddon, er hätte Einwände dagegen erhoben, daß sie soviel Gold in seinem Hause aufbewahrte, aber Miss Barrow habe geantwortet: »Ich weiß schon, was ich damit anfangen werde.«

Am 1. September wurde Miss Barrow krank, und Dr. Sworn, der Hausarzt der Familie Seddon, stellte akute Diarrhoe und Übelkeit bei ihr fest. Im Laufe der nächsten Tage ging es Miss Barrow schlechter. Zugegebenermaßen wurden bestimmte giftige, in Wasser gelegte Fliegenpapiere in ihrem Krankenzimmer benutzt, um die Fliegen zu vernichten, die in außerordentlicher Anzahl, von dem stechenden Geruch im Krankenzimmer angezogen, das Bett der alten Jungfer umschwirrten. Ihre Selbstsucht und Überspanntheit zeigten sich darin, daß sie darauf bestand, der kleine Ernest müsse auch während ihrer Krankheit mit ihr im selben Bett schlafen. Sie war eine unbequeme Patientin und sträubte sich dagegen, ihre Medizin zu nehmen. Ein neues Medikament wurde verschrieben, und Seddon konnte sie einmal dazu bewegen, es einzunehmen. Mrs. Seddon pflegte sie aufmerksam, und Miss Barrow erklärte dem Arzt, sie würde sich lieber von den Seddons betreuen lassen, als ins Krankenhaus zu gehen. Doch obwohl sie Seddon ein Testament ›diktierte‹ und unterzeichnete, in dem sie ihre persönlichen Habseligkeiten (alles, was sie noch zu hinterlassen hatte) Ernest Grant und seiner kleinen Schwester vermachte, mit Seddon als Vollstrecker, nahmen die Seddons ihre Krankheit offenbar nicht sehr ernst; denn am 13. September kamen Seddons Schwester und seine Nichte auf Logierbesuch zu ihm, und er selbst ging ins Marlborough Theater. Er kam spät nach Hause und erzählte, daß der Mann an der Theaterkasse ihn um Sixpence geprellt hätte. Diese Geschichte war sehr typisch für den Mann.

Gegen 23.30 Uhr kam der kleine Junge aus ihrem Zimmer und sagte, daß ›Chickie‹ – so ließ Miss Barrow sich von ihm nennen – Mrs. Seddon zu sehen wünsche. Die unglückliche Frau war aus dem Bett gekrochen und kauerte nun schmerzverzerrt auf dem Fußboden. »Ich liege im Sterben«, stöhnte sie. Der kleine Junge wurde für die Nacht in ein anderes Zimmer geschickt, und Mrs. Seddon setzte sich zu ihrer Mieterin ans Bett, während Mr. Seddon sich draußen auf dem Treppenabsatz niederließ, Zeitung las, Pfeife rauchte und sich ab und zu von unten etwas zu trinken heraufholte. Gegen 6.30 Uhr begann Miss Barrow schwer zu atmen und verschied. Als ihr Testamentsvollstrecker begann Seddon sofort nach ihrem Geld zu suchen. Nach seinen Angaben fand er jedoch nur etwa viereinhalb Pfund in ihrer Geldkassette und ungefähr fünfeinhalb Pfund in einer Kommodenschublade versteckt.

Am Vormittag überbrachte Seddon dann die Todesnachricht dem Arzt Dr. Sworn, der ihm ohne eine letzte

Visite einen Totenschein ausfertigte, daß Miss Barrow an epidemischer Diarrhoe gestorben sei. Seddon machte anschließend einem Bestattungsinstitut einen Besuch und arrangierte für sie für ein Gesamthonorar von vier Pfund eine Beerdigung in einem öffentlichen Gemeinschaftsgrab, obwohl sich unter Miss Barrows Papieren ein Dokument befand, das ihr das Recht auf eine Beisetzung in einem Familiengrab auf dem Friedhof Kensal Green gab. Ja, er nahm sogar eine Provision von zwölf Shilling und Sixpence von dem Leichenbestatter für die Vermittlung dieses Geschäftes an.

Inzwischen hatte man Ernest nach Southend geschickt, und keine Verwandten von Miss Barrow erhielten von Seddon eine Todesnachricht, obwohl die Vonderahes, ihre leiblichen Vettern, in nächster Nachbarschaft wohnten, wie Seddon wohl wußte. Später behauptete Seddon, er habe ihnen geschrieben, und natürlich hatte er einen Durchschlag eines solchen ›Briefes‹ aufgehoben. Der Leichnam wurde noch am gleichen Tag aus dem Haus geschafft; Mrs. Seddon ließ einen Kranz nach eigenen Angaben binden und küßte die arme Verstorbene auf das Gesicht. Seddon brachte eine Uhr zum Uhrmacher, die seine Frau von Miss Barrow ›geschenkt‹ bekommen hatte, um den eingravierten Namen von deren Mutter entfernen zu lassen. Außerdem ging er auch an Miss Barrows Todestag weiter seinen Geschäften nach, und zwei seiner Untervertreter sahen ihn große Mengen Goldmünzen abzählen. Er nahm einen Beutel Gold, hielt ihn einem seiner Untergebenen hin und sagte im Scherz: »Hier, Smith, Ihr Lohn.« Doch die Beanspruchung durch Miss Barrows Tod und durch Überarbeitung hatten ihn erschöpft, und gegen Ende September fuhren Seddon und seine Familie Ernest Grant nach Southampton nach, um gemeinsam dort vierzehn Tage Ferien zu machen.

Inzwischen hatten die Vonderahes zu reden begonnen, und als sie in einer persönlichen Unterredung entdeckten, daß alles Geld ihrer Cousine für eine Leibrente an Seddon gegangen war, zogen sie daraus sehr ungünstige Schlüsse. Die Leiche wurde exhumiert, und Sir William Willcox fand in einer sehr sorgfältigen wissenschaftlichen Analyse, daß der Körper zweieinhalb Gran Arsenik enthielt. Eine gerichtliche Untersuchung wurde abgehalten und Seddon als Zeuge vorgeladen. Die Frage, wie das Arsenik in den Körper gelangt sein könnte, mußte geklärt werden. Zwei Tage nach Seddons Verhaftung, am 6. Dezember, kam zum erstenmal das Fliegenpapier als mögliche Todesursache ins Gespräch. Seddon selbst erklärte, die ›alte Jungfer‹ müsse wohl von dem Wasser getrunken haben, in dem die Fliegenpapiere eingeweicht würden.

»Oh«, meinte Mr. Saint, »man kann doch solche giftigen Sachen gewiß nicht ohne weiteres in einer normalen Drogerie kaufen, oder?«

»Glauben Sie?« erwiderte Seddon. »Man kann das Zeug bei jedem Drogisten kaufen.« Auf seinen Vorschlag wurde seine sechzehnjährige Tochter Margaret, genannt Maggie, von Mr. Saint in die nahegelegene Drogerie eines Mr. Price geschickt, um dies zu beweisen. Als sie dort jedoch ihren Namen nennen mußte, weigerte sich Mr. Price, der nicht in den Fall verwickelt werden wollte, ihr Fliegenpapier zu verkaufen. Inzwischen hatte man aber herausgefunden, daß ein anderer Drogist aus der Nachbarschaft – Mr. Walter Thorley, der Maggie dann auf der Polizeiwache identifizierte – am 26. August, ein paar Tage vor Beginn von Miss Barrows tödlicher Krankheit, einem blonden Mädchen ein Päckchen mit sechs *Mather's Fly-Papers* verkauft hatte. Ein jedes dieser sechs Papiere enthält genügend Arsenik, um einen Erwachsenen zu töten. Das Arsenik kann man ganz einfach durch Einweichen oder Kochen des Papiers in ein wenig Wasser herausziehen. Die Einnahme der durch Einweichen oder Kochen gewonnenen geschmacklosen, nur leicht von dem Papier, nicht von dem Arsenik verfärbten Flüssigkeit würde mit hoher Wahrscheinlichkeit zum Tode führen. Seddon hatte bei seiner Verhaftung am 4. Dezember eine sehr eigenartige Bemerkung gemacht, die absolut nicht zu seinen Gunsten sprach: »Absurd!« rief er aus. »Was für eine entsetzliche Beschuldigung, vorsätzliche Tötung! Das ist das erste

Mal, daß jemand aus unserer Familie eines solchen Verbrechens beschuldigt wird. Werden Sie jetzt auch meine Frau verhaften? Hat man Arsenik in ihrem Körper gefunden?«

Der Prozeß begann am 4. März 1912 im Old Bailey. In Übereinstimmung mit den Gepflogenheiten bei Giftmordprozessen im Old Bailey übernahm der Generalstaatsanwalt selbst die Vertretung der Anklage. Der Inhaber dieses Amtes war zu jener Zeit Marshall Halls alter Freund Sir Rufus Isaaks. Zu seinem Team gehörten Muir, Rowlatt (der bald darauf Richter wurde) und Travers Humphreys, gewiß die stärkste Mannschaft, die je im Old Bailey angetreten war. Die Krone hatte in der Tat ihre schwersten Geschütze gegen die beiden armseligen Geschöpfe auf der Anklagebank aufgefahren, und das erwies sich auch nicht als Fehlkalkulation. Seddon war selbst ein sehr begabter und gewandter Mann, und der Generalstaatsanwalt mußte alle seine Fähigkeiten aufbieten, um dessen geschickte Ausflüchte in einem bohrenden, scharfsinnigen Verhör auszuräumen. Nach seiner umfassenden und meisterlichen Eröffnung flüsterte Marshall einem Kollegen zu: »Sie sind alle auf eine Verurteilung aus, nicht wahr?«

Diese Verhandlung, der längste Kapitalprozeß, an dem Marshall Hall je beteiligt war, dauerte zehn Tage und war besonders bemerkenswert durch zwei große forensische Duelle, in denen die Gefechtsgegner einander ebenbürtig waren. Zwar gab es bis zum Prozeßschluß keine hochdramatischen Ereignisse – wie etwa im Yarmouth- oder Camden-Town-Fall –, aber es war ein hartes, verbissenes Ringen: Fragen und Antworten, Argumente und Gegenargumente, Tag für Tag.

Das erste große Duell war wissenschaftlicher Art. Die Anklage, unterstützt durch die Expertise von Sir William Willcox, führte die Theorie ins Feld, daß Miss Barrows an ›akuter‹ Arsenikvergiftung gestorben sei; das heißt, daß die tödliche Dosis innerhalb von vierundzwanzig Stunden vor dem Tod beigebracht worden sein mußte und daß die einzigen Leute, die das Mittel und die Gelegenheit dazu hatten, die Seddons gewesen seien. Für diese Annahme war der Nachweis eines Motivs offensichtlich wesentlich. Die Verteidigung ging auf zwei Linien vor, einer negierenden und einer positiv entgegnenden. Die negierende Version machte mit großer Überzeugungskraft deutlich, daß die Anklage ganz und gar von indirekten Beweisen ausging; die zweite stellte fest, daß Miss Barrow an epidemischer Diarrhoe gestorben war, wie es der Arzt bescheinigt hatte, vielleicht beschleunigt und unter erschwerenden Umständen infolge ›chronischer‹ Arsenikvergiftung; das heißt, daß Arsenik über einen langen Zeitraum vor dem Tode kontinuierlich eingenommen sein mußte. In Reserve hielt die Verteidigung außerdem noch als mögliche Alternative die Theorie eines Selbstmordes.

Wenn Marshall Hall nun beweisen konnte, daß Miss Barrow nicht an akuter, sondern an chronischer Arsenikvergiftung gestorben war, konnte Seddon sich als so gut wie gerettet betrachten; denn nachgewiesenermaßen konnte die Einnahme von Arsenik über einen längeren Zeitraum sehr wohl die Auswirkungen einer heftigen Attacke epidemischer Diarrhoe verschlimmern. In diesem Punkt stand oder fiel die Anklage mit der Zeugenaussage von Sir William Willcox, dem offiziellen Gerichtschemiker.

Die Berechnung der im Körper enthaltenen gesamten Arsenikmenge beruhte auf dem Ergebnis eines wissenschaftlichen Experimentes, das noch nie zuvor als Beweis in einem Gerichtsverfahren vorgebracht worden war. Während man in zwei inneren Körperorganen, der Leber und den Därmen, die Arsenikmenge durch eine Gewichtsbestimmung nachweisen kann, ist diese Methode in den weiter entfernten Körperteilen praktisch nicht durchführbar. In der Leber und den Därmen fand man durch Gewichtsbestimmung 0,63 oder über ein halbes Gran Arsenik. Man konnte also in der Tat über ein Viertel der tödlichen Dosis allein in diesen beiden Organen mit Hilfe der einfachen Gewichtsbestimmung nachweisen. Um die Anklage gegen den Gefangenen hieb- und stichfest zu machen, mußte man aber weitere Untersuchungen durchführen, denn die tödliche Dosis beträgt zwei Gran. Arsenik ist ein Gift, das sich sehr rasch im ganzen Körper verbreitet, und wenn soviel davon in der Leber und den Därmen vorhanden ist, wird jeder auch nur halbwegs medizinisch Gebildete notwendigerweise daraus schließen, daß auch in anderen Körperteilen Arsenik zu finden sein muß. Da dies aber durch Gewichtsbestimmung nicht mit Sicherheit nachzuweisen ist, mußte Sir William auf Marsh's Test zurückgreifen, ein chemisches Experiment, mit dessen Hilfe das Arsenik aus einer kleinen Gewebeprobe des betreffenden Körperteils in Gasform extrahiert und auf der Oberfläche einer Röhre, technisch ›Spiegel‹ genannt, zum Niederschlag gebracht wird. Man findet zum Beispiel in einem winzigen Teil des Magens eine winzige Menge Arsenik. Diese winzige Arsenikmenge multipliziert man nun proportional zum Gesamtgewicht des Magens im Vergleich mit dem Gewicht des winzigen Magenteiles, der nach Marsh's Test analysiert wurde. Auf diese Weise kann man die in dem gesamten Magen enthaltene Arsenikmenge ermitteln. Alle wesentlichen Teile des Körpers, Magen, Muskeln, Knochen usw. wurden nach dieser Methode analysiert, und die Arsenikmenge im ganzen Körper – durch Gewichtsbestimmung im Falle von Leber und Därmen, mit Marsh's Test bei den restlichen Teilen – wurde mit 2,01 Gran ermittelt. Winzige Mengen wurden in der Haut, den Nägeln und den Haaren gefunden, aber nicht mitgezählt. 2,01 Gran genügen zwar für eine tödliche Dosis, aber da es sich bei Arsenik um ein Gift handelt, das auch sehr rasch wieder aus dem Körper ausgeschieden wird, berechnete Dr. Willcox, daß Miss Barrows kurze Zeit vor ihrem Tode wenigstens 5 Gran Arsenik verabreicht worden sein müßten, um nach dem Tode noch 2,01 Gran übrigzulassen.

Dieses Experiment war zweifellos fehlerfrei und im Ergebnis sogar konservativ; aber es ist eine Sache, wenn ein Wissenschaftler zur eigenen Befriedigung nachweist, daß aus offensichtlichen wissenschaftlichen Gründen und mittels eines komplizierten wissenschaftlichen Experimentes feststellbar ist, 5 Gran Arsenik seien der Verstorbenen kurz vor ihrem Tode verabreicht worden, und eine andere Sache, eine nüchterne britische Jury von der Richtigkeit dieser Theorie zu überzeugen, wenn nur 0,63 Gran, oder weniger als ein Drittel der tödlichen Dosis, mittels der einzigen rational erfaßbaren Methode der Gewichtsbestimmung nachgewiesen werden konnten. Niemand wußte dies besser als Marshall Hall, und deshalb griff er das ganze Experiment an. Zunächst brachte er Sir William zu dem Eingeständnis, daß jeder Irrtum zu Beginn des Experiments im weiteren Verlauf Hunderte oder, bei manchen Körperteilen, Tausende von Malen multipliziert werden würde. Nachdem er dies erst einmal nachgewiesen hatte, verbuchte er einen weiteren ausgezeichneten Punkt: die Muskeln, mit zwei Fünfteln einer der größten Bestandteile des ganzen Körpers nach Willcox' Berechnung, enthalten gewöhnlich einen größeren Anteil Wasser als die übrigen Körperteile. Aber der Körper von Miss Barrow war im Verlauf des normalen Verfallsprozesses von rund 64 Kilogramm, ihrem Lebendgewicht, bis zur Zeit der Exhumierung auf etwa 25,4 Kilogramm geschrumpft. Und da Wasser diejenige Substanz ist, die zuerst aus einem Leichnam evaporiert, muß auch das Gewicht der Muskeln, die zu einem so großen Teil aus Wasser bestehen, viel rascher abnehmen als das der übrigen Körperteile. Aber Willcox hatte als Grundlage seiner Berechnungen angenommen, daß die Muskeln zwei Fünftel des gesamten Körpergewichtes ausmachten, und dies konnte angesichts der raschen Verdunstung des Wassers nur für eine kurze Zeit nach dem Tode zutreffen. Die entscheidende Frage von Marshall Hall lautete:

»Und ich bin sicher, es war nur ein Versehen – ich meine, ich kann mich irren –, aber bei dieser Berechnung, da haben Sie doch keine Toleranz für den Wasserverlust berücksichtigt?«

»Nein, das habe ich nicht.«

Marshall Hall hatte auf diese Weise eine Menge erreicht: er hatte erfolgreich das wissenschaftliche Experiment in einem wesentlichen Detail attackiert, und Engländer finden stets Gefallen an dem Spektakel, wenn man die Wissenschaft mit ihren eigenen Waffen schlägt. Viel war so bereits gewonnen, als er zu einem einfacheren, leichter faßbaren Punkt überging.

Unter der reichlich vorhandenen Literatur, die er für die Zwecke dieses Falles studiert hatte, war der Bericht der Königlichen Untersuchungskommission über Arsenik, die zu Beginn des Jahrhunderts aufgrund einer weitverbreiteten epidemischen Arsenvergiftung als Folge des Biertrinkens gebildet worden war. Marshall Hall hatte daher jede Einzelheit dieser Untersuchung in seinem Geist parat, während Sir William Willcox, der den Bericht seit längerer Zeit nicht mehr gelesen hatte, ihn sozusagen nur in einem Hinterkämmerchen seines Gedächtnisses aufbewahrte. Aus einer großen Untersuchungsreihe hatte die Kommission folgendes zu berichten gehabt: daß Arsenik nur dann bis ins Proximalhaar (das ist das Haarende zunächst der Kopfhaut) vordringt, wenn die betreffende Person es zumindest einige Wochen zuvor eingenommen hat; und daß es nicht bis ins Distalhaar (das ist der von den Wurzeln am weitesten entfernte Teil des Haares) gelangt, wenn die betreffende Person das Arsenik nicht schon in einer weit zurückliegenden Periode – also Monate, vielleicht Jahre zuvor – eingenommen hat. Denn das Arsenik verbleibt im Haar, während es wächst; und da das Haar ungefähr zwölf bis fünfzehn Zentimeter im Jahr wächst, kann man zum Beispiel bei einer Frau mit langem Haar aus dem Weg, den das Arsen von der Kopfhaut aus zurückgelegt hat, ziemlich genau den Zeitpunkt der Einnahme berechnen. Sir William Willcox hatte nun ein etwa dreißig Zentimeter langes Haarbüschel von Miss Barrow untersucht. Ganz harmlos befragte Marshall Hall ihn zuerst über das Proximal-, dann über das Distalende des Haares.

»Im Proximalende des Haares haben Sie also ein achthundertstel Milligramm Arsenik gefunden?«

»Ja.«

»Und wieviel haben Sie im Distalende des Haares gefunden?«

»Ein dreitausendstel – also etwa ein Viertel der vorherigen
Menge«, antwortete Sir William mit einem Lächeln, weil
er nach einer so geringen Menge gefragt wurde.

Aber die Fragen waren nicht harmlos: wenn Arsenik in
den Haarspitzen gefunden wurde, dann mußte Miss Barrow,
wie Marshall Hall im folgenden mit einer Frage nach der
anderen zu beweisen sich anschickte, schon Wochen und
Monate, ja vielleicht sogar Jahre, bevor sie bei den Seddons
einzog, Arsenik genommen haben; und wenn es sich so
verhielt, hatte die Verteidigung so gut wie gewonnen,
denn die Geschworenen würden mit Willcox' Eingeständnissen
in den Ohren gewiß eher die Theorie der Verteidigung
akzeptieren, daß die bedauernswerte Frau an epidemischer
Diarrhoe gestorben war, verstärkt durch chronische Arsenikvergiftung, als die Theorie der Anklage, daß sie an akuter
Arsenikvergiftung, vorgenommen durch die Seddons, gestorben war. Nachdem er den Boden also vorbereitet hatte,
erhielt Marshall Hall die folgenden Antworten von Dr. Willcox, die in der Tat einen Triumph seiner gewissenhaft vor-
bereiteten Verteidigung darstellten.

»Bekräftigt der Fund von Arsenik in den Haaren das Vor-
liegen einer akuten Arsenvergiftung oder einer chronischen
Einnahme von Arsenik?«

»Wenn Arsenik in den Haaren gefunden wird, bedeutet
das wahrscheinlich, daß Arsenik über einen gewissen Zeitraum eingenommen wurde.«

»Ich weiß, daß Sie mir eine korrekte Antwort geben
werden. Wenn Sie, abgesehen von allen anderen Symptomen
oder Begleitumständen, Arsenik nur in den Haaren finden,
würden Sie das als ein Symptom längerdauernder Arsenikeinnahme ansehen?«

»Einer Arsenikeinnahme über einen gewissen Zeitraum.«

»Und der Mindestzeitraum wäre so etwa über drei Monate?«

»Das möchte ich annehmen.«

»In den Proximalenden; aber ... Sie würden nicht erwarten, es innerhalb von drei Monaten in den Distalenden
zu finden, nicht wahr?«

»Nicht in größeren Mengen.«

»Nicht in der Menge, die Sie in diesem Fall gefunden
haben? ... Diese winzige Quantität in den Distalenden
könnte möglicherweise bedeuten, daß etwas Arsenik vor
vielleicht einem Jahr oder noch früher eingenommen worden
ist – vor einem Jahr oder früher?«

»Vor mehr als einem Jahr.«

Hier, glaube ich, hätte Marshall Hall sich hinsetzen und
zufriedengeben sollen. Wenn er das getan hätte, wäre Seddon
wahrscheinlich freigekommen, und Marshall Hall hätte allein
mit wissenschaftlichem Fleiß und geschickter Anwendung
seines erworbenen Wissens einen großartigen forensischen
Triumph errungen. »Ich hatte diesen Teil des Untersuchungs-
berichtes nicht mehr im Kopf«, erklärte Sir William mir
später. »Er hat mich tatsächlich beinahe lahmgelegt. Ich
glaube, ich bin noch nie so nahe daran gewesen, in eine
Falle zu laufen, wie jenes Mal. Er ist wirklich außerordentlich
schlau und überlegt vorgegangen.« – Aber unglücklicherweise – oder besser, im Interesse der Gerechtigkeit, glücklicherweise – ritt Marshall weiter auf diesem Punkt herum,
damit die Geschworenen auch ja nicht die große Bedeutung
dieses Eingeständnisses mißverständen, und die ganze Zeit
über dachte sein gelehrter und brillanter Widersacher angestrengt nach. ›Er hat ja ganz recht‹, dachte Willcox, ›sofern
das Arsenik über den Kreislauf in die Haare gelangt ist –
aber ich bin absolut sicher, daß die Frau an *akuter* Arsenikvergiftung gestorben ist, und das wäre erstaunlich, wenn sie
eine gewohnheitsmäßige Arsenikesserin war. Könnte das
Arsenik nicht auch auf anderem Wege in die Haare gelangt
sein?‹

Ehe Marshall Hall seine Lektion in Analyse für den berühmten Gerichtschemiker beendet hatte, war Willcox die
richtige Lösung eingefallen. Miss Barrows langes Haar war
von der blutigen Flüssigkeit verschmutzt worden, die sich

überall im Sarg verteilt hatte, und war auf diese Weise mit Arsen getränkt worden. Bevor er den Zeugenstand verließ, machte er eine diskrete Andeutung, daß dies die wahre Erklärung in diesem Fall sei. Marshall Hall tat diesen Gedanken mit Verachtung ab, so unmöglich schien er zu sein. »Haben Sie denn das Haar nicht mit aller Sorgfalt gewaschen, ehe Sie mit dem Experiment begannen?« fragte er.

Das war am späten Donnerstagnachmittag. Der Fall hing nun buchstäblich an einem Haar. Willcox ging still nach Hause und dachte weiter über die Angelegenheit nach. Dann stattete er seinem Krankenhaus einen Besuch ab und erbat sich von einer seiner blonden Patientinnen eine lange Haarsträhne. Diese schöne Strähne wurde sodann in der blutig gefärbten Flüssigkeit aus Miss Barrows Sarg eingeweicht, mit der man auch das verfilzte Haar der Verstorbenen bei ihrer Exhumierung getränkt gefunden hatte. Das Experiment wurde einem anderen Mediziner anvertraut, einem Dr. Webster; dieser wusch das Haar genauso, wie das von Miss Barrow gewaschen worden war, und fand anschließend darin genauso Arsenik wie in dem von Miss Barrow. Am folgenden Dienstag wurde Sir William erneut aufgerufen, um über dieses Experiment auszusagen. Das Experiment war einfach und mit einem erfolgreichen Resultat, das jedem Geschworenen einleuchtete, und die Wirkung von Marshall Halls brillantem Kreuzverhör war wie weggeblasen.

Das andere große Duell dieses Prozesses – und es war ein wirkliches Duell – wurde zwischen dem Generalstaatsanwalt und dem Angeklagten ausgetragen. Seddon war ein außerordentlich eitler Mann, der unerschütterlich an seine geistigen Fähigkeiten glaubte. Und als er hörte, daß der Generalstaatsanwalt selbst, der große Sir Rufus Isaaks, ihn vernehmen würde, war er nicht etwa erschrocken, sondern hocherfreut, und von diesem Augenblick an war er fest entschlossen, die Degen mit ihm zu kreuzen. Vom Augenblick seiner ersten Unterredung mit ihm hatte Marshall Hall eine starke Abneigung dagegen, Seddon als Zeugen aufzurufen. »Wenn die Beweise diesen Mann nicht verurteilen«, sagte er,

»wird es seine Eingebildetheit tun.« Er erklärte Mr. Saint, daß er Seddon zwar keinesfalls daran hindern dürfe, in den Zeugenstand zu gehen, daß er ihn jedoch auf die deutlichste Weise vor den damit verbundenen Gefahren warnen müsse. Kurz bevor die Anklage soweit war, ging er selbst noch einmal zur Anklagebank hinüber und gab Seddon eine letzte Warnung. Aber der Gefangene war fest entschlossen. Er hatte Rufus Isaaks' meisterliche Eröffnung gehört und dachte nun, daß er, Seddon, ihn mit Leichtigkeit bezwingen könnte. Er war regelrecht kampflustig.

Nachdem Marshall Hall zwei weitere Zeugen aufgerufen hatte, um zu beweisen, daß Seddon die Gewohnheit hatte, große Summen in Gold in seinem Hause aufzubewahren, trat Seddon also am Nachmittag des fünften Verhandlungstages in den Zeugenstand. Über zwei Stunden lang wurde er von Marshall Hall verhört und gab einen eindeutigen und bewundernswürdigen Zeugen ab. Spät am Vormittag des nächsten Tages erklärte er zum Schluß dieser Vernehmung: »Ich habe nie in meinem Leben Arsenik gekauft, und zwar in keiner Form oder Art. Ich habe niemals jemandem Arsenik verabreicht. Ich habe die Verabreichung von Arsenik zu keiner Zeit angeraten, den Auftrag dazu erteilt oder befohlen, das schwöre ich.«

Der Generalstaatsanwalt erhob sich zum Kreuzverhör. Die beiden ersten Fragen konnten nicht geschickter und dramatischer in ihrer Wirkung sein, so kühl und doch höflich, wie sie gestellt wurden:

»Miss Barrow hat vom 26. Juli 1910 bis zum Morgen des 14. September 1911 bei Ihnen gewohnt?«

»Ja.«

»Hatten Sie sie gern?«

»Ob ich sie gern hatte?« fragte der Gefangene zurück.

»Ja, so lautet meine Frage.«

Seddon zögerte jetzt zum ersten und einzigen Mal in seiner ganzen Prüfung, offensichtlich nicht auf diese tiefschürfende Frage vorbereitet. Sie brachte ihn in ein Dilemma: wenn er mit ›ja‹ antwortete, wäre er als Scheinheiliger abgestempelt; die schreckliche Gefühllosigkeit seines Verhaltens nach ihrem Tod, die in dem Armenbegräbnis für sie gipfelte, würde dann noch mehr gegen ihn sprechen; sagte er aber ›nein‹, würde er von vornherein ungünstig beurteilt werden. Nach einigem Zögern gab er die unter diesen Umständen bestmögliche Antwort:

»Sie war nicht gerade eine Frau, die man hätte lieben können, aber ich empfand große Sympathie für sie.«

»Haben Sie sie in der Zeit, während sie bei Ihnen in Ihrem Hause wohnte, in ihren finanziellen Angelegenheiten beraten?«

»Ja gewiß, das habe ich.«

Darauf ging der Generalstaatsanwalt die einzelnen Posten von Miss Barrows kleinem Vermögen durch und ließ sie sich von dem Gefangenen bestätigen.

»Sie kam also zu Ihnen, mit dreieinhalbprozentigen India Stock, die ein Pfund die Woche einbrachten, dem verpachteten Grundstück, das 120 Pfund im Jahr einbrachte, sowie über 200 Pfund Ersparnissen in der Finsbury Savings Bank; ist das korrekt?«

»Ja.«

»Und als sie am 14. September 1911 starb, bestand ihr ganzer vorhandener Besitz aus einer Summe von zehn Pfund in Gold sowie aus Möbeln, Schmuck und anderen Habseligkeiten im Wert von sechzehn Pfund, vierzehn Shilling und Sixpence?«

»Nach dem von Mr. Gregory, einem angesehenen Auktionator und Taxator, aufgestellten Inventar belief sich der Wert auf etwas über sechzehn Pfund.«

Die Wirkung dieser so geschickt gestellten Fragen bedarf keines weiteren Kommentars.

Den Rest des sechsten Tages und die meiste Zeit des siebenten Tages verbrachte Seddon im Zeugenstand unter den geduldigen, erbarmungslosen und immer bohrenderen Fragen des Generalstaatsanwaltes, die um so vernichtender in der nicht nachlassenden Höflichkeit seiner wohlklingenden Stimme wirkten. Bei einem Dinner zur Feier seiner Rückkehr aus Indien hörte ich ein fabelhaftes Kompliment für Sir Rufus Isaaks, den späteren Lord Reading. Sir Herbert Samuel hatte ihn mit Rufus Curtius verglichen, einem großen Prokonsul des Kaisers Tiberius. »Ich bin froh«, sagte Lord Merrivale in einer nachfolgenden Rede, »daß es selbst in jenen Tagen einen Rufus gab – höflich.« Und höflich ging er gewiß mit dem erbärmlichen Seddon um, selbst in seinen grimmigsten Fragen. Er redete den Gefangenen stets mit »Mister Seddon« an.

Seddon verfügte über einen sehr raschen und beweglichen Verstand, und zunächst waren seine klugen Paraden und Entgegnungen sehr wirkungsvoll. Er konnte für alles und jedes eine Erklärung oder eine Entschuldigung anführen. Aber nach und nach begannen seine kalkulierte Klugheit und seine Gemütskälte den Geschworenen Abscheu einzuflößen. Erst gegen Ende des Verhörs brach er aus und verlor seine Gelassenheit. Als er nach dem Zählen des Goldes am Tage von Miss Barrows Tod befragt wurde, zeigte er zum erstenmal Zorn und Verärgerung:

»Die Anklage versucht zu unterstellen, daß ich mich mit dem Gold der Verstorbenen befaßt habe. Daß ich es vom Obergeschoß des Hauses in Gegenwart meiner Angestellten in mein Büro im Erdgeschoß geschleppt und dort gezählt habe – ist das faßbar? ... Ich bin doch kein entartetes Wesen! Das würde doch bedeuten, daß ich ein gieriges, unmenschliches Scheusal wäre! ... Diese Unterstellung ist skandalös!«

Seddon tat sich selbst mit diesem Zornesausbruch mehr Gutes als mit all seiner kühlen Schlauheit, aber er vernichtete diese Wirkung gleich wieder, indem er mit einem sarkastischen Lächeln hinzufügte: »Ich hätte übrigens noch den ganzen Tag zum Geldzählen gehabt.«

Er tat wiederum sehr entrüstet, als der Generalstaatsanwalt auf seine Erklärung bei seiner Verhaftung zu sprechen kam, als er gesagt haben sollte: »Werden Sie jetzt auch meine Frau verhaften?« Er erklärte, der Grund hierfür sei, daß der Beamte zuerst zu ihm gesagt habe, er werde seine Frau auf der Wache wiedersehen. »Das sind die Worte, die gewechselt wurden«, sagte er; »das schwöre ich vor Gott, und ich habe auf die Gelegenheit gewartet, in den Zeugenstand zu treten und die wahren Worte zu berichten, die bei dieser Unterredung gefallen sind.«

»Alle Ihre Erklärungen«, bemerkte der Generalstaatsanwalt ruhig, »sind Erklärungen vor Gott.«

Stückchen um Stückchen gewann Sir Rufus an Boden, und trotz all seiner Intelligenz wurde die Seele Seddons nackt vor dem Gericht ausgebreitet – sofern man das, was da zum Vorschein kam, überhaupt Seele nennen konnte; denn sein Gott hieß Gold, und sein gemeiner, berechnender Charakter, der offensichtlich keine andere Sorge kannte als die um sich selbst und seinen weltlichen Besitz, erregte Verachtung und Abscheu bei fast jedem Anwesenden im Gerichtssaal. Hier stand ein Mann, der so gut wie alles tun würde, wenn es nur seinem Profit diente. »Niemals«, sagte ein Zuschauer, »habe ich eine so völlig entblößte Seele gesehen!«

Mrs. Seddon trat nun in den Zeugenstand und wurde derselben Prüfung unterzogen. Sie war es, die Miss Barrows Banknoten einkassiert und auf der Rückseite mit falschem Namen und falscher Adresse indossiert hatte. Sie erklärte lahm, daß sie noch nie zuvor solche Bankschuldscheine einkassiert hätte und daß sie ihren eigenen Namen nicht angeben wollte, weil die Noten ja Miss Barrow gehörten.

»Warum haben Sie dann nicht Miss Barrows Namen angegeben?«

»Weil ich nicht das Recht habe, mit ihrem Namen zu unterschreiben.«

»Und Sie hielten es nicht für unnormal, mit einem falschen Namen auf der Rückseite zu unterschreiben, als man Sie nach Ihrem Namen fragte?«

»Das ist mir nie in den Sinn gekommen. ... Nein, ich habe nie geglaubt, daß ich damit irgendeinen Schaden anrichten könnte.«

Sie war eine gequälte Frau, die einmal hübsch ausgesehen

hatte: jetzt war sie durch die lange Zeit als Seddons Arbeits-
sklavin über ihre vierunddreißig Jahre hinaus gealtert. Von
ihrer traurigen Lage war sie offensichtlich tief bewegt und
erschüttert. Selbst bei ihrer Vernehmung brach sie zusammen,
als sie über die Sterbeszene von Miss Barrow befragt wurde.
Sie war jedoch wenigstens imstande, die Szene in allen Einzelheiten zu beschreiben, bis sie zu dem Moment kam, als
ihr Mann ».. . ihr Augenlid anhob und sagte . . .« An dieser
Stelle begann sie hilflos zu schluchzen: »Ich kann es nicht
sagen . . . ich mag es nicht sagen.«

»Machen Sie sich nichts daraus«, ermutigte sie ihr junger
Anwalt, »sagen Sie's leise.«

»Er sagte«, flüsterte sie, »›Guter Gott, sie ist tot.‹«

Sie gehörte zu jenen Leuten, die die nervöse Angewohnheit haben, alle Augenblicke zu lächeln. Sie wurde über die
letzte, schreckliche Nacht befragt, als Miss Barrow hervor-
gestoßen hatte: »Ich liege im Sterben.« Warum sie da keine
Schritte unternommen hätte, um einen Arzt zu rufen.

»Haben Sie Ihrem Mann davon erzählt, als er ins Zimmer
kam?«

»Ja, das habe ich«, antwortete Mrs. Seddon, und mit
tragischer Unangemessenheit überzog ein nervöses Lächeln
ihr Gesicht.

»Haben Sie dabei auch gelächelt?« fragte der Generalstaatsanwalt streng.

»Ach, ich habe die Gewohnheit, bei fast allem zu lächeln,
glaube ich. Ich kann nichts dafür. Das ist einfach meine
Art. Ganz gleich, wie ernst etwas ist, ich glaube, ich mußte
lächeln. Ich kann nichts dafür.«

Als sie zur Anklagebank zurückkroch – ein armes, elendes,
verlorenes Geschöpf –, hatte sie bei den Geschworenen einen
Eindruck hinterlassen, der bereits einen Freispruch ahnen
ließ: den Eindruck einer von ihrem grausamen, kalten und
gemeinen Mann mißbrauchten und gebrochenen Frau, die
in seinem Leben nur als Werkzeug und Arbeitstier für den
Haushalt zählte. Trotz all ihrer Loyalität während des ganzen
Prozesses entschlüpfte ihr unversehens und unabsichtlich die

Wahrheit: »Er hörte eigentlich nie zu, wenn ich ihm etwas erzählte; er war mit seinen Gedanken immer woanders ... Ich habe meinem Mann nie alles erzählt, was ich getan habe: er hat mir auch nie alles erzählt.«

Als Sir William Willcox gegen Ende des achten Verhandlungstages erneut in den Zeugenstand getreten war und das Ergebnis seines Experimentes mitgeteilt hatte, wendete sich die Atmosphäre im Gerichtssaal stark gegen Seddon. Die einzige große wissenschaftliche Attacke auf das Beweismaterial gegen ihn war abgeschlagen. Es gab nur noch ein schwaches Glied in der Kette der Begleitumstände. Zwar war die Beweislast erdrückend, was das Motiv betraf; erdrückend in bezug auf die Gelegenheit; erdrückend in bezug auf die verstohlenen Versuche des Angeklagten nach Miss Barrows Tod, zu verhüten, daß irgendein Verdacht auf ihn fiele; weiterhin war bewiesen, daß die Tote an akuter Arsenikvergiftung gestorben und daß zugegebenermaßen genügend Arsenik von den Seddons gekauft worden war, um mehrere Leute damit zu vergiften. Das schwache Glied in der Kette war das der Identifikation.

Mr. Walter Thorley, der Drogist, der Maggie Seddon als das Mädchen identifiziert hatte, das am 26. August ein Päckchen mit Fliegenpapier bei ihm gekauft hatte, betrat erst spät die Szene. Maggie Seddon war eine Freundin seiner Tochter und hatte sie mehrmals durch die Nebentür seines Ladens besucht. Er hatte sie bei einem dieser privaten Besuche gesehen, kannte aber ihren Namen nicht; und erst nachdem er ihr Bild in der Zeitung im Zusammenhang mit dem Fall Seddon gesehen hatte, wurde er von der Polizei auf die Wache gebeten, um dort unter zwanzig jungen Frauen und Mädchen diejenige herauszufinden, die am 26. August das Fliegenpapier in seinem Laden gekauft hatte. Mr. Thorley identifizierte sofort Maggie Seddon, aber sie und noch eine andere unter den zwanzig waren die einzigen Mädchen, die ihr Haar lang herabhängend trugen. Marshall Hall war die ganze Zeit überzeugt, daß Thorley ein aufrichtiger, aber im Irrtum befindlicher Zeuge sein mußte, und dieser schwache

Punkt bei der Identifizierung von Maggie war ein Pluspunkt für die Verteidigung. Die Angelegenheit wurde durch die Tatsache verschlimmert, daß die Polizei die arme kleine Maggie Seddon ins Kreuzverhör genommen hatte, ehe sie vor einem Gericht aussagen konnte, und dabei waren ihr verfängliche Fragen gestellt worden, die sie unrichtig beantwortet hatte. Sie war gefragt worden – nachdem die Polizei sehr genau wußte, daß sie das am 6. Dezember getan hatte –, ob sie in eine Drogerie gegangen wäre, ›um Fliegenpapier zu kaufen‹. Sie antwortete mit ›nein‹; aber ihre Erklärung dafür lautete, daß sie die Frage mißverstanden und gedacht habe, die Polizei hätte sie fragen wollen, ob sie jemals in eine Drogerie gegangen wäre und tatsächlich Fliegenpapier gekauft hätte. Auf jeden Fall diente dieser Ausrutscher des Mädchens dem Generalstaatsanwalt bei der Verhandlung dazu, ihre Aussagen zu diskreditieren, und Marshall Hall konnte die unenglische und inquisitorische Methode geißeln, mit der die Polizei von Anfang an gegen die Tochter des Gefangenen vorgegangen sei, nicht im Interesse der Wahrheitsfindung, sondern um alles unglaubwürdig zu machen, was sie zur Entlastung ihres Vaters sagen würde.

Acht Tage dieser Verhandlung hatten Marshall Hall grausam mitgenommen: er hatte die Last der Verantwortung für *zwei* Menschenleben auf seinen Schultern gespürt, und einer dieser Menschen, dessen war er sicher, war unschuldig; aus diesem übergeordneten Grund hielt er sich eisern in der Gewalt und vermied, da er seine Schwäche kannte, geflissentlich jede Reibung mit dem Richter. Unzweifelhaft war er die beherrschende Persönlichkeit in diesem großen Gerichtssaal, auch mit dem Generalstaatsanwalt als Gegner. In keiner Weise zeigte Marshall Hall während dieses denkwürdigen Prozesses Anzeichen der Unterlegenheit gegenüber dem Leiter der Anklage. Wer da denkt, daß Marshall Hall ein oberflächlicher Mensch war, der seinen Ruhm und seine Siege lediglich seiner überwältigenden, gebieterischen Persönlichkeit verdankte, tut gut daran, sein Kreuzverhör von Sir William Willcox zu studieren, das eine tiefschürfende, gelehrte, geduldige und intellektuelle Leistung darstellt, auf die ein jeder Mann stolz sein könnte. Er zeigte damit in der Tat ein fachliches Wissen, das er sich nur in tage- und nächtelangem sorgfältigem Forschen angeeignet haben konnte und das ihn zumindest in einem Punkt die Oberhand über einen Mann gewinnen ließ, dessen Lebensaufgabe darin bestand, dieses spezielle und verzwickte Teilgebiet der Wissenschaft zu bearbeiten.

Als Marshall Hall sich am neunten Tage zu seiner Ansprache an die Geschworenen erhob, sah er müde und abgezehrt aus und, wie ein Augenzeuge mir berichtete, Jahre älter als zu Beginn des Prozesses. Die Anstrengung war so groß gewesen, daß er die Hoffnung aussprach, dies möge der letzte Kapitalfall in seiner beruflichen Laufbahn sein. »Meine Herren«, begann er seine Ansprache, »niemand wird abstreiten können, daß dies wahrscheinlich einer der interessantesten Fälle ist, die je in diesem Gebäude oder in jenem, dessen Nachfolger es ist, verhandelt worden sind.« Sehr ausführlich und mit erschöpfenden Einzelheiten wiederholte er seine Argumente gegen die wissenschaftliche Beweisführung und tat Sir William Willcox' »weitere Experimente« mit der geringschätzigen Bemerkung ab, sie seien nur angestellt worden, weil seine grundlegenden ersten Beweismittel »selbstzerstörerisch« gewesen seien. Er befaßte sich sorgfältig mit Miss Barrows finanziellen Mitteln sowie Seddons Bereitwilligkeit, ihr eine Leibrente auszurichten, und wies nach, daß Seddon von ihrem Tode nicht mehr profitierte als ein Pfund und acht Shilling die Woche. »Man begeht keinen Mord«, rief er aus, »für ein Pfund acht Shilling die Woche!« Wenn die Angeklagten schuldig wären, führte er aus, hätten sie eine geradezu unglaubliche Raffinesse an Grausamkeit vollbracht. Er forderte die Geschworenen auf, wenn sie die Seddons für schuldig hielten, sollten sie sich einmal vorstellen, was für eine kaltblütige Ausdauer dazu gehörte, dabeizusitzen und die von einem schmerzhaften Gift gequälte Sterbende zu beobachten, ja, ihr noch Beruhigungsmittel zu verabreichen, um ihre Qualen zu verlängern und einen natürlichen Tod vorzutäuschen! Man würde vergeblich in den Annalen italienischer Giftmörder suchen, um eine Parallele dazu zu finden. Während dieser Passage brach Mrs. Seddon völlig zusammen, barg ihr Gesicht in den Händen und begann hysterisch zu schluchzen. Schließlich stellte er die Auffassung der Verteidigung dar, »daß auf die eine oder andere Weise eine gewisse Menge Arsenik, nicht ausreichend als tödliche Dosis, aber genug, um in ihrem derzeitigen Zustand die Symptome zu verschlimmern, unter denen sie litt – daß also eine gewisse Menge auf die eine oder andere Weise in den Magen dieser unglücklichen Frau und damit in ihren Körper gelangte«.

Dann kam seine abschließende Zusammenfassung. Noch einmal wiederholte er, fast Wort für Wort und Geste um Geste, das Spiel mit den Waagschalen der Justitia, das in der Verhandlung des Falles Lawrence so erfolgreich gewesen war; aber noch viel eindrucksvoller war sein letztes Argument, mit dem er auf die wissenschaftliche Beweisführung Bezug nahm, mit deren Hilfe die Anklagevertretung diese beiden Leute an den Galgen zu bringen versuchte.

»Meine Herren Geschworenen«, sagte er, »die großen Wissenschaftler, die wir hier hörten und sahen, haben uns viel von den Wundern der Wissenschaft berichtet und von den Schlußfolgerungen, die man mit Hilfe dieser Wissenschaft ziehen kann. Doch es gibt eines, das kein Wissenschaftler je hat finden können, nie mit allen Mitteln der Forschung und trotz allen Fleißes wird entdecken können – und dies ist, wie man den kleinen, köstlichen Funken ersetzen kann, den wir Leben nennen. Von Ihrem Urteil hier hängt, so wie ich das sehe, das Leben dieses Mannes ab. Wenn Ihr Urteil ihn verdammt, wird dieser köstliche Funke ausgelöscht werden, und keine Wissenschaft der Welt wird ihn je wieder anfachen können.«

Marshall Hall hatte etwas über vier Stunden plädiert. In dieser Zeitspanne hatte er mit seiner üblichen Geschwindigkeit gesprochen: insgesamt etwas über siebenunddreißigtausend Wörter, also durchschnittlich etwa neuntausendzweihundertfünfzig Wörter pro Stunde. Der nach ihm redende Generalstaatsanwalt sprach ungefähr genauso lange und kam auf fast neunundzwanzigtausend Wörter. Marshall Hall packte also in jede Stunde beinahe zweitausend Wörter mehr als sein Antagonist. Als er sich setzte, schrieb Richard Muir ein Zettelchen und schickte es ihm hinüber: »Mein lieber Marshall – eine wahrhaft große Ansprache – von vielem Guten, das ich von Ihnen gehört habe, das absolut Beste. Immer der Ihre, R. D. Muir.«

Die Ansprache des Generalstaatsanwaltes war meisterlich; mit gleichmäßiger, höflicher Stimme redend, vergaß er nicht einen Punkt, der gegen die Gefangenen sprach. Marshall hatte gesagt: »Man begeht keinen Mord für ein Pfund acht Shilling die Woche!« Rufus Isaaks legte dar, daß eben dies genau das war, was ein Mann wie Seddon tun würde, und jeder Begleitumstand schien zu beweisen, daß er es getan hatte. Um zu zeigen, wieviel Überlegung und Sorgfalt er auf diese Ansprache verwendet hatte, mag eine Einzelheit dienen. Seddon hatte erklärt, er hätte den Vonderahes einen Brief mit der Todesnachricht von Miss Barrow gesandt; die Anklage vertrat die Überzeugung, daß Seddon nie einen derartigen Brief abgeschickt hätte und alles getan habe, um ihnen die Nachricht von Miss Barrows Tod vorzuenthalten. Hierzu führte Sir Rufus Isaaks die scheinbar unbedeutende Tatsache an, daß die Seddons den kleinen Ernest Grant am Morgen von Miss Barrows Tod nicht in die Schule gelassen, sondern nach Southend geschickt hatten. Die kleinen Jungen der Vonderahes besuchten nämlich dieselbe Schule, und wäre Ernest Grant an diesem Morgen hingegangen, hätte er sie dort treffen und ihnen etwas erzählen können.

Stunde um Stunde fuhr Sir Rufus Isaaks fort, sein anklagendes Beweismaterial über beide Gefangenen zu häufen. Seine Ansprache war fast ebenso vernichtend für Mrs. Seddon wie für ihren Mann. Erst ganz zum Schluß deutete der Generalstaatsanwalt an, daß zwischen beiden Fällen ein Unterschied bestand: »Sollten Sie nun zu dem Schluß kommen, daß Sie zwar keinen angemessenen Zweifel an der

Schuld des angeklagten Gefangenen hegen, daß Sie jedoch in bezug auf die Schuld seiner Frau nicht über jeden angemessenen Zweifel hinaus überzeugt sind – dann ist es Ihre Pflicht, sie freizusprechen.«

Nach dieser letzten Ansprache kam die Zusammenfassung von Richter Bucknill. Nach zehntägiger Verhandlung nahm man an, er würde einen guten Tag dazu brauchen, doch dann sprach er nur etwas über zwei Stunden. Viele waren enttäuscht, daß er den Geschworenen nicht eine erschöpfendere Analyse des Beweismaterials bot. Zu der wissenschaftlichen Kontroverse bemerkte er: »Ich wäre nicht überrascht, wenn Sie sagten, daß Sie über jeden angemessenen Zweifel hinaus davon überzeugt seien, daß diese Dame an akuter und keinesfalls an chronischer Arsenikvergiftung gestorben ist . . .« Er gab der Jury einen deutlichen Wink, die Frau freizusprechen, aber seine Direktiven in bezug auf Seddon erregten damals viele kritische Kommentare. Nachdem er auf seinen gemeinen Charakter hingewiesen hatte sowie auf die Tatsache, daß er nicht nach einem Arzt geschickt hatte, als die Frau sich in Todesqualen wand, sagte er: »Aber seien Sie nicht zu sehr voreingenommen.« Diese Worte gaben zu verstehen, daß eine gewisse Voreingenommenheit herrschen mußte, und natürlich ist Voreingenommenheit in jedem Falle verkehrt. Doch Marshall Hall hatte selbst Seddons Gemeinheit sehr heftig gebrandmarkt, und Richter Bucknills Sprache war dagegen gemäßigt und vernünftig; er hätte diese Umstände auf viel vernichtendere Weise gegen den Gefangenen verwenden können, wenn er das gewollt hätte, blieb jedoch immer innerhalb der Grenzen der Korrektheit.

Die Geschworenen zogen sich um 15.58 Uhr zur Beratung zurück und kamen genau eine Stunde später wieder in den Gerichtssaal. Sie erklärten Seddon für schuldig. Er wurde rot im Gesicht, blieb aber sonst völlig gefaßt. Unmittelbar darauf erklärten sie seine Frau für unschuldig. Seddon ging zu ihr hinüber, umarmte sie und küßte sie auf den Mund. So still war es im Gerichtssaal, daß jeder Anwesende das Geräusch dieser tragischen Abschiedsgeste gehört haben

muß. Sofort anschließend wurde sie zur Entlassung fortgebracht. Viel von dem Vorurteil gegen den Gefangenen
wurde von diesem kleinen Zwischenfall zerstreut. Etliche
Zuschauer waren zu Tränen gerührt.

Dann wurde von dem Gerichtsbeamten die formale Frage
gestellt, auf die der Gefangene nur selten eine Antwort gibt,
jedenfalls in Kapitalfällen, wo keine Worte aus seinem Munde
sein Urteil mehr beeinflussen können: »Frederick Henry
Seddon, Sie sind des Mordes für schuldig befunden worden.
Haben Sie irgend etwas dazu zu sagen, warum das Hohe
Gericht Sie nicht zum Tode verurteilen soll, wie das Gesetz
es befiehlt?«

Doch nun geschah etwas Überraschendes. »Das habe ich,
Sir«, erwiderte der Gefangene. Er räusperte sich, zog ein
paar Notizen aus der Tasche und hielt eine ruhige, be-
wundernswerte kleine Rede zu seiner eigenen Verteidigung.
Er erklärte seine Unschuld an einem Mord und bestritt
jedes Wissen von einem solchen. Und schließlich, da er den
Richter als eifrigen Freimaurer kannte, machte er es ihm
klar, daß er zu derselben Bruderschaft gehörte, deren Mitglieder fest daran gebunden sind, einander im Leben und
besonders in höchster Not zu helfen. Er schloß mit den Worten: »Ich erkläre hier vor dem Großen Architekten des
Universums, daß ich unschuldig bin, Mylord.«

Dieser Appell entnervte den Richter vollkommen. Der
Gerichtsdiener setzte ihm das schwarzseidene, rechteckige
Barett auf den Kopf, das sein ganzes Gesicht zu überschatten
und zu verdunkeln schien. Der Anstaltsgeistliche wurde gerufen, und der Gerichtsdiener verkündete mit lauter Stimme:
»*Oyez! Oyez! Oyez!* Mylords, die Richter des Königs, gebieten und befehlen allen Anwesenden unter Androhung der
Gefängnisstrafe striktes Schweigen, während das Todesurteil über den Gefangenen vor den Schranken des Gerichtes
ausgesprochen wird. Gott erhalte den König!«

Doch kein Wort kam über die Lippen des Richters: in
einer Stille, die man spüren konnte, waren nur zwei Geräusche zu hören – das Ticken der Gerichtsuhr und das laute

Schluchzen des Richters, der die vernichtenden Worte zu sprechen hatte. Es schien lange zu dauern, bis er sich wieder in der Gewalt hatte, doch alles in allem konnte es nicht mehr als eine Minute gewesen sein. Mit vor Erregung heiserer Stimme erinnerte er den Gefangenen an sein barbarisches Verbrechen. »Es ist jedoch nicht meine Aufgabe, Ihre Gefühle zu verletzen«, fügte er hinzu.

»Es verletzt mich nicht im geringsten«, erwiderte der Gefangene. »Ich habe ein reines Gewissen.«

»Versuchen Sie, Frieden mit Ihrem Schöpfer zu machen«, fuhr der Richter fort.

»Ich lebe in Frieden mit ihm«, entgegnete der Gefangene.

»Sie und ich wissen, daß wir beide zu derselben Bruderschaft gehören, und um so schmerzlicher ist es für mich, zu sagen, was ich zu sagen habe. Doch unsere Bruderschaft ermutigt das Verbrechen nicht; im Gegenteil, sie verdammt es. Ich bitte Sie nochmals, machen Sie Ihren Frieden mit dem Großen Architekten des Universums. Gnade – beten Sie um Gnade, bitten Sie darum ... Und nun muß ich das Urteil verkünden. Das Urteil des Gerichtes lautet, daß man Sie von hier in ein rechtmäßiges Gefängnis bringe und von dort an den Hinrichtungsplatz und daß man Sie dort am Halse aufhänge, bis daß Sie tot sind; und daß Ihr Körper innerhalb der Mauern des Gefängnisses beerdigt werde, in das man Sie nach der Verurteilung verbringt. Möge der Herr Ihrer Seele gnädig sein.«

Die große Schlacht war sowohl gewonnen wie verloren; es bedurfte schon eines großen Könnens, die Verteidigung beider Angeklagten so zu führen, daß keiner von beiden durch Voreingenommenheit benachteiligt wurde, und aus diesem Grunde war Marshall Halls Rede für die Seddons wohl die kunstvollste aller seiner Verteidigungsreden. Der Generalstaatsanwalt schickte ihm ein beredtes Glückwunschschreiben.

Marshall Hall hatte kein anderes Urteil erwartet. Er betrachtete eine Berufung als aussichtslos, argumentierte aber

dennoch zwei Tage lang für Seddon vor dem Appellationsgericht für Kriminalfälle. Obwohl dieses Gericht schon 1908
gegründet wurde, war dies die erste bedeutende Berufung,
die Marshall Hall hier vortrug. Er hatte eine starke Abneigung
dagegen, vor irgendeinem Appellationsgericht zu erscheinen,
argumentierte in diesem Fall aber hervorragend, mit der
Hauptbetonung darauf, daß der Jury nicht genügend Beweismaterial vorgelegen habe. Sein Appell hatte jedoch keinen
Erfolg.

Nachdem Seddons Berufung abgelehnt worden war, begann sich das Gewissen der Öffentlichkeit zu rühren: es war
weit und breit bekannt, daß man Seddon aufgrund wissenschaftlichen Beweismaterials nach den Indizien verurteilt
hatte, und mit dem üblichen britischen Mißtrauen und Wider-
willen gegen die Wissenschaft unterzeichneten über 300.000
Leute die Petition um seine Begnadigung. Aber der Innenminister begnadigte ihn nicht, und Seddon wurde am
18. April 1912 hingerichtet. Als er erfuhr, daß alles vergeblich gewesen war, schien er davon gänzlich unberührt zu
sein. »Das macht mir überhaupt nichts aus«, sagte er bei
seiner letzten Unterredung mit seinem Anwalt und fuhr fort,
den Verkauf seines Besitzes mit ihm zu beraten. Er konnte
nicht dazu bewegt werden, von irgend etwas anderem zu
sprechen. Als er hörte, wie wenig seine Sachen auf einer
Auktion gebracht hatten, sagte er: »Das ist das Ende«, und
als er erfuhr, daß sein Auto, auf das er übermäßig stolz gewesen war, weniger erzielt hatte, als er dafür hatte ausgeben
müssen, war er sehr aufgebracht. Er lehnte es ab, über seine
Frau, seine Familie oder deren Zukunftsaussichten zu sprechen. Vielleicht geschah das aus Gleichgültigkeit, oder vielleicht sah er sich aus irgendeinem menschlicheren Grunde
dazu außerstande. Wer kann das wissen? »Ein Geständnis
von mir steht überhaupt nicht zur Diskussion«, erklärte er.
»Wenn Sie so etwas hören sollten, glauben Sie es nicht.«
Im gleichen Sinne schrieb er an seine Frau und seine Familie
und drückte seine absolute Unschuld sowie sein Vertrauen
in Jesus Christus aus. So starb er, ein starrsinniger, ein-

gebildeter, scheinheiliger, kaltblütiger und habgieriger Mann. In ihm hatten sich alle überlieferten Tugenden des Angelsachsen ins Lasterhafte verkehrt; er besaß nur eine wirkliche Tugend, und das war sein Mut; doch wäre ihm nicht die eine große Versuchung begegnet, die Ankunft einer hilflosen, wohlhabenden alten Jungfer als Mieterin in seinem Haus, könnte er später eine Säule des Gemeindelebens in Islington geworden sein, Direktor einer Versicherungsgesellschaft, gehaßt als strenger Zuchtmeister seiner Untergebenen, aber hochgeschätzt von seinem Vorstand. Sein bester Nachruf – und einer, auf den er stolz gewesen sein würde – stammte von Marshall Hall: »Der begabteste Mann, den ich je in einer Mordanklage vertreten habe.«

Nach seinem Tode brachte eine neue Sensation diese Tragödie der Öffentlichkeit in Erinnerung. Seine Frau heiratete nach einigen Monaten wieder und litt sehr unter den Verfolgungen. Zwei Artikel erschienen im *Weekly Dispatch*, gezeichnet mit ihrem Namen, in denen sie zugab, gesehen zu haben, wie Seddon der Miss Barrow Arsenik verabreichte, und daß er gedroht habe, sie, seine Frau, mit einem Revolver zu töten, wenn sie ihn verriete. Nur wegen der Kinder habe sie während des Prozesses an seiner Seite gestanden. Sie beschrieb mit etlichen Einzelheiten ihr elendes Leben bei Seddon und bat die Öffentlichkeit, sie nicht als Mörderin zu betrachten.

Die öffentliche Entrüstung war groß über dieses ›Geständnis‹, das ihr natürlich, wenn es wahr gewesen wäre, eine Strafverfolgung wegen Meineides eingetragen hätte. Bald darauf wurde sie durch Vermittlung von *John Bull* aufgefordert, einen Widerruf ihres Geständnisses zu unterzeichnen, was sie auch tat. Sie erklärte, daß dieses Geständnis falsch sei und ihre Aussage vor Gericht die einzige und ganze Wahrheit darstelle. Offensichtlich war sie eine Frau, die sich leicht beeinflussen ließ. Später ging sie mit ihrem Manne nach Australien, um dort zu versuchen, ein neues Leben zu beginnen. Daß sie diesen Schritt unternehmen konnte, verdankte sie, nebenbei bemerkt, einzig und allein der Großzügigkeit des jungen Anwaltes, der ihre Verteidigung übernommen hatte.

Lediglich ihr ›Geständnis‹ im *Weekly Dispatch* bedarf noch eines erläuternden Kommentars. Seddon *besaß* einen Revolver. Einer seiner Rechtsbeistände ging mit ihm vor seiner Verhaftung sein Haus besichtigen: an der Wand von Seddons Eßzimmer hing ein Bild von übelstem Geschmack, das einen Ehemann zeigte, wie er den Liebhaber seiner Frau erschoß.

»Sehen Sie«, sagte Seddon, unaufgefordert auf das Bild deutend und einen Revolver auf den Tisch werfend, »genauso ein Mann bin ich – nur würde ich beide erschossen haben.«

Frederick Edwin Smith, First Earl of Birkenhead

Bywaters und Thompson
und die Liebesbriefe

Der Erfahrung nach ist es nicht ausgeschlossen, daß eine schuldbewußte Ehefrau und ihr Liebhaber gemeinsam die Ermordung ihres unbequemen Ehegatten planen und ausführen, wenn auch die meisten, die ihr Ehegelübde brechen, vor verbrecherischen Gewalttaten zurückscheuen.

In dieser Hinsicht ist der Fall von Edith Thompson und Frederick Bywaters nicht besonders bemerkenswert. Ihr Verbrechen war einfach ein Bespiel mehr für die Abgründe, in die eine ehebrecherische Leidenschaft diejenigen ziehen kann, die diesem Trieb nachgeben. Wenn das Beweismaterial nicht trog, hatte die Frau sich seit Monaten unter Anleitung ihres Partners auf die verschiedenste Weise, wenn auch erfolglos, bemüht, ihren Ehemann umzubringen, und diese fehlgeschlagenen Versuche treulich ihrem Partner berichtet. Amateurverbrecher variieren gewöhnlich ihre Methoden nicht, und wenigstens hier ist bemerkenswert, daß die Angeklagte in diesem Punkt eine ungewöhnliche Wendigkeit an den Tag legte. Es ist auch keineswegs üblich, daß die Frau ihren arglosen Ehemann an einen Ort lockt, wo ihr Liebhaber bereits auf ihn lauert. Was diesen Fall aber wirklich interessant macht, ist die schwierige Frage, ob es eine derartige Übereinkunft überhaupt gegeben hat; ob Bywaters seine Absicht, ihren Ehemann zu töten, überhaupt einmal mit Mrs. Thompson diskutiert hat; ja, ob er bis zu jenem letzten, entscheidenden Moment, als er das Ehepaar ruhig auf sein Heim zuschreiten sah, das mit ihr zu teilen er dem Ehemann in widernatürlicher Logik jedes Recht – außer in rein juristischem Sinne – absprach, überhaupt eine solche Absicht hegte; ob sie nicht in Wirklichkeit eines Verbrechens schuldig befunden und dafür zu einem schmachvollen Tode verurteilt wurde, das sie zwar in Gedanken erwogen haben mochte, an dem sie aber keinen Anteil hatte.

Man sollte vielleicht vorausschicken, daß in derartigen Fällen das Urteil der Geschworenen, wenn sie dem Gesetz entsprechend korrekt belehrt werden, endgültig und entscheidend ist, und das mit Recht. Im vorliegenden Falle gab es genügend Beweismaterial, auf Grund dessen die Jury zu einem gegen Edith Thompson gerichteten Schluß kommen konnte. Der Richter hatte sie mit genauen und unparteiischen Formulierungen über alle Tatsachen unterrichtet, die sie zu der Entscheidung befähigen würden, ob die Frau schuldig sei oder nicht. Sie hatten die Zeugen gesehen. Sie hatten alle Aussagen gehört, auch das Zeugnis der beiden Angeklagten. Sie hatten die Beweisführung, die Argumente der Verteidigung und die Zusammenfassung des Richters vernommen. Geschworene neigen nicht dazu, in schwerwiegenden Fällen zu übereilten Schlußfolgerungen zu gelangen; ja, sie sind eher dazu bereit, besonders zugunsten einer Frau, die Maxime ›Im Zweifel für den Angeklagten‹ zu großzügig anzuwenden. Daher hat man in einem solchen Falle starken Grund zu der Vermutung, daß der Schuldspruch gerecht war. Die Bestätigung der Verurteilung durch das Appellationsgericht hilft in dieser Hinsicht nicht denjenigen, die sich ein eigenes Urteil bilden möchten. Mit Recht maßt dieses Gericht sich nicht die Funktionen einer Jury an. Wenn die Geschworenen korrekt in die relevanten Gesetzesvorschriften eingewiesen wurden, wenn der Richter das vorgebrachte Beweismaterial in gerechter Bewertung zugelassen oder abgewiesen hat und keine neuen Tatsachen ans Licht gekommen sind, wenn außerdem das Beweismaterial und die Zeugenaussagen so beschaffen waren, daß die Geschworenen ihren Beschluß vernünftig darauf abstützen konnten, dann wird das Appellationsgericht den Schuldspruch nicht antasten. In diesem Fall gab es keine Fehldeutung des Beweismaterials oder der Zeugenaussagen, keine Fehlentscheidung des Richters in dieser Beziehung, keinen

Irrtum in bezug auf die Gesetze. Die Geschworenen waren korrekt unterwiesen und das Beweismaterial und die Zeugenaussagen so beschaffen, daß sie ihren Beschluß vernünftig darauf abstützen konnten. Daran gibt es absolut keinen Zweifel, und die Verurteilung wurde mit Recht aufrechterhalten.

Mehr Gewicht sollte man vielleicht der Haltung des Innenministers beimessen, der dem Gesetz seinen Lauf ließ. Er ist nicht an die Gebote von Zeugenaussagen und Beweismaterial gebunden: an ihn kann man sich aus allen möglichen Gründen wenden, ob ein Gericht sie nun berücksichtigen würde oder nicht, und er versagte der zum Tode verurteilten Frau das ihm zustehende Vorrecht der Begnadigung. Er hat eine verantwortungsvolle Aufgabe und läßt sich von erfahrenen Helfern beraten. Wenn auch nur der geringste Zweifel besteht, ist es einfach, sich zur Gnade zu bekennen, und die Versuchung dazu ist stets sehr mächtig. Und doch hat er keine Begnadigung empfohlen. Das ist ein starkes Argument für die inhärente Gerechtigkeit des Urteils, da der Innenminister sich seine Ansicht nach dem gesamten verfügbaren Material bildet, unbehindert von irgendwelchen formalen Rechtsvorschriften oder Beweisgrundsätzen.

Bis jetzt sind die Briefe nicht erwähnt worden. Sie waren bemerkenswert und verdienen Beachtung; aber sie sind nicht die feinsten ihrer Art. Jeder Scheidungsanwalt, dessen Pflichten ihn vor die Schranken des Gerichtes rufen, wird Briefe mit mehr Feuer und Leidenschaft, mit mehr stilistischem und literarischem Feingefühl nennen können – diese hatten keine derartigen Qualitäten. Soweit sie einen Hauch von Leidenschaft atmen, wiederholen sie ständig nur ein Thema: ihre Sehnsucht, für immer und als seine rechtmäßige Frau bei ihm zu sein, wenn sich das ermöglichen ließe, wie schmachvoll auch immer das zu erreichen sei. Dennoch aber wollte sie ›respektabel‹ bleiben. Wie auch ihre Worte gelautet haben mochten, sie ersehnte eine gesetzliche eheliche Vereinigung mit guten finanziellen Aussichten. Es war eben nur fast, und nicht ganz ›aus reiner Liebe, und mag die übrige Welt zum Teufel gehn!‹.

Die Briefe sind in anderer Hinsicht interessant. Sie hatte eine kaufmännische Ausbildung, und sie berichtete über verschiedene, aber für das Geschehen bedeutsame Dinge. Über Romane, wenn sie von Menschen in ähnlicher Situation wie der ihren handelten, besonders wenn deren Schwierigkeiten durch den Tod eines Dritten behoben wurden. Über Zeitungsmeldungen, wenn diese sich mit Morden oder den aus schuldhafter Liebe entstandenen Tragödien befassen. Doch am vernichtendsten waren letzten Endes die Berichte über ihre verschiedenen Anschläge auf das Leben ihres Mannes, Berichte über Fehlschläge und Bitten um Informationen und Anweisungen, damit das nächste auch das letzte Mal sein würde, weil von Erfolg gekrönt.

Beide Parteien erklärten diese Briefe, und ihre Erklärungen verdienen eine nähere Betrachtung. Außerdem sollte man nicht vergessen, daß es nur einseitige Berichte sind. Sie vernichtete seine Briefe, er bewahrte die ihren auf und besiegelte damit ihr Verhängnis. Wir können uns nur vorstellen, was er geschrieben hat. Das erklärt vielleicht auch ihre Worte, die sie nach ihrer Verurteilung sprach: »Oh, aber Sie haben seine ja nicht gesehen.« Wer von beiden war der beherrschende Geist? Man hat angenommen, daß sie ihn verführt und vom rechten Wege abgebracht hat, doch das ist nicht schlüssig. Die Geschichte ist voll von Beispielen, wo die Jugend die Führung übernommen hat. Wenn wir an dieses unglückliche Paar denken, dürfen wir nicht vergessen, daß wir nicht wissen, wer den stärkeren Einfluß ausgeübt hat; wenn wir das im Gedächtnis behalten, vermeiden wir leichtgläubige Schlußfolgerungen.

So wichtig die Briefe auch sein mögen, es gibt noch anderes Beweismaterial zu bedenken, das zumindest ebenso wichtig ist. Wie haben sich die beiden zur Zeit des Mordes und während der unmittelbar auf die Tat folgenden Stunden verhalten? Auf dieses Verhalten kommt es sehr an, wenn wir auch im Sinn behalten müssen, daß die bloße Tatsache, daß die Tat nicht genau nach Zeit- und Ausführungsplan verübt wurde, sie nicht entschuldigt, wenn ein Mordkomplott bestanden hat. Doch der Richter lenkte die Aufmerksamkeit der Geschworenen auf ein enger begrenztes Feld: ob sie an einem Plan beteiligt war, den Mord so zu begehen, wie er letzten Endes ausgeführt wurde. Aus diesem Blickwinkel des Problems bildeten die Geschworenen sich dann auch ihre Meinung.

Abgesehen von den Briefen, sind die Tatsachen knapp und einfach.

Die Thompsons waren ein kinderloses Ehepaar, das im Jahre 1915 geheiratet hatte. Im Jahre 1916 meldete er sich zum Militärdienst, doch nach einer kurzen Ausbildungszeit wurde er wieder entlassen, da sein Herz den Anstrengungen nicht gewachsen war. 1921 nahmen sie ihren Wohnsitz in Ilford. Beide hatten eine kaufmännische Anstellung in der City von London, aber bei verschiedenen Arbeitgebern und in verschiedenen Positionen. Anscheinend gehörte ihnen alles gemeinsam, selbst das Bankkonto lief unter ihrer beider Namen, und ihr Lohn lautete wöchentlich auf die gleiche Summe.

Über Thompson wurde wenig gesprochen, und die Aussagen der Angeklagten über ihn können unberücksichtigt bleiben. Zweifellos stand er ihren Wünschen im Wege, und deshalb wurde sein Tun und Lassen von ihnen mit Voreingenommenheit betrachtet. Es hätte ihnen in der Tat schwerfallen müssen, ihn unparteiisch zu beurteilen. Das Schlimmste, was sie gegen ihn vorbringen konnten, war eine tätliche Ausschreitung und seine Weigerung, sich von ihr scheiden zu lassen. Daß er einen gewissen Verdacht geschöpft hatte, steht außer Zweifel, doch man darf nicht annehmen, daß er das Schlimmste wußte, nur weil die beiden das behaupteten. Sein tatsächliches Verhalten ihrem Verhältnis gegenüber läßt stark vermuten, daß er seine Frau für treu hielt und keine Ursache sah, seine Ehe nicht wie bisher fortzusetzen. Anscheinend hätte er gern ein Kind gehabt, und sie verweigerte es ihm, zumindest teilweise aus dem Grund, daß sie dieses Glück für Bywaters reservieren wollte.

Möglicherweise war Thompson aber in den verbreiteten

Irrtum verfallen, seine Frau als selbstverständlichen Bestandteil seines Lebens zu betrachten, und hatte nicht einsehen können, daß seine Frau sich nicht als selbstverständliche eheliche Zutat nehmen lassen wollte und deshalb woanders das Reizvolle und den Genuß suchen könnte, die er ihr nicht mehr zu geben vermochte.

Bywaters war zehn Jahre jünger als der zweiunddreißigjährige Percy Thompson. Er war mit den jüngeren Brüdern der zur Tatzeit achtundzwanzigjährigen Edith Thompson zur Schule gegangen und galt als Freund der Familie. Er arbeitete als Steward auf einem Liniendampfer und war anscheinend außerordentlich tüchtig. Er war in regelmäßigen Abständen abwesend, und im Juni 1921, als die Thompsons ihre Ferien in Shanklin verbrachten, hatte er ebenfalls Landurlaub und verbrachte diese Zeit mit ihnen. Sie verstanden sich dort so gut, daß Bywaters nach den Ferien zu ihnen in ihre Wohnung nach Ilford zog. Die Briefe lassen keinen Zweifel, daß sehr bald, fast unmittelbar, schuldhafte Beziehungen begannen. Mit der Zeit wurde Thompson jedoch argwöhnisch. Es gab eine Auseinandersetzung, und Bywaters mußte gehen.

Von diesem Stadium an sind die Briefe das wichtigste Beweismaterial. Man darf annehmen, daß Thompson nie etwas von ihren Zusammenkünften und von den Briefen gewußt hat, auch wenn das Liebespaar das Gegenteil erklärte. Schlimmstenfalls hielt er ihr Verhältnis wohl für zu eng, als es sich für eine verheiratete Frau geziemte. Auf jeden Fall aber hatte ihn die Eifersucht gepackt. Sie schrieb an Bywaters, daß er sie verschiedene Male gefragt hätte, ob sie glücklich sei, und von ihr die bejahende, tröstliche Zusicherung erhalten habe. Er beklagte sich gelegentlich, daß sie sich verändert habe, seit Bywaters auf der Bildfläche erschienen sei. Man könnte daraus den Schluß ziehen, daß er sie zu halten versuchte und daß eben dies zum Verzweifeln für eine Frau sein kann, die nichts so sehr ersehnt wie eine Trennung von ihrem Mann. Aber da Bywaters sie weder ernähren noch bei sich behalten konnte, blieb ihnen nichts anderes übrig, als zu warten. Sie hatten dafür eine Zeit von fünf Jahren abgemacht. Diese Abmachung spricht gegen eine Mordabsicht und spricht auch gegen Thompsons Wissen von ihrem Ehebruch, denn schließlich sollte er ja den derzeitigen Zustand des Zusammenlebens aufrechterhalten, bis Bywaters in der Lage sein würde, sie zu sich zu nehmen.

Nichtsdestoweniger ist es gewiß, daß Edith Thompson keine klare Absicht hegte. Während ihr Liebhaber unterwegs war, verdeutlichen ihre Briefe gleichzeitig den Wunsch, Selbstmord zu begehen und weiterzuleben; man kann gleichzeitig daraus den Plan entnehmen, ihren Mann zu verlassen, sowie Pläne für die Zukunft, die im Gegensatz dazu stehen. Doch das Schreiben war für sie zumindest ein Beruhigungsmittel. Sie breitet vor ihrem Liebhaber ihre Ansichten, ihre Pläne, ihre interessanten Zeitungsberichte, ihre Romankritiken aus. Aber sie war weit von der Erfüllung ihrer Sehnsucht entfernt, ihren Liebhaber allein und ohne Unterbrechung für sich zu haben. Obgleich ihre Position als Angestellte das Briefeschreiben erleichterte, verhinderte sie doch fast Zusammenkünfte mit Bywaters während der Stunden, in denen auch ihr Mann zur Arbeit war. Ihre Stellung als Ehefrau, die normalerweise gleichzeitig mit ihrem Mann nach Hause kam, erschwerte Unterredungen zu anderen Zeiten. Obgleich sie fünf Jahre zu warten vereinbart hatten, waren ihr schon gleichviele Monate als Wartezeit zu lang. Es war klar, daß die Ereignisse auf eine Lösung zutrieben, besonders da ihr Liebhaber leichte Anzeichen abkühlender Leidenschaft erkennen ließ.

Am 23. September 1922 kam Bywaters am Schluß seiner letzten Reise wieder nach England. Er traf Edith Thompson zwei Tage später und dann wieder am 2. und 3. Oktober. Sie allein könnten erzählen, was alles zwischen ihnen besprochen wurde und geschah, aber man darf wohl als sicher annehmen, daß er bei ihrem Auseinandergehen am Nachmittag des 3. Oktober von dem abendlichen Theaterbesuch Edith Thompsons mit ihrem Mann und ihrem Onkel wußte, wie er auch gewußt haben muß, wann und durch welche

Straßen sie anschließend auf dem Heimweg von der Bahnstation gehen würden.

Er selbst verbrachte den Abend bei Mrs. Thompsons Eltern. Er hatte einen legitimen Grund, sie zu besuchen, und auf jeden Fall war es ganz natürlich, daß er sich bei ihnen sehen ließ. Er verabredete sich mit einem der Familienangehörigen zum Kinobesuch am 4. Oktober. Das mag die Abwesenheit jeglicher Mordabsicht zu diesem Zeitpunkt bezeugen, kann aber auch genausogut ein sorgfältig vorbereitetes Alibi dafür bedeuten, daß eine solche Absicht, obgleich bereits vereinbart, gar nicht bestanden hat. Er verabschiedete sich um 23.00 Uhr und wäre normalerweise um die Zeit, da die Thompsons von der Bahnstation nach Hause gingen, meilenweit von Ilford entfernt zu Hause gewesen.

Notgedrungen ließen sich die näheren Umstände des Mordes nicht genau nachweisen. Das Mordopfer ging mit seiner Frau nach Hause und war schon fast angekommen. Bywaters schien in Erwartung der beiden auf der Lauer gelegen zu haben. Er sprang aus seinem Versteck, rief ungefähr die folgenden Worte: »Warum läßt du dich nicht von deiner Frau scheiden, du gemeiner Kerl?« – stach auf Thompson ein und rannte davon. Einer der Messerstiche durchtrennte die Halsschlagader, und der unbewaffnete und völlig wehrlose Thompson verblutete in wenigen Minuten.

Mrs. Thompson sagte, sie sei heftig beiseite gestoßen worden und wie gelähmt gewesen. Sie habe nur ein kurzes Handgemenge gesehen und dann, wie der Angreifer davongelaufen sei. Aber sie hatte ihn erkannt. Wenn man ihr Glauben schenken will, hat sie nicht erkennen können, was im kritischen Moment geschah; doch es gibt Zeugenaussagen, daß sie jammernd ausrief: »Nein! Tu's nicht! Oh, tu's nicht!« – und das scheint zu beweisen, daß sie sah, wie Thompson von Bywaters niedergestochen wurde.

Es ist gewiß, daß sie Hilfe holen lief. Es ist gewiß, daß sie hysterisch und unzusammenhängend handelte. Es ist ebenso gewiß, daß sie noch vor dem Arzt her zu ihrem Mann zurückrannte. Und als der Arzt ihren Mann für tot erklärte, tadelte sie ihn, daß er nicht rascher gekommen sei, um ihren Mann zu retten. Doch wie zusammenhangslos auch ihre Worte und wie hysterisch ihr Benehmen auch gewesen sein mochte, sie behielt sich doch genügend in der Gewalt, um jede Erwähnung von Bywaters oder einem Kampf zu vermeiden. Erst am nächsten Tag erwähnte sie bei der Polizei »einen Mann«, und auch dann nur, als man ihr erklärt hatte, man sei absolut sicher, daß ihr Mann ermordet sei. Ihre erste Aussage war weder vollständig noch aufrichtig. So hatte sie am frühen Morgen des 4. Oktober, gegen drei Uhr, gegenüber dem Sergeant Grimes, der sie in ihrem Hause aufsuchte und nach dem Geschehen befragte, ausgesagt: »Ich weiß es nicht. Ich kann nichts sagen. Ich weiß nur, daß mein Mann plötzlich hinfiel, und ich schrie auf. Dann lief ich über die Straße, sah eine Dame und einen Herrn und bat sie, mir zu helfen.«

Doch als man sie am folgenden Vormittag auf die Polizeiwache bat, erwartete sie dort eine Überraschung. Die Polizei hatte inzwischen von Percy Thompsons Bruder erfahren, daß es zwischen Thompson und einem gewissen Schiffssteward namens Bywaters früher schon Differenzen wegen Mrs. Thompson gegeben hätte, worauf man Bywaters bei Mrs. Thompsons Eltern ausfindig machte und zur Klärung der Angelegenheit auf die Wache brachte. Man führte nun Mrs. Thompson an einem Fenster vorbei, durch das sie in dem dahinterliegenden Raum Bywaters sehen konnte. In ihrer Überraschung rief sie aus: »O Gott, was kann ich tun? Warum hat er es getan? Ich hab doch nicht gewollt, daß er es tut.« Darauf erklärte sie, daß sie die Wahrheit sagen müsse, und erzählte zum erstenmal die Geschichte von dem Mann, der auf sie zugesprungen sei, sie beiseite geschoben und mit ihrem Manne gekämpft habe und den sie beim Fortlaufen als Bywaters erkannt habe.

Bywaters gestand dann, daß er Thompson getötet habe, daß ihm aber der Einfall, die Thompsons zu treffen, erst nach 23.00 Uhr gekommen sei und daß Mrs. Thompson nichts von dieser seiner Absicht gewußt hätte. Von nun an blieben beide Angeklagten im wesentlichen bei den Aussagen, die man ihnen durch das plötzliche Zusammentreffen auf der Polizeiwache entlockt hatte.

Es kann keinen Zweifel daran geben, daß Bywaters seinen Rivalen Thompson ermordete. Sein Einwand der Selbstverteidigung wurde von allen zuverlässigen Zeugen und Beweisen widerlegt und hatte nicht die geringste Erfolgschance; es braucht hier also nicht näher darauf eingegangen zu werden. Bywaters wurde rechtmäßig verurteilt und gehängt. Mrs. Thompson jedoch befand sich in einer ganz anderen Lage. Ihr wurde niemals unterstellt, daß sie irgend etwas getan hätte, was unmittelbar den Tod ihres Mannes zur Folge gehabt hätte.

Es ist deshalb notwendig, ein wenig abzuschweifen, um die Regeln zu erklären, nach denen eine gemeinsame Verantwortung für eine von einer einzelnen Person begangene kriminelle Tat vorliegt. Weder nach dem Gesetz noch in bezug auf das Motiv ist es erforderlich, daß die Tat von einem Angeklagten ausgeführt worden sein muß. Wenn jemand allein handelt, kann die Tat entweder von ihm selbst oder von einem unschuldigen Mittelsmann ausgeführt werden. Wenn mehrere Personen sich in krimineller Absicht zusammentun und einer von ihnen durch seine Tat diese Absicht zum Ziele führt, ist diese Tat allen zur Last zu legen. Wenn A, B und C nach gemeinsamer Verabredung vorgehen, A gemäß dieser Verabredung den D anrempelt und B dadurch befähigt, dem D die Geldbörse aus der Tasche zu ziehen, die B dann an C weitergibt, dann ist der Diebstahl im Sinne der eigentlichen verbrecherischen Handlung von B allein begangen worden. Doch es ist offensichtlich, daß alle drei die gleiche Schuld an dem Diebstahl trifft und auch treffen sollte. Und wenn sich zwei Männer mit der Absicht aufmachen, einen Einbruch zu begehen, wobei der eine draußen Schmiere stehen soll, während der andere einbricht und stiehlt, sind beide zu gleichen Teilen schuld an dem Einbruchsdiebstahl. Wenn aber nun der Einbrecher den Hausherrn tötet, der ihn plötzlich beim Stehlen überrascht, dann ist der Aufpasser nicht des Mordes schuldig, es sei denn, es könnte ein gemeinsamer Plan nachgewiesen werden, Widerstand mit Gewalt zu überwinden. Mit anderen Worten, es kann niemand für eine Tat schuldig erklärt werden, die er nicht geplant hat und nicht zu begehen beabsichtigte.

Mrs. Thompson war deshalb unschuldig, wenn Bywaters nicht in Übereinkunft mit ihr gehandelt hatte. Richter Shearman sagte zu den Geschworenen: »Sie werden diese Frau nicht schuldig sprechen, solange Sie nicht davon überzeugt sind, daß sie und er vereinbart haben, ihren Ehemann bei passender Gelegenheit umzubringen; und daß sie wußte, daß er ihn ermorden würde; und daß sie ihn anwies, es zu tun; und daß er die Tat gemäß einer Vereinbarung zwischen den beiden ausführte.«

Das Beweismaterial, auf das sich die Staatsanwaltschaft hauptsächlich stützte, um die Geschworenen zu überzeugen, bestand aus den Briefen und aus dem Verhalten der Frau unmittelbar vor und nach dem Mord. Man kann unmöglich sagen, welchem von beiden die Geschworenen größere Beachtung schenkten, wenngleich die Öffentlichkeit sich an den Briefen weidete. Es kann keinen Zweifel geben, daß sie darin immer wieder Pläne zur Ermordung ihres Mannes diskutierte. Sie erwähnt fehlgeschlagene Versuche, macht Vorschläge und erbittet Angaben über Gifte. Zugegebenerweise hatte sie Bywaters' Briefe vernichtet, und man kann nur schließen, was er geschrieben hat. Aber in ihren Antworten findet sich auch keine Andeutung, daß seine Briefe diese Diskussionen und Anschläge mißbilligten; der einzige Zweifel kann sich nur darauf erstrecken, ob er es womöglich sogar war, der den Inhalt ihrer Briefe anregte.

Bywaters versuchte ihre Briefe damit zu erklären, daß sie sich auf ihre Absicht bezögen, Selbstmord zu begehen, und daß er zum Schein darauf eingegangen sei, um sie davon abzubringen. Sie dagegen erklärte, daß sie in ihren Briefen zum Schein auf seine Pläne eingegangen sei, ohne diese jedoch zu fördern, und daß diese Briefe nur zum Ziel gehabt hätten, ihn fester an sich zu binden. Man muß zugeben, daß die von ihr beschriebenen Versuche einmalig ungeschickt aussehen und nicht den Anschein der Wahrheit haben. Ihre Verteidiger versuchten sogar nachzuweisen, daß ein Teil ihrer Darlegungen nicht wahr sei. Die medizinische Beweisaufnahme konnte die von ihr erwähnten Anschläge weder bestätigen noch eindeutig widerlegen. Für die Geschworenen war es daher offenkundig, daß die Aussagen beider Angeklagten nicht zuverlässig sein konnten. Der Wortlaut der Briefe widerlegt Bywaters, wenn auch gleichzeitig seine Aussagen die ihren unglaubwürdig erscheinen lassen; und sie wurde, zumindest in einem Teil ihrer Aussagen, als Lügnerin entlarvt. Es ist einfacher, den Inhalt der Briefe als das zu nehmen, was er besagt: daß die beiden über Mittel und Wege berieten, Thompson zu ermorden – und zwar nach Möglichkeit auf eine Weise, die keinen Verdacht erwecken würde. Doch dieser Plan sah vor, daß sie den Mord mit Hilfe irgendeines Giftes oder auf ähnliche Weise begehen sollte. Tatsächlich wurde der Mord dann von Bywaters durch körperliche Gewaltanwendung ausgeführt – eine andere Methode. Hatten sie vereinbart, nachdem ihre Versuche fehlgeschlagen waren, daß er nun versuchen sollte, auf seine Weise ihre gemeinsame Absicht zum Ziele zu führen? Wenn ja, so wäre damit der Wechsel von Person und Methode erklärt.

Ein Briefauszug möge klarmachen, daß Diskussionen über Mittel und Wege einer Ermordung stattgefunden haben; er stammt aus einem Brief vom 1. April 1922. Sie hatte eine Wohnung gesehen, *die genau unseren Wünschen und Vorstellungen entspricht*; und später heißt es, *er* (gemeint ist Thompson) *hat seiner Mutter die Umstände meiner »Sonntagmorgeneskapade« erzählt, und er betont ganz besonders die Tatsache, daß der Tee bitter schmeckte, »als ob etwas hineingetan worden ist«, wie er sagt. Ich glaube, was ich jetzt auch sonst hineintun würde, der Tee würde wieder bitter schmecken – er würde es merken und noch argwöhnischer werden – und wenn die Menge nicht zum Erfolg ausreicht, verdirbt uns das jede Chance eines Versuches, wenn Du heimkommst. Verstehst Du, was ich meine?* Und weiter, nachdem sie ihn gewarnt hatte, einen gewissen *Dan* nicht Verdacht schöpfen zu lassen, ›*denn, wenn unser Unternehmen Erfolg haben sollte, Liebster, könnten die Umstände danach uns wünschen lassen, viele Freunde zu haben*‹, fährt sie fort. ›*Er erzählte einmal – seinen Angehörigen –, wie er unermüdlich mit sich gekämpft hätte, um nicht das Bewußtsein zu verlieren:* »*Ich werde niemals sterben*«, *sagte er,* »*außer eines natürlichen Todes – ich habe neun Leben wie eine Katze*«, *und dann erzählte er in allen Einzelheiten, wie er als Junge einmal fast durch ausströmendes Gas erstickt wäre. – Ich wünschte, wir hätten kein elektrisches Licht – dann wäre es einfach. Ich werde es gelegentlich noch einmal mit Glas probieren – wenn es gefahrlos geht: diesmal nehme ich eine elektrische Birne dazu.*‹

Wenn man diese Briefe gelesen hat, bleibt der starke Eindruck zurück, daß noch die gnädigste Auslegung dafür spricht, diese zwei würden mit der Idee des Mordes spielen. Diesen Eindruck kann auch die Zeugenaussage des Pathologen Dr. Bernhard Spilsbury nicht verwischen, seine Untersuchung der verschiedenen Organe von Thompsons Leiche habe keine Anzeichen dafür erbracht, daß auf diesen Mann zu Lebzeiten ein Anschlag mit Gift oder pulverisiertem Glas verübt worden sei.

Wenn man das Beweismaterial und die Aussagen über den Mord selbst und die unmittelbar anschließenden Ereignisse untersucht, erhebt sich natürlicherweise die Frage: warum mußte der Mord in ihrer Gegenwart verübt werden? Es ist kaum glaubhaft, daß sie dabei helfen sollte, indem sie ihren Ehemann bei der Verteidigung seines Lebens hinderte. Auch war es für Bywaters nicht notwendig, sie dabei oder ihre Hilfe zu haben, um einen Mann zu finden, dessen Gewohnheiten er gekannt haben muß. Diese Umstände bringen sie ins Spiel; und wenn es ihm nicht gelang, völlig ungeschoren und unerkannt davonzukommen, würde auch ihre Familie hineingezogen werden, bei der er den Abend zu verbringen beabsichtigte und auch verbrachte. Sie mußte ihre Anwesenheit erklären, oder der Verdacht würde auf ihr ruhen bleiben. Es wäre einfacher, wenn sie nicht dabeigewesen wäre, denn dann hätte sie nichts zu erklären gehabt.

Ein derartiger Plan wäre einfältig gewesen, unwürdig der Intelligenz, die man den Gefangenen unzweifelhaft zubilligen mußte. Als Resultat eines plötzlichen Eifersuchtsausbruches wäre die Tat natürlicher zu erklären gewesen.

Wenn aber die ganze Angelegenheit geplant gewesen war, hätten sich die Beteiligten, sollte man annehmen, wohl auf eine gemeinsame Geschichte geeinigt. Hatten sie das? Später ergab sich keine Gelegenheit mehr zu einer Zusammenkunft, um eine Geschichte zu erfinden. Auf jeden Fall ist es nicht leicht zu erkennen, daß diese zwei sich auf irgendeine Geschichte geeinigt hätten. Was die Briefe betrifft, waren ihre Aussagen sogar gegenseitig vernichtend; aber vielleicht glaubte sie ja, daß er sie verbrannt hätte, und er wagte ihr nicht zu gestehen, daß sie sich noch in seinem Besitz befanden.

Dann ist da noch ihr Verhalten. Eine Frau, die ihren Ehemann zur Schlachtbank geführt hat, würde wahrscheinlich ›kalt, blutgierig und beherrscht‹ sein, sie aber jammerte erbärmlich: »Nein! Tu's nicht! Oh, tu's nicht!« Sie lief Hilfe holen. Sie rannte vor dem Arzt, den sie gerufen hatte, zurück und schalt ihn heftig, daß er nicht schneller gekommen war. Sie war hysterisch und zusammenhanglos in ihren Worten und Taten. Aber all dies mag sie gewesen und trotzdem schuldig sein. Selbst von Mördern weiß man, daß sie beim Anblick ihres Opfers die Nerven verloren und fieberhaft versuchten, das Leben zurückzurufen, das sie soeben vernichteten. Doch das ist hier nicht wahrscheinlich. Wie sehr sie auch außer sich und inkonsequent gewesen sein mag, den Namen Bywaters verriet sie nicht. Die Worte, die sie gegenüber den ersten Leuten hervorstieß, die sie traf, sollten diese glauben machen, daß ihrem Manne schlecht geworden sei. War das alles nur Pose? Es gibt schwerwiegende Gründe, das zu glauben, und dennoch könnte es echte Gefühlsregung sein. Natürlich hegte sie den Wunsch, ihren Liebhaber zu schützen, und ihre Gemütsbewegung, wie stark auch immer, muß nicht als unvereinbar mit Überraschung und Schock betrachtet werden, selbst wenn sie nur den einen Gedanken hatte, Bywaters um jeden Preis herauszuhalten. Keinesfalls aber können ihre Worte und ihr Tun einem vorgefaßten Plan beigeordnet werden; ein solcher Plan müßte auch eine Erklärung von ihr enthalten haben, irgendeine Verhaltensrichtlinie, die sie beide entlastete. Es könnte allerdings sein, daß sie ihren Rollenteil vergessen hatte. Sie wurde geschickt von Sir Henry Curtis-Bennett verteidigt, der sein möglichstes für sie tat. Die Zusammenfassung des Richters irrte, wenn überhaupt, nur zu ihren Gunsten. Die Geschworenen hatten zu entscheiden, ob die Umstände, die auf ihre Schuld hindeuteten, sie trotz jener Hinweise überzeugten, die gegen ihre direkte und indirekte Beteiligung an dem eigentlichen Mord sprachen. Sie entschieden, daß der Sachverhalt ihre Schuld über jeden angemessenen Zweifel hinaus bestätigte.

Aber zugegeben, daß sie Mordpläne gewälzt und geschmiedet hat; angenommen, daß ich als Vorsitzender dieses Gerichtes den Geschworenen die gleiche Belehrung wie Richter Shearman erteilt hätte; und unbestritten, daß ich als Mitglied des Appellationsgerichtes genausowenig Grund gehabt hätte, das Urteil aufzuheben, wie das auch in Wirklichkeit der Fall war – mir bleibt doch ein winziger, nagender Zweifel, ob Edith Thompson in jener Nacht Tatzeugin eines Verbrechens war, das sie eingefädelt hatte, oder ob sie überhaupt wußte, daß ein solches Verbrechen verübt werden sollte. Aber ich war bei der Verhandlung nicht anwesend, und auch noch soviel Lesen kann das Sehen und Hören der Zeugen im Gerichtssaal nicht aufwiegen. Und außerdem – sie hegte zweifellos die Absicht, ihren Mann um ihres Geliebten willen umzubringen. Sie wurde wegen Anstiftung zum Mord zum Tode verurteilt und Anfang 1923 im Gefängnis Holloway gehängt.

PS der Herausgeberin: Im Gerichtssaal anwesend, und zwar als Ankläger für die Krone, war dagegen Sir Travers Humphreys, der von einer Mitschuld der Angeklagten überzeugt war und für beide einen Haftbefehl wegen Mordes verlangte und erwirkte. Und da Sir Travers Humphreys im Mai 1935 der Richter war, der den Vorsitz im Prozeß gegen Alma Rattenbury hatte, ist seine Ansicht über die Auswirkung des Urteils an Edith Thompson auf den Freispruch der Alma Rattenbury interessant. Denn viele Zeitgenossen beider Prozesse, Presseberichterstatter und Kriminalschriftsteller sind der Ansicht, daß die Geschworenen im zweiten Fall zu dem Spruch »nicht schuldig« für Alma Rattenbury kamen, weil ihnen die erfolglose Berufung und das abgelehnte Gnadengesuch von Edith Thompson im Gedächtnis haftete. Daran ist gewiß etwas Wahres, denn zweifellos hat der Fall Thompson die englische Öffentlichkeit tief bewegt – und schließlich war Edith Thompson meines Wissens die letzte Frau, an der seitdem in England das Todesurteil vollstreckt wurde.

Aber hören wir, was Sir Travers Humphreys dazu zu sagen hat: »Ich kann nur für mich selbst sprechen, aber ich glaube nicht, daß die Geschworenen im geringsten davon beeinflußt waren, was sich vor dreizehn Jahren in einem Prozeß abgespielt hatte, der selbstverständlich nie in der Verhandlung gegen Alma Rattenbury erwähnt wurde; ich jedenfalls wurde ganz sicher nicht davon beeinflußt. Die Frau wurde meines Erachtens freigesprochen, weil die Geschworenen der Ansicht waren, daß in ihren widersprüchlichen Aussagen vor verschiedenen Personen und zu verschiedenen Zeitpunkten soviel Verwirrung und Ungewißheit über das Geschehen in der schicksalhaften Nacht vom 24. März herrschten, daß es unsicher gewesen wäre, sie daraufhin zu verurteilen.«

Vielleicht sollte noch hinzugefügt werden, daß bei Alma Rattenbury auch eine Anstiftung zum Mord, wie sie der Ankläger unterstellte, nicht nachgewiesen und auch nicht aus triftigem Beweismaterial (wie es die Briefe bei Edith Thompson waren) geschlossen werden konnte. Um so tragischer ist, daß Alma Rattenbury sich wenige Tage nach dem Freispruch mit eigener Hand das Leben nahm. Vielleicht erinnerte sie sich daran, wie ihr kleiner Sohn sie, umrahmt von Polizisten und völlig betrunken, mit weit offenen Augen anstarrte? Der folgende Beitrag, in der hervorragenden Darstellung von Edgar Lustgarten, gibt Aufschluß über das Tatgeschehen sowie über die menschlichen und psychologischen Hintergründe der Tragödie der Alma Rattenbury.

Edgar Lustgarten

Der Freispruch: Alma Rattenburg

I.

Viele seiner Geheimnisse gibt das Verbrechen der einfachen
Logik preis. Die orthodoxen Methoden des Argumentierens
durch Deduktion gehören zum Rüstzeug eines jeden Fach-
manns, der eine Untersuchung zu führen hat. Mit Hilfe ihrer
Anwendung kann man sichere Rückschlüsse ziehen, nicht
nur aus greifbaren Tatsachen, sondern auch aus der menschlichen Natur. Man kann zum Beispiel voraussetzen, daß ein
beherzter und entschlossener Einbrecher einen willens-
schwachen und feigen Komplizen dominiert hat. Man kann
voraussetzen, daß sich ein zimperlicher und wählerischer
Mensch für einen Mord nicht gerade die blutigste Methode
aussucht. Man kann voraussetzen, daß ein sentimentaler und
weichherziger Falschmünzer die faulen Früchte seiner Arbeit
nicht absichtlich einem vertrauensvollen Kind andreht. Die
Möglichkeit eines aus solchen Folgerungen resultierenden
Irrtums kann zwar nicht ganz ausgeschlossen werden, ist
aber unendlich gering. Überaus selten, kaum sogar unter
Zeitdruck und seelischer Belastung einer kriminellen Tat,
wird ein Mensch völlig entgegengesetzt seiner persönlichen
Veranlagung handeln.

Dieses Prinzip läßt jedoch eine große Ausnahme zu.

Die Abweichungen in der Sexualpsychologie sind so groß,
und die sexuelle Verhaltensweise ist häufig so irrational, daß
aus sexuellen Beweggründen entstandene Verbrechen in eine
ganz andere Sparte fallen. Hier geht die Logik über Bord,
endet die Deduktion in einem Irrgarten. In einer Sphäre,
wo der Schwache den Starken tyrannisieren kann; wo es
möglich ist, daß der Gepflegte dem Ungepflegten nachstellt;

wo der Gütigste sich zu haßerfüllten Grausamkeiten hinreißen läßt; wo eins und eins, was auch sonst häufig nicht zu zwei aufgeht, oftmals null und manchmal sogar minus ergibt – in einer solchen Sphäre gibt es keine gültigen Regeln, keine Richtlinien gebende Präzedenzfälle. Ein jeder Betrachter muß jeden individuellen Fall neu ausleuchten im Blinklicht seines persönlichen, im Laufe der Zeit aus erster oder zweiter Hand erworbenen Wissens.

Natürlich kann in einem so zustande gekommenen Urteil, sei es von einem Gericht gefällt oder auf einer Buchseite ausgedrückt, nichts Endgültiges liegen. Deshalb wird es auch nie ein endgültiges Urteil über Alma Rattenbury geben, die ein englisches Geschworenengericht 1935 von der Anklage des Mordes freisprach. Denn der Schlüssel zu ihrem Fall liegt in ihrer sexuellen Veranlagung und im Wesen der sexuellen Verbindung, die sie eingegangen war. Wenn ich mit meiner Deutung dieser beiden von den meistzitierten Meinungen abweiche, tue ich das mit aller gebotenen Scheu und Zurückhaltung; ich kann meine Behauptungen genausowenig *beweisen* wie die anderen die ihren. Wir alle dürfen uns nicht auf eine unfehlbare Richtschnur verlassen – eine solche gibt es nicht –, sondern auf unsere eigene Lebenserfahrung; und wer soll entscheiden – wer ist qualifiziert dazu –, welche da die umfangreichste und am genauesten beobachtende ist?

Die Erfahrung aber wird gewiß auf die Probe gestellt und bereichert von einem Studium der merkwürdigen Geschehnisse in der Villa Madeira.

II.

Es war ein sehr kleines, aber außerordentlich freundliches Haus, typisch in Stil und Anlage für jene Kurorte, in denen sich wohlhabende ältere Leute besonders gern niederlassen. Holzwerk im Überfluß, fröhlich weiß gestrichen; vergitterte Flügelfenster, die reichlich Sonnenschein einließen; Terrassentüren, die vom Wohnzimmer auf Rasen hinausgingen;

ein winziger Balkon, der das Obergeschoß schmückte; eine schmale Auffahrt durch einen kleinen Garten – aus diesem knappen Minimum homogener Bestandteile entsteht fast von selbst das Bild der Villa Madeira. Es ist das Bild eines stillen häuslichen Hafens, in dem man das Leben in heiterer Gelassenheit und Bequemlichkeit leben kann; wo ein Tag dem anderen in glücklicher Ereignislosigkeit folgt; wo die wilden und häßlichen Leidenschaften der Welt nur in den Spalten der täglichen Morgenzeitung Einlaß finden. Doch Häuser bekommen nicht immer die am besten zu ihnen passenden Mieter, und dieser hübsche Wohnsitz an einer baumgesäumten Straße in Bournemouth sollte Schauplatz einer Nacht voller Gewalt und Aufruhr werden, die vielleicht sogar ein Bordell in der Hafengegend von Marseille überrascht hätte . . .

Zur Zeit dieses gar nicht in die Gegend passenden stürmischen Ereignisses bewohnten die Rattenburys die Villa Madeira seit einigen Jahren. Sie waren 1928 aus ihrer Heimat Kanada herübergekommen, wo sie sich erst kurz zuvor getroffen, umworben und geheiratet hatten. Er war ihr dritter Mann, sie seine zweite Frau (und gleichzeitig der gerichtlich festgestellte Scheidungsgrund von seiner ersten). Zum Zeitpunkt ihrer Eheschließung hatte Mr. Rattenbury bereits genügend Vermögen zusammengetragen, um sich aus der aktiven Tätigkeit als Architekt zurückziehen und sich damit eine freiere Wahl seines Wohnortes ermöglichen zu können. England lockte – nicht das England der lärmigen, überfüllten Städte, sondern das England der friedlichen Zufluchtsorte mit gesundem Klima. Bournemouth und Villa Madeira entsprachen genau seinen Vorstellungen: hier konnten er und seine Neuvermählte wirklich zur Ruhe kommen.

Zur Ruhe zu kommen war vielleicht leichter in seinem Alter (sechzig) als in ihrem (einunddreißig).

Dieser Altersunterschied zwischen dem Ehepaar Rattenbury war jedoch nicht größer als die Verschiedenheit ihrer Persönlichkeiten. Er war farblos, ungesellig, streng konventionsgebunden in seinen Gewohnheiten (wie es sich auch in seiner stets korrekten Kleidung und genau eingehaltenen Zeiteinteilung ausdrückte) und neigte zur Melancholie. Sie war lebhaft, aufgeschlossen, sehr sprunghaft und sorglos unkonventionell in ihren Gewohnheiten (wie es sich in ihrer Neigung zeigte, auch am Tage im Pyjama herumzulaufen und die Nacht über aufzubleiben und Grammophon zu spielen). Selbst ihre gemeinsame Schwäche für übermäßiges Trinken unterstrich nur noch ihre grundsätzliche Verschiedenheit: er ließ sich jeden Abend so lange mit Whisky volllaufen, bis eine milde Gleichgültigkeit seine Sinne benebelte; sie ließ sich gelegentlich mit Wein oder Cocktails gehen, bis ihre gespannten Nerven zu wilder Aktivität aufgepeitscht waren. Ihre Wertskala wies nicht geringere Unterschiede auf als ihre Reaktionen. Zwei Menschen, die sich so wenig glichen wie diese beiden, hätte man nicht so schnell noch einmal finden können.

Daß sie dennoch gut miteinander auskamen, lag zum Teil daran, daß sie füreinander eine echte, wenn auch beiderseits leidenschaftslose Zuneigung empfanden, und zum anderen Teil an einer vereinbarten Einteilung des Hauses, die beiden genügend Eigenleben einräumte. Er schlief im Erdgeschoß, sie im Obergeschoß, und keiner drang in das Revier des anderen ein. Natürlich handelte es sich hier keinesfalls um eine ideale Beziehung, und bestimmte strittige Themen führten von Zeit zu Zeit immer wieder zu Auseinandersetzungen zwischen den beiden – besonders aufgrund ihrer Verurteilung seines Geizes und seiner Verurteilung ihrer Verschwendungssucht. Aber diese Streitigkeiten waren nicht häufiger und die dabei verwendeten Worte nicht verletzender als in einer Million normaler, durchschnittlicher Haushalte. Ein Vorfall, bei dem es zu einem kurzen Austausch von Püffen oder leichten Schlägen kam, scheint einmalig in dieser Art gewesen zu sein und beide Teile nachhaltig erschüttert und in Scham versetzt zu haben. Während der meisten Zeit jedoch segelte das Leben in der Villa Madeira in ruhigem Wasser, und der Hausherr und seine Dame standen miteinander auf freundschaftlichem Fuße; Mrs. Rattenburys älterer

Sohn – aus einer ihrer früheren Ehen stammend – kam in allen Schulferien aus seinem Internat nach Hause; ihr jüngerer Sohn – gleichzeitig der Sohn von Mr. Rattenbury – kehrte jedes Wochenende aus seiner Kleinkinderschule heim; und dazu gehörte auch eine ständig bei ihnen wohnende Gesellschafterin, die gleichzeitig die Hauptlast des Haushalts zu tragen und Mrs. Rattenbury als Vertraute zu dienen hatte. Das Alltagsleben in der Villa Madeira verlief daher familiär und unkompliziert, auch wenn ein paar exzentrische Schnörkel vorhanden waren.

Es gab keine ersichtliche Störung dieses Ablaufs, als im September 1934 – Mrs. Rattenbury war damals siebenunddreißig, ihr Mann sechsundsechzig – ein junger Mann namens Stoner das Personal verstärkte. Seine Vornamen sind unwesentlich und würden nur verwirren; alle – einschließlich Mrs. Rattenbury – nannten ihn von Anfang an bis zum wahrhaft bitteren Ende nur Stoner. In ihrem Munde hätte der Vorname nur verniedlichend gewirkt und die Tiefe und den äußersten Grad ihres Abstiegs symbolisiert.

Stoner hatte sich auf eine Anzeige in der Lokalzeitung gemeldet, in der ein »williger junger Bursche für täglich« gesucht wurde. Weil er Auto fahren konnte und Mr. Rattenbury ein Auto besaß, wurde er für ein Pfund pro Woche als »Chauffeur und Mann für alles« engagiert.

Eine verborgene Ironie lag in diesen beiden Bezeichnungen.

III.

Stoner wurde erst im November jenes Jahres achtzehn.

Als einziges Kind eines Maurers, dessen Arbeit ihn von einer Stadt in die andere führte, hatte er meist bei seinen Großeltern in Ensbury Park, einem Vorort von Bournemouth, gewohnt und war auch von ihnen aufgezogen worden. Nachbarn dort hielten ihn für einen anständigen, ehrlichen jungen Mann, und es gibt keinen Grund, etwas anderes zu glauben. Doch damit endet auch schon der Katalog von Stoners guten Seiten. Seine Denkfähigkeit war gering und unentwickelt – sein Vater erklärte, er sei als Junge »sehr, sehr weit zurück gewesen«; seine Geisteserziehung war mangelhaft – er hatte insgesamt nur drei Jahre lang die Schule besucht und wenig Befähigung gezeigt, davon zu profitieren; seine ganze Persönlichkeit war roh und gewöhnlich – und, selbst für sein Alter, deprimierend unreif. Ehe er zu den Rattenburys kam, hatte er in einer Automobilwerkstatt gearbeitet; seine dort gezeigten Leistungen ließen kaum den Schluß auf einen besonderen beruflichen Aufstieg zu.

Der Neuankömmling in der Villa Madeira war also ein ungebildeter und wenig intelligenter, linkischer junger Mann, der sich eigentlich hätte glücklich schätzen müssen, diesen bescheidenen Posten halten zu können. Und das gilt ganz besonders, wenn man annimmt, daß das Aussehen eines Chauffeurs genauso zählt wie seine geistigen Qualitäten. Stoner sah überhaupt nach nichts aus: weder reizvoll noch reizlos, weder anziehend noch abstoßend. Auch nicht mit noch so viel Phantasie konnte man sich ihn in der Rolle des geheimnisvollen Chauffeurs vorstellen – einer Lieblingsfigur romantischer Romane –, dessen vollkommenes Profil und witzige Konversation seine weiblichen Fahrgäste faszinieren und betören und der sich letzten Endes als ein verkleideter Prinz aus Osteuropa entpuppt. Stoner besaß nicht ein einziges Attribut, das ihn in den Brennpunkt weiblicher Aufmerksamkeit hätte rücken können. Man braucht also auch nicht über die Bemerkung seiner Großmutter überrascht zu sein, daß er ihres Wissens niemals mit einem Mädchen ausgegangen sei. Zweifellos hatten die Mädchen von Ensbury Park verlockendere Angebote.

Und dennoch war dieser uninteressante Jüngling innerhalb von zwei Monaten nach Antritt seiner neuen Stellung als Mitbewohner in die Villa Madeira aufgenommen worden, und Mrs. Rattenbury war nicht nur seine Gebieterin, sondern auch seine Geliebte geworden.

IV

Ein allgemeines Verlangen, dieses Phänomen auf eine einfache Formel zu bringen, führte zu dem, was ich als die erste große Fehleinschätzung von Mrs. Rattenbury bezeichnen möchte. Sobald ihre Affären in den Brennpunkt des nationalen Interesses gerückt waren, stempelte man sie öffentlich als Nymphomanin ab.

Die Argumente für diesen Schluß sind überzeugend. Sie bestehen aus drei aufeinanderfolgenden Behauptungen. Erstens: daß man in Anbetracht aller Begleitumstände jeden Gedanken an Liebe – zum Unterschied von sexueller Befriedigung – beiseite schieben kann. Zweitens: wenn Mrs. Rattenbury weiter nichts wünschte, als sich einmal innerhalb der für eine leichtfertige Frau normalen Grenzen richtig auszuleben, hätte sie es gar nicht nötig gehabt, ihren Appetit an Stoner zu stillen; wenn auch die Gelegenheiten in Bournemouth dünn gesät sein mochten, so brauchte sie sich doch nur allein in die Halle des ›richtigen‹ Hotels im West End zu setzen – und unbehinderte Ausflüge nach London konnte sie jederzeit unternehmen –, um einen stattlicheren und anziehenderen Partner aufzulesen. Drittens: daß sie nichtsdestoweniger Stoner als Liebhaber nahm, müsse die Existenz einer unkontrollierbaren sinnlichen Begierde beweisen; und die unkontrollierbare sinnliche Begierde einer Frau ist nun einmal nichts anderes als Nymphomanie.

Die zweite Behauptung ist durch nichts zu widerlegen. Man kann allerdings die absolute Gültigkeit der ersten in Frage stellen, und ein Trugschluß darin würde die dritte Behauptung ungültig machen. Es wäre in der Tat merkwürdig, wenn diese Argumentation nicht an irgendeinem Punkt fehlerhaft sein sollte. Denn Nymphomanie hat voraussehbare Auswirkungen auf das Verhalten einer Frau nach dem Geschehen. Mrs. Rattenburys Verhalten wurde einem außergewöhnlichen Test unterzogen – dem Katastrophentest für Stoner und sie –, doch niemand hätte weniger in Übereinstimmung mit der Theorie einer groben nymphomani-

schen Ausschweifung handeln können als Mrs. Rattenbury. Die Beziehung zwischen den beiden war – von ihrer
Seite her – unendlich vielschichtig.

v.

Das künstlerische Temperament – nicht ganz zutreffend so
benannt – ist leichter zu erkennen als zu definieren. Zu den
äußeren Anzeichen gehören unangemessene Begeisterungs-
ausbrüche, ein ebenso großer Hang zu übertriebenem Trüb-
salblasen und eine körperliche Ruhelosigkeit ohne ersichtlichen Grund. Manchmal wird es von künstlerischem Genie,
oft von künstlerischer Begabung begleitet. Aber die meisten
darunter Leidenden – denn im großen und ganzen muß dieses
Temperament als Leiden bezeichnet werden – sind bei denen zu
finden, die wohl über die Anlage eines Talents verfügen, es aber
nicht zur Entfaltung bringen können. Sie machen alle Qualen
des Künstlers durch, ohne über den Ausgleich des wahren
Künstlers durch schöpferische Leistung zu verfügen.
   Zu diesen frustrierten Zeitgenossen gehörte Mrs. Rattenbury. Es wäre absurd, sie für einen potentiellen Horowitz
halten zu wollen; aber sie spielte gut Klavier – und war
ehrlich bemüht, ihr Spiel noch zu verbessern. Es wäre absurd,
sie für einen potentiellen Gershwin halten zu wollen; aber
sie schrieb Songs mit einigem Können – und strebte nach
Meisterschaft auf diesem Gebiet. Doch obgleich sich ihr keine
äußeren Hindernisse in den Weg stellten – Mr. Rattenbury
ermutigte und unterstützte sie in jeder Hinsicht –, gingen
Mrs. Rattenburys Hoffnungen nie in Erfüllung. Dann und
wann ein ohne Aufsehen veröffentlichter Song, gelegentlich
eine Radioübertragung ohne jedes Echo, wofür es dann
Honorare oder Tantiemen von einem oder zwei Pfund gab –
das waren die Höhepunkte, die ihre seltenen und größten
Erfolge markierten. Und mir scheint, daß hierin die Erklärung für ein intimes Verhältnis schlummert, das aus anderer
Sicht unerklärbar ist.

Das künstlerische Temperament ist sonderbarerweise stets jenem mächtigen Impuls unterworfen gewesen, den man als *la nostalgie de la boue* (frei übersetzt als ein Sehnen – besonders in sexueller Hinsicht – nach dem Schmutz) kennt. »Der Geist ist ein merkwürdig Ding«, schrieb Somerset Maugham einmal. »Er schwingt sich niemals höher, als wenn der Körper sich eine Zeitlang in der Gosse gesuhlt hat.« Vielleicht sucht das künstlerische Temperament unbewußt durch das letztere das erstere zu erreichen. Das direkte Sehnen jedoch bezieht sich nur auf das letztere, und Frauen sind nicht mehr immun dagegen als Männer. Wegen der verschiedenen Psyche wird aber jedes Nachgeben einer Frau gegenüber diesem Trieb in der Regel eine andere Form annehmen.

Neun von zehn Männern sind sexuelle Realisten. Sie können die schmutzigsten und obszönsten Verbindungen anknüpfen, aber sie nehmen und behandeln sie auch als das, was sie sind: als leicht wieder abzubrechen und leicht zu vergessen. Kein seelisch-geistiger Einfluß wirkt dabei mit außer der negativen Form einer geistigen Läuterung.

Andererseits sind neun von zehn Frauen sexuelle Romantikerinnen. Die Ausnahme, das ist wahr, zeigt oft weniger Gefühl als ein Mann. Aber die Mehrheit lehnt es ab, die Tatsache ihrer persönlichen Veranlagung zu akzeptieren; und wenn sie der *nostalgie de la boue* nachgeben, bemühen sie sich krampfhaft, ihre erniedrigenden sexuellen Ausschweifungen zu idealisieren. Sie müssen eine libidinöse Begierde nach etwas, das ihrer unwürdig ist, in einen edlen Ausbruch exaltierter Leidenschaft transformieren. Sie müssen ihr Verhalten sich selbst gegenüber damit entschuldigen, daß sie ehrlich verliebt sind – und wenn sie erst einmal daran glauben, nun, dann sind sie's natürlich auch ...

Diese Ausführungen mögen als grobe Zeichnung von Mrs. Rattenburys Gefühlen gegenüber Stoner dienen. Gewiß kann es keinen Zweifel daran geben – auf welchen Umwegen sie diesen Punkt auch erreicht haben mag –, daß sie Stoner letzten Endes liebte. Nur das erklärt ihre darauffolgende Hingabe, mit der sie sich für ihn zu opfern bereit war – wie hoch der Preis dafür auch sein mochte. Nur das erklärt die selbstlose Zuneigung, die sich in ihren rasch aufeinander folgenden Briefen aus der Gefängniszelle ausdrückte. Nur das erklärt ihre spontane Antwort während der Gerichtsverhandlung in einem Wortwechsel zwischen ihr und Stoners Verteidiger, der – wie er wohl annahm – einen wohlwollenden Euphemismus angewendet hatte.

»Es war wohl nur eine törichte Verliebtheit, nicht wahr?« fragte er.

Mrs. Rattenbury nahm diese Chance, ihr Gesicht zu retten, nicht wahr.

»Es ist mehr als das«, erwiderte sie. »Ich liebe ihn.«

VI.

Niemand kann absolut sicher sein – und keiner war je absolut sicher –, ob Mr. Rattenbury wußte, was in seinem Hause vorging. Vielleicht daß er, vergraben in seinen Privatgemächern im Untergeschoß und unter dem doppelten Handicap von Alkohol und Schwerhörigkeit, das nächtliche Hin und Her im Obergeschoß gar nicht hörte – oder einfach nicht begriff, was es bedeutete. Vielleicht aber hörte und begriff er alles, es machte ihm jedoch einfach nichts aus. Die Ansichten darüber gingen selbst im Hause auseinander, und heute ist die eine Vermutung so gut wie die andere.

Keinen Zweifel gibt es jedoch darüber, daß Mrs. Rattenburys Gesellschafterin und Hilfe, Miss Riggs, Bescheid wußte. Ihr Schlafzimmer ging vom selben Korridor ab wie die der ungleichartigen Liebenden, und ihr die Wahrheit zu verheimlichen wäre in der Tat sehr schwierig gewesen. Dieses Bravourstück wurde auch gar nicht erst versucht. Wie sehr Miss Riggs zuerst auch darüber bestürzt gewesen sein mag – und für diese Annahme gibt es einige Gründe –, mit der Zeit gewöhnte sie sich an einen äußerst widerwärtigen Anblick: sie mußte zusehen, wie Stoner ohne jeden Vorwand und ganz wie es ihm gefiel in Mrs. Rattenburys Schlafzimmer ein und aus ging. Es ist auch sehr gut möglich, daß sie die verlegene und unfreiwillige Zuhörerin von Mrs. Rattenburys Schwärmereien über ihre leichte Eroberung werden mußte.

Alles in allem war die Stellung von Miss Riggs nicht nur unangenehm, sondern peinlich geworden.

Seit vier Jahren war sie nun nicht nur eine bloße Gesellschafterin und Stütze im Haushalt; sie war Mrs. Rattenburys engste, vertrauteste Freundin geworden. Sie redeten sich nicht mit Mrs. Rattenbury und Miss Riggs an, nicht einmal mit Alma und Irene, sondern wechselseitig und ausnahmslos mit »Liebste«. Sie hatten es sich zur Gewohnheit gemacht, als letztes vor dem Schlafengehen noch einmal vertraut miteinander zu plaudern, oft im Zimmer von Miss Riggs, nachdem diese schon zu Bett gegangen war; und wenn Mrs. Rattenbury auf den Schlaf verzichtete, um Schallplatten zu hören, verzichtete auch Miss Riggs darauf, um ihr Gesellschaft zu leisten. Sie machten zusammen Ausflüge und Ferien, wohnten im selben Hotelzimmer und zogen aus ihrer Freundschaft offenkundiges Vergnügen.

Als daher Stoner als Mrs. Rattenburys Liebhaber die Szene betrat, versetzte das Miss Riggs einen doppelten Schlag: nicht nur die Freundschaft – die Freundin war bedroht.

Obgleich Mrs. Rattenbury sie mit unverminderter Wärme behandelte, war es Miss Riggs stets bewußt, daß die Dinge sich geändert hatten. Stoner stand unverrückbar zwischen ihnen. Stoner stand in Mrs. Rattenburys Gedanken an erster Stelle; Stoner war der Hauptnutznießer ihrer zärtlichen Zuneigung; Stoner war ihr bevorzugter Kamerad auf Ausflügen; Stoner war Angelpunkt und Stütze ihrer gesamten Existenz. Miss Riggs hätte wohl kein menschliches Gefühl gehabt, wenn sie bei diesem Beiseitegedrängtwerden keinen Schmerz empfunden hätte. Vor Gericht gab sie freimütig ihre Reaktion zu. »Billigten Sie, was da im Hause vor sich ging?« fragte der Staatsanwalt. »Es war nicht meine Aufgabe«, erwiderte sie, »etwas zu billigen oder zu mißbilligen. Ich fühlte mich lediglich verletzt.«

Da Miss Riggs auch nur aus Fleisch und Blut geschaffen war, grämte sie sich natürlich zum Teil um ihrer selbst willen. Aber alles, was man über sie weiß, führt zu dem Schluß, daß sie sich wesentlich mehr um Mrs. Rattenbury grämte. Sie war eine intelligente Frau mit einem reifen Verstand, der die Folgen einer solchen Liaison begriff. Doch sie begriff auch, daß es vergeblich war, sich da einzumischen. Dr. O'Donnell, der Arzt von Mrs. Rattenbury, war von ihr über diese Affäre informiert worden und hatte dringend ihren sofortigen Abbruch geraten; sein Rat war ignoriert worden. Mrs. Price, die Eigentümerin der Villa Madeira, hatte mit ihren eigenen, scharfen Augen Kenntnis von der Affäre erlangt und sie mit versteckten Andeutungen als Torheit bezeichnet; sie war kurz abgefertigt worden. Miss Riggs erwartete keinen Erfolg, wo andere versagt hatten. Behutsame Einwände, die sie noch zu Beginn zögernd erhoben hatte, unterließ sie, als deren offensichtliche Nutzlosigkeit klar wurde; sie sah sich dazu verdammt, aus nächster Nähe eine gefährliche und erniedrigende Dummheit mit anzusehen, die sie nicht verhindern konnte.

Das Ausmaß, in dem Mrs. Rattenbury von Miss Riggs geliebt wurde, kennzeichnet am besten, wie sehr die letztere als Zeugin unter der selbst zugefügten Erniedrigung der Freundin litt. Miss Riggs hätte als Reaktion darauf das Haus verlassen können, und zweifellos werden manche Leute sich wundern, warum sie diesen Schritt nicht getan hat – als ein Mittel, mit dem sie sowohl ihren Kummer beenden als auch die einzige in ihrer Macht stehende moralische Sanktion hätte ausüben können. Doch sie war eine loyale Freundin, die sich in einem gerade für loyale Freunde typischen Dilemma befand: in einem Konflikt zwischen Zuneigung und Ergebenheit einerseits sowie zwischen abstrakter Korrektheit und konkretem Mitleid andererseits. Wird man, um Erleichterung zu finden und seinen gerechtfertigten Abscheu zu zeigen, einen Freund im Stich lassen, wenn dieser einen vielleicht gerade am nötigsten braucht?

Wie viele andere vor und nach ihr mußte Miss Riggs

ungewappnet und ohne jede Hilfe mit diesem Problem ringen. Im Endergebnis trug ihre Loyalität den Sieg über alle anderen Regungen davon, und sie blieb. Der einzige Strohhalm, auf den sie sich dabei stützte, wird gemeinhin von allen bekümmerten Zeugen einer scheußlichen Ver- irrung umklammert: die Hoffnung, daß ein so plötzlich in Erscheinung getretener Trieb auch genauso plötzlich wieder verschwinden würde.

VII.

Er ging jedoch nicht vorüber, sondern die Lage verschlim- merte sich noch.

Daß eine Frau, die ihm in jeder Hinsicht weit überlegen war, ihn rückhaltlos anbetete und sich ihm unterordnete, baute Stoners ohnehin unzureichende Charakterstärke weiter ab. Seine latente, lange jeder Nahrung beraubte Eitelkeit schwoll bei dieser üppigen Kost an, bis sie alle Dämme brach und seine Selbstbeherrschung fortschwemmte. Er renom- mierte, setzte sich in Positur, zog ab und zu eine melodrama- tische Schau ab (mit der unwahren Behauptung, daß er Kokain nehme, versetzte er Mrs. Rattenbury in Angst und Schrecken) und ließ sich häufig zu ungezügelter Eifersucht hinreißen, die sein Schwanken zwischen Frohlocken und Unsicherheit verriet. Aus diesem Benehmen ergab sich eine Reihe heftiger Streitereien, unangenehm zwischen Liebenden gleichen Ranges, grotesk zwischen Chauffeur-Hausbursche und der Dame des Hauses; ein gelegentliches, enervierendes Spielen mit einem Dolch, den Stoner stets bei sich trug; und selbst offene Drohungen, daß er sie ermorden würde – von hinreichend heftigen Ausbrüchen begleitete Drohungen, um ihnen Nachdruck zu verleihen (»ich nahm das nicht ernst«, erklärte Mrs. Rattenbury vor Gericht; doch Miss Riggs hatte sie »ziemlich verängstigt« gesehen, und Dr. O'Donnell hatte Mrs. Rattenbury einmal erzählt, daß Stoner sie zu erwürgen versucht hätte). Der Richter führte später diese

Ausbrüche auf einen Mangel an gegenseitiger Achtung zurück. Vielleicht ist es nur eine andere Ausdrucksweise für denselben Gedanken, wenn man sagt, daß Stoner über seiner sexuellen gesellschaftlichen Stellung lebte und nicht über die geistige Haltung verfügte, diese Spannung auszugleichen.

Dieses Schauspiel muß mitleiderregend und abstoßend zugleich gewesen sein – und für Miss Riggs Ursache wachsender Besorgnis. Während die Monate in ständig zunehmender Spannung vergingen, konnte sie nie die nagende Angst vor einer unvermeidlichen, peinlichen öffentlichen Bloßstellung völlig verdrängen.

Aber selbst ihre finstersten Befürchtungen wurden von der sich nun rasch nähernden Katastrophe übertroffen.

VIII.

Der Höhepunkt des Dramas fiel zwischen zwei Ausflüge, von denen der eine tatsächlich stattgefunden hatte, der andere lediglich geplant worden war.

Im März 1935 erklärte Mrs. Rattenbury ihrem Mann, daß sie nach London zu fahren beabsichtige, um sich einer Operation zu unterziehen. Mr. Rattenburys mangelnde Besorgnis läßt sich zum Teil damit erklären, daß sie in letzter Zeit mehrere leichte Operationen gehabt hatte; aber es kommt einem dennoch sonderbar vor, daß er sich – soweit das bekannt ist – nicht nach irgendwelchen Einzelheiten dieser erneuten Operation erkundigte, weder nach dem Namen des operierenden Arztes noch nach der Adresse des Krankenhauses fragte. Er gab seiner Frau lediglich einen Scheck über 250 Pfund. Den Scheck zahlte Mrs. Rattenbury auf ihr persönliches Bankkonto ein, das zu diesem Zeitpunkt etwas überzogen war. Sie ließ sich fünfzig Pfund in bar aushändigen und am 19. März von ihrem Chauffeur nach London fahren, während Miss Riggs und ihr Mann zu Hause blieben.

Mrs. Rattenbury und Stoner wohnten bis zum 22. März

zusammen in einem Hotel, eingetragen als Bruder und Schwester, lebten aber wie Mann und Frau. Die Bedeutung dieses Besuches in London liegt jedoch nicht in der geographischen Verlegung einer sexuellen Beziehung, die bereits seit einiger Zeit recht fest bestand. Eine neue und zusätzlich demoralisierende Wirkung ging nicht vom Schlafzimmer, sondern von Londoner Geschäften aus. In dem Versuch, ihrem Liebhaber jenen vornehmen äußeren Anstrich zu geben, der der Stellung und Würde und dem geistigen Rang entsprach, mit denen ihre verblendete Phantasie ihn ausgestattet hatte, tat Mrs. Rattenbury einen tiefen Griff in ihr wiederaufgefülltes Bankkonto. Sie ging mit Stoner zu Londons elegantestem Herrenausstatter, begleitete ihn von der Anzugabteilung zu Oberhemden und Unterwäsche, von Stiefeln und Schuhen zu Schlafanzügen und Morgenröcken und suchte in jeder Abteilung nur das für ihn aus, was ihren kritischen und verwöhnten Geschmack zufriedenstellte. Der daraus sich ergebende Anblick von Stoner in dem guten Anzug und der feinen Wäsche, die sie ihm gekauft hatte, half Mrs. Rattenbury auch weiterhin, den eigenen Abstieg vor sich selbst zu verschleiern – wenn es diesen Abstieg in Wirklichkeit allerdings nur noch viel tiefer machte. Doch auch diese Episode markierte noch nicht den tiefsten Punkt. Um ihre Selbsttäuschung noch größer zu machen, versah sie Stoner mit ausreichend Bargeld, um ihr einen Brillantring zu kaufen – einen Ring, den sie dann feierlich als Geschenk von ihm entgegennahm!

Es bedarf keiner tiefschürfenden psychologischen Erkenntnisse, um die Wirkung dieser miteinander verflochtenen Ereignisse auf den achtzehnjährigen Chauffeur-Hausdiener abzuschätzen. Er kam sich plötzlich gleichrangig vor. Während er vorher seine Eitelkeit an der unerwarteten sexuellen Beherrschung einer Frau aus einer höheren Gesellschaftsschicht genährt hatte, betrachtete er nun diese soziale Schranke als gefallen und sein ›Recht‹ auf Mrs. Rattenbury als entsprechend gesteigert. Wohnte er denn nicht – wie das einem Gentleman gebührte – in einem De-luxe-

Apartment? Beschenkte er nicht seine Auserwählte – wie das ein Gentleman tat – mit kostbaren Dingen? Besaß er nicht Crêpe-de-Chine-Schlafanzüge? Leisten für seine Schuhe? Seidene Krawatten?

Bis zu diesem Ausflug nach London ließ sich Stoners Geisteshaltung mit der eines anspruchslosen Filmfans vergleichen, dem plötzlich und aus unerfindlichen Gründen ein überaus reizvoller weiblicher Filmstar seine Gunst schenkt; wenn er nur seinen gebührenden Anteil an ihren Umarmungen erhält, wird er nicht auf einem gleichen Anteil an ihrem Rennboot oder ihrem Swimming-pool bestehen. Doch es war ein anderer Stoner, der nach diesen drei Tagen nach Bournemouth zurückkehrte; ein Stoner mit einer neuen Auffassung seiner gesellschaftlichen Stellung; ein Stoner, der nicht mehr länger mit der Rolle eines Dieners zufrieden war, wie verführerisch diese Rolle auch garniert sein mochte.

Um halb elf Uhr abends am 22. März, einem Freitag, kehrten Mrs. Rattenbury und ihr Chauffeur in die Villa Madeira zurück. Mr. Rattenbury war schon zu Bett gegangen, schlief aber noch nicht, und seine Frau ging zu ihm ins Zimmer, um ihm gute Nacht zu sagen. Er war genausowenig neugierig wie immer, was allerdings um so verständlicher war, da er zu dieser Zeit gewohnheitsmäßig einen Schwips hatte. Aber auch am folgenden Tag äußerte er nicht den Wunsch, zu erfahren, was mit Mrs. Rattenbury in London geschehen war; sofern er sich überhaupt äußerte, sprach er an jenem Sonnabend nur über eine geschäftliche Unternehmung, die vorübergehend zum Erliegen gekommen war und ihn in tiefste Niedergeschlagenheit gestürzt hatte. Am Sonntag war diese Depression noch stärker geworden, und Mr. Rattenbury begann, wie er das gelegentlich aus derartigen Anlässen tat, die Vorzüge des Selbstmordes als eines endgültigem Auswegs zu preisen. Und Mrs. Rattenbury, die bei all ihren sonstigen Fehlern eine mitfühlende Seele besaß, überlegte krampfhaft, womit sie ihren Mann ablenken und aufheitern könnte. Schließlich schlug sie vor, mit dem Auto nach Bridport zu fahren und Mr. Jenks zu besuchen, einen der sehr wenigen Freunde von Mr. Rattenbury, der gleichzeitig an der mißglückten geschäftlichen Unternehmung beteiligt war. Ihr Mann stimmte zu, und beglückt über seine Reaktion ging sie zum Telephon und rief Mr. Jenks an.

Mr. Jenks freute sich auf ihren Besuch: »Aber ja, kommt doch gleich morgen herüber, und bleibt über Nacht.«

»Vielen Dank. Bestimmt wird es Ratz gut tun; wird ihn ein bißchen von seinen Selbstbetrachtungen ablenken.«

»Wir werden unser Bestes tun. Wann werdet ihr hier sein?«

»Würde es euch zum Tee passen?«

»Wann immer ihr wollt.«

»Schön, aber da wir mit dem Auto kommen, will ich mich lieber nicht genau festlegen.«

In diesem Augenblick sah Mrs. Rattenbury, die sich allein im Zimmer geglaubt hatte, Stoner. In der Hand hielt er eine Pistole – ob eine richtige oder eine Spielzeugpistole, konnte sie nicht erkennen. Er hatte einen sonderbaren, bösartigen Gesichtsausdruck; halb verschlagen, halb einfältig, aber völlig erwachsen.

Mrs. Rattenbury beendete ihre Unterhaltung mit Mr. Jenks so rasch wie möglich.

»Leg das Ding sofort weg!« sagte sie, nachdem sie den Hörer aufgelegt hatte. »Mach keinen größeren Esel aus dir als unbedingt notwendig!«

Stoners Wut kam zum Ausbruch.

»Wenn du nach Bridport fährst, bring ich dich auf jeden Fall um!«

»Hör auf so zu schreien, du blöder Kerl, und steck das verdammte Ding da fort! Woher hast du es überhaupt? Erklär mir, wo hast du es her?«

Stoner ignorierte die Frage. Er kam ein wenig näher. Mrs. Rattenbury, die wohl an ähnliche Szenen mit ihm gewöhnt war, fürchtete sich diesmal doch etwas mehr als sonst.

»Ratz ist heute zu dir ins Zimmer gegangen; ich hab ihn

gesehen«, sagte Stoner. »Ihr wart beide da drin, und die Tür war zu. Denkst du, ich bin blind? Glaubst du, ich weiß nicht, was da passiert ist?«

IX.

Mrs. Rattenburys eifrige gegenteilige Beteuerungen besänftigten Stoner ein wenig. Aber trotz ihrer ebenso eifrigen und energischen Beteuerungen, daß sie in Bridport stets getrennte Zimmer bezögen, setzte er diesem Vorhaben unbeugsamen Widerstand entgegen; sein vorheriges Versprechen, sie umzubringen, ersetzte er allerdings mit einer weniger schweren Androhung – daß er sich weigern würde, sie hinzufahren. Diese Art, seine Mißbilligung zu äußern, mag vielleicht mehr aus seinem verwundeten Prestige als aus seiner besitzergreifenden Leidenschaft entsprungen sein. Der geplante Ausflug nach Bridport sollte so unmittelbar auf den Ausflug nach London folgen, daß Stoner von diesem Gegensatz in bezug auf seine Stellung wie vom Donner gerührt gewesen sein muß. Nachdem er Mrs. Rattenbury in der Hauptstadt Kavaliersdienste geleistet hatte, sollte er da in Bridport wieder zu ihrem Dienstburschen degradiert werden? Nachdem er im eleganten Straßenanzug und in seidenen Hemden im Londoner Westend Ferien gemacht hatte, sollte er da jetzt Ferienbegleiter in einer Chauffeursuniform spielen? Erwartete sie, daß er unterwürfig am Steuer säße, während sie sich großartig neben ihrem Mann im Fond zurücklehnte?

Und wenn Stoner es schon nicht ertragen konnte, mit ihnen nach Bridport zu fahren, so konnte er es gleichermaßen nicht ertragen, die beiden ohne sich fahren zu lassen. Nichts außer einer Absage des ganzen Vorhabens würde sein mit Füßen getretenes Ego besänftigen können. Aber Mrs. Rattenbury weigerte sich, das auch nur in Erwägung zu ziehen. Diesmal stellte sie sich unerschütterlich seinen Wünschen entgegen (die sie in diesem Fall als kleinlich und ungerechtfertigt empfand); sie hatte gerade ein paar schöne Tage nach ihrem Geschmack gehabt und war nun entschlossen, daß Mr. Rattenbury auch solche nach seinem Geschmack haben sollte. Sie argumentierte, sie bettelte, sie redete Stoner gut zu, aber sie wich keinen Fußbreit zurück.

Zu jenem Zeitpunkt nahm Mrs. Rattenbury an, sie hätte gesiegt und Stoner würde, wenn auch mit mürrischem Gesicht und Wesen, das Beste daraus zu machen versuchen. Sie wußte nicht, daß er von einer rasch wachsenden Besessenheit ergriffen war und nun, da er sein Ziel mit ihrer Hilfe nicht hatte erreichen können, darüber brütete, wie er den Ausflug nach Bridport auf andere Weise verhindern könnte.

x.

Das Telephongespräch mit Mr. Jenks und der dadurch hervorgerufene Streit fanden zwischen halb sieben und sieben Uhr abends statt. Die wesentlichen Geschehnisse zwischen dieser Zeit und dem traurigen Höhepunkt der Nacht seien hier am besten so geschildert, wie sie von anderen Personen als dem später unter Anklage gestellten Paar dargestellt wurden...

Kurz nach acht Uhr erschien Stoner (der mit dem Auto der Rattenburys dorthin gefahren war) in seinem alten Zuhause, dem Haus seiner Großeltern in Ensbury Park. Er wollte sich einen Holzhammer ausleihen, einen ganz gewöhnlichen Holzhammer. »Wozu brauchst du den denn?« fragte seine Großmutter. »Um ein paar Pflöcke einzuschlagen«, antwortete Stoner; »ich muß ein Zelt aufstellen.« Ein Holzhammer wurde vorgeholt; eine belanglose Unterhaltung folgte; und gegen halb neun fuhr Stoner, den Holzhammer auf dem Sitz neben sich, wieder fort.

Um Viertel nach zehn kam Miss Riggs (die um vier Uhr nachmittags fortgegangen war, um ihre Eltern zu besuchen) in die Villa Madeira zurück, wo es ihr zunächst so vorkam, als seien alle schon zu Bett gegangen. Miss Riggs ging direkt in ihr Zimmer hinauf, kurz danach aber noch einmal hinunter in die Küche; unterwegs blieb sie stehen, als sie jemanden schwer atmen hörte. Sie lauschte, konnte aber nicht ausmachen, woher das Geräusch kam. Etwas beunruhigt, öffnete sie leise Mr. Rattenburys Schlafzimmertür. Er befand sich jedoch nicht in seinem Zimmer; Miss Riggs kam zu dem Schluß, daß er wohl im Wohnzimmer eingeschlafen sei und nun zu schnarchen begonnen habe. Nachdem sie so ihre leichte Unruhe zerstreut hatte, forschte sie nicht weiter nach. Ohne jemanden zu sehen, ging sie zurück in ihr Zimmer und begann sich auszukleiden, um zu Bett zu gehen.

Gegen halb elf mußte Miss Riggs noch einmal aus dem Zimmer und ging über den Flur. Stoner stand im Schlafanzug auf dem Treppenabsatz und lehnte sich über das Geländer. »Ist etwas?« fragte Miss Riggs, erstaunt über die Art, wie er in die dunkle Diele hinabstarrte. »Nichts«, erwiderte Stoner. »Ich wollte bloß nachsehen, ob die Lampen aus sind, weiter nichts.«

Nach vielleicht einer weiteren Viertelstunde – auf jeden Fall hatte Miss Riggs schon einige Minuten im Bett gelegen – kam Mrs. Rattenbury, ebenfalls im Schlafanzug, zu einer kleinen Plauderei herein. Sie war (wie Miss Riggs später, als es zu einer Sache um Leben und Tod geworden war, unter Eid aussagte) völlig normal in ihrem Benehmen, wenn auch ein bißchen angeregt wegen ihrer Pläne für den nächsten Tag. Sie redete fast ausschließlich und mit beträchtlicher Vorfreude darüber. Ihre Erregung war also angenehmer Art, und nichts an ihr gab Miss Riggs Anlaß zu der Vermutung, sie könnte vielleicht gerade ein schreckliches Erlebnis gehabt haben.

Sie wünschten einander herzlich gute Nacht. Zehn Minuten verstrichen, und Miss Riggs war schon beinahe eingeschlafen, als sie jemanden mit halsbrecherischer Geschwindigkeit die Treppe hinunterlaufen hörte. Kurz darauf rief, oder besser gesagt schrie, Mrs. Rattenbury von unten ihren Namen.

Miss Riggs ganze namenlose Furcht erwachte zu bebendem Leben. Sie schoß wie eine Wahnsinnige aus dem Bett und hatte in wenigen Sekunden das hellerleuchtete Wohnzimmer erreicht, dessen Tür jetzt weit offenstand.

»Oh, schau nur, schau nur, schau nur!« stöhnte Mrs. Rattenbury.

Mr. Rattenbury saß wie schlafend mit zurückgelegtem Kopf in seinem Lehnsessel neben dem Kamin. Sein linkes Auge war geschwollen und verfärbt. Blut war von seinem Kopf über seinen Anzug gelaufen, und eine ziemlich große Lache auf dem Fußboden begann langsam zu gerinnen.

XI.

Als Dr. O'Donnell eintraf, war das Auge gebadet und das meiste Blut auf dem Teppich aufgewaschen. (Mrs. Rattenbury hatte gesagt, ihr kleiner Sohn, der zu dieser Zeit glücklicherweise fest im Obergeschoß schlief, sollte es am nächsten Morgen nicht zu sehen bekommen.) Miss Riggs, ein wenig benommen, aber beherzt und beherrscht, war immer noch eifrig mit Saubermachen beschäftigt. Mrs. Rattenbury babbelte ohne Pause und lief ziellos hin und her; sie hatte versucht, ihre flatternden Nerven mit Whisky zu beruhigen, was allerdings das Gegenteil bewirkt hatte. Man hatte Stoner mit dem Wagen losgeschickt, um sicherzugehen, daß der per Telephon alarmierte Arzt auch ohne jede Verzögerung käme; die beiden müssen jedoch auf der Straße aneinander vorbeigefahren sein, und Dr. O'Donnell traf ein paar Minuten vor Stoner in der Villa Madeira ein.

Er fand Mr. Rattenbury völlig bewußtlos vor, schwer und mühsam atmend und mit langsamem, unregelmäßigem Puls. So viel Blut klebte geronnen an Kopf und Haaren, daß eine genaue Untersuchung an Ort und Stelle nicht möglich war; doch Dr. O'Donnell sah genug, um sicher zu sein, daß dieser Fall durch einen Spezialisten behandelt werden mußte. Deshalb telephonierte er mit Mr. Rooke, einem Chirurgen, der sich bereit erklärte, sofort zu kommen. Mr. Rattenbury war inzwischen halb entkleidet und auf sein Bett gelegt worden, und für den Augenblick konnte man nichts tun als abwarten. Stoner war inzwischen auch von seiner fruchtlosen Botenfahrt zurückgekehrt und hatte sich zu Mrs. Rattenbury und Miss Riggs gesellt; der gesamte Haushalt, ohne seinen bewußtlosen Herrn und das schlafende Kind, war also während dieser Zwischenzeit in Dr. O'Donnells Gegenwart versammelt. Jeder von ihnen, der etwas wußte, das auch nur entfernt im Zusammenhang mit dem eigenartigen Geschehen stand, hatte Zeit zum Nachdenken und Gelegenheit zum Reden.

Es ist fraglich, wie klar Mrs. Rattenbury dachte; auf jeden Fall aber redete sie – fieberhaft, verwirrt und in abgerissenen Sätzen. Sie hätte einen schönen Abend mit ihrem Manne verbracht; sie wäre früh zu Bett gegangen; sie sei von einem Geräusch erschreckt worden; darauf sei sie die Treppe hinuntergerannt und habe die schreckliche Entdeckung gemacht. Außerdem erklärte sie Dr. O'Donnell – so deutlich, als wolle sie damit einen Hinweis geben –, daß Mr. Rattenbury an jenem Tage von Selbstmord geredet hätte: »Er hatte seinen Moralischen – ja, natürlich, heute nachmittag – wir wollten fortfahren – morgen, meine ich, aber das war heute nachmittag – er las mir etwas vor, etwas aus einem Buch – er sagte, er bewundere einen Mann, der so etwas tun könne – was da stand, meine ich, sich das Leben nehmen – die Leute leben zu lange, nicht wahr – das heißt, ich meine, das hat er wenigstens gesagt.« Mrs. Rattenbury sprang ungestüm auf. »Schauen Sie, hier liegt das Buch ja noch, wo er's auf den Flügel gelegt hat – Sie wissen schon, was ich meine – das ist es, das ist das Buch!«

»Ich möchte es jetzt nicht sehen«, sagte Dr. O'Donnell, der nicht das Buch, sondern Mrs. Rattenbury anschaute und berufsmäßig ihre abgehackten Bewegungen, ihr unzusammenhängendes Gerede und das bedeutsame Zittern ihrer Hände bemerkte.

»Aber da liegt es doch«, ließ sie nicht locker und blätterte wild die Seiten um. »Dieser Mann hat Selbstmord begangen – er hat zu lange gelebt!«

Sie redete noch eine Weile wirr über Selbstmord daher; es war der einzige Hinweis, den sie bis jetzt in dieser Sache zu geben bereit war.

Sonst erhielt Dr. O'Donnell keinerlei Aufklärung. Miss Riggs wußte nichts dazu zu sagen. Stoner schwieg.

XII.

Mr. Rooke gelangte rasch zu der Entscheidung, daß er den Patienten hier nicht richtig untersuchen könnte. Wie Dr. O'Donnell vor ihm war er der Ansicht, daß der Zustand von Kopf und Haaren das Ausmaß der Wunde verbarg; eine gründliche Reinigung und eine Rasur waren notwendig, was aber nicht mit der gebotenen Sorgfalt in der Villa Madeira ausgeführt werden konnte. Außerdem drängte Mrs. Rattenbury ihrem hilflosen Ehemann so viele überflüssige Liebesdienste auf, daß sie sogar eine Routineuntersuchung ständig behinderte. Sie streichelte seine bewegungslosen Hände. Sie versuchte, ihm noch weitere Kleidungsstücke auszuziehen. Sie rief nach einer Schere, damit sie ihm das Hemd aufschneiden könnte. Als Mr. Rooke einen Moment Zugang zu seinem Patienten erlangte, protestierte Mrs. Rattenbury zornig: »Wenn Sie ihn umbringen wollen, können Sie gar nichts Besseres tun!« rief sie. »Lassen Sie mich doch bei ihm bleiben, lassen Sie mich ihn pflegen!«

Mr. Rooke war es klar, daß Mrs. Rattenbury aufrichtig das Wohlergehen ihres Mannes wünschte und keinesfalls beabsichtigte, irgend etwas Gegenteiliges zu tun. Ihre Handlungen entsprangen keinem Plan, sondern reiner Aufregung. Mr. Rooke war darüber auch nicht besonders überrascht; er wußte aus früherer Erfahrung, daß sie eine sehr leicht erregbare Frau war, und diese Umstände rechtfertigten ihre Erregung. Aber wie begründet und gerechtfertigt das auch alles sein mochte, es behinderte die ohnehin schwere Aufgabe des Arztes und machte sie unmöglich. Man rief also einen Krankenwagen, und Mr. Rattenbury – weiterhin bewußtlos – wurde kurz nach Mitternacht aus der Villa Madeira in eine Privatklinik geschafft, lediglich von den beiden Ärzten begleitet. Dr. O'Donnell fuhr sogar ebenfalls im Krankenwagen mit; auf seine Anweisung fuhr Stoner mit dem Wagen der Rattenburys hinterher, um ihn nach Beendigung seiner Pflichten nach der Villa Madeira zurückzubringen.

In der Abgeschirmtheit eines Operationssaales wurden Mr. Rattenburys Verletzungen ordnungsgemäß ermittelt. Er hatte drei Schläge auf den Kopf erhalten, die mit einem stumpfen Instrument von hinten ausgeführt worden waren. Einer dieser Schläge hatte die Schädeldecke zerbrochen und eingedrückt; der Knochensplitter war in das Gehirn gedrungen, und die daraus resultierende Blutung war bis in die Augenhöhle gelangt, wo sie dem linken Auge den Anschein einer äußeren Verletzung gegeben hatte.

Die Ärzte hatten wenig Zweifel daran, daß er sterben würde.

XIII.

Man brauchte sich nicht weit nach Verdächtigen umzusehen. Die Polizei – von Dr. O'Donnell in Erfüllung seiner Pflicht unterrichtet, sobald er sich versichert hatte, daß die Verletzungen nicht von einem Unfall stammen konnten – erkannte sofort, daß der Bereich ihrer Nachforschungen in sehr engen Grenzen lag. Mr. Rattenbury konnte sich die Verletzungen unmöglich selbst zugefügt haben. Niemand war gewaltsam in die Villa Madeira eingedrungen; ein Angriff von einem Eindringling konnte also praktisch ausgeschlossen werden; ebenfalls, wenn auch aus verschiedenen Gründen, ein Angriff von seiten des kleinen Jungen oder Miss Riggs.

Übrig blieben Mrs. Rattenbury und Stoner.

Der Polizei konnte man keinen Vorwurf machen, wenn sie ihren Verdacht zu Beginn einzig und allein auf die erstere richtete. Polizisten sind gewöhnlich berufsmäßige Zyniker, und Zyniker glauben nun einmal, daß eine Frau stets ein

Motiv hat, ihren Ehemann umzubringen – wie sie auch immer glauben, daß ein Ehemann stets einen Grund hat, seine Frau zu ermorden; in der loseren Beziehung zwischen Arbeitgeber und Beschäftigtem vermutet man gewöhnlich keine so mächtige Triebkraft. Zudem vermittelte Mrs. Rattenburys Betragen an jenem Abend den Eindruck einer leidenschaftlichen Persönlichkeit, und es ist nicht immer leicht, zwischen einer zum Ausbruch neigenden und einer sich nach innen erschöpfenden Leidenschaft zu unterscheiden. Und als die Polizei erschien und noch eine ganze Zeitlang danach bekamen sie Stoner nicht zu sehen und wußten wahrscheinlich gar nicht, daß er zum Hause gehörte; denn bis halb vier Uhr morgens wartete er im Wagen vor der Privatklinik auf Dr. O'Donnell. Darüber hinaus – und dafür sei ihnen verziehen – glaubten sie ihren Verdacht bei Stoners Rückkehr bereits schlüssig bestätigt, denn inzwischen hatte Mrs. Rattenbury sich aus eigenem freiem Willen selbst der Tat bezichtigt . . .

Bevor wir uns im einzelnen mit der ganzen Serie von ›Aussagen‹ befassen, die Mrs. Rattenbury zwischen zwei Uhr, als der erste Beamte eintraf, und 3.45 Uhr machte, als sie schließlich zu Bett gebracht wurde, wäre es nicht unangebracht, einmal ihr gesamtes Verhalten in Gegenwart der Polizei genauer zu betrachten. Es war im wahrsten Sinne des Wortes erschreckend; das heißt, es entsetzte sowohl die zur Zeit Anwesenden als auch diejenigen, die später davon hörten oder lasen. Der Whisky und der Schock beeinflußten in einer schlimmen Kombination ihren labilen Charakter und bewirkten, daß ihr Verstand und ihre Selbstbeherrschung sie gerade zu jenem Zeitpunkt völlig im Stich ließen, da sie ihrer am meisten bedurfte. Ein jeder, der sie damals zum erstenmal zu Gesicht bekam und die Begleitumstände nicht kannte, muß sie für völlig verrückt und verworfen gehalten haben. Ihre abgehackten Bewegungen und ihr unzusammenhängendes Gerede, die schon auf Dr. O'Donnell großen Eindruck gemacht hatten, waren jetzt in hysterische Anfälle fehlgeleiteter Energie von absoluter Zusammenhangslosig-

keit umgeschlagen. Hinzu kam ein völlig neuer und ab-
stoßender Zug: während ihr Mann schwer verletzt und ihr
Haus von der Polizei besetzt war, begann Mrs. Rattenbury
wahllos zu flirten. Sie versuchte, die Beamten in amouröse
Unterhaltungen zu verstricken; einen von ihnen versuchte
sie wiederholt zu küssen; und als er das Haus verließ, versuchte sie ihm ungestüm zu folgen, bis Miss Riggs dieses
unanständige Schauspiel dadurch beendete, daß sie Mrs. Rattenbury mit Gewalt in einen Sessel drückte und sich fest auf
ihren Schoß setzte.

Tatsache ist, daß Mrs. Rattenbury eine Zeitlang aus dem
Gleichgewicht geraten war und sich so weit von ihrem normalen Wesen entfernt hatte, wie die Situation ihrem normalen
Leben fremd war. Doch dieses Geschehen bestärkte mit
Macht die Voreingenommenheit ihr gegenüber, die unver-
mindert bis weit in ihren Prozeß hinein anhielt. Sie verlieh
der volkstümlichen Ansicht Nachdruck, daß eine solche
Frau unbedingt eine Nymphomanin sein mußte. Und in
ihrem Falle nicht nur eine Nymphomanin, sondern dazu
noch eine versoffene, gleichermaßen ungezügelt in Sex-
angelegenheiten wie mit Alkohol. Ein bestimmtes Bild von
Mrs. Rattenbury nahm in der Öffentlichkeit Gestalt an: ein
abstoßendes Bild einer gemeinen Hogarthschen Schlampe,
die sich dumm und dämlich trank und geil auf Männer war.

XIV.

Der erste Vertreter des Gesetzes, der in der Villa Madeira
erschien, war ein einfacher Konstabler von der einfachen
Polizei. Seine ersten Worte entsprangen der höchsten Tradi-
tion im polizeilichen Sprachgebrauch. »Ich bin soeben aus
der Privatklinik Strathallan gekommen«, erklärte er Mrs. Rattenbury, »wohin man Ihren Ehemann in dieser Nacht gebracht hat und wo er unter ernsten Verletzungen leidet.
Können Sie mir mit irgendwelchen Einzelheiten dienen,
wie er dazu gekommen ist?« Worauf sie, wie er berichtete,

in ziemlicher Übereinstimmung mit ihren Angaben dem Arzt gegenüber antwortete: »Bis gegen neun Uhr habe ich mit meinem Mann im Wohnzimmer Karten gespielt, dann ging ich zu Bett. Etwa um 10.30 Uhr hörte ich einen Schrei. Ich lief nach unten ins Wohnzimmer und sah meinen Mann im Sessel sitzen. Da habe ich nach Dr. O'Donnell geschickt. Und dann hat man ihn fortgebracht.«

Diese Erzählung ist vielleicht übertrieben sparsam, aber doch klar in der Terminologie und logisch in der Reihenfolge. Viele Leute werden es unvorstellbar finden, daß eine Frau in der soeben beschriebenen geistigen Verfassung eine solche Aussage machen konnte – eine Frau, die den betreffenden Konstabler (denn er war dieser Glückliche) später zu küssen versuchte. Aber diejenigen, die das unvorstellbar finden, wissen wahrscheinlich nicht, wie eine ›Aussage‹ vor der Polizei gewöhnlich zustande gebracht wird.

Wer in diesen Dingen keine Erfahrung aus erster Hand hat, stellt sich gern eine peinlich genaue und sorgfältige Prozedur vor, in welcher die ›Aussage‹, nachdem erst einmal der Hintergrund von allen Seiten beleuchtet worden ist, spontan und unbeeinflußt von Fragen, größeren Unterbrechungen oder Pausen in ihrer ganzen Länge gemacht wird. In mindestens neun von zehn Fällen hat diese Vorstellung praktisch nichts mit der Wirklichkeit zu tun. In einem aufschlußreichen Essay über gerade diesen Fall kommentiert und kritisiert Mr. Francis Iles die Aussagen und die dabei geübten, allgemein gebräuchlichen Praktiken. »Die polizeiliche Version der Bemerkungen verdächtiger Personen«, erklärt er, »ist oftmals in drei Punkten außerordentlich irreführend. An erster Stelle wird der Einfluß der äußeren Umstände verschwiegen, und diese sind in höchstem Maße wichtig; zweitens werden nur die Worte des Verdächtigen niedergeschrieben und nichts, was dazu von der Polizei gesagt wird; drittens werden keinerlei Pausen oder längere Unterbrechungen aufgezeichnet, so daß die Bemerkungen oft als unmittelbar aufeinanderfolgend dargestellt werden, was in Wirklichkeit nicht der Fall ist.« Mr. Iles fährt dann mit einer anschaulichen Rekonstruktion der Szenerie fort, in der diese erste ›Aussage‹ aufgenommen wurde, »während Mrs. Rattenbury erheblich angetrunken war und die meiste Zeit nur unzusammenhängendes Zeug redete, Schallplatten spielte und zweifellos zusammenhangslose Antworten auf die Fragen des Polizisten schrie, dazwischen Miss Riggs unterbrach und von Miss Riggs unterbrochen wurde, während der Polizist in seinem Notizbuch vermerkte, was er sah und was er hörte, und dabei von Mrs. Rattenbury vielleicht sogar bei ihrem Hinundherlaufen angestoßen und gerüttelt wurde«.

Es wird hier nicht unterstellt – und ist nie unterstellt worden –, daß irgendeine der ›Aussagen‹ von Mrs. Rattenbury etwas anderes darstellt als die Frucht absolut aufrichtiger polizeilicher Bemühungen. Aber die Methode – und es sei nochmals betont, die allgemein übliche Methode –, die bei ihrer Aufnahme angewendet wurde, ergibt einen grundlegend falschen Eindruck; durch Aussieben und Sortieren, durch Zusammenfassungen und Auslassungen erscheint Mrs. Rattenbury bei jeder Gelegenheit vernünftiger und klarer bei Verstand, als sie es in Wirklichkeit unter diesen Umständen war. Nicht einmal ihr unziemliches Kokettieren konnte die ständige Verschlechterung ihres Zustandes im Laufe der Nacht verschleiern. Ihre ›Aussagen‹ reflektieren jedoch, wenn auch nur unvollkommen, daß sie immer unverständlicher und immer verständnisloser wurde und – wie ihr Anwalt ganz richtig sagte – immer alberner.

XV.

Mrs. Rattenburys zweite ›Aussage‹ wurde kurz nach zwei Uhr gemacht, wenige Minuten nur nach ihrer ersten. Ein Inspektor war dem Konstabler dicht auf den Fersen gefolgt und wollte selbst hören, was sie zu sagen hatte. Jede weitere Person – insbesondere, wenn es sich um einen Fremden handelte – konnte Mrs. Rattenbury nur noch mehr aufregen, und zweifellos wurde das von Mr. Iles geschilderte Durcheinander in dem von dem Inspektor wiedergegebenen Bericht von ihr noch deutlicher erkennbar: »Ich war im Bett, als ich jemanden stöhnen hörte. Ich ging nach unten und fand meinen Mann im Lehnsessel. Er war bewußtlos, und Blut floß von seinem Kopf.« Die Unterschiede zwischen dieser ›Aussage‹ und der vorhergehenden bestehen nur in der Ausdrucksweise, der Betonung und der Auswahl. Es handelt sich ganz deutlich um zwei eng verwandte Versionen ein und derselben Geschichte, und jede befindet sich in wahrheitsgemäßer Übereinstimmung mit der anderen.

Gegen halb drei, nachdem der Inspektor die Villa Madeira verlassen hatte und zur Privatklinik aufgebrochen war, warf Mrs. Rattenbury diese Geschichte plötzlich über Bord und ersetzte sie durch eine andere, die sich blendend dazu eignete, ihr die Schlinge um den Hals zu legen.

Die drei befanden sich im Wohnzimmer: Mrs. Rattenbury verströmte Worte und Sätze mit wechselnder Klarheit (»Gelegentlich konnte man verstehen, was sie sagte«, bekundete Miss Riggs als Zeugin vor Gericht); Miss Riggs tat unterdes ihr Bestes, sie zu beruhigen und zurückzuhalten; der Konstabler hielt die Ohren offen und war ständig auf der Hut, Mrs. Rattenburys Annäherungsversuchen auszuweichen. Und als sie in ihrem rastlosen Hin und Her plötzlich neben ihm stehenblieb, muß er wohl befürchtet haben, daß sie erneut mit ihm anbändeln wollte. Was dann aber tatsächlich geschah, rüttelte ihn wesentlich stärker durch, wenn auch auf andere Art.

»Ich weiß«, sagte sie, »wer es getan hat.«

XVI.

»Ich habe es mit einem Holzhammer getan. Ratz hat zu lange gelebt. Der Hammer ist versteckt. Nein, mein Geliebter hat's getan. . . . Ich würde Ihnen gern zehn Pfund geben. O nein, ich will Sie nicht bestechen.« Das ist der wesentliche Teil von Mrs. Rattenburys dritter ›Aussage‹, so wie der

Konstabler sie notiert hat, nachdem er sie verwarnt hatte. Bei dieser Gelegenheit erzielte jedoch nicht einmal die Standardmethode den geringsten Eindruck der Kontinuität. Ganz offensichtlich besteht die ›Aussage‹ aus einzelnen Bruchstücken, die aus einem chaotischen Strudel halb ausgesprochener Gedanken zusammengesucht wurden. Zweifellos ist jedes dieser Bruchstücke getreulich wiedergegeben worden, aber getrennt von einem erfaßbaren Hintergrund muß ihre Bedeutung verzerrt oder überhaupt nicht erklärbar erscheinen.

Man kann nur raten – in einigen Fällen mit ziemlicher Sicherheit –, wie Mrs. Rattenbury dazu kam, die festgehaltenen Sätze auszusprechen. »Ich habe es mit einem Holzhammer getan« folgte deutlich kurz nach »Ich weiß, wer es getan hat«, wobei der letztgenannte Satz nur die Funktion einer Einleitung hatte. »Ratz hat zu lange gelebt« ist viel eher eine verworrene Erinnerung an die Buchstelle über den Selbstmord, die Mr. Rattenbury für gut befunden hatte, als die ruchlose Rechtfertigung für einen mörderischen Angriff, obgleich es diesen Anschein erweckt. »Der Hammer ist versteckt« muß natürlich die vielleicht durch zahlreiche Abschweifungen verspätete Antwort auf die unvermeidliche Frage sein: »Wo ist der Hammer jetzt?« (Indem Mrs. Rattenbury diese Antwort gab, wollte sie nicht etwa ausweichen; zu diesem Zeitpunkt war es, wie wir noch sehen werden, die genaueste Antwort, die sie geben konnte.) »Nein, mein Geliebter hat's getan« kann nur von einem vorübergehenden Impuls diktiert worden sein, den Schritt zurückzunehmen, der sie in Gefahr brachte; sie bestand nicht weiter darauf, und niemand schien diesem Satz in jenem Zeitpunkt besondere Bedeutung beigelegt zu haben. Die Hinweise auf einen Bestechungsversuch, Angebot und Zurücknahme, sprechen für sich selbst und benötigen keinen Kommentar.

Das von dieser ›Aussage‹ erstellte Gesamtbild ist ein Wirrwarr – aber ein Wirrwarr, aus dem eine unmißverständliche Tatsache herausragt: »Ich habe es mit einem Holzhammer getan.« Trotz des späteren Hinweises auf ihren

Liebhaber hatte Mrs. Rattenbury ihre Aussage damit begonnen, die Schuld ganz allein auf sich zu nehmen.

Das war immerhin etwas, was man dem Inspektor bei seiner Rückkehr erzählen konnte.

XVII.

Der Inspektor jedoch erschien nicht vor halb vier Uhr. Er hatte in der Privatklinik das Ende einer komplizierten Operation abgewartet, die der Chirurg an dem eingeschlagenen Schädel vorgenommen hatte. Nachdem er sich bei seiner Rückkehr zur Villa Madeira kurz mit seinem Untergebenen unterhalten hatte, sprach er mit Mrs. Rattenbury, die betrunken durch die kleine Diele schwankte.

»Ihr Ehemann«, erklärte der Inspektor, »ist schwer verletzt.« Mrs. Rattenburys Gesichtsausdruck zeigte keine Veränderung. In noch ernsterem Tonfall fuhr der Inspektor fort: »Er befindet sich zur Zeit in einem kritischen Zustand.«

Kritischer Zustand: dieses ominöseste aller Klischees konnte für einen Augenblick den Nebel durchdringen, der Mrs. Rattenburys Bewußtsein so fast völlig ausgelöscht hatte.

»Spricht das gegen mich?« fragte sie unvermittelt. Was sie damit genau meinte, kann man nur vermuten.

Der Inspektor gab ihr darauf natürlich keine direkte Antwort. Statt dessen erhielt Mrs. Rattenbury eine weitere formelle Warnung: »Sie sind nicht verpflichtet, irgend etwas zu sagen, es sei denn, Sie tun es aus freiem Willen; aber was Sie dann sagen, wird niedergeschrieben und kann gegen Sie verwendet werden.« Der Inspektor, ein erfahrener und gewitzter Mann, war völlig überzeugt, daß sie die Bedeutung begriffen hätte. Wenn das sich so verhielt, schreckte sie das jedoch nicht im geringsten ab.

Ohne zu zögern, stürzte sie sich in ihre dritte ›Aussage‹, im großen und ganzen die wirrste und unzusammenhängendste von allen. »Ich hab's getan; er gab mir das Buch«, sagte Mrs. Rattenbury zufolge den Eintragungen des Inspektors in seinem Notizbuch. »Er hat zu lange gelebt. Er sagte: ›Ach je, ach je.‹ Ich werde Ihnen morgen früh sagen, wo der Holzhammer ist.« Die verschwommenen Bilder zogen in rascher Folge durch ihr benebeltes Gehirn. »Haben Sie's schon dem Untersuchungsrichter gesagt?« fragte sie und fuhr fort, ohne auf eine Antwort zu warten: »Das nächste Mal werde ich's besser machen. Irene weiß nichts davon. Ich habe alles ganz verkehrt gemacht. Ich dachte, ich wäre stark genug.«

Wenn man dies mit dem unmittelbar davor Geschehenen vergleicht, zeigt es doch eine ganz annehmbare Verbesserung der Konzentration von Mrs. Rattenburys Gedanken. Außer der eingeschobenen Anspielung auf Miss Riggs konzentriert sie sich ganz auf ein einziges Ziel. Und eine Menge Aufklärung kann aus der Kennzeichnung dieses Zieles gewonnen werden.

Immer wenn sie zeitweilig ihre wirren Gedanken etwas sammeln konnte, versuchte Mrs. Rattenbury ihrer Schuldparade mit Hilfe zusätzlicher Einzelheiten mehr Glaubwürdigkeit zu verleihen.

XVIII.

Dr. O'Donnell, der bei der Operation assistiert und noch weitere Anordnungen zu treffen hatte, blieb etwas länger als der Inspektor in der Privatklinik. Als er, von Stoner gefahren, in die Villa Madeira zurückkam, war es zwanzig Minuten vor vier‹ und Mrs. Rattenburys vierte ›Aussage‹ eine vollendete Tatsache.

Mrs. Rattenbury selbst lief schwankend zwischen den vier Beamten hin und her, die sich jetzt im Hause befanden. Der Arzt versuchte ihr den Zustand ihres Mannes zu erklären, aber seiner Ansicht nach begriff sie überhaupt nichts. Nach den Polizisten galt ihr Hauptinteresse dem an das Radio angeschlossenen Plattenspieler, mit dem sie, den Regler auf äußerste Lautstärke gedreht, Musik ihrer Wahl ablaufen ließ. Für Dr. O'Donnell gab es in dieser Situation nur eines zu tun: er nahm seine Injektionsspritze, gab ihr ein halbes Gran Morphium, brachte sie selbst ins Obergeschoß und hieß sie zu Bett gehen.

Ein halbes Gran Morphium ist eine beträchtliche Dosis, deren Nachwirkungen leicht für mehrere Tage anhalten können. Aber selbst eine so starke Dosis wirkt nicht unmittelbar und kann von der extremen Erregung der Patientin noch in ihrem Einsetzen verzögert worden sein. Innerhalb von fünf Minuten nach ihrem erzwungenen Rückzug war Mrs. Rattenbury wieder unten. Sie rannte ins Wohnzimmer und rief dramatisch: »Ich weiß, wer es getan hat; ich weiß, ich weiß – sein Sohn!«

»Wie alt ist er denn?« fragte der Inspektor in beiläufigem Ton.

»Zweiunddreißig«, antwortete Mrs. Rattenbury, »aber er ist nicht hier.«

Sie schien unmittelbar vor einer neuen ›Aussage‹ zu stehen, als Dr. O'Donnell scharf intervenierte.

»Haben Sie die Dame über ihre Rechte belehrt?« fragte er den Inspektor.

»Nein«, antwortete der.

»Dann sehen Sie sich bitte ihren Zustand an. Sie ist voller Whisky, und ich habe ihr dazu noch eine große Dosis Morphium injiziert. Sie ist keinesfalls in der Lage, Ihnen oder irgend jemand anderem gegenüber eine Aussage zu machen.«

Und zum zweitenmal in dieser Nacht wurde Mrs. Rattenbury hinauf und zu Bett gebracht . . .

Kam, entsprechend dem lateinischen Sprichwort, die Wahrheit über ihre trunkene Zunge? Oder erhob sie nur eine falsche Anklage gegen sich selbst, um eine wahrheitsgemäße Anklage gegen jemand anders zu verhindern? Dieser letzte wilde Ausfall gegen Mr. Rattenburys Sohn – der im Ausland lebte – vermittelt in der Retrospektive einen deutlichen Hinweis. Solange sie noch eine Spur von Vernunft besaß, wußte sie, daß sie allein die Alternative zu Stoner darstellte. Aber als das Morphium zusammen mit Alkohol und Schock ihr auch noch den Rest der Vernunft raubte, begann sie törichterweise zu hoffen, daß es auch eine andere Alternative täte. Sie hätte nach jeder Richtung hin ausgeschlagen – außer nach einer. Wen hätte sie wohl als nächsten beschuldigt?

Wir werden es nie erfahren, denn sie hatte dazu keine Gelegenheit mehr. Diesmal erfüllte das halbe Gran Morphium seine Aufgabe, und Mrs. Rattenbury fiel in einen betäubungsähnlichen Schlaf.

XIX.

Dieser Schlaf sollte jedoch bald drastisch gekürzt werden.

Gegen halb fünf wurde die Polizeistreitmacht in der Villa Madeira durch einen Inspektor der Kriminalpolizei verstärkt, der hinfort das Kommando übernahm. Mrs. Rattenbury lag zu dieser Zeit bewegungs- und bewußtlos da wie ihr Mann; der Fluß ihrer ›Aussagen‹ war zeitweilig eingedämmt. Der Kriminalinspektor konnte sich jedoch inzwischen mit ihren bisherigen vertraut machen und die ergänzenden Beobachtungen seiner Kollegen anhören. Man braucht sich weder zu wundern, noch sollte man ihn kritisieren, daß er daraufhin die Verhaftung von Mrs. Rattenbury beschloß. Weniger in Schutz zu nehmen sind dagegen die Schritte, die dazu unternommen wurden.

Als Mrs. Rattenbury gegen sechs Uhr halb blind die Augen öffnete – normalerweise wäre das für einen flüchtigen Moment ohne spätere Erinnerung geschehen –, stand der Kriminalbeamte wartend im Schlafzimmer neben ihrem Bett. (Seit seiner Ankunft war er hier laufend ein und aus gegangen; jemand mit weniger tiefer Bewußtlosigkeit wäre schon längst dabei aufgewacht.) Ihre Sinne waren zuerst noch zu betäubt, um mehr als nur gerade die Anwesenheit von jemandem zu registrieren; aber das genügte anscheinend, um sie nicht sofort wieder in totale Bewußtlosigkeit fallen zu lassen. Die Stimme des Kriminalbeamten machte sie gleich darauf ein wenig munter; so wenig jedoch nur, daß sie nicht das geringste Zeichen des Erkennens äußerte, als Miss Riggs in das Zimmer kam und zu ihr trat. Sie machte ein oder zwei ergebnislose Versuche, sich zu übergeben. Sie murmelte ein oder zwei Worte, die niemand verstehen konnte. Offensichtlich wurde sie nur von dem einen Wunsch beherrscht, weiterschlafen zu können.

Der Kriminalbeamte hatte jedoch seine eigenen Vorstellungen zu diesem Thema. Er rief nach einer Tasse Kaffee (Mrs. Rattenbury konnte sie nicht selbst halten, berichtete Miss Riggs, und »nur so halbwegs etwas davon schlürfen«), schickte nach einer Polizeischwester (»um sie aus dem Bett zu holen«, gestand diese Beamtin Miss Riggs) und sandte seine zukünftige Gefangene schließlich zum Frischmachen ins Bad (das sie trotz des Kaffees nicht ohne Hilfe erreichen konnte und nach dem sie wieder zu schlafen verlangte). Das einzige Ziel des Kriminalbeamten war dabei – so erklärte er im Kreuzverhör bei der Verhandlung –, daß sie die Beschuldigung verstehen sollte, die er gegen sie erheben wollte.

Wenn jemand eine Dosis von einem halben Gran Morphium erhalten hat, so kann man erwarten – selbst wenn kein Alkohol die Dinge noch erschwert –, daß er ohne Unterbrechung zehn bis elf Stunden lang schläft. Mrs. Rattenbury durfte nur zwei Stunden schlafen. Sie hatte kaum angefangen – um diese ausdrucksstarke volkstümliche Redewendung zu benutzen –, ihren doppelten »Kater auszuschlafen«, und die Folgen begannen sich auffällig zu zeigen. Um ein Uhr an jenem Nachmittag, als Dr. O'Donnell sie auf der Polizeiwache besuchte, konnte sie nicht gehen, ohne auf beiden Seiten gestützt zu werden; sie versuchte sich zu übergeben, ihre Pupillen waren verkleinert, und sie wankte und schwankte im Stehen. Sogar noch am folgenden Morgen, als man sie von Bournemouth nach Holloway gebracht hatte, fand der

Gouverneur dieses Gefängnisses (selbst Arzt), daß ihr Verstand noch völlig wirr war und sie zu endlosen Wiederholungen neigte; »das Resultat«, sagte er, »von Alkohol und möglicherweise einer großen Dosis Morphium«. Doch um Viertel nach acht an jenem Montagmorgen und *nur vier und eine halbe Stunde nach der Morphiuminjektion* wurde Mrs. Rattenbury der versuchten Ermordung ihres Mannes beschuldigt, und ihre Antworten darauf wurden zu einer weiteren ›Aussage‹ zusammengestellt und niedergeschrieben. Der Kriminalbeamte erklärte sie als »völlig normal« und wiederholte diese seine Auffassung auch nachdrücklich vor Gericht. Vielleicht ist Normalität relativ und von den Begleitumständen abhängig. Gewiß aber ist es erlaubt, sich darüber Gedanken zu machen, was dieser Kriminalbeamte wohl gesagt hätte, wenn er Mrs. Rattenbury in diesem Zustand bei dem Versuch erwischt hätte, ein Auto zu lenken.

Mrs. Rattenburys letzte ›Aussage‹ in diesem Stadium des Falles goß frischen Glanz über die Geschichte, die sie nun mehrere Male wiederholt hatte. »Gegen neun Uhr am Sonntagabend, dem 24. März 1935«, erklärte sie, »spielte ich Karten mit meinem Ehemann, *als er mich aufforderte, ihn zu töten, da er sterben wollte.* Ich nahm den Holzhammer in die Hand. Da sagte er: ›Du hast ja nicht den Mut dazu.‹ Da habe ich zugeschlagen. Den Holzhammer habe ich dann draußen vor dem Haus versteckt. Wenn ich eine Pistole gehabt hätte, hätte ich ihn erschossen.« Damit änderte sie ihre Geschichte nicht, sondern füllte sie lediglich mit mehr erläuternden Details aus; wiederum Details, die den Kreis der Wahrscheinlichkeit zur Wahrheit schließen sollten – aber von einem wirren Verstand ersonnen, der in trübem Zwielicht umhertastete . . .

Sie standen in der Diele und sahen zu, wie die Polizei sie fortbrachte: Stoner und Miss Riggs und Mrs. Rattenburys kleiner Sohn, der die ganze, unruhige Nacht friedlich durchgeschlafen hatte, wie gewöhnlich aufgestanden war und nun verängstigt und verwundert um sich blickte. Mrs. Rattenbury war tief bewegt vom Anblick seines weißen Gesichtes und trug die Erinnerung daran bis zu ihrem Todestag mit sich. Aber sie bereute nicht, daß sie diesen Weg eingeschlagen hatte, und selbst unter dem schmerzlichen Druck der Verhaftung gab sie sich noch Mühe, sich nicht von anderen davon abbringen zu lassen.

»Nun macht doch bloß nicht solche Gesichter«, sagte sie zu Stoner und Miss Riggs.

Stoner erwiderte im gleichen Tonfall: »Sie haben sich da selbst hineingeritten, weil Sie zuviel geredet haben.«

XX.

Stoner machte diesen Fehler nicht. Er redete so gut wie gar nicht, und es gab auch niemanden, der ihn dazu drängte. Denn obgleich er im Hause und ständig zur Verfügung der Polizei gewesen war, seit er gegen zwanzig vor vier Dr. O'Donnell zurückgebracht hatte, war die offizielle Aufmerksamkeit so sehr mit Mrs. Rattenbury beschäftigt, daß stundenlang keiner Stoner auch nur eines flüchtigen Gedankens gewürdigt zu haben scheint. Erst nachdem die Wache am Bett im Obergeschoß Erfolg gezeitigt hatte und Mrs. Rattenbury genügend wiederbelebt worden war, um sich mit Hilfe der Polizeibeamtin anzukleiden, fand der Kriminalinspektor ein paar Minuten Zeit für ihn. Er ging in die Küche hinunter, nahm Stoner beiseite und fragte ihn, ob er etwas zu dieser Angelegenheit beizusteuern hätte.

Was Stoner bei dieser Gelegenheit sagte – es war 7.30 Uhr in der Frühe –, muß unter zwei bedeutenden Gesichtspunkten betrachtet werden. Zunächst zählte Stoner nicht als Verdächtiger; die Polizei war überzeugt, daß sie den Schuldigen bereits gefaßt hatte; obgleich Stoner das nicht wußte, konnte ihm doch nicht entgehen, daß die Unterhaltung mit ihm bloßen Routinecharakter hatte. Zweitens wußte er nichts von Mrs. Rattenburys ›Aussagen‹ und von der Gefahr, in die sie sich damit gebracht hatte. (Er war während aller ihrer Selbstanklagen abwesend gewesen; und wenngleich es merkwürdig anmutet, daß er keinerlei Andeutung von Miss Riggs über diese Dinge erhielt, wird das durch ihre Aussagen einwandfrei bestätigt.) Stoner konnte deshalb bei dieser Unterredung sprechen, ohne das Gefühl zu haben, daß auf ihn oder jemand anders irgendein Druck ausgeübt wurde.

Seine ›Aussage‹ lief darauf hinaus, daß er abstritt, mehr zu wissen als Miss Riggs. »Gegen zehn Minuten vor neun Uhr am Sonntagabend, dem 24. März 1935, habe ich mich auf mein Schlafzimmer zurückgezogen und Mrs. und Mr. Rattenbury mit dem kleinen John im Wohnzimmer verlassen. Gegen 10.30 Uhr wurde ich davon munter, daß Mrs. Rattenbury schrie, ich solle nach unten kommen. Ich ging hinunter ins Wohnzimmer und sah Mr. Rattenbury mit blutendem Kopf im Lehnsessel sitzen. Mrs. Rattenbury schrie und weinte und sagte zu mir: ›Hilf mir Ratz ins Bett bringen, er ist verletzt.‹ Dann nahm ich den Wagen und fuhr zu Dr. O'Donnell. Als ich sein Haus erreichte, war er schon fortgefahren. Als ich zurückkam, säuberte ich auf Anweisung von Mrs. Rattenbury den Fußboden vom Blut. Mrs. Rattenbury war nüchtern, und soweit ich weiß, hat sie nichts getrunken. Als ich zu Bett ging, war sie völlig normal. Ich habe nie einen Holzhammer im Haus oder auf dem Grundstück gesehen. Bis ich aus dem Bett geholt wurde, habe ich keine lauten Geräusche von einem Streit oder dergleichen gehört. Seit September 1934 bin ich im Dienst von Mr. und Mrs. Rattenbury. Sie haben sehr gut miteinander gestanden. Ich fragte sie: ›Wie ist das passiert?‹ Sie antwortete: ›Ich weiß es nicht.‹«

Stoner, dessen darf man gewiß sein, machte diese Angaben nicht aus eigenem Antrieb. Er antwortete auf die gezielten Fragen des Kriminalbeamten, und seine ›Aussage‹, mehr noch als diejenigen von Mrs. Rattenbury, zeigt deutlich, auf welche Weise sie zustande gekommen ist: »War sie nüchtern?« »Hat sie überhaupt Alkohol getrunken?« – »Haben Sie je einen Holzhammer im Haus oder auf dem Grundstück gesehen?« – diese Fragen kann man so deutlich zwischen

den Zeilen lesen, als wären sie tatsächlich in der Niederschrift enthalten. Doch die daraus entstandene ›Aussage‹ belastet, für sich allein genommen, weder ihn selbst noch sonst
jemanden. Stoners Gedankengang ist leicht zu erkennen:
sie muß gesagt haben, daß sie keine Ahnung hat, was geschehen ist, daß sie hinuntergekommen ist und ihn so mit
zerballertem Schädel vorgefunden hat; ich werde genau
dasselbe sagen – ich weiß überhaupt nichts; denn solange
wir dabei bleiben und zueinanderhalten, müssen sie denken,
daß jemand von außerhalb des Hauses es getan hat.

Nur etwas muß ihm Sorgen gemacht haben: die Erwähnung seines Holzhammers; was um alles auf der Welt hatte
ihnen die Idee von einem Holzhammer in den Kopf gesetzt?

Daß Mrs. Rattenbury den Holzhammer ins Gespräch gebracht hatte, wußte er gewiß nicht. Daß die Polizei vor einer
Stunde einen Holzhammer im Garten gefunden hatte, einen
Holzhammer mit einem groben Stiel ohne Fingerabdrücke,
aber mit Blutflecken und daran klebenden menschlichen
Haaren – wußte er ebenfalls fast mit Gewißheit nicht. Auch
Mrs. Rattenbury konnte es nicht gewußt haben, denn sonst
hätte sie nicht Miss Riggs anvertraut, was sie ihr noch kurz
vor ihrem Abtransport durch die Polizei zuflüsterte.

Die genauen Worte, die sie dabei verwendete, weiß man
nicht. »Sag Stoner, er soll mir den Holzhammer geben« – das
wenigstens glaubte Miss Riggs zu verstehen; aber selbst
wenn man Mrs. Rattenbury zugute hält, wie verstört und
geschwächt sie war, kann sie doch wohl kaum geglaubt
haben, daß man ihr unter Bewachung erlaubt haben würde,
Holzhämmer entgegenzunehmen. Entweder hat Miss Riggs
sich verhört (und die Worte wurden notwendigerweise ge-
flüstert), oder – was genauso möglich ist – Mrs. Rattenbury,
ganz abgesehen von den Auffassungen des Inspektors, konnte
ihre Gedanken und Worte noch nicht in Übereinstimmung
bringen. Was sie aber wirklich wollte, kann nicht in Zweifel
gezogen werden – sie wollte wissen, wo der Holzhammer
versteckt war. Daß sie es nicht wußte, hatte sie schon einmal
in Schwierigkeiten gebracht (»Ich werde Ihnen *morgen früh*

sagen, wo der Hammer ist«); das Wissen aber würde die Kardinalschwäche einer Geschichte tilgen, die ihr Herz ihr eingegeben hatte.

XXI.

Während Mrs. Rattenbury auch hinter Gittern zu ihrer Geschichte stand (»Ich habe es mit Überlegung getan«, sagte sie auf der Polizeiwache, »und ich würde es wieder tun«), erzählte Stoner, der jetzt ziemliche Seelenqualen ausstand, nach und nach Miss Riggs die Wahrheit.

Die erste Ahnung, daß die Polizei Mrs. Rattenbury als Verdächtige betrachtete, muß Stoner nach seiner ›Aussage‹ gekommen sein, also zwischen halb acht und halb neun, als man sie aus dem Haus fortbrachte. Wahrscheinlich war es sogar erst ihr Abtransport unter Bewachung, der ihn den Sachverhalt ahnen ließ. Weil er da nicht sofort vorsprang und rief: »Ich bin's gewesen!« darf man ihn nicht zu unbarmherzig verurteilen. Überraschung und Schock mögen ihm die Kraft zu unmittelbarem Handeln geraubt haben. Danach sieht es so aus – und was für Fehler Stoner auch gehabt haben mochte, er war im Grunde ein Mensch mit anständigen Anlagen –, als ob er aufrichtig zu entscheiden versuchte, was im Interesse Mrs. Rattenburys am besten sein würde. Wenn er sein Verbrechen gestand, und man fragte ihn nach seinem Motiv aus, verhörte auch sie dazu – war es dann nicht möglich, wie sehr sie auch zu täuschen versuchten, daß ihre Liaison öffentlich bekannt würde? Und – wenn sein Stolz das auch ertragen könnte – würde das nicht *sie* in Scham und Schande stürzen? Wenn man die Dinge dagegen auf sich beruhen ließe, würden sie sich vielleicht von selbst regeln und keinen großen Schaden entstehen lassen.

Doch sein Geheimnis lastete schwer auf seiner Seele. Von dem Augenblick an, da er und Miss Riggs allein im Hause zurückblieben und einer des anderen Taten und Gedanken belauerte, balancierte er sozusagen dicht am Rande der Enthüllung dahin.

An jenem Montagvormittag, kurz nachdem Mrs. Rattenbury fort war, machte er einen indirekten, aber unzweideutigen Versuch in dieser Richtung.

Nachdem er wohl zum zwanzigsten Mal Miss Riggs Blick auf sich hatte ruhen spüren und sah, daß Antipathie und Furcht in ihren Augen standen, platzte Stoner heraus: »Ich glaube, Sie wissen, wer's getan hat?«

Ihr Herz schlug schneller, doch äußerlich bewahrte sie die Ruhe.

»Nun?« erwiderte sie. »Warum sagen Sie's nicht?«

Ein Weilchen blickten die beiden sich in die Augen; dann wendete Stoner sich ab und ging.

Er hatte nichts gesagt, was einen bestimmten Schluß zuließ; doch Miss Riggs, die vorher nur einen Verdacht gehegt hatte, war jetzt sicher. Die ganze folgende Nacht wälzte sie die schreckliche Angelegenheit im Kopf herum, bis sie sich am Dienstag ein Herz faßte und direkt auf ihr Ziel losging.

»*Warum* haben Sie's getan?« fragte sie ihn ohne alle Umschweife.

Stoner redete nicht um den heißen Brei herum.

»Ich habe sie am Sonntag zusammen erwischt«, sagte er. »Ich seh mir das nicht länger mit an.«

Wenn Stoner schon von Zweifeln geplagt wurde, wie stand es dann mit Miss Riggs? Angenommen, sie berichtete ihre Unterhaltung mit ihm, und Stoner stritt alles ab – was wäre dann? Angenommen, er gab alles zu – wie würde Alma dann dastehen? Und doch – wenn man alle Schicklichkeit beiseite ließ –, der richtige Weg führte sicher dazu, es zu melden . . .

Es ist leichter, anderen den Weg der Klugheit zu weisen, als ihn selbst entschlossen zu beschreiten. Miss Riggs war immer noch in qualvollen Überlegungen gefangen, als Stoner am Dienstagabend erneut davon zu reden anfing.

Er war fortgewesen und angetrunken nach Hause gekommen – ein seltenes, vielleicht einmaliges Ereignis. Er erklärte Miss Riggs, daß er ihr etwas im Vertrauen zu sagen habe.

»Sie ist im Gefängnis«, sagte er, »und ich habe sie dorthin gebracht. Ich werde sie morgen besuchen, und dann werde ich mich ausliefern.«

In Miss Riggs zog sich alles zusammen. Sie stand da und sagte kein Wort.

»Ich möchte morgen früh um halb sieben aufstehen«, fuhr Stoner fort. »Lassen Sie mich bitte nicht verschlafen.«

Sie ließ ihn nicht verschlafen. Jedenfalls ging er sich nicht ausliefern, was auch immer er letzten Endes beabsichtigt haben mochte. Mit Sicherheit läßt sich dies nicht mehr sagen, denn am Donnerstagnachmittag nahm Miss Riggs Verbindung mit der Polizei auf.

XXII.

Stoner wurde am Donnerstagabend verhaftet. Der Notwendigkeit einer eigenen Entscheidung enthoben, benahm er sich beherzt und redete schließlich ganz offen.

»Wissen Sie, Mrs. Rattenbury hat überhaupt nichts mit dieser Angelegenheit zu tun«, sagte er am nächsten Morgen, während er in der Zelle des Polizeigefängnisses in Bournemouth wartete. »Ja«, fuhr er fort, nachdem man ihn über seine Rechte belehrt und gewarnt hatte, »als ich die Tat beging, hielt ich ihn für schlafend. Ich schlug zu und ging dann nach oben und erzählte es Mrs. Rattenbury. Sie raste darauf Hals über Kopf die Treppe hinunter. Sehen Sie, ich habe sie durch die Terrassentür beobachtet und gesehen, wie sie ihm einen Gutenachtkuß gab und das Zimmer verließ. Ich habe eine Weile gewartet und mich dann durch die Terrassentür, die nicht abgeschlossen war, hineingeschlichen. Ich glaube, er muß geschlafen haben, als ich ihm den Hammer auf den Kopf schlug, aber es hat ja doch nicht viel Sinn, noch darüber zu reden. Ich glaube kaum, daß man sie schon laufen lassen wird.« Und dann machte er eine – offensichtlich wortgetreu wiedergegebene – Bemerkung, die das Wesen ihrer Beziehung beleuchtete und vielleicht wenigstens einen der Gedanken preisgab, die ihn seit vier Tagen quälten. »Wissen Sie«, sagte er, »wenn man ihr sagt, daß ich verhaftet bin, sollte ein Arzt dabei sein, denn sie wird vor Aufregung fast den Verstand verlieren.«

So übernahm also Stoner nun die Last des Verbrechens in der Villa Madeira; eine sehr schwere Last mittlerweile, denn am Donnerstagmorgen war Mr. Rattenbury gestorben, ohne noch einmal das Bewußtsein wiedererlangt zu haben.

XXIII.

Sogenannte ›Halsabschneider-Verteidigungen‹ – wobei beide Angeklagte die eigene Unschuld beteuern und jeweils dem andern die ganze Verantwortung zuschreiben – sind vor britischen Kriminalgerichten nicht ungewöhnlich; einige der bekanntesten Mordprozesse, wie Millsom und Fowler, Browne und Kennedy, Hulton und Jones kommen einem sofort in den Sinn. Viel seltener sind die Verteidigungen, wo jeder der beiden Angeklagten seine eigene Schuld auf eine Art beteuert, die den anderen vor jeder Verantwortung befreit.

Bis die Prozeßvorbereitungen auf beiden Seiten schon weit fortgeschritten waren, sah es ganz so aus, als ob die Verhandlung gegen Mrs. Rattenbury und Stoner sich zu einem dieser selteneren Anlässe entwickeln würde. Denn als Mrs. Rattenbury von Stoners Geständnis erfuhr, nahm sie das ihre nicht etwa zurück; im Gegenteil, es stürzte sie in neuen Kummer – wie Stoner vorausgesehen hatte –, daß jetzt ihn eine tödliche Gefahr bedrohte, und sie bestand noch vehementer als zuvor auf ihrer eigenen und ausschließlichen Schuld. Erst nach wochenlangem, fruchtlosem Argumentieren konnten ihre Anwälte sie davon überzeugen, daß nichts, was sie erklärte, Stoner freibekommen würde; es würde lediglich dazu dienen, sie ebenfalls schuldig zu sprechen. Selbst dann noch zog sie nur mit unendlichem Widerstreben die Geschichte ihrer ›Aussagen‹ zurück.

Dieser verspätete Widerruf stand völlig im Einklang mit dem inzwischen gesicherten Belastungsmaterial. Diese Beweise zeigten, daß sie die tödlichen Schläge nicht ausgeführt und zur Tatzeit auch nicht davon gewußt haben konnte. Mrs. Rattenburys Erregbarkeit war wohlbekannt; sie hatte überhaupt nicht die Fähigkeit, ihre wahren Gefühle zu verstellen; es wäre ein Ding der Unmöglichkeit für sie, erklärte Dr. O'Donnell kategorisch, an einem solchen Verbrechen teilzuhaben und sich danach völlig ruhig und normal mit Miss Riggs zu unterhalten. Und das Verbrechen war auf jeden Fall – das ließ sich durch das geronnene Blut nachweisen – begangen worden, *bevor* Mrs. Rattenbury von sich aus diese vollkommen friedliche und normale Unterhaltung mit Miss Riggs in deren Schlafzimmer begann. Wenige Minuten später fand Miss Riggs sie unten im Wohnzimmer als »eine ganz andere Frau« vor; es war offensichtlich, daß sie »ein unerwartetes, entsetzliches Erlebnis« gehabt hatte.

Solche Bekundungen von so aufrichtigen Zeugen tragen mehr dazu bei, den Glauben an Mrs. Rattenburys ›Aussagen‹ zu zerstören, als ihr eigener späterer Widerruf oder selbst Stoners verspätete Versicherung, daß er allein die Schuld trage. Ihr »unerwartetes, entsetzliches Erlebnis« war nicht die Tat, sondern die Entdeckung der Tat. Diese Vorstellung wird von anderen, unwiderlegbaren Tatsachen gestützt. Ihr Anruf in Bridport – von Mr. Jenks bestätigt – und ihre Reisevorbereitungen – von Miss Riggs bemerkt – mögen vielleicht nur einen Vorsatz ihrerseits ausschließen. Wie aber soll man über ihre wahnsinnige Eile denken, den Arzt kommen zu lassen, so daß sie sich nicht mit Telephonieren zufriedengab, sondern auch noch Stoner mit ihrem Auto losschickte? Und vor allem, warum wußte sie nicht, wo der Holzhammer versteckt war?

Die Anwälte der Krone konnten nicht erwarten, unter diesen Umständen erfolgreich auf eine *aktive* Beteiligung Mrs. Rattenburys an dem Mordanschlag zu plädieren. Doch dies befreite sie keineswegs von der Hauptanklage. In England ist es Gesetz – und so wurde es auch von Richter

Humphreys in seiner Zusammenfassung für die Geschworenen dargestellt –, *daß jeden*, der mit einem anderen vereinbart, ein Verbrechen an jemandem zu begehen, der dann in Erfüllung dieser Vereinbarung *von einem der beiden* in verbrecherischer Absicht verwundet wird und stirbt, *wie den Täter selbst die gleiche Schuld trifft, so daß beide des Mordes angeklagt werden*, auch wenn einer der beiden bei der Ausführung der Tat nicht anwesend war. Die Staatsanwaltschaft unterstellte nun, daß Mrs. Rattenbury und Stoner eine solche Vereinbarung getroffen hätten – und zwar nicht nur in der verbrecherischen Absicht, Mr. Rattenbury lediglich zu verwunden, sondern ihn zu ermorden. »Mit dem gemeinsamen Ziel und nach einem gemeinsamen Plan«, sagte der Ankläger, »gingen sie vor, um Mr. Rattenbury zu beseitigen.« Es spielte keine Rolle, daß Mrs. Rattenbury am Schauplatz der Tat nicht anwesend war oder ob der Zeitpunkt des Verbrechens sie überraschte oder gar entsetzte: eine Verurteilung mit ihrer schrecklichen Konsequenz wartete auf sie, falls die Geschworenen von der Existenz einer solchen Vereinbarung überzeugt werden konnten.

Daß eine solche Vereinbarung manchmal auch mit sehr fadenscheinigen Beweisen als erwiesen betrachtet werden kann, war sehr lebhaft durch den Fall Edith Thompson demonstriert worden, die zwölf Jahre zuvor zu Unrecht gehängt wurde.

XXIV.

Auf dem Gebiet sexueller Partnerschaft gibt es allgemein anerkannte Anstands- und Moralregeln. Sie sind von dem kollektiven Instinkt geformt und angenommen worden, und diesem Instinkt wohnt eine Kraft inne, die stärker ist als das Gesetz.

Ein Erfordernis dieser Regeln bezieht sich auf den Altersunterschied. Der Mann darf erheblich älter sein als die Frau – fünfzehn, zwanzig, ja selbst dreißig Jahre –, ohne das feine Gefühl der Gesellschaft für Anstand und Moral zu verletzen. Doch es erhebt sich sofort Ablehnung gegen eine

Verbindung, in welcher die Frau erheblich älter ist als der Mann. Der kollektive Instinkt lehnt dies als ungesund ab.

Ob dieser Instinkt auch nur von einem Quentchen Vernunft gestützt wird, ist von rein akademischem Interesse. Die Aversion existiert und kann nicht ignoriert werden – eine Aversion, die hauptsächlich auf der Vermutung basiert, daß unter diesen Umständen der Mann verführt sein muß; daß ein unschuldiger Junge einer raffinierten Sirene zum Opfer gefallen ist. Und diese Vermutung wird fast immer – was auch bei dieser Gelegenheit der Fall war – auf alles mögliche ausgedehnt, was mit der Verführung selbst nichts mehr zu tun hat. Sie gab Anlaß zu dem, was ich persönlich als die zweite große Fehlinterpretation von Mrs. Rattenbury bezeichnen möchte. Man nahm an, daß sie Stoner zu jeder Zeit beherrscht und ihn vollkommen ihrem Willen gefügig gemacht hatte.

Diese Annahme ging wie ein Refrain durch die ganze Verhandlung. »Haben Sie den geringsten Zweifel«, fragte der Ankläger die Geschworenen, »daß Stoner während dieser ganzen, unseligen Geschichte von Mrs. Rattenbury beherrscht wurde? Ich glaube, daß dies der Schlüssel zur Lösung des Problems ist.« – »Dieser Junge«, sagte Stoners Anwalt, »geriet unter den beherrschenden Einfluß von Mrs. Rattenbury.« – »Ich glaube nicht, daß ich mich unfair ausdrücke«, erklärte der Richter, »wenn ich sage, daß Stoners Position in diesem Fall – zu welchem Urteil Sie auch gelangen mögen – von der Beherrschung durch diese Frau gekennzeichnet wird.« Und wenngleich Anwälte nicht immer von der Volksmeinung für unfehlbar gehalten werden, so wurden ihre Worte doch hier – diese Versicherung möchte ich ohne jede Wertschätzung abgeben – von der überwiegenden Mehrzahl aller geteilt, die den Prozeß verfolgten, aber nicht bei der Verhandlung anwesend waren.

Die Anwälte und die überwiegende Mehrzahl aber hatten, wenn auch nicht völlig unrecht, so doch nicht viel weniger recht.

Es existieren keinerlei Beweise – wenn man sich nicht auf

die unzuverlässige Richtschnur ihres Altersunterschiedes verlassen will –, wer der Verführer und wer der Verführte war. Der Unterschied in der gesellschaftlichen Stellung – ein besserer Test als der Altersunterschied – macht es allerdings *wahrscheinlicher*, daß der erste Schritt von Mrs. Rattenbury ausging. Aber sobald sie einmal, auf wessen Veranlassung auch immer, Liebende geworden waren, war Stoner der herrschende und beherrschende Partner – eine Feststellung, die auf Tatsachen und nicht auf Annahmen beruht. Es war Mrs. Rattenbury, die ständig zu gefallen und zu beschwichtigen versuchte; es war Mrs. Rattenbury, die auch den geringsten Wunsch ihres Liebhabers zu erfüllen suchte; es war Mrs. Rattenbury, die geduldig Bedrohungen mit tödlichen Waffen ertrug und sie als Scherz hinstellte, wenn jemand anders davon Kenntnis bekam. Weit davon entfernt, ihn wie eine Despotin zu beherrschen, folgte sie ihm im Gegenteil wie eine Sklavin. Ihr Versuch, Unabhängigkeit – und nicht etwa Autorität – zu zeigen, führte zu der Katastrophe.

Hätte man diese Tatsachen nicht eigenartigerweise so völlig außer acht gelassen und sich nicht eines vorgefertigten psychologischen Rezeptes bedient, wäre das Ergebnis der Verhandlung gegen Mrs. Rattenbury niemals so problematisch und zweifelhaft gewesen. Es gab einfach keinerlei Beweise für eine kriminelle Verschwörung – es sei denn, Stoner hätte welche beigebracht; doch Stoners Verteidigung, die sehr gewissenhaft und ehrenhaft geführt wurde, belastete Mrs. Rattenbury in dieser Hinsicht überhaupt nicht. Er wollte sein Geständnis nicht widerrufen oder modifizieren und machte deshalb auch keinen Gebrauch von seinem Recht, als Zeuge in eigener Sache auszusagen; »wenngleich die Beweislast bei der Staatsanwaltschaft liegt«, sagte sein Verteidiger zu den Geschworenen, »Ihnen zu zeigen, daß seine Hand es war, die den tödlichen Schlag ausführte, werden Sie wahrscheinlich unschwer von selbst zu diesem Schluß kommen.«

Doch es war nicht nur das schweigende Eingeständnis Stoners bei der Verhandlung, daß er den Mord ganz allein begangen hatte: es wurde von seiner Seite auch nicht unterstellt, daß das Verbrechen zusammen mit Mrs. Rattenbury geplant oder überhaupt diskutiert worden wäre. Im Gegenteil: »Ich möchte, daß Sie von Anfang an wissen«, sagte Stoners Verteidiger, als er Mrs. Rattenbury während der Verhandlung ins Kreuzverhör nahm, »daß ich in keiner Weise unterstelle, daß Sie irgend etwas mit den Geschehnissen am 24. März zu tun haben oder daß Sie Stoner dazu angestiftet oder gewußt haben, daß er diese Tat ausführen wollte[1].«

Wo also lag die Gefahr für die Angeklagte, als sie am 27. Mai 1935 ihren Platz neben ihrem jugendlichen Liebhaber auf der Anklagebank einnahm? In der vereinigten Kraft dieser beiden Mißinterpretationen: sie eine Nymphomanin, moralisch verkommen und ohne die normalen Hemmungen vor einer kriminellen Tat; Stoner eine Puppe ohne jede Initiative, die nur handelte, wenn sie an den Drähten zog – Mißinterpretationen, die viele, wenn nicht alle der aufs Geratewohl herausgesuchten zwölf Geschworenen bei ihrer Beurteilung beeinflussen mußten. »Entsprechend den vorgebrachten Beweisen«, schwören alle Geschworenen, wollen sie ihr Urteil fällen; und so, mit unendlich geringen Ausnahmen, streben alle Geschworenen es auch an. Aber das menschliche Gehirn ist selten so konzipiert, daß es wie eine perfekte Denkmaschine funktioniert. Entscheidungen werden – auf der Geschworenenbank wie im geschäftlichen oder häuslichen Leben – als das Endergebnis eines komplizierten Prozesses gefällt, in dem vorgefaßte Meinungen, Vorurteile

[1] Stoners Verteidigung ruhte auf zwei Alternativen, die beide zur Voraussetzung hatten, daß er echt und nicht nur vorgetäuscht kokainsüchtig war. Nach der ersten stand er zur Zeit der Tat so stark unter Drogeneinfluß, daß er an nichts anderes mehr denken konnte, als wie sich die Reise nach Bridport verhindern ließe, und deshalb solle man ihn lediglich des Totschlages schuldig sprechen; diese Alternative tat der Richter ohne viel Federlesens ab, indem er einem der von Stoners Anwalt zugezogenen Ärzten das Eingeständnis entlockte, er wäre »überrascht«, wenn ein Kokainsüchtiger, dem man plötzlich die Droge entzöge und kein Ersatzmittel dafür gäbe, tatsächlich über mehrere Wochen hinweg so beschrieben werden könnte, wie Stoner von dem Gefängnisarzt beschrieben wurde: als völlig »vernünftig, mit ruhigem Schlaf, gutem Appetit und bester Gesundheit«. Nach der zweiten hatte er zur Tatzeit so viel Kokain genommen, daß er nach den von M'Naghten aufgestellten Richtlinien völlig von Sinnen war und nicht mehr wußte, was er tat; diese Alternative tat der Richter ebenfalls ab, indem er die Geschworenen darauf hinwies, daß es in rechtlichem Sinne keinerlei Beweise gäbe, die eine solche Schlußfolgerung stützten.

und Emotionen sich mit Analyse und Logik vermengen. So verkörpert ein Urteilsspruch im allgemeinen eine Mischung aus wissenschaftlichem Denken und unwissenschaftlichem Fühlen; er verkörpert, was man anderweitig manchmal die Meinung der Versammlung nennt.

Nur ein fast unvorstellbares Glück in der zufälligen Auswahl der Geschworenen hätte verhüten können, daß die ›Meinung der Versammlung‹ schon bei ihrem ersten Zusammentreten ungünstig für Mrs. Rattenbury war. Und da dies hauptsächlich von einem vorgefaßten Urteil über ihre Persönlichkeit abhing, konnte nur sie allein mit ihrem Verhalten vor Gericht eine Änderung dieser Meinung bewirken.

XXV.

Es muß nicht krankhafte Neugier sein, die die Leute im Gerichtssaal veranlaßt, einen Angeklagten sehr eingehend und sorgfältig zu betrachten. Es ist ein natürlicher Impuls, in die Tiefen eines Charakters einzudringen, um sich damit eine Meinung über die Rechtmäßigkeit der Anklage bilden zu können; gehört er zu der Sorte, die so etwas tut? lautet die unausgesprochene Frage. Solche eingehenden Betrachtungen neigen jedoch dazu, unergiebig zu sein – insbesondere, wenn Mord zur Debatte steht und eine Frau der Tat verdächtigt wird. Es hätte schon außergewöhnlichen Scharfsinns bedurft, um aus bloßer Betrachtung zu erkennen, ob Mrs. Bartlett oder Mrs. Maybrick den eiskalten Willen und die Entschlossenheit in sich trugen, die eine Giftmörderin ausmachen. Noch viel weniger hätte jemand mit ganz gewöhnlicher Begabung aus der bloßen Betrachtung von Mrs. Rattenbury entscheiden können, ob irgendwo in ihrem Innern die Härte wohnte, den Tod ihres Mannes zu planen. Wenn es sich nicht um Trieb- oder Wiederholungstäter handelt, zeigen Mörder keine hervorstechenden Merkmale.

Nymphomaninnen dagegen zeigen häufig solche Merkmale, beherrschende Persönlichkeiten praktisch immer.

XXVI

Die den Gefangenen in der Anklagebank auferlegte absolute Schweigsamkeit und verhältnismäßige Reglosigkeit erschwert ein völlig befriedigendes Studium ihrer Person, sofern sie nicht und bis sie in den Zeugenstand gerufen werden. Die statische Erscheinung eines Mannes oder einer Frau verrät bestenfalls ein wenig; sie verrät nur dann eine Menge, wenn Gesten oder Sprache den Eindruck verstärken. Gelegentlich wird der Anschein von diesen verläßlicheren Indikatoren auch nicht bestätigt, sondern widerlegt. Wer ist nicht schon einmal höchst überrascht gewesen, wenn der Mund einer elegant gekleideten Frau von zerbrechlicher Schönheit, die er bislang diskret aus der Ferne bewundert hat, plötzlich in seiner Nähe eine Flut obszöner Gossenausdrücke verströmt, die seinem Ohr wehtun? Aber derartig vollständige Gegensätze sind dünn gesät, und jedermann im Gerichtssaal, vertrauend auf seinen ersten Eindruck, wartete an jenem ersten Verhandlungstage eifrig und ungeduldig auf das Erscheinen von Mrs. Rattenbury.

Sie sahen eine Frau mit feingeschnittenem Gesicht, heller Hautfarbe und sehr großen grauen Augen. Ihre Unterlippe war voll und verlieh ihrem Mund etwas Schmollendes – ein Zug, der ihren Reiz nicht verringerte. Ihre Kleidung war ruhig und geschmackvoll, ihr Betragen bescheiden und unaffektiert. Die ganze Erscheinung dieser Frau strahlte Kultiviertheit und Empfindsamkeit aus, so daß alle, die sie erblickten, sich fast verwundert fragten, ob die Polizei nicht die falsche Angeklagte hereingeschickt hätte.

Im Verlauf der Verhandlung der Krone gegen sie tat Mrs. Rattenbury nichts, um diesen ersten Eindruck zu trüben. Im Gegenteil, sie vertiefte und verstärkte ihn eher noch mehr. Während alte Freunde und neuere Bekannte der Reihe nach an ihr vorbeikamen und ihre Aussage machten – Miss Riggs, die sie mit besorgter Zuneigung anschaute;

Dr. O'Donnell, der in der Erinnerung daran, wie sie seinen Rat in den Wind geschlagen hatte, ein wenig den Kopf schüttelte; der Konstabler, der errötend und verlegen ihre Umarmungen beschrieb (»Diese Dame hat mich die ganze Zeit regelrecht verfolgt«); der Kriminalinspektor, aufrecht und nüchtern, der die Kritik des Verteidigers mit professionellem Aplomb schluckte – während dieses ganzen Vorganges saß Mrs. Rattenbury regungslos und anscheinend völlig in sich vertieft da, das Gesicht oftmals halb von einer an die Wange gelegten Hand verdeckt. Wenn man von Zeit zu Zeit ihren Gesichtsausdruck erkennen konnte, war er in gleichem Maße von Empfindsamkeit und Kummer gezeichnet.

Konnte dies die Frau sein, die sie zu verurteilen gekommen waren? Mrs. Rattenbury mit der Herrschernatur? Mrs. Rattenbury mit den tierischen Orgien?

Vielleicht war es nur eine täuschende Fassade; man kannte ja derartige Dinge. Vielleicht würde sie zusammenbrechen und die Wahrheit in all ihrer Scheußlichkeit enthüllen, wenn im Zeugenstand eine neue Dimension hinzukäme.

XXVII.

»Mrs. Rattenbury«, sagte Terence O'Connor, der Anwalt, der ihre Verteidigung leitete, »wollen Sie versuchen, uns zu helfen, indem sie laut und deutlich und langsam sprechen, damit alle Sie verstehen können?«

Sie hatte in leisem, fast vertraulichem Ton begonnen, wie das Leute tun, die gewohnt sind, nur in kleinen Räumen zu sprechen; doch nachdem sie einmal den erforderlichen Tonfall gefunden hatte – wozu sie nicht lange brauchte –, fand sie keinerlei Schwierigkeiten mehr, sich Gehör zu verschaffen. Ihre Stimme war nicht nur klar, sondern auch warm und fein moduliert; und während ihres ganzen, mehrere Stunden dauernden Aufenthaltes im Zeugenstand antwortete sie stets mit gewinnender Höflichkeit auf alle Fragen, ob sie nun freundlich oder feindlich gesonnen waren.

Ihr würdiges Betragen war um so bemerkenswerter, als selbst das Verhör durch O'Connor sie einer quälenden Marter unterziehen mußte. Eine Fähigkeit, Scham im Privatbereich zu erdulden, muß nicht unbedingt auch die Fähigkeit einschließen, keine Scham vor der Öffentlichkeit zu empfinden; und es war eine in jeder Hinsicht beschämende Geschichte, die Mrs. Rattenbury nun dem Gericht erzählen mußte. Sie begegnete dieser Herausforderung mit melancholischer Offenheit. Ja, bestätigte sie, sie sei Stoners Geliebte gewesen; ja, intime Beziehungen hätten regelmäßig zwischen ihnen stattgefunden; ja, er sei von ihr als Chauffeur und Bursche für alles eingestellt worden, und sie selbst habe ihm jede Woche seinen Lohn gezahlt; ja, gelegentlich habe sie ihm auch Geschenke gemacht; ja, sie hätten dann und wann Streitereien und Auseinandersetzungen gehabt.

»Erinnern Sie sich an eine Auseinandersetzung im Frühjahr?« fragte O'Connor.

»Ja, daran erinnere ich mich«, antwortete Mrs. Rattenbury.

»An welche Einzelheiten können Sie sich erinnern?«

»Nun«, sie machte eine Pause, aber nur für eine knappe Sekunde. »Ich wollte unsere Verbindung lösen – wegen des Altersunterschiedes, wenn Sie verstehen, und Stoner sagte« – sie machte eine ausdrucksvolle kleine Handbewegung – »nun, daß er das nicht wollte, und darum gingen eigentlich alle unsere Auseinandersetzungen.«

Sie sah bittend zu Stoner hinüber, der die Augen auf den Fußboden vor der Anklagebank geheftet hielt; es war, als ob sie nur bedauerte, ihn mit diesen intimen Enthüllungen verletzen zu können. Für sich selbst bettelte sie nicht um Mitleid. Sie machte nicht den geringsten Versuch, ihre Erniedrigung zu beschönigen oder ihre Sünden und Torheiten geringer erscheinen zu lassen, als sie es waren. Sie hatte diese Dinge getan und mußte nun die Schuld dafür auf sich nehmen; nur für das, was sie nicht getan hatte, lehnte sie die Verantwortung ab.

Der Eindruck, den sie auf das Gericht gemacht hatte,

wuchs noch, während sie unter O'Connors Leitung das Bild ihres merkwürdigen Haushaltes entwarf und vor diesem Hintergrund die Ereignisse ausmalte, die zu der schicksalsschweren Nacht führten. Sie hatte zu beidem nicht viel Neues hinzuzufügen; das Wesentliche hatten bereits Doktor O'Donnell und Miss Riggs berichtet. Doch in diesem Stadium sammelte das Gericht nicht mehr Tatsachen; es sammelte Eindrücke von Mrs. Rattenbury; und während sie diese Eindrücke in unterhaltendem Ton beisteuerte und über ihre Geldsorgen mit ihrem Mann redete (»Er war ziemlich zugeknöpft in dieser Hinsicht – nun ja, nicht gerade großzügig«) und über die Verwendung der unregelmäßig eintrudelnden Schecks für ihre Liedertexte plauderte (»Dann und wann habe ich sie eingelöst und das Geld dafür in das Haus gesteckt«), dann von dem letzten Tag berichtete, den sie alle gemeinsam in der Villa Madeira verbrachten (»Nach dem Mittagessen legte mein Mann sich schlafen, und ich spielte mit John – Sie wissen schon, der übliche Sonntagnachmittag in einer Familie«), zerrann sehr rasch das Märchen von einer tyrannischen Nymphomanin. Wie abscheulich auch gewisse Episoden in ihrem Leben sein mochten, die Frau selbst war nicht abscheulich.

Es herrschte daher eine gänzlich andere Atmosphäre als zu Beginn der Verhandlung oder selbst vor ihrem Auftritt im Zeugenstand, als Mrs. Rattenbury sich dem Höhepunkt ihrer Erzählung näherte.

Sie erklärte, daß sie Stoner nach ihrer Auseinandersetzung zwischen halb sieben und sieben, als dieser seine richtige oder Spielzeugpistole gezogen hatte, nicht wiedergesehen hätte bis nach ihrer Plauderei mit Miss Riggs und nachdem sie selbst wieder zu Bett gegangen sei. Danach sei Stoner – wie erwartet – zu ihr ins Schlafzimmer gekommen.

»Im ersten Augenblick ist mir nichts an ihm aufgefallen«, sagte Mrs. Rattenbury, »aber dann bemerkte ich doch, daß er ein wenig komisch aussah.«

»Wie war er angezogen?« fragte O'Connor.

»Er war im Schlafanzug.«

»Was tat er?«

»Er kam ins Bett.«

»Was geschah dann, Mrs. Rattenbury? Erzählen Sie es mit Ihren eigenen Worten.«

»Nun, er schien aufgeregt zu sein, und ich sagte: ›Was ist denn los, Liebling?‹ und er antwortete, daß er in der Klemme säße, mir aber nicht sagen könne, warum, worauf ich sagte: ›Oh, das mußt du mir aber erzählen!‹ Und das ging nun so zwei oder drei Minuten lang hin und her, und er sagte immer wieder, ich würde es nicht ertragen können. Ich dachte, es handelte sich um irgendwelche Schwierigkeiten, die er draußen hatte – seine Mutter, wissen Sie, oder so etwas.« Sie schluckte schwer, während sie sich entschlossen rüstete, den Augenblick nachzuerleben, in dem alles begann. »Ich sagte also, daß ich stark genug sei, um alles zu ertragen, und da erzählte er es mir . . . er erklärte, daß ich am nächsten Tage nicht nach Bridport würde fahren können, weil er Ratz verletzt hätte.« Unwillkürlich krauste sie die Stirn, als sie an ihre Bestürzung über diese Mitteilung dachte. »Mir ging zuerst gar nicht in den Kopf, was er da sagte, bis ich Ratz stöhnen hörte; doch da begann mein Verstand zu arbeiten, und ich sprang aus dem Bett und lief nach unten.«

»Haben Sie sich aufgehalten«, fragte O'Connor, »um Kleider oder Pantoffeln anzuziehen?«

»O nein!«

»Hat Stoner etwas darüber gesagt, wie er es getan hat?«

Mrs. Rattenbury ließ ihren Blick zu Stoner auf der Anklagebank hinüberwandern; ich hätte nie ein Sterbenswörtchen verraten, schienen ihre Augen zu sagen, wenn du nicht zuerst alles eingestanden hättest.

»Er sagte, daß er ihm eins mit dem Holzhammer über den Kopf gezogen habe«, antwortete sie.

»Sonst noch etwas über den Holzhammer?«

Immer noch ruhten ihre Augen auf der Anklagebank, wo Stoner mit unverändert niedergeschlagenem Blick saß.

»Daß er ihn draußen versteckt hätte.«

Das erklärte jetzt wenigstens ihre geheimnisvolle Bemerkung über den Holzhammer. Sie hatte etwas darüber gewußt, aber nicht genug.

»Was sahen Sie unten, als Sie die Treppe hinuntergelaufen waren?«

»Mr. Rattenbury saß in seinem Lehnsessel, und er ... und er ...«

O'Connor beobachtete seine Klientin sorgfältig, und da er sah, daß ihre Fassung zum erstenmal in Gefahr war, kam er ihr zu Hilfe, um ihr eine detaillierte Schilderung der grauenvollen Szene zu ersparen.

»Ich glaube, Sie brauchen nicht im einzelnen zu beschreiben, was Sie gesehen haben. Er saß also in seinem Lehnsessel?«

»Ich versuchte seine Hände zu reiben; sie waren so kalt«, fuhr Mrs. Rattenbury fort. »Ich versuchte seinen Puls zu fühlen und schüttelte ihn ein wenig, damit er sprechen sollte. Ich versuchte, mit ihm zu reden – und dann sah ich dieses Blut und ging um den Tisch und trat auf sein Gebiß – und das machte mich hysterisch, und ich schrie laut auf.« Ihre ungekünstelte Erzählweise war so bildhaft, daß ihre Zuhörer nicht nur hörten, sondern direkt sahen, was sie berichtete und was geschehen war. »Ich kann mich nicht mehr genau erinnern, nur noch vage«, fuhr Mrs. Rattenbury fort. »Ich schenkte mir einen Schluck Whisky ein, weil mir übel war und ich glaubte, daß mir davon besser würde.«

»Sie sagen, Sie hätten laut geschrien«, warf O'Connor ein. »Haben Sie da jemand gerufen?«

»Irene.«

»Ist sie hinuntergekommen?«

»Ja.«

»War dies das einzige Glas Whisky, das Sie in dieser Nacht getrunken haben?«

»Nein, ich trank ein Glas Whisky unverdünnt, und mir war immer noch schlecht, und da habe ich mir noch ein Glas eingegossen. Wann ich das nächste Glas Whisky getrunken habe, weiß ich nicht mehr. Ich habe einfach versucht, mich zu betäuben, dieses entsetzliche Bild auszulöschen.«

»Können Sie sich erinnern, wie die Polizeibeamten gekommen sind?«

»Absolut nicht.«

»Können Sie sich erinnern, daß Sie nach Dr. O'Donnell geschickt haben?«

»Ich kann mich an überhaupt nichts erinnern«, sagte sie mit Nachdruck, »nachdem ich ein weißes Handtuch um den Kopf meines Mannes gewickelt hatte und mich übergeben mußte, nachdem ich auf diese falschen Zähne getre –«

Sie unterbrach sich und preßte den Handrücken auf ihre Lippen.

»Können Sie sich noch an irgendwelche anderen Ereignisse dieser Nacht erinnern?«

»Nein.«

Eine eingehendere Befragung zu diesen Dingen brachte keine weiteren Ergebnisse. Sie mußte jetzt nur noch dazu gebracht werden, alle Beteiligung kategorisch abzustreiten.

»Mrs. Rattenbury, haben Sie selbst Ihren Ehemann ermordet?«

Diese direkte Unterstellung traf sie wie ein Nadelstich.

»O nein!«

»Oder sich in irgendeiner Weise an der Planung seiner Ermordung beteiligt?«

»O nein!«

»Haben Sie irgend etwas davon gewußt, bevor Stoner in Ihrem Bett davon zu reden begann?«

Sie hob verzweifelt den Kopf.

»Natürlich hätte ich es verhindert«, sagte sie, »wenn ich es eine halbe, eine Viertelminute zuvor gewußt hätte ...!«

O'Connor konnte sich fürs erste zufrieden hinsetzen. Trotz des schweren Handicaps, unter dem sie angetreten war, hatte seine Klientin unzweifelhaft die erste Hürde mit Bravour genommen.

Mrs. Rattenbury strahlte Überzeugung aus.

XXVIII

Diese Überzeugungskraft verließ sie auch nicht im Kreuzverhör. Das war um so bemerkenswerter, als ihr mit R. P.
Croom-Johnson, KC, Ersten Staatsanwalt der Krone, ein
äußerst erfahrener und versierter Verhörspezialist entgegen-
trat; und weil zumindest ein wesentliches Element in ihrer
Geschichte, so wahr es auch sein mochte, sehr unwahrscheinlich anmutete und eine gründliche skeptische Untersuchung
geradezu herausforderte.

Croom-Johnson stürzte sich auch sehr bald darauf.

»Sie wollen den Geschworenen also weismachen, daß Sie
praktisch von dem Augenblick an, als Ihnen schlecht wurde
und Sie sich ein Glas Whisky einschenkten, Ihr Gedächtnis
vollkommen im Stich gelassen hat?«

»Ich kann mich an einige wenige Dinge erinnern«, erwiderte Mrs. Rattenbury. »Ich erinnere mich wie an einen
schrecklichen Alptraum.«

»Erzählen Sie, woran Sie sich aus dieser Nacht erinnern.«

»Oh, an nichts mehr aus dieser Nacht«, rief sie. Anscheinend hatte sie ihn mißverstanden. »An nichts mehr aus dieser
Nacht; es war ein Schock für mich, als ich hörte –«

Croom-Johnson schnitt ihr das Wort ab: »Erinnern Sie
sich daran, wie Dr. O'Donnell kam?«

»Nein.«

»Wie?« Sein Tonfall drückte Unglauben aus.

»Ich kann's nicht.« Mrs. Rattenbury seufzte und schüttelte
den Kopf. »Ich habe so sehr versucht, mich zu erinnern –
sogar, indem ich das, was man mir erzählt hat, zusammen-
gefügt habe –, aber es geht nicht.«

»Dr. O'Donnell war Ihr Freund und ärztlicher Berater?«

»Ja.«

»In der Regel also ein Mensch, der Sie eher beruhigen denn
erregen sollte?«

»Ja.«

»Und Sie erinnern sich *überhaupt nicht* an Dr. O'Donnell in
jener Nacht?«

»Nein.«

Die Behauptung von Gedächtnisschwund kann selten widerlegt und nie mit Sicherheit nachgewiesen werden – das liegt in der Natur der Sache. Aber die am wenigsten glaubwürdigen Aspekte gerade dieser Behauptung wurden jetzt herausgesiebt und kräftig betont. Die Geschworenen würden sie nur glauben, wenn sie Mrs. Rattenbury glaubwürdig fanden.

»Erinnern Sie sich daran, daß nacheinander mehrere Polizeibeamte in Ihr Haus gekommen sind?«

»Nein.«

»Erinnern Sie sich, wie Sie auf der Polizeiwache angekommen sind?«

»Nein.«

»Erinnern Sie sich, wie man Ihnen auf der Polizeiwache die Anschuldigung vorgelesen hat?«

»Nein.« Ihr Ton war fast entschuldigend. »Mein Gedächtnis läßt mich da völlig im Stich.«

»Erinnern Sie sich daran, wie Sie gegen elf Uhr am folgenden Vormittag dem Polizeirichter vorgeführt wurden?«

»Nein.«

»Erinnern Sie sich an die zwei Unterredungen mit Ihren Anwälten an jenem Vormittag?«

»Nein.«

»Erinnern Sie sich daran, daß Dr. O'Donnell Sie gegen ein Uhr an jenem Tage besucht hat?«

»Nein.«

Croom-Johnson änderte vorsichtig seine Methode.

»Was ist Ihnen als letztes von Stoner aus jener Nacht im Gedächtnis geblieben?«

»Ah.« Der Mechanismus ihrer Erinnerung schien sich wieder ein wenig zu regen, aber nur ruckweise und unbestimmt. »Ich kann mich daran erinnern, wie Stoner mir in meinem Schlafzimmer einen Gutenachtkuß gab – und ich sehe meinen kleinen John in der Tür stehen, sehe sein kleines Gesicht . . . aber das sind die beiden einzigen Dinge, an die ich mich aus jener furchtbaren Nacht in der Villa Madeira erinnern kann.«

Von zwanzig Minuten vor vier an mußte man die Morphiuminjektion berücksichtigen, doch bis zu diesem Zeitpunkt war das einzige Mittel, das von außen auf Mrs. Rattenburys Erinnerungsvermögen einwirkte, der Whisky. Sie hatte bereits ausgesagt, daß sie getrunken hätte, um sich zu betäuben, um »dieses entsetzliche Bild auszulöschen«. Aber konnte der Alkohol, selbst wenn man die verstärkenden Begleitumstände berücksichtigte, konnte er *buchstäblich* diese Wirkung ausüben?

»Sind Sie daran gewöhnt, Whisky zu trinken?« fragte Croom-Johnson.

»Nein.«

»Aber Sie trinken Cocktails?«

»O ja«, antwortete Mrs. Rattenbury. »Und Wein.«

»Sind Sie einigermaßen gewöhnt, Cocktails zu trinken?«

»Ach ja, ziemlich.«

»Wenn Sie Cocktails trinken, wie viele pflegen Sie da gewöhnlich zu nehmen?«

»Zwei oder drei.«

»Und das geschah jeweils unmittelbar vor dem Abendessen?«

»Ja.«

»Könnten es auch mehr gewesen sein?«

Mrs. Rattenbury überlegte.

»Es könnte – nicht immer, aber manchmal – einer, aber nur einer mehr geworden sein.«

»Geschah das sehr häufig?«

»Nicht sehr oft.«

»Sind Sie gewöhnt, jeden Tag Wein zu trinken?«

»Nicht jeden Tag.«

»An den meisten Tagen?«

»Nein, nicht an den meisten Tagen.«

Croom-Johnson machte den eigentlichen Sinn dieser Fragen deutlich – für die Geschworenen nicht weniger als für die Angeklagte.

»Was ich damit unterstellen will, Mrs. Rattenbury – lassen Sie mich das ganz klar sagen –, ist die Tatsache, daß Sie daran

gewöhnt waren, recht große Mengen Alkohol zu konsumie-
ren.«

»Was Wein betrifft, schon«, antwortete sie ohne das geringste Zögern.

»Und Cocktails?«

»Ja, ganz recht.«

»Stimmen Sie zu, daß Cocktails mitunter eine ziemlich
konzentrierte Form von Alkohol sind?«

Sie stimmte zu.

Ermutigt von dieser unvorhergesehenen Zustimmung,
wandte Croom-Johnson sich sogleich seinem ursprünglichen
Thema wieder zu.

»Erinnern Sie sich daran, wie Sie, zusammen mit den
Polizeibeamten, in Ihrem Schlafzimmer waren?«

»Nein, das habe ich vergessen«, antwortete Mrs. Rattenbury und fügte dann mit einem Hauch Bitterkeit hinzu: »Ich
bin sehr froh, daß ich eine Menge dieser Einzelheiten vergessen habe.«

»Erinnern Sie sich daran, wie man Ihnen eine Tasse Kaffee
gereicht hat?«

»Nein.«

»Und daß Sie ihn getrunken haben?«

»Nein.«

»Und daß Sie ein Bad genommen haben?«

Croom-Johnson zeigte deutlich sein Erstaunen, als sie
auch diese Frage verneinte. »Mrs. Rattenbury, wollen Sie
tatsächlich dem Herrn Richter und den Geschworenen weismachen, daß Sie sich an keinen dieser Vorfälle des folgenden
Morgens erinnern?«

Ja, das wollte sie wirklich.

»Über diese Vorfälle ist Ihnen also überhaupt nichts im
Gedächtnis geblieben?«

»Es ist, als ob Sie von jemand anders redeten«, sagte
Mrs. Rattenbury.

»Auch an Menschen können Sie sich nicht erinnern?«

»Auch nicht.«

»Und an Unterhaltungen?«

»Überhaupt nicht.«

Croom-Johnson hielt das Notizbuch eines Polizisten hoch.

»Sie wissen also überhaupt nichts davon, daß Sie eine Aussage vor dem Kriminalinspektor gemacht haben, die dieser hier eingetragen hat?«

»Ich kann mich nicht daran erinnern«, antwortete sie. »Ich hab's versucht und versucht und versucht; gestern erst, gestern abend habe ich mich daran zu erinnern versucht, daß –«

»Sehen Sie sich einmal dieses Notizbuch an«, unterbrach er sie; es wurde ihr hochgereicht, aufgeschlagen an einer bestimmten Stelle. »Lesen Sie die Worte ›Alma Rattenbury‹?«

»Ja, ich sehe sie.« Sie betrachtete das Buch mit einem Anflug nachdenklichen Staunens. »Das kommt mir alles völlig spanisch vor.«

»Ist das Ihre eigene Handschrift?«

»Ja, das ist meine Unterschrift.«

»Lesen Sie Ihre Aussage durch, und danach werde ich Ihnen eine Frage stellen.« Das Gericht wartete schweigend, während Mrs. Rattenbury ihre ›Aussage‹ durchlas, die man ihr um Viertel nach acht an jenem Montagmorgen abgenommen hatte, als sie, nach Angabe des Kriminalbeamten, völlig normal war. »Sind Sie fertig? Nun dann: erinnern Sie sich, wie der Beamte Ihnen das vorgelesen hat?«

»Nein.«

»Erinnern Sie sich daran, daß Sie den Beamten gebeten haben, die Niederschrift selbst lesen zu dürfen?«

»Nein; für mich war es ein ziemlicher Schock, als ich ihn das gestern hier sagen hörte.«

»Erinnern Sie sich daran, wie er Ihnen das Notizbuch aushändigte und Sie Ihre Aussage selbst durchlasen?«

»Nein.«

»Und wie Sie auf der Bettkante saßen, das Buch in Ihrer linken Hand hielten und mit der rechten Ihre Unterschrift hineinschrieben?«

»Nein«, erklärte sie; »es ist meine Unterschrift, aber ich kann mich nicht daran erinnern.«

Das Notizbuch wurde an seinen Platz unter den Beweis-stücken zurückgelegt.

»Auf der Polizeiwache haben Sie dann gegen Mittag dieses Tages, so etwa um halb ein Uhr, einen Scheck über fünf Pfund für Stoner ausgeschrieben. Erinnern Sie sich daran?«

Endlich erhielt Croom-Johnson eine positive Antwort.

»Ich erinnere mich sogar an *zwei* Schecks, einen für Irene und einen für Stoner, aber ich erinnere mich nicht, wem ich sie ausgehändigt habe.«

»Am Montagmittag, dem 25. März?«

»Ja; ich erinnere mich auch, wie ich dagesessen und sie ausgeschrieben habe.«

»Und an die Summe, auf die sie ausgestellt waren?«

»Jeder auf fünf Pfund.«

»Und für wen sie bestimmt waren?«

»Ja, vollkommen.«

»Und bis zu diesem Moment ist Ihr Gedächtnis, ent-sprechend Ihren heutigen Aussagen, ein völlig unbeschrie-benes Blatt für etliche Stunden?«

»Ich kann mich nicht einmal mehr daran erinnern«, sagte Mrs. Rattenbury einfach, »wie ich zu meinem Scheckheft gekommen bin.«

Croom-Johnsons abschließende Frage war in der Tat ein beißend scharfer Kommentar, geschickt in die Form einer Rekapitulation gekleidet.

»Sie möchten also die Geschworenen glauben machen, daß Ihr Gedächtnis vom Einschenken dieses Glases Whisky an völlig leer ist – mit Ausnahme von ein oder zwei belanglosen Dingen, die Sie uns hier berichtet haben – bis zu der Erinne-rung an die beiden Schecks, die Sie gegen halb ein Uhr am Montagmittag auf der Polizeiwache ausgestellt haben?«

»Aber das«, erklärte Mrs. Rattenbury, »ist doch die *reine Wahrheit!*«

XXIX

Es war jedoch nicht die Tatsache an sich, sondern die Art und Weise ihrer Proteste, die sie zu einer so wirkungsvollen Entlastungszeugin in eigener Sache werden ließ. Je länger sie im Zeugenstand blieb, um so stärker wuchs der Glaube, daß ihr Charakter und das Verbrechen zwei unvereinbare Dinge seien. Die Anwälte mochten weiter von ihrer »beherrschenden Stellung« reden und wiederholt die Aufmerksamkeit auf ihre sexuellen Ausschreitungen lenken, als formten diese einen wesentlichen Teil der Anklage; die Laien hingegen – weniger ›vernünftig‹ in mancher Hinsicht als die Anwälte, scharfsichtiger dafür in anderer – hatten Mrs. Rattenbury gesehen und sich ihr Urteil gebildet.

Sie hatte den gegen sich gerichteten Spieß abgewendet, indem sie einfach ihre Erscheinung gegen ihn ins Feld führte; eine vorgefaßte Meinung über die Wahrheit wurde von einer Persönlichkeit beiseitegefegt, die diese Wahrheit als das Gegenteil entlarvte. Ihr Auftritt mündete in einen Triumph, den ihr die größte Schauspielerin hätte neiden können – nur daß sie diesen Triumph nicht durch schauspielerische Mittel erzielte noch hätte erzielen können.

XXX.

Es war jedoch ein Triumph, bei dem die Siegerin nicht jubelte und der sich sehr bald auf klassische Art in eine strenge, finstere Tragödie verwandelte.

Nachdem die Sprüche »schuldig« und »nicht schuldig« verkündet worden waren und während Stoner im Gefängnis auf seine unausbleibliche Begnadigung wartete, ging Mrs. Rattenbury zuerst zu Verwandten und von dort weiter in ein Sanatorium, wo sie besser vor der lärmenden Meute der Presse abgeschirmt werden konnte. Sie war nicht krank im engeren medizinischen Sinne, und niemand konnte oder wollte sie also zurückhalten, als sie am vierten Nachmittag nach dem Prozeß ausging und sagte, sie würde gegen neun Uhr zurück sein.

An jenem Abend ging ein Landbewohner über eine Wiese vor den Toren von Bournemouth und sah eine Frau, die er nicht kannte, auf einer Bank an einem lieblichen kleinen Fluß sitzen. Sie war allein und rauchte eine Zigarette; ein Pelzmantel und eine Handtasche lagen neben ihr. Der Landmann überquerte den Fluß auf einer nahegelegenen Brücke und ging am anderen Ufer weiter.

Etwas veranlaßte ihn, sich umzudrehen, und da sah er die Frau so dicht an das Flüßchen herantreten, daß ihr Schatten über das Wasser fiel. Das Messer in ihrer rechten Hand blinkte in der Sonne.

Sechsmal stieß sie es sich mit solcher Entschiedenheit und Kraft in die Brust, daß drei Stiche ihr Herz durchbohrten und sie tot war, noch ehe das Wasser über ihr zusammenschlug.

XXXI.

Warum zerstörte Mrs. Rattenbury mit eigener Hand das Leben, das ihr erst kürzlich wiedergeschenkt worden war?

Unglück ist gewöhnlich eine Mischung aus verschiedenen erkennbaren Bestandteilen; und jemand, der so unglücklich ist, daß er sich selbst umzubringen plant, wird zur Selbstrechtfertigung einen nach dem andern prüfen. Zweifellos wurde Mrs. Rattenbury von der öffentlichen Ausschlachtung ihrer traurigen Berühmtheit nach dem Prozeß sehr gequält. Zweifellos hatte sie die vernichtende und verächtliche Bemerkung des Richters (»Man kann nichts anderes als Abscheu vor ihr empfinden«, hatte er gesagt.) wie ein Peitschenschlag getroffen, der noch auf ihrer Haut brannte. Zweifellos beklagte sie das Elend, das sie über ihre Kinder gebracht hatte, und dachte möglicherweise, ihr Tod würde ihnen mehr nützen als ihr Leben. Doch das waren nur zusätzliche Beweggründe und dem Hauptgrund untergeordnet, der sie zur Verzweiflung trieb. Dieser Grund wird besonders in zwei von mehreren Briefen, die sie hinterließ, deutlich gemacht. »Ich habe mich in Holloway dazu entschlossen«, schreibt sie in dem einen, »Schluß zu machen, falls Stoner... und das wird nur eine Sache der Zeit und der Gelegenheit sein.« – »Wenn ich nur wüßte, daß ich Stoner helfen könnte«, schreibt sie in dem anderen, »würde ich ausharren. Aber man hat mir nur zu unmißverständlich erklärt, daß ich ihm nicht helfen könnte. Das ist mein Todesurteil.«

Man muß sich damit abfinden, daß der Fall, den Lord Hewart bei der Berufungsverhandlung vor dem Appellationsgericht nicht ganz unzutreffend als gemein und schmutzig bezeichnete, nichtsdestoweniger aus einer echten Liebesaffäre entsprang. Liebesaffären sind manchmal gemein und schmutzig, aber deshalb bleiben sie doch Liebesaffären. Es hat keinen Sinn, herauszustellen, wie wenig die beiden zueinander paßten; die Fähigkeit der Frauen, auch das ihrer Liebe unwürdigste Subjekt mit Eigenschaften ihrer Einbildungskraft auszustatten, kann das traditionelle Scharwenzeln des Pfauenhahns um einen Zaunpfahl noch vernünftig erscheinen lassen. Mrs. Rattenbury und Stoner liebten einander: sie ihn als das Ergebnis einer beschützerischen Phantasie, er sie ganz einfach und direkt als eine Frau, die normalerweise außerhalb seiner Reichweite gewesen wäre. Es war gemein, es war schmutzig, doch ihr Verhältnis wurde zumindest dadurch aufgewertet, daß sie auch in der Prozeßgegnerschaft fest zueinanderhielten. Und als Mrs. Rattenbury die volle Tragweite des Urteils für sie beide richtig zum Bewußtsein kam – daß er zwar, wie alle meinten, wohl kaum gehängt werden, aber gewiß die nächsten fünfzehn Jahre im Zuchthaus würde verbringen müssen; daß sie, wenn sie ihn überhaupt ein nächstes Mal allein und in Freiheit sah, bei diesem Wiedersehen eine Frau von fünfzig, er aber immer noch ein blutjunger Mann sein würde –, konnte sie diese Zukunftsaussicht nicht ertragen. Sie wußte nur zu gut, daß alles vorbei war, und sie kreuzigte sich auf dem pathetischen Altar romantischer Liebe.

Es gibt keine Moral aus dem Fall Rattenbury. Sein Studium kann nicht dazu beitragen, daß ähnliche Fälle ihr Maß an Elend und Not ausschütten werden. Mr. Rattenbury ist gestorben, Mrs. Rattenbury hat sich das Leben genommen, und Stoner wanderte ins Zuchthaus, weil eine Frau ein sexuelles Verhältnis anfing und zum Ideal erhob – ein Verhältnis, in dem die Saat der Katastrophe für jeden unbeteiligten Zuschauer von Anfang an deutlich sichtbar war. Doch man konnte nichts daran ändern, und auch in Zukunft wird man nichts an derartigen Fällen ändern können. Eine tote Mrs. Rattenbury ist genausowenig eine wirksame Warnung für andere, wie eine lebende Mrs. Rattenbury hätte wirksam gewarnt werden können. Sie stellt ein Phänomen dar, das man nicht heilen oder unterdrücken kann. Man kann es nur – wenn das Herz es gestattet – mit klinischem Interesse betrachten.

David A. Yallop

Warum wurde Bentley gehängt?
Der Fall der fehlenden Revolverkugel

An einem Novemberabend des Jahres 1952 wurde auf dem
Dach einer Großhandlung im Städtchen Croydon, südlich
von London in der Grafschaft Surrey gelegen, der Polizist Sidney Miles erschossen. Einen Monat darauf befanden die Geschworenen des Londoner Hauptkriminal-
gerichtes Old Bailey zwei junge Burschen für schuldig,
den Police Constable Sidney Miles ermordet zu haben.
Christopher Craig, der den tödlichen Schuß abgefeuert
haben soll, war sechzehn: er wanderte für zehneinhalb
Jahre hinter Gitter. Derek Bentley, der zusammen mit
Craig das Warenlager der Firma berauben wollte, war
neunzehn: er wurde zum Tode verurteilt und im Januar
1953 gehängt. Richter war Lord Goddard, der Lord Chief
Justi . . – Die Affäre Craig/Bentley war ein Fall, der ganz
England in Erregung versetzte und die Diskussion für
und wider die Todesstrafe lebhaft anfachte. Ich glaube
nicht nur, daß Derek Bentley für ein Verbrechen gehängt
wurde, das er nicht beging, sondern daß er für ein Verbrechen sein Leben lassen mußte, das niemand begangen
hat . . .

Craig blickte die Straße hinauf und hinunter, doch niemand
schien an diesem nassen Sonntagabend in Croydon unterwegs zu sein. Rasch kletterte er über das Zauntor und ließ
sich fallen. Bentley wartete einen gerade vorbeifahrenden
Bus ab und folgte ihm dann. Einen kritischen Augenblick
lang hing er unsicher über den Eisenspitzen, rutschte halb
fallend auf der anderen Seite in den schmalen Gang hinunter
und stolperte gegen einen blechernen Mülleimer, der schep-

pernd umfiel. Starr vor Schreck blieben sie stehen – doch nichts rührte sich. Das Glück schien ihnen hold zu sein.

In Wahrheit aber hatte das Glück sie bereits verlassen. Direkt gegenüber, im Haus Nummer 74 auf der anderen Seite der Tamworth Road, schaute die neunjährige Edith Ware noch einmal vor dem Schlafengehen auf ihre Straße und bekam endlich einmal etwas anderes zu sehen als immer nur die Gebäude der Süßwarengroßhandlung Barlow & Parkers. Die Zeit: 21.15 Uhr.

Die beiden Burschen erkundeten in dem Gang erst einmal ihre Umgebung. Nachdem sie festgestellt hatten, daß alle konventionellen Eingangsmöglichkeiten verschlossen waren, kletterte Craig geschwind an einem Abflußrohr zum Dach des Gebäudes hinauf. Oben angekommen, forderte er Bentley leise auf, ebenfalls hochzuklettern.

Im Büro der Kriminalpolizei auf dem Polizeikommissariat von Croydon sah es für den Kriminalbeamten Fairfax, der gerade einen Bericht über den Diebstahl von einer Gasuhr tippte, so aus, als würde es ein ganz alltäglicher Abend werden. Selbst die Meldung »Verdächtige Personen auf dem Grundstück Süßwarenhandlung Tamworth Road« verhieß nicht mehr als einen Routinefall. Fairfax trommelte die Polizisten Harrison, Pain und Bugden zusammen und sprang mit ihnen in einen Dienstwagen. Ebenfalls zur Tamworth Road dirigiert wurde der Streifenwagen 7z mit seiner Besatzung, den Polizisten James McDonald und Sidney Miles.

Mit übermäßiger Kraftanstrengung hatte Bentley es inzwischen geschafft, das Dach zu erreichen. Während er keuchend dastand und sich langsam von der mühsamen Klettertour erholte, flammten unten Taschenlampen auf, und die Instruktionen austeilende Stimme von Fairfax ließ sie erkennen, daß sie sich vergeblich angestrengt hatten. Rasch zogen sie sich zum Liftaufbau zurück und versteckten sich dahinter.

Ein Polizist unten rief: »Alles in Ordnung bei Ihnen?« Die Antwort von Fairfax – ein knappes »Ja« – erklang so nahe bei Craig und Bentley, daß sie sofort wußten, sie hatten Gesellschaft auf dem Dach. Fairfax rief in ihre Richtung: »Ich bin Polizeibeamter. Kommen Sie hinter dem Aufbau hervor!« Während der folgenden gerichtlichen Untersuchung behauptete Fairfax, Craig habe geantwortet: »Wenn du uns haben willst, verdammt noch mal, komm doch und hol uns!« Als ich Craig befragte, bestritt er, überhaupt geantwortet zu haben. Fairfax kann sich jetzt nicht mehr genau an diese Äußerung erinnern. Die nächste angeblich gefallene Äußerung war diejenige, die Bentley an den Galgen brachte.

Fairfax blieb zögernd ein Stück vor dem Liftaufbau stehen. Bentley fand jetzt, daß er genug hätte. Er sagte zu Craig: »Ich geh jetzt raus«, trat hinter dem Lifthäuschen hervor, und Fairfax schnappte ihn sich. Bis hierher gibt es, abgesehen von jener ersten Äußerung, kaum Unterschiede zwischen den beiderseitigen Versionen des Geschehens. Von diesem Punkt an aber beginnen die Versionen voneinander abzuweichen.

Während Fairfax Bentley festnahm, hatte der Polizist McDonald große Mühe, das Abflußrohr hinaufzuklettern. Noch knapp zwei Meter vom Dachrand entfernt, hatte er sich gerade entschlossen, wieder nach unten zu gehen. Ob er bereits wieder hinabkletterte oder bewegungslos an dem Rohr hing, blieb unklar. Auf jeden Fall war er mindestens achtzehn Meter vom Ort des Geschehens entfernt und hatte keine Sicht. Auch Polizist Harrison war mindestens achtzehn Meter weit weg.

Fairfax behauptete später, daß er nach der Festnahme Bentleys mit diesem bei der Verfolgung von Craig um das Lifthäuschen herumgegangen sei. Seine Schilderung fuhr fort: »Als wir um die andere Seite herumkamen, standen wir Craig genau gegenüber. Craig befand sich da auf der Westseite des Liftaufbaus. In diesem Augenblick riß Bentley sich von mir los und rief: ›*Let him have it, Chris!*‹ Es folgte ein lauter Knall und ein Blitz, und etwas schlug gegen meine Schulter, so daß ich mich um meine eigene Achse drehte und zu Boden fiel. Es war meine rechte Schulter, in die ich getroffen wurde. Als ich wieder hochkam, sah ich, wie links von mir sich ein Mann entfernte und ein anderer rechts. Ich sprang auf den

Mann zu meiner Rechten zu – es war Bentley – und versetzte ihm einen Faustschlag, der ihn zu Boden warf. Gleichzeitig blitzte und knallte es erneut, und ich ließ mich fallen und zog Bentley als Schutzschild vor meinen Körper.«

McDonald schwor ebenfalls, die Bemerkung »*Let him have it, Chris!*« und die Schüsse gehört zu haben. Harrison sagte gleichfalls unter Eid aus, daß er sah und hörte, wie Bentley sich losriß und die fatale Äußerung machte. Er erklärte weiter, daß er *unmittelbar darauf* zwei Schüsse habe fallen hören und daß Fairfax nach dem ersten Schuß gestürzt sei. Dies ist im wesentlichen die Version der Polizei über ein Ereignis, das die ganze Nation in Atem halten sollte.

Craigs Bericht unterscheidet sich erheblich davon. Nachdem Fairfax Bentley ergriffen hatte, sagt Craig, sei Fairfax mit ihm zurückgegangen, vorbei am Treppenaufgang zum Dach und bis zu der Stelle, wo er am Abflußrohr hinaufgeklettert war. Dort habe er Bentley gesagt, er solle hier stehenbleiben, und sei dann selbst wieder zum Liftaufbau zurückgegangen. Als er noch acht bis neun Meter von Craig entfernt gewesen sei, habe der Junge seinen Revolver gezogen und auf den Boden zwischen sich und dem Polizisten geschossen. Fairfax sei hingefallen, habe sich aber rasch wieder aufgerappelt und sei zur Dachkante gelaufen und habe gerufen, daß die Männer bewaffnet seien. Als er zur Frontseite des Gebäudes gelaufen sei, habe Craig erneut geschossen, aber völlig daneben. Zu keiner Zeit, erklärt Craig, hätte Fairfax Bentley geschlagen. Auch hätte Bentley niemals gerufen: »*Let him have it, Chris!*« In diesem Punkt blieb Craig eisern. Es gab für ihn nicht den geringsten Zweifel: »Die Bemerkung, die Bentley an den Galgen brachte«, erklärte er mit Nachdruck, »ist niemals gefallen.«

Ballistiksachverständige haben mich darauf hingewiesen, daß Fairfax' Schulter, hätte eine 45er-Kugel sie aus einer Entfernung von etwa zwei Metern getroffen, entweder zertrümmert oder durchbohrt worden wäre. Als Fairfax jedoch später im Allgemeinen Krankenhaus von Croydon seine Jacke auszog, fiel die Kugel auf den Boden. Sie hatte ihn in

Höhe seines rechten Schlüsselbeins getroffen, dieses aber nicht beschädigt. Der untersuchende Arzt stellte fest, daß die Kugel *die Oberfläche der Haut angeritzt, sie aber nicht durchdrungen hätte.* Die Jacke wies nicht das normale, saubere Einschußloch auf, sondern einen ausgefransten Riß. Daß das fragliche Geschoß ein wenig zu klein für Craigs 455er Eley war, wurde von der Anklagevertretung als Erklärung für die unglaublich leichte Verletzung von Fairfax angeführt, da ein zu kleines Geschoß auch eine weniger kräftige Schußwirkung ergeben müsse.

Das genaue Kaliber dieses und anderer Geschosse unter Normalmaß wurde nie festgestellt. Craig versicherte mir, daß es sich in der Tat um 44er gehandelt habe. Fairfax' Aussage vor Gericht über die Schußwirkung: ». . . so daß ich mich um meine eigene Achse drehte und zu Boden fiel«, entspricht absolut dem Aufprall eines solchen Geschosses. Aber die entstandene Verwundung und die äußeren Anzeichen entsprechen keineswegs der Wirkung eines auf Kernschußweite abgefeuerten 455er Eley, ob das Geschoß daraus nun von etwas zu geringem Kaliber ist oder nicht.

McDonald weigerte sich zu erklären, obwohl man ihn dazu drängte, daß die Äußerung »*Let him have it, Chris!*« aus Bentleys Mund gekommen sei. Bei der Voruntersuchung in Croydon sagte er aus: »Ich kletterte wieder hinunter, und dabei hörte ich *jemand* rufen: ›*Let him have it, Chris!*‹ Als ich die Erde erreichte, hörte ich zwei oder drei Schüsse fallen.« Bei der Verhandlung im Old Bailey erklärte McDonald, zu dem Zeitpunkt, an dem diese alles entscheidende Äußerung gefallen sei, »habe ich gerade versucht, den richtigen Halt zum Hinunterklettern zu finden«. Er sagte auch, daß die Zeit zum Hinunterklettern »Minuten« gedauert habe. Von Lord Goddard befragt, wurde daraus »eine Minute«. Weiter zu diesem Punkt von dem Richter befragt, meinte er, er bezweifle, daß er in dieser Zeit bis sechzig hätte zählen können. McDonald wollte sich jedoch nicht darauf festlegen lassen, daß Bentley diese Äußerung gemacht hätte. McDonalds genaue Position ist selbstverständlich sehr wichtig. Die Zeit, die er zum Hinunterklettern an dem Abzugsrohr benötigte, ist genauso wichtig, wenn man berücksichtigt, daß seine beiden Kollegen behaupteten, der erste Schuß sei unmittelbar nach der fraglichen Äußerung gefallen.

McDonalds Aussage läßt einen größeren zeitlichen Abstand zwischen Ausruf und Schüssen vermuten und neigt mehr dazu, Craigs Angaben über die Bewegungen von Fairfax zu bestätigen.

Für einen Mann, der gerade nach Aussage von drei Polizisten seinen Freund zur Anwendung äußerster Gewalt aufgefordert hatte, benahm sich Bentley in der Folgezeit einzigartig. *Nach allen vorgebrachten Zeugenaussagen leistete er nach seiner Verhaftung nicht den geringsten Widerstand.* Das Messer, das er zum Öffnen widerspenstiger Schlösser mitgebracht hatte, ließ er sich lammfromm von Fairfax aus der Tasche nehmen. Den Schlagring, den Craig ihm während der Busfahrt nach Croydon gegeben hatte, händigte er Fairfax aus. Nie in seinem Leben war Bentley bisher an einer gewalttätigen Handlung beteiligt gewesen. Erst ein paar Wochen vor dieser Tat hatte Bentley seinem Freund Craig eine Abfuhr erteilt, als dieser ihn zu einem bewaffneten Raubüberfall überreden wollte, so daß Craig sich zu diesem Unternehmen einen anderen Jugendlichen suchen mußte. Von dem Augenblick seiner Verhaftung an entsprach Bentleys Verhalten absolut seiner Abscheu vor Gewalttaten.

Während der seitdem vergangenen Jahre hat es heftige Auseinandersetzungen über die genaue Bedeutung der Worte »*Let him have it, Chris!*« gegeben. Hat Bentley damit gemeint, Craig solle seine Waffe übergeben, oder hat er gemeint, Craig solle sie benutzen? Dieser Satz ist immer wieder zitiert worden, um die Vieldeutigkeit der englischen Sprache aufzuzeigen.

Als Bentley den Schlagring Fairfax aushändigte, bemerkte er: »Mehr hab ich nicht, Chef. 'ne Kanone besitz ich nicht.« Widerstand wäre das letzte gewesen, was Bentley im Sinn hatte, als er mit dem Polizeibeamten hinter dem Dacheingangshäuschen stand. Ganz offensichtlich nahm er seine

Verhaftung als ein gegebenes Schicksal hin. Fairfax befand sich in einer sehr gefährlichen Lage. Er war allein auf dem Dach, an der Schulter verwundet, einer gegen zwei und unter der Einwirkung eines ziemlichen Schocks. Bentley wußte all dies und machte dennoch keinen Versuch, weder jetzt noch später, zu fliehen und sich Craig wieder anzuschließen.

»*Let him have it, Chris?*«

Unten auf dem Boden wuchsen mit jeder Sekunde das Chaos und die Verwirrung. Leute, die in der Nachbarschaft wohnten und sich gerade zum Zubettgehen gerüstet hatten, wurden nun von Polizisten gestört, die auf dem Weg zum Dach durch ihre Häuser rannten.

Wenn der bewaffnete Jüngling sich auch in der Falle befinden mochte, so ging es Fairfax keineswegs anders. Irgendwie mußten seine Kollegen ihm zu Hilfe kommen. Mit bewundernswertem Mut begann der Polizist Harrison sich über das quer zum Hauptgebäude und höher gelegene, aus Glasfenstern und Asbest bestehende Spitzdach zu dem flachen Hauptdach hin vorzuarbeiten. Hat Craig da auf Harrison geschossen? Oder hat Craig, wie der Anwalt der Verteidigung behauptete, über den Dachfirst hinweg geschossen, um Harrison zurückzuscheuchen? Hier ist in Craigs eigenen Worten seine Schilderung des Ereignisses, die er mir im Sommer 1970 gab. Seine Offenheit muß wohl jedem besonders auffallen.

»Ich konnte nicht ausmachen, wer das war. Es war dunkel und eine Menge Lärm, ich hatte die Feuerwehrwagen gehört und dachte, es könnte ein Feuerwehrmann sein. Ich ging hinter dem Liftaufbau vor und auf ihn zu, um ihn besser sehen zu können. Er lag mit dem Rücken auf dem Asbestdach und ließ sich langsam in Richtung auf mich herunter. Ich wollte nicht auf einen Feuerwehrmann schießen. Ich hatte keinen Grund zum Groll gegen diese Leute. Ich rief ihn an und fragte, ob er ein Polyp sei. Er gab keine Antwort, sondern kroch bloß weiter auf mich zu. Ich konnte immer noch nicht erkennen, was für eine Uniform er trug, deshalb rief ich ihn wieder an und fragte, ob er ein Feuerwehrmann sei. Er gab immer noch keine Antwort, kroch aber weiter näher. Mir blieb keine andere Wahl. Ich mußte ihn stoppen. Ich zielte und schoß auf ihn und hörte, wie seine Taschenlampe das Dach hinunter klapperte. Er bewegte sich nicht mehr, lag bloß noch ganz still auf dem Dach. Deshalb ging ich zum Liftaufbau zurück.«

Glücklicherweise schoß Craig daneben. Einen Augenblick lang wagte der Polizeibeamte kaum zu atmen – dann begann er langsam über das Spitzdach zurückzukriechen. Irgendwann während dieser Zeit gelang es McDonald endlich, mit Hilfe von Fairfax auf das Flachdach zu kommen. Wieder hatte Bentley die freie Wahl und Gelegenheit, zu tun, was er wollte: niemand hielt ihn fest, und nichts hinderte ihn daran, sich Craig erneut anzuschließen, doch er blieb ruhig stehen und sah zu, wie McDonald von Fairfax aufs Dach gezogen wurde. Fairfax schrie zu dem Jungen hinüber: »Wirf deinen Revolver weg!« Aber der antwortete trotzig: »Komm doch und hol ihn dir!« Gleichzeitig merkte Craig, wie Harrison sich auf die verhältnismäßige Sicherheit des Kaminkastens zubewegte, wirbelte herum, feuerte und traf daneben. Ehe Craig sich entschließen konnte, nochmals zu schießen, verschwand Harrison aus seinem Blickfeld.

Während des ganzen Gefechts war jeder Polizist auf sich selbst gestellt und handelte völlig unabhängig. Diese totale Aufsplitterung hatte letzten Endes wohl auch die schreckliche Tragödie zur Folge.

Auf dem Polizeikommissariat von Croydon wurden alle verfügbaren Feuerwaffen ausgegeben. In späteren Berichten wurde ihre Zahl mit zwischen sechs und vierzig Stück angegeben. Eine Untersuchungskommission sollte imstande sein, die genaue Anzahl herauszufinden.

Nachdem der Polizist Miles die Schlüssel zum Eingang der Süßwarengroßhandlung beschafft hatte, ging er zusammen mit Harrison in das Gebäude. Im Innern des Dachzugangs angelangt, stieß er mit Macht gegen die Tür, die aufschwang und gegen die Wand der Dacheinfassung knallte.

Als er unmittelbar danach auf das Dach hinaussprang, bellte ein Schuß, und Miles fiel Fairfax sterbend fast vor die Füße. Sidney Miles starb tapfer. Sein Tod aber wirkt immer noch nach. Jedermann hat damals angenommen, daß Craig es war, der auf diesen unglücklichen Polizisten geschossen und ihn getötet hat. Es gibt jedoch noch eine andere Möglichkeit, die nie ernstlich erwogen und darum auch nie geprüft wurde; eine Möglichkeit, die gleichfalls mit den Tatsachen übereinstimmt: *der Polizist Miles könnte genausogut das Opfer eines tragischen Unfalls sein, die Kugel, die ihn tötete, genausogut aus einem anderen Revolver als Craigs gekommen sein.*

Wenn Craig direkt auf Miles gefeuert und genau gezielt hätte, wäre der Polizist bestimmt heute noch am Leben. Auf eine Entfernung von rund zwölf Metern – soviel betrug der Abstand zwischen Craig und Miles – streute Craigs 455er Eley mit seinem abgesägten Lauf um fast zwei Meter. In der verhängnisvollen Nacht wußte Craig das überhaupt nicht. Seine Chance, den Polizisten Miles mit einer Kugel aus seinem Sammelsurium von Patronen zu treffen, wurde während der Verhandlung im Old Bailey als »eins zu einer Million« bezeichnet. Der Polizist McDonald sagte jedoch aus, er habe Craig in dem kritischen Moment feuern gesehen. Nach McDonalds Erinnerung habe Craig dabei links von dem Liftaufbau auf dem Asbestdach gelegen. Harrison dagegen, der seinen Kopf unmittelbar nach dem Fallen von Miles aus der Türöffnung des Dachzugangs steckte, beschrieb, wie er Craig mit dem Revolver in der Hand von *hinter* dem Liftaufbau auftauchen sah.

Weiterhin erklärten etliche Polizisten, zwei Schüsse in rascher Folge gehört zu haben. Jeder dieser Schüsse hätte auch von einem der Polizeischarfschützen abgefeuert worden sein können. In dem Augenblick, in dem Miles starb, hatten wenigstens sechs von ihnen Positionen eingenommen, von wo aus sie das Hauptdach überblicken konnten. Nach allen verfügbaren Aussagen hatten die Scharfschützen der Polizei das Feuer eröffnet, bevor ihr Kollege starb. Fairfax sagte später unter Eid aus, daß acht oder neun Schüsse *vor* dem tödlichen Schuß gefallen seien. McDonald schwor, daß er zumindest sechs Schüsse *vor* dem tödlichen Schuß gehört habe. Es gibt keinen begründeten Zweifel, daß Craig vor dem todbringenden Schuß nur viermal seinen Revolver abgefeuert hatte.

Die Frage, auf die eine Antwort gefunden werden muß, lautet: woher kamen die weiteren Schüsse?

Die Bewohner der angrenzenden Häuser haben nach der Auseinandersetzung geschildert, wie bewaffnete Polizisten durch ihre Wohnungen und in die Gärten liefen, um Positionen zu suchen, von wo aus sie auf Craig schießen könnten. Wie viele Polizeiwaffen wurden abgefeuert? Was für ein Kaliber hatten sie? Wie oft wurden sie abgefeuert?

Der Pathologe Dr. David Haler stellt in seinem Bericht über Miles fest: »Sein Kopf wies zwei Wunden auf. Die eine befand sich an der Innenseite der linken Augenbraue und war ein typisches Eintrittsloch eines großkalibrigen Geschosses. Die andere, ein wenig rechts von der Mitte am Hinterkopf, war die Austrittswunde desselben Geschosses.«

Als Dr. Haler im Old Bailey seine Zeugenaussage machte, wurde er von keinem der beiden Verteidiger ins Kreuzverhör genommen. Ich bat Dr. Haler, die Bezeichnung großkalibriges Geschoß etwas genauer zu definieren. Seiner persönlichen Meinung nach müsse das Geschoß, erklärte er, im Kaliber zwischen 32 und 38 liegen. Wenn diese Schätzung richtig ist, hat Craig entweder Miles mit einer 38er-Kugel aus einem 455er Eley zwischen die Augen geschossen – was im Dunkeln und auf zwölf Meter Entfernung unmöglich ist, wie ein Ballistikexperte mir vorführte –, oder Craig hat den todbringenden Schuß gar nicht abgefeuert.

Je länger man die Zeugenaussagen und das Beweismaterial studiert, um so deutlicher erkennt man die wahrhaft erschreckende Anzahl, die für die Überzeugung spricht, daß Miles nicht von dem Jungen getötet wurde. Das tödliche Geschoß, mit dem man die Streitfrage zweifelsfrei hätte lösen können, wurde nie gefunden. Ein gründliches Absuchen der Gegend am Morgen nach dem Feuergefecht führte zu dem Ergebnis, daß eine Anzahl Geschosse gefunden wurde. Die tödliche Kugel aber, die nach Ansicht von Dr. Haler nicht mehr weiter als fünfzehn Meter hätte geflogen sein können, war anscheinend nicht darunter.

Craig hat nie die Verantwortung für den Tod des Polizisten Miles abgestritten. Aber eine beiläufige Bemerkung, die er während einer unserer Unterhaltungen machte, eröffnete eine beunruhigende Möglichkeit. »Etwas habe ich allerdings nie ganz verstanden«, sagte er, »nämlich wie ich Miles zwischen die Augen habe schießen können, wo er doch in die andere Richtung schaute und sprang.« Fairfax sagte wiederholt während der Verhandlung aus, daß er seinen Kollegen Miles, bevor dieser auf das Dach hinaussprang, von den Positionen Craigs und der Polizei unterrichtet hätte. Wenn man das in Betracht zieht, würde Miles sich in Kenntnis der Sachlage zu dem bewaffneten Jugendlichen hingewandt haben? Miles wußte ebenso, daß Fairfax verwundet war und Feuerwaffen zum Schauplatz der Auseinandersetzung geschickt worden waren. Er wußte auch, daß Craig zweimal auf Harrison geschossen hatte. Ist es dann denkbar, daß er sich *unbewaffnet* Craig genähert hätte? Und doch wurde er von einer Kugel zwischen die Augen getötet.

Aber noch ein anderer Umstand, der sich nach Craigs Beteuerungen ganz sicher zugetragen hat, ist von unschätzbarer Bedeutung. »Eines der schrecklichsten Erlebnisse für mich war«, erklärte er mir mit ziemlicher Erregung, »wie Bentley mich im Stich ließ. Der Polizei so zu helfen!« Und dann beschrieb er mir in großer Ausführlichkeit, wie die Polizei Bentley zum Liftaufbau hinüberschickte, um ihn zum Aufgeben zu überreden. Erst nachdem Craig ihn zweimal mit der Waffe bedroht hatte, ging Bentley zur Polizei zurück. Es gibt wohl kaum einen anschaulicheren Beweis als diesen Zwischenfall dafür, daß keine Vereinbarung zwischen den beiden bestand, sich der Verhaftung mit Gewalt zu widersetzen. Bentley befand sich nicht nur zur Zeit von Miles' Tod seit 25 Minuten in Haft, sondern arbeitete nach

Craigs Aussage sogar mit der Polizei zusammen – ja, er riskierte sein Leben bei dem Versuch, ihr zu helfen.

Ich habe Craig sehr eingehend darüber befragt. Der wichtigste Aspekt, der dabei herauskam, war seine Reaktion. Für ihn war es ein äußerst bitterer Augenblick, als sein enger Freund, von der Polizei dazu angetrieben, sich gegen ihn wendete. Für Craig brachte das die Erkenntnis, daß er von diesem Augenblick an allein und ohne materielle oder geistige Unterstützung dastand.

Wenn dieser Zwischenfall sich so zugetragen hat, sollte man doch eigentlich erwarten, daß Bentley ihn seinem Verteidiger berichtet hätte – bis man erfährt, daß der neunzehn Jahre alte Bentley den Verstand und das Gemüt eines Kindes hatte. Dieser völlig ungebildete Epileptiker verfügte nicht einmal über soviel Intelligenz, daß er die volle Bedeutung und die Folgen seiner Handlungsweise erkennen konnte.

Im Verlauf des Feuergefechtes wurde Craig immer lärmender. »Ich bin Craig«, schrie er. »Ihr habt meinen Bruder gerade zu zwölf Jahren verknackt. Kommt doch her, ihr Polypen, ich bin erst sechzehn!« Erneut großen Mut zeigend, sprang Harrison jetzt aus dem Dachzugang und schloß sich seinen Kollegen an. Der Polizist Jaggs kletterte am Abzugsrohr hoch und vermehrte damit die Zahl der bereits auf dem Dach Versammelten. Craig feuerte erneut und schrie: »Na, kommt doch, ihr tapfren Polypen, denkt an eure Frauen!« Bentley warnte sie unaufgefordert: »Nehmt euch aber in acht, er schießt euch sonst die Köpfe weg!« Bentley als Schild benützend, liefen die Polizisten zum Dachaufgang hinüber. Von Panik ergriffen, rief Bentley: »Achtung, Chris, sie bringen mich runter!« Craig, der einen Schmerzensschrei hörte, rief zurück: »Tun sie dir weh, Derek?«

Unten angelangt, tauschte Fairfax Bentley gegen eine 32er Automatik ein und ging zurück ins Gebäude. Craig, allein auf dem Dach, verlor immer mehr die Beherrschung. Verstört und verängstigt, hielt er die pendelnde Tür des

Dachaufgangs für einen kugelsicheren Schild. Er rief nach Bentley, bekam aber keine Antwort. Vom Dachaufgang rief Fairfax: »Laß deinen Revolver fallen! Ich habe eine Pistole!« Der Junge nahm all seinen noch verbliebenen Mut zusammen und erwiderte trotzig: »Na los doch, Polyp, machen wir's unter uns aus! Wie wär's mit einer kleinen Schießerei? Das würd mir grad so passen.« Fairfax zielte und feuerte. Craig wich keinen Fußbreit und schoß zurück. Beide Kugeln gingen daneben. Craig hob seinen Revolver, um erneut zu schießen. In diesem Augenblick war er dem Tod sehr nahe, nicht aus Fairfax' Pistole, sondern aus seiner eigenen Waffe. Er hatte sich entschlossen, Selbstmord zu begehen. Zweimal preßte er den Revolver an seine Schläfe. Zweimal versagte er seinen Dienst. Fairfax tauchte jetzt auf dem Dach auf und feuerte wieder. Das Geschoß pfiff harmlos über die Dachfirste.

Craig hob den Revolver hoch über den Kopf, rief: »Schau, er ist leer!« rannte zum Rand des Daches, sprang hinüber und rief noch im Fallen: »Bestellt Pam meine Grüße!« Beim Sturz von dem neun Meter hohen Dach schlug sein Körper auf den Rand eines Gewächshauses, prallte ab und fiel auf die Erde. Während er dalag, soll er, wie später berichtet wurde, gesagt haben: »Verdammt noch mal, ich wünschte, ich wäre tot. Hoffentlich hab ich die ganze Scheißbande umgebracht.« Aber das letzte, woran Craig sich erinnert, ist das Gefühl des freien Falls durch die Luft.

Das Gefecht auf dem Dach war vorüber. Doch die Vergeltung dafür war schon im Anmarsch. –

Es war kalt und neblig in London am Morgen des 9. Dezember 1952, einem Dienstag, doch das Wetter schreckte die Schaulustigen nicht ab. Sie strömten zu Tausenden zum Old Bailey. Viele erschienen schon sehr früh, um sich einen Sitzplatz zu sichern. Einige hatten bereits die bitterkalte Nacht hindurch Schlange gestanden beziehungsweise auf mitgebrachten Hockern gesessen. Karten für die Publikumsgalerie im Gerichtssaal Nr. 2 wechselten zu Preisen um dreißig Pfund den Besitzer.

Die Angehörigen von Bentley reisten mit öffentlichen Verkehrsmitteln von ihrem Zuhause in Norbury herbei und kamen zu Fuß vor dem Gericht an. Die Familie von Craig erschien mit ziemlichem Pomp auf Kosten des *Sunday Pictorial* in einem Rolls-Royce vor den Stufen zum Old Bailey. Um 10.30 Uhr nahm Lord Goddard seinen Platz auf dem Richterstuhl ein.

Nachdem beide Jugendliche sich als nicht schuldig erklärt hatten, brachte Christmas Humphreys die Argumente der Anklage vor: ».... daß Craig wissentlich und absichtlich jenen Polizisten [Miles] ermordete und sich danach noch mit diesem Mord brüstete; daß Bentley Craig zu der Schieße-rei anstiftete und deshalb, wenn auch technisch zur Zeit des Mordes unter Arrest, an diesem Mord beteiligt und nach dem Gesetz gleichermaßen verantwortlich ist.« Humphreys wiederholte dann die Version der Polizei von den Ereignissen bis zu jenem Augenblick, da Fairfax auf dem Dach einer Großhandlung in Croydon im vergangenen Monat in die Schulter geschossen wurde. Er zitierte, wie alle drei Beamten, Fairfax, McDonald und Harrison von ihren verschiedenen Standpunkten aus Bentleys Ausruf »*Let him have it, Chris!*« gehört hätten:

> »Alle drei haben ihn gehört, und alle drei hörten auch den Schuß, der *unmittelbar* darauf folgte. Diese Aufforderung stellt nach Auffassung der Anklage eine bewußte Aufreizung zum Mord an Sergeant Fairfax dar. Sie war an einen Mann gerichtet, der, wie Bentley genau wußte, im Besitz eines Revolvers war. Dieser Schuß war der Auftakt zu einer Schießerei, in deren Verlauf Miles getötet wurde; und diese Aufforderung ist nach Auffassung der Staatsanwaltschaft für die gesamte folgende Schießerei verantwortlich, auch wenn Bentley sich zur Zeit, als Miles von der tödlichen Kugel getroffen wurde, unter Bewachung und in Arrest befand.«

Fairfax beschrieb, wie er nach seiner Verwundung dem Polizisten McDonald aufs Dach half, und kam dann auf den

Tod des Polizisten Miles zu sprechen. Fairfax hörte einen Schuß, und Miles fiel ihm buchstäblich vor die Füße. Als Fairfax sich über seinen gefallenen Kollegen beugte, krachte ein zweiter Schuß. Im Kreuzverhör von dem Verteidiger John Parris erinnerte der Beamte sich, insgesamt zehn oder elf weitere Schüsse gehört zu haben, konnte aber nicht sagen, von wem oder auf wen sie abgefeuert worden waren. Nach den amtlichen schriftlichen Aufzeichnungen der Gerichtsverhandlung gibt es nicht den geringsten Zweifel, daß Craig bis zu dem Moment, da Miles auf das Dach hinaussprang, nur vier Schüsse abfeuerte, nicht mehr und nicht weniger. Außer den beiden auf Fairfax (von denen der erste Schuß ihn verwundete), seien, wie der Beamte unter Eid aussagte, sechs oder sieben weitere gefallen. Von diesen sechs oder sieben aber hat Craig nur zwei abgefeuert, und zwar die auf Harrison gerichteten Schüsse, während dieser sich auf dem Glas-Asbest-Dach aufhielt. Doch wer hat dann die anderen Schüsse abgefeuert? Die einzigen Leute mit Feuerwaffen, außer Craig, waren Polizeibeamte. Zumindest sechs Pistolen waren an die Polizisten ausgegeben worden.

In Verbindung mit den bekannten Tatsachen um den Tod des Polizisten Miles ist die beschworene Aussage von Sergeant Fairfax eine machtvolle und zugleich erschreckende Bestätigung meiner Überzeugung, daß Craig und Bentley wegen eines Verbrechens angeklagt waren, das nie begangen wurde. Wenn die Anklage jenes Geschoß hätte vorweisen können, eine Kugel, die nach dem Weg durch den Kopf des Polizisten Miles nach Ansicht des Pathologen Dr. Haler nicht weiter als fünfzehn Meter von der Leiche des Polizisten entfernt hätte zu Boden fallen müssen, wäre der Fall gelöst gewesen.

Ein Polizist nach dem andern trat in den Zeugenstand. Ohne Zweifel hatten sie eine tapfere Geschichte zu erzählen – aber entsprach sie auch in allem den Tatsachen? Als John Parris versuchte, von McDonald die genaue Anzahl der abgefeuerten Schüsse zu erfahren, unterbrach der Lord Chief Justice ihn mit der Bemerkung: »Ich möchte wissen, wie man von jemandem genaue Angaben über eine solche Sache in einer derartigen Nacht erwarten kann, als auf diese Männer geschossen wurde und sie um ihr Leben fürchten mußten. Und nun, Wochen danach, sollen sie erzählen, wieviele Schüsse damals gefallen sind.« Soweit ist das eine absolut faire Bemerkung. Ihre Unfairness liegt darin, daß sie nicht weiter ging. Man sollte nämlich gerechterweise auch fragen, wie man Genauigkeit von den Männern erwarten kann, wenn sie sich unter den von dem Richter geschilderten Bedingungen daran erinnern sollen, was damals *gesagt* worden ist? Ob ein Satz wie »*Let him have it, Chris!*« eine völlig wortgetreue Erinnerung darstellt?

Damit niemand denkt, die Polizeibeamten hätten sich kurz nach dem Feuergefecht Notizen gemacht, sei hier berichtet, daß der einzige danach befragte Beamte, Sergeant Fairfax, eingestand, niemals Notizen dazu gemacht zu haben. Wenn die Geschworenen auf diesen Umstand aufmerksam wurden, dann ohne die Unterstützung des Richters. McDonalds Erinnerung an die Gespräche auf dem Dach – Gespräche, wohlgemerkt, die stattgefunden hatten, *ehe* er endlich das Dach erklommen hatte – beschränkt sich auf den einen Satz: »*Let him have it, Chris!*« Er bestätigte, daß noch andere Sätze gewechselt wurden, er habe sie aber nicht deutlich hören können; Craigs lauter Ruf zu Fairfax hinüber: »Wenn du uns haben willst, verdammt noch mal, komm doch und hol uns!« war nicht an McDonalds Ohren gedrungen – aber McDonald *hatte gehört*, wie Bentley zu seinem Freund sprach, als sie sich unmittelbar gegenüberstanden. Auf jeden Fall aber weigerte er sich unter der Befragung durch Humphreys und Goddard, diesen Satz Bentley zuzuschreiben.

Der Polizist Harrison beschrieb den Zeitabschnitt, in dem Miles ums Leben kam. Er wurde von Humphreys Kollegen John Bass befragt.

BASS: »Was tat Miles, als er an das Kopfende der Treppe zum Dach kam?«

HARRISON: »Er trat sofort an die Tür, schob den Riegel

zurück, stieß die Tür auf und trat hinaus, und als er hinaustrat, fiel ein Schuß aus der Richtung des Liftaufbaus, und er stürzte zu Boden.«

BASS: »Sahen Sie jemanden, als er zu Boden gegangen war?«

HARRISON: »Jawohl.«

BASS: »Wen sahen Sie?«

HARRISON: »Ich sah den Gefangenen Craig hinter dem Liftaufbau hervortreten. Er hielt noch den Revolver in seinen beiden Händen.«

Dieser Wortwechsel hat einige beunruhigende Aspekte. Zunächst einmal unterscheidet sich Harrisons Schilderung des Geschehens bei der Ankunft von Miles am Treppenkopf von jener Schilderung, die Fairfax in seiner ersten eidlichen Aussage gegeben hatte: »Zu diesem Zeitpunkt wurde die Tür des Treppenaufgangs aufgestoßen, und ich hörte Beamte nach mir rufen. Ich sagte ihnen, ich befände mich um die Ecke rechts von ihnen, und der Bursche mit dem Revolver sei um die Ecke links von ihnen. Und dann sah ich den Polizisten Miles aus der Türöffnung des Treppenaufgangs springen, gleichzeitig krachte ein Schuß, und er fiel zu Boden.«

Zweitens ist da Harrisons Beschreibung von Craigs Position; unmittelbar nachdem Miles gefallen war, blickte Harrison um die Ecke und sah Craig hinter dem Liftaufbau hervorkommen. Wenn Craig aber hinter dem Liftaufbau war, als Miles erschossen wurde, befand sich zwischen ihm und Craig ein Zementbau von gut zwei Metern Durchmesser. Nach McDonalds Aussage jedoch befand Craig sich auf dem schrägen Glas-Asbest-Dach, als der Schuß fiel, der Miles tötete.

Als Dr. Jazwon aussagte, der Arzt, der Fairfax im Allgemeinen Krankenhaus von Croydon behandelt hatte, entschuldigte sich Lord Goddard bei ihm, daß er die Unannehmlichkeit der Reise von Manchester habe auf sich nehmen müssen; man hätte eigentlich auch seine vor dem Unter-

suchungsrichter in Croydon gemachte und schriftlich nieder-
gelegte Aussage verlesen können. Wie Parris jedoch in
seinem Schlußplädoyer richtig bemerkte, konnte der Arzt
hier noch etwas beitragen, das nicht in seiner ersten, schriftlich fixierten Aussage erschienen war: daß nämlich die Kugel,
die Fairfax an der Schulter getroffen hatte, von *unten* gekommen sei. Das war eine überzeugende Bestätigung der
Schilderung der Begleitumstände dieses ersten Schusses,
wie sie die Verteidigung abgegeben hatte: daß Fairfax, nachdem er Bentley vom Liftaufbau zum Treppenaufgang gebracht hatte, allein zu Craig zurückgekommen sei; darauf
habe der Sechzehnjährige seinen Revolver gezogen, auf den
Boden zwischen sich und Fairfax gezielt und geschossen,
ohne von Bentley, der seinen Mund überhaupt nicht aufgetan
habe, dazu aufgefordert worden zu sein.

In bezug auf Sergeant Fairfax konnte Dr. Jazwon seine
Aussage vor Gericht noch erweitern. Es habe keine Pulver-
imprägnationen, keine Spur davon, in der Kleidung oder in
der Schulter des Polizeibeamten gegeben. Wenn er praktisch
auf Kernschußweite von einem 45er-Geschoß getroffen
worden wäre, hätte es aber unzweifelhaft Pulververbrennungs-
spuren gegeben.

Der nächste Zeuge war der Pathologe Dr. David Haler.
Seine Aussage beschränkte sich auf ein paar formelle Einzelheiten der Obduktion, die er an dem Leichnam des Polizisten
Sidney Miles vorgenommen hatte. Er wurde nicht gefragt,
was für ein Kaliber das Geschoß hatte, das Miles tötete.
Wäre er gefragt worden, hätte die Verhandlung gegen
Craig und Bentley zweifellos einen anderen Verlauf genommen, denn dann wäre meiner Meinung nach klar geworden,
daß, wer auch immer den Polizisten Miles getötet haben
mochte, Christopher Craig es bestimmt nicht gewesen sein
konnte. Normalerweise pflegte Dr. Haler nach seiner
Zeugenaussage im Gericht zu bleiben, um sich den Rest der
Verhandlung anzuhören. Diesmal aber hatte er eine dringende
Verabredung und erhielt die Erlaubnis, sich sofort zu entfernen. Wäre er geblieben, würde ihm die Bedeutung des

Wissens, über das er zu diesem Zeitpunkt wahrscheinlich verfügte, sicherlich noch vor den Schlußbemerkungen der Anklagevertretung klargeworden sein.

Als Detective-Sergeant Shepherd in den Zeugenstand trat, las er die Aussage vor, die Bentley angeblich auf dem Polizeikommissariat in Croydon gemacht haben soll. Der Verteidiger Mr. Cassels befragte ihn dazu.

CASSELS: »Sergeant Shepherd, ich möchte Sie nur etwas zu dieser Aussage fragen. Zunächst einmal, es stimmt doch, nicht wahr, daß Bentley ein Analphabet ist? Er kann doch weder lesen noch schreiben?«

SHEPHERD: »Das sagt er jedenfalls.«

CASSELS: »Kann er nach dem, was hier gesagt worden ist, Ihrer Meinung nach noch etwas anderes als seinen eigenen Namen schreiben?«

SHEPHERD: »Es schien ihm ziemlich schwer zu fallen, seinen Namen zu schreiben, Sir.«

CASSELS: »Ist es nach den Ermittlungen, die in diesem Fall geführt wurden, richtig, daß man ihn fast als schwachsinnig bezeichnen könnte? Ist Ihnen das bekannt?«

SHEPHERD: »Nein, Sir, das ist mir nicht bekannt.«

Bentley hatte in der Tat einen Intelligenzquotienten von nur 66 und ein Lesealter von viereinhalb Jahren. Er litt unter häufigen epileptischen Anfällen.

Die Aussage des letzten Zeugen der Anklage enthüllte eine Anzahl sehr wesentlicher Tatsachen. Es handelte sich um Lewis Nickolls, den Ballistikexperten der Anklagebehörde. John Parris eröffnete das Kreuzverhör.

PARRIS: »Mr. Nickolls, Beweisstück acht wurde nahe dem Treppenaufgang gefunden und ist wohl, aller Wahrscheinlichkeit nach, die tödliche Kugel, oder nicht?«

NICKOLLS: »Ich konnte nicht die geringsten Blutspuren daran finden. Aller Wahrscheinlichkeit nach ist sie deshalb nicht die tödliche Kugel.«

Wie Mr. Nickolls zustimmte, war eine der Auswirkungen des abgesägten Laufes an Craigs Revolver, daß er »sehr ungenau« schoß – mit einer Abweichung von zwei Metern auf eine Entfernung von zwölf Metern. Wäre die Information über Craigs Revolver nicht nur zu der Darstellung benutzt worden, wie unwahrscheinlich es sei, damit auf zwölf Meter Entfernung absichtlich und mit Sicherheit zu töten, sondern auch zur Darlegung der Wahrscheinlichkeit, daß eine andere Hand die tödliche Schußwaffe gehalten habe, hätte das Urteil »nicht schuldig« lauten müssen.

Als Christmas Humphreys darauf seinen Ballistikexperten noch einmal ins Verhör nahm, bemühte er sich sehr, den Umstand klarzustellen, daß eine Kugel aus diesem Revolver, abgesägt oder nicht, jemanden auf zwei Meter Entfernung sicherlich getroffen hätte. Wenn das auch sehr relevant für den Angriff auf Fairfax hätte sein können, war es doch völlig irrelevant, soweit es den Gegenstand dieser Gerichtsverhandlung betraf. Die beiden jungen Leute waren wegen Mordes, nicht aber wegen versuchten Mordes angeklagt. Humphreys unternahm dann den Versuch, die gleiche Genauigkeit für den angeblich auf Miles abgefeuerten Schuß zu unterstellen.

HUMPHREYS: »Wir wissen zwar nicht genau, wo Craig gestanden hat, aber geben wir ihm einmal die maximale Entfernung von gut zwölf Metern. Angenommen, er feuerte aus dieser Distanz auf Leute, die aus dem Treppenaufgang kommen, feuerte mehr als einmal und mit der passenden Munition – hätte er dann eine Chance gehabt, sie oder einen von ihnen oder ein paar von ihnen zu treffen?«

NICKOLLS: »Ich glaube, das wäre ein äußerst gefährliches Unterfangen.«

Christmas Humphreys muß wohl das Gefühl gehabt haben, daß ihm der Boden unter den Füßen wegzurutschen begann. Ihm sollte jedoch aus einer unerwarteten Richtung Hilfe zuteil werden.

Lord Chief Justice: »Mister Humphreys, dies ist ein Fall, in dem ein Beamter der Rechtspflege ermordet, erschossen wurde.«

Humphreys: »Jawohl, Mylord.«

Lcj: »Wie Sie wissen, kommen gänzlich andere Erwägungen in Betracht, wenn ein Beamter der Rechtspflege in Ausübung seiner Pflichten getötet wird.«

Humphreys: »Sehr wohl, Mylord; aber – mit allergrößtem Respekt – ich wollte mit diesem Zeugen gerade einen Faden aufrollen, der – wie ich mir vorstellen könnte – vielleicht den Beginn einer bestimmten Linie der Verteidigung darstellt.«

Lcj: »Nun, wenn diese Art der Verteidigung ins Spiel gebracht werden sollte, werde ich den Geschworenen klarmachen, daß das überhaupt keine Verteidigung ist.«

Humphreys: »Wie Eure Lordschaft meinen. Die Anklage ist der gleichen Ansicht, Mylord.«

Mit einem Seitenblick auf seine Eltern ging Christopher Craig langsam zum Zeugenstand. Der Sechzehnjährige gab zu, daß er und Bentley weiter zusammengeblieben waren, nachdem die Väter ihnen die Fortführung der Beziehung verboten hatten. Er erzählte dem Gericht, wie viele Handfeuerwaffen im Lauf der Jahre durch seine Hände gegangen waren. Er berichtete dem Gericht auch, wie er in den Besitz des 455er Revolvers gelangt war. Er erklärte, daß er ein Stück des Laufes abgesägt hätte, um die Waffe in die Hosentasche stecken zu können. Er erzählte, daß er die Munition, die auf dem Dachboden seines Hauses gefunden wurde, auf dem Schießplatz bei der Caterham-Kaserne gesammelt hatte. Er sagte, daß er und Bentley an jenem Abend losgezogen seien, um in einen Fleischerladen einzubrechen. Er schilderte, wie er den Schlagring gemacht hatte. Er gab zu, daß er vor seinem ersten Schuß gewußt hätte, daß Fairfax ein Polizeibeamter war. Obgleich er der einzige war, der es genau wissen konnte, gab er an, wie viele Schüsse er auf dem Dach abgefeuert hatte. Er gab in der Tat sehr viele Dinge zu, die er leicht hätte verschweigen können.

Es ist daher ganz interessant, ein paar Dinge zu erwähnen, die Craig wirklich *leugnete*. Er bestritt, daß Bentley vorher irgend etwas von dem Revolver oder der Munition gewußt hätte, und er wich auch nicht von dieser Darstellung ab, obwohl Staatsanwalt und Richter ihn zu diesem Punkt sehr eingehend befragten. Er stritt auch ab, daß Bentley ihn aufgefordert hätte, den Revolver zu benutzen, was übrigens auch Bentley strikt leugnete. Er erklärte auch kategorisch, daß Bentley niemals gesagt hätte: »*Let him have it, Chris!*« Er bestritt weiterhin, gezielt auf den Polizisten Miles geschossen zu haben; alle Schüsse in Richtung auf den Treppenaufgang habe er über den Garten von Tamworth Road Nr. 30 abgegeben. Desungeachtet bestritt er nicht, den Polizisten Miles getötet zu haben, wenn er auch dazu erklärte, daß er dies erstmals am Mittwoch, dem 5. November, erfahren hätte, als die Annahme, Craig sei der Schütze der tödlichen Kugel, bereits über die Presse des Landes zur ›Tatsache‹ geworden war.

Als Bentley in den Zeugenstand trat, bewahrte ihn sein Analphabetentum davor, die Eidesformel abzulesen. Statt dessen sprach er dem Gerichtsschreiber getreulich die Worte nach, die dieser ihm vorsprach. Von seinem Auftritt im Zeugenstand kann wenig mehr gesagt werden, als Arthur Smith in seiner Biographie von Lord Goddard erklärte: »Bentley ging aus dieser Verhandlung als ziemlicher Schwachkopf hervor.« Oder, wie Reginald Paget, Kronanwalt und Parlamentsmitglied, meinte: »Es ist nicht korrekt, wenn man sagt, daß Bentley im Zeugenstand einen Narren aus sich machte – Gott hatte das bereits für ihn getan.«

Im Gegensatz zu Craig wollte er nicht zugeben, daß sie an jenem Abend aufgebrochen seien, um in einen Fleischerladen einzubrechen. Nach Bentleys Version waren sie nur zu einem Spaziergang nach Croydon gefahren, und als sein Freund über die Gitterpforte an dem Großhandlungsgebäude kletterte, sei er ihm ohne irgendein Wort gefolgt. Für Bentleys simplen Geist schien diese Erklärung offenbar vernünftig zu sein; für die Jury muß sie absurd geklungen haben. Diese und eine Anzahl anderer Lügen hat die Glaubwürdigkeit Bentleys in den Dingen, die wirklich wesentlich waren, in den Augen der Geschworenen wahrscheinlich sehr erschüttert.

Schließlich gab er zu, daß Craig und er auf einen Diebstahl aus gewesen waren. Doch da war es bereits zu spät. Inzwischen hatte schon jeder Zeuge der Polizei die einleitenden Worte des Anklägers bestätigt, daß »Bentley zur Zeit, als der Polizist Miles erschossen wurde, sich als Verhafteter in Gewahrsam befand«.

In seiner Unterredung mit seinem Anwalt hatte Bentley erzählt, wie er nach der Schußverletzung von Fairfax bei diesem geblieben war und sein Jackett zur Seite gezogen hatte, um zu sehen, wie schwer der Polizeibeamte verwundet worden war. Er berichtete, wie er Craig in diesem Augenblick zugerufen hatte: »Du verdammter Narr!« Und nachdem Fairfax sich erholt hatte, wären sie zur Wand hinter dem Treppenaufgang gegangen und Fairfax hätte zu ihm gesagt: »Wenn du hier stehenbleibst, kann dir nichts passieren«, was er auch befolgt habe. Davor hatte Bentley noch erklärt, wie er beim Näherkommen von Fairfax hinter dem Liftaufbau hervorgetreten war und »sich aufgegeben« hätte. Ganz offensichtlich ließ Bentley sich freiwillig verhaften und hatte sich mit dieser Tatsache abgefunden. Als der Polizist Miles buchstäblich vor Bentleys Füße fiel und darauf hinter die Wand neben dem Treppenaufgang gezogen wurde, habe Craig gerufen: »Ist er tot?« worauf er, Bentley, geantwortet habe: »Ja, er ist tot, du blödes Schwein!«

All dies hätte einen gewaltigen Eindruck auf die Geschworenen gemacht, wenn Bentley so intelligent gewesen wäre, es in seiner Aussage vor Gericht zu wiederholen; leider war er dazu nicht imstande.

In seiner Zusammenfassung erklärte Lord Goddard unrichtigerweise, der Polizist Miles sei mit dem dritten Schuß getötet worden. Sätze wie: »Die Zielgenauigkeit scheint demnach nicht schlecht gewesen zu sein, oder? Drei Schüsse, zwei Polizeibeamte getroffen, der eine glücklicherweise nur leicht, der andere zwischen die Augen, so daß das Blut hervorspritzte und er auf der Stelle tot umfiel« sind sehr starke Worte – vielleicht kräftiger, als man sie in der unparteiischen Zusammenfassung eines Richters erwarten sollte –, aber sie waren auf einer falschen Voraussetzung begründet.

Und als Parris ihn am Ende seines Schlußplädoyers korrigierte, sagte Lord Goddard: »Vielleicht war es nicht der dritte Schuß. Vielleicht war es der vierte, vielleicht der fünfte, vielleicht sogar der sechste Schuß. In meinen Augen macht das keinen großen Unterschied. Auf jeden Fall war es ein Schuß, den er abgab, als er die Polizeibeamten die Treppe hinaufkommen gehört hatte. Darum muß jener Schuß, der den Polizisten Miles tötete, in Richtung auf den Treppenaufgang abgefeuert worden sein.«

Doch aus der Zeugenaussage von Sergeant Fairfax bei der Gerichtsverhandlung geht klar hervor, daß mindestens acht oder neun Schüsse vor dem tödlichen Schuß gefallen waren. Und genauso klar ist es, daß Craig vor dem Schuß, der Miles tötete, seinen Revolver nur viermal abgefeuert hatte. Wenn man dieser Tatsache ihr volles Gewicht beigemessen hätte, wäre das Ergebnis der Gerichtsverhandlung anders ausgefallen.

Der Richter wandte sich dann an die Geschworenen und fragte, ob sie noch irgend eines der Beweisstücke zu sehen wünschten. Er machte ein sehr konsterniertes Gesicht, als der Sprecher der Geschworenen aufstand und um Jackett und Weste von Sergeant Fairfax bat. Anthony Samuelson, ein junger Rechtsanwalt, beschrieb mir die folgende Szene: »Lord Goddard verlor völlig die Selbstbeherrschung. Er schrie die Geschworenen regelrecht an: ›Erinnern Sie sich bitte daran, daß Sie hier nicht über die Verwundung von Sergeant Fairfax zu beraten haben! Sie haben über die Ermordung eines Polizisten zu beraten!‹ Während er die Worte ›Ermordung eines Polizisten‹ ausrief, hieb er den Schlagring, den er gerade in der Hand hielt, knallend auf den Tisch. Die Geschworenen hatten den Gerichtssaal zu diesem Zeitpunkt schon fast alle verlassen; nur ein paar von ihnen wurden noch Augen- und Ohrenzeugen dieses erschreckenden Schauspiels.«

Die Geschworenen zogen sich zur Beratung zurück. Es war jetzt 11.15 Uhr. Die gesamte Gerichtsverhandlung, einschließlich der vier langen Schlußplädoyers, hatte weniger als zehn Stunden gedauert.

Nach 75 Minuten fällten sie ihren Spruch, daß Bentley und Craig des gemeinsamen Mordes schuldig seien, empfahlen aber gleichzeitig, bei Bentley Gnade walten zu lassen. Als Lord Goddard darauf Bentley die traditionelle Frage stellte, ob er noch etwas vorzubringen habe, was gegen seine Verurteilung spräche, erhielt er überhaupt keine Antwort. Die schwarzseidene, quadratische Kopfbedeckung wurde dem Lord Chief Justice auf die Perücke gesetzt. Bentley sah verwirrt und verständnislos zu; trotz der Hitze im Gerichtssaal trug er immer noch seinen Mantel. Lord Goddard verurteilte ihn zum Tode – »der einzigen Strafe, die nach dem Gesetz für das Verbrechen des absichtlichen Mordes gefällt werden kann«.

Es wurde Berufung eingelegt. Doch die Berufungsrichter waren der Ansicht, Lord Goddards Zusammenfassung sei ein Muster der Vollkommenheit gewesen. Die Berufung wurde abgewiesen. Bentleys Hinrichtung wurde auf den 28. Januar 1953 angesetzt.

Seine Angehörigen waren voller Zuversicht, daß das Gnadengesuch für ihren Sohn angenommen werden würde. Ihr Glaube wurde von der Mehrheit der englischen Bevölkerung geteilt. Selbst Lord Goddard vertraute darauf. Vom Augenblick der Beendigung der Gerichtsverhandlung an war er überzeugt, daß Bentley begnadigt werden würde. Doch als die Tage verstrichen, ohne daß ein Wort aus dem Innenministerium zu ihm drang, wurde der Lord Chief Justice immer beunruhigter. Der Innenminister Sir David Maxwell Fyfe – der spätere Lord Kilmuir – fragte nicht bei Lord Goddard an. Er beriet sich – wie Lord Goddard mir berichtete – mit niemandem über diesen Fall. Als die Begnadigung schließlich abgelehnt wurde, war der Lord Chief Justice tief bekümmert.

Ein paar Jahre danach sagte Lord Goddard in einer Unterredung mit mir: »Ja, ich nahm an, daß Bentley begnadigt werden würde. Er hätte unbedingt begnadigt werden müssen. Darüber gibt es bei mir nicht den geringsten Zweifel. Bentley hätte begnadigt werden müssen.« Er wurde es nicht. Er wurde um 9 Uhr am Morgen des 28. Januar 1953 im Gefängnis Wandsworth erhängt.

Die vorstehende Zusammenfassung über den Fall Craig und Bentley basiert auf der Buchfassung unter dem Titel »To Encourage the Others« von David A. Yallop, das 1972 in England erschien und ein Jahr später zu der langverdienten öffentlichen und gerichtlichen Rehabilitierung von Bentley führte. – Sein Vater, der neunzehn Jahre lang vergeblich darum gekämpft hatte, erlebte diesen Tag nicht mehr; er starb kurz davor. (Anmerkung des Übersetzers.)

Julian Symons

General Luard: Mord ohne Spur

An einem Augusttag vor rund sechzig Jahren verließ Generalmajor Luard, ein energischer, lebhafter Mann von siebzig Jahren, sein Haus, um den etwa eine Stunde Fußmarsch entfernten hiesigen Golfklub aufzusuchen. Weil es ein schöner Tag war, hatte seine Frau beschlossen, ihn ein Stück des Weges zu begleiten. Ihr Landspaziergang war – direkt und indirekt – für ihrer beider Tod verantwortlich sowie für ein Geheimnis, das wohl für immer ungelöst bleiben wird.

Die Luards lebten in einem Haus mit Namen Ightham Knoll in dem dichtbewaldeten Landstrich zwischen Sevenoaks und Wrotham. Damals gab es dort noch nicht den Pendelverkehr der arbeitenden Bevölkerung zwischen dem flachen Land und London, wie das heute der Fall ist. Das Auto war auf dem Lande immer noch ein ungewöhnliches Beförderungsmittel, und die Luards hatten mit solch neumodischem Kram nichts im Sinn. Das solide viktorianische Haus, das seit einigen dreißig Jahren ihr Heim war, lag in der Tat ziemlich einsam. Das Haus ihres nächsten Nachbarn befand sich etwa eine halbe Meile von Ightham Knoll entfernt, und die nächste Bahnstation war Wrotham, zwei und eine halbe Meile weit weg. Dieser Nachbar war ein achtzigjähriger ehemaliger Börsenmakler namens Wilkinson, der jetzt im Ruhestand lebte, und sein Grundstück mit Namen Frankfield grenzte fast an den Grund und Boden von Ightham Knoll.

An diesem schönen, stillen Tag wanderten die Luards eine gute halbe Meile die Straße entlang bis zu dem kleinen Dorf Crown Point. Hier gelangte man durch ein Drehkreuz auf einen Fußweg, der an der Rückseite eines Sommerhauses auf dem Landbesitz von Wilkinson vorbeiführte. Dieses Haus wurde die Casa genannt und war ein freundlicher Holzbau mit einem Balkon, der sich über eine ganze Seite hinzog, und Mrs. Luard ging im Sommer oft hin, um von dort oben den schönen Blick zu genießen. Auch jetzt lenkte sie ihre Schritte zur Casa. Sie schlug aber nicht den Fußweg zur Rückseite des Hauses ein, sondern einen Weg durch eine andere Holzpforte, der zu seiner Vorderseite führte. An dieser Pforte trennten sich General Luard und seine Frau. Sie hatte ihm erklärt, daß sie zur Casa gehen und den Heimweg später über einen Pfad durch das dichte Unterholz nehmen wollte, das fast ganz um das Sommerhaus herum wuchs. Er selbst ging in Begleitung seines Irischen Terriers auf einem baumbestandenen Feldweg weiter, der zu dem Golfklubhaus in Godden Green führte. Sie waren um halb drei Uhr nachmittags von zu Hause weggegangen, und General Luard erzählte später, daß er sich gegen drei Uhr von seiner Frau getrennt habe.

Für den Weg bis zum Golfklub Godden Green brauchte man noch eine halbe Stunde, und der Klubsteward sah den General kurz vor halb vier ankommen. Er wollte nur ein paar Schläger holen, und nachdem er sie eingesammelt hatte, blieb er lediglich noch etwa zehn Minuten im Klub, ehe er sich wieder auf den Heimweg machte. Er schlug diesmal einen anderen Weg über die Hauptstraße und durch Crown Point ein. Ungefähr fünf Minuten nach vier traf er in Seal Chart Wood einen Landgeistlichen. Der Pfarrer hatte ein Auto und bot dem General an, ihn mitzunehmen, aber Luard lehnte ab, legte hingegen seine Golfschläger in das Auto. Etwas später jedoch holte der Pfarrer, der eine Damengesellschaft zum Photographieren ausführte, den General mit seinem Wagen ein, und diesmal nahm Luard das Angebot an und fuhr mit. Kurz nach halb fünf kam er zu Hause an.

Die Luards erwarteten einen Gast zum Tee, die Frau eines im Ruhestand lebenden örtlichen Rechtsanwaltes. Sie traf vor dem General ein, der ihr seine Überraschung darüber ausdrückte, daß seine Frau noch nicht zurückgekommen war. Die beiden tranken zusammen Tee und gingen dann zusammen los, um Mrs. Luard zu suchen, wieder von dem Hund begleitet. Sie benutzten die Hauptstraße, aber die Besucherin, die eine Freundin am Bahnhof Wrotham abholen mußte, trennte sich bei der Abzweigung von Luard, der allein den Weg zur Casa einschlug. Er nahm den Pfad durch das Unterholz, über den seine Frau hatte zurückkehren wollen. Er erreichte die Casa gegen halb sechs.

Mrs. Luard lag mit dem Gesicht nach unten auf dem Boden der Veranda vor dem Sommerhaus. Unter ihrem Kopf hatte sich eine große Blutlache gebildet. Die Arme lagen ausgestreckt über dem Kopf, die Hände geöffnet, die Handflächen nach oben gekehrt, und von den Fingern ihrer linken Hand hatte man vier Ringe abgezogen. Ihr Kleid war eingerissen, so als hätte jemand versucht, sie umzudrehen. Ihre Handtasche war gestohlen. Sie war tot.

Wie der General sofort sah, war eine Schußwunde die Todesursache. Nachdem der Arzt des Ortes die Leiche untersucht hatte, bestätigte und spezifizierte er diese Annahme. Ein Schuß, wahrscheinlich der erste, war aus ziemlicher Nähe abgefeuert worden, jedoch nicht so nahe, daß Pulverrauch die Umgebung der Wunde geschwärzt hätte. Die Kugel war dicht unter dem linken Auge in die Wange gedrungen und nach oben in den Schädel gegangen. Ein weiterer Schuß hatte sie dicht hinter dem rechten Ohr getroffen, und nach offizieller Ansicht war dieser Schuß erst abgefeuert worden, nachdem sie auf den Boden der Veranda gesunken war. Ein drittes Einschußloch fand man im Pflaster vor der Casa.

Wer hatte Mrs. Luard ermordet? Für Colonel Warde, den Polizeidirektor von Kent, schien diese Frage kein besonders schwieriges Problem zu präsentieren. Nach den Angaben des Arztes mußte sie gegen halb vier gestorben sein, und infolge eines glücklichen Zufalls gab es Zeugen, die kurz vor diesem Zeitpunkt Schüsse gehört hatten. Ein bei Wilkinson beschäftigter Gärtner hatte drei Schüsse gehört, als er sich etwa eine Viertelmeile von dem Sommerhaus entfernt befand. Das sei, so sagte er, gegen 3.15 Uhr gewesen. Ein anderer, etwas weiter entfernter Zeuge, hatte ebenfalls diese drei Schüsse gehört. Keiner dachte sich etwas dabei, da sie annahmen, ein Bauer würde wohl Eichhörnchen schießen.

Die Zeit war also festgelegt. Und wer war der Mörder? Augenscheinlich ein Landstreicher oder ein Hopfenpflücker, der sich in die Nähe der Casa verirrt hatte. Man brauchte nur darauf zu warten, daß der Mann die gestohlenen Ringe zu verkaufen versuchte, und schon würde man ihn schnappen. Eine Beschreibung der Ringe wurde weitherum bekanntgegeben. Es handelte sich um zwei Brillantringe, Mrs. Luards Ehering und einen goldenen Ring mit dem in blauer Emaille eingelegten Wort *Ishi*. Die Ringe waren ziemlich wertvoll, und deshalb zweifelte man nicht daran, daß der Mörder versuchen würde, sie zu versetzen. Warum hatte er denn sonst den Mord überhaupt begangen?

Diese frühe Zuversicht verflog sehr rasch. Die Ringe wurden nicht zum Kauf angeboten, kein verdächtiger Tramp oder Hopfenpflücker wurde entdeckt. Nach wenigen Tagen sagte Inspektor Scott, der von Scotland Yard gekommen war, daß sie zwar jeder Spur und jedem Hinweis gefolgt wären, der Entdeckung des Urhebers des Verbrechens aber noch keinen Schritt nähergekommen seien. Man war allgemein erleichtert, als ein gutangezogener Mann die Polizeistation Bow Street betrat und den Mord gestand. Er sei durch die Gegend gewandert, erklärte er, und habe Mrs. Luard in einem Zustand geistiger Verwirrung getötet. Leider aber stellte sich heraus, daß es sich um einen Butler handelte, der noch nie in seinem Leben in der Nähe von Ightham Knoll gewesen war.

Ein wenig später wurde ein Brief in einem Jackett am Ufer des Sees im Regent's Park gefunden. Er lautete:

Mein lieber Vater,
ich kann diese angstvolle Ungewißheit nicht länger ertragen.
Die Sache in Ightham lastet auf meiner Seele. Ich habe die

Schüsse abgefeuert, als der Teufel in mich gefahren war. Wenn
Du diese Zeilen zu lesen bekommst, kann mir kein Mensch
mehr helfen.

Dein unglücklicher Sohn
Jack Storm

Ein Paar brauner Stiefel lag neben dem Jackett. Der See
wurde sofort mit Schleppnetzen und Ankern abgefischt,
aber man fand keine Leiche, und die Polizei kam zu dem
Schluß, daß Jack Storm, zumindest unter diesem Namen, in
Wirklichkeit gar nicht existierte.

Verzweifelt suchte man jetzt mit anderen Mitteln. Aus
Lancashire rückten Leute mit Wünschelruten an, die sie
kein Wasser, sondern den Mörder finden lassen sollten. Als
sie abzogen, waren sie nicht schlauer als zuvor. Ernsthafter
war der Versuch, mit Schweißhunden den Mörder aufzu-
spüren.

Die Hunde, ein Bastard zwischen Blut- und Fuchshund
namens Solferino sowie ein reinrassiger Bluthund mit dem
Namen Sceptre, wurden von ihrem Eigentümer Major
Richardson von Stratford on Avon mit der Eisenbahn nach
Wrotham gebracht und von dort aus zur Casa geführt.
Major Richardson hatte nur widerstrebend diesem Versuch
zugestimmt, da er meinte, es sei eine zu lange Zeit seit dem
Verbrechen verstrichen, als daß die Hunde noch eine nutz-
bare Witterung aufnehmen könnten. Nachdem Solferino
jedoch an den restlichen Blutspuren auf der Veranda ge-
schnuppert hatte, wurde er sehr erregt. Mit der Nase am
Boden ging er durch eine Pforte und in ein Feld hinein.
Sein Gang durch das Feld verlief gewunden und anstren-
gend, aber zum Schluß erreichte er einen Holzzaun, der das
Feld gegen einen dichten Wald abgrenzte. Hier hielt Major
Richardson den Hund fest und brachte ihn zurück zur Casa,
von wo aus er mehrmals genau dieselbe Spur aufnahm und
bis zum Zaun verfolgte.

Danach ging es, nach den Worten eines an dem damaligen
Experiment Beteiligten, wie folgt weiter: »Wir drangen tief

in den Wald ein, der Hund zerrte an der Leine und fiel fast in raschen Lauf. Nachdem wir etwa fünfhundert Schritte auf diese Weise zurückgelegt hatten, ließ Major Richardson uns anhalten und Sceptre holen, den er zunächst zurückgelassen hatte.«

Die Hunde erklommen dann einen Hügel und folgten einem Fußweg, der auf die Landstraße nach Tonbridge mündete. Hier verloren sie die Witterung und konnten sie nicht wieder aufnehmen.

»Inzwischen war es Mittag geworden, und da Mensch und Tier durstig waren, statteten wir dem Gasthaus einen Besuch ab.«

Das Experiment war interessant, hatte aber zu keinem schlüssigen Ergebnis geführt. Es mochte stimmen, daß der Mörder, wie Major Richardson vermutete, Blutspuren an seinen Schuhen hatte; aber es gab keine Möglichkeit, seine Annahme zu beweisen oder zu entkräften.

Während der Tage, die dem Mord folgten, ging eine sehr eigenartige Flüsterkampagne durch den Bezirk: es wurde angedeutet, daß General Luard seine Frau umgebracht habe. Dieser Verdacht findet in solchen Fällen immer einen Angelpunkt; doch in der Rückschau kommt es einem äußerst merkwürdig vor, daß ausgerechnet General Luard ihm zum Opfer fallen mußte. Seine Karriere bei den Royal Engineers war erfolgreich und sogar ehrenvoll gewesen und durchgehend von einem ernsthaften, ordnungsbewußten Geist gekennzeichnet. Seit seinem Abschied von der Armee hatte er sich aktiv am Gemeindeleben beteiligt und gehörte seit vierzehn Jahren dem Grafschaftsrat von Kent an. Er war im ganzen Bezirk wohlbekannt und beliebt. Nie war sein Name mit einem Skandal in Verbindung gekommen, und niemand konnte sagen, daß seine Ehe nicht vollkommen glücklich gewesen sei. Und gegen diesen Stützpfeiler des gesellschaftlichen Lebens in der Grafschaft wurden Dutzende von anonymen Briefen an die Polizei und an den General selbst geschickt, in denen man ihn des Ehebruchs und des Mordes beschuldigte.

Die Überzeugungskraft des Alibis von General Luard wird von der folgenden Aufstellung seiner Bewegungen verdeutlicht.

14.30 Abmarsch von Ightham Knoll.

15.00 Trennung von Mrs. Luard.

15.20 (etwa) Von einem unabhängigen Zeugen ungefähr anderthalb Meilen vom Sommerhaus entfernt gesehen. (Die Schüsse wurden gegen 15.15 gehört.)

15.30 Im Golfklub Godden Green gesehen.

15.40 Beim Verlassen des Klubhauses mit Schlägern gesehen.

16.05 Vom Pfarrer in Seal Chart Wood gesehen.

16.20 (etwa) Erneut von demselben Pfarrer gesehen, der ihn im Auto nach Hause brachte.

Wenn General Luard etwa zwanzig Minuten nach drei Uhr anderthalb Meilen weit von dem Sommerhaus entfernt gesehen wurde, konnte er offensichtlich nicht fünf Minuten zuvor dort seine Frau erschossen haben. Doch Zeugenaussagen über Zeiten sind nicht immer zuverlässig, und der Chef der Ortspolizei, Superintendent Taylor, führte eine gründliche Nachprüfung durch. Er marschierte von Ightham Knoll durch den Wald nach Godden Green, zurück zum Sommerhaus und vom Sommerhaus nach Ightham Knoll. Seine Zeiten stimmten fast auf die Minute mit den von dem General angegebenen Zeiten überein.

General Luards schwere seelische Belastung ging damit jedoch nicht zu Ende. Die Leichenschau hatte im Speisezimmer von Ightham Knoll begonnen und war vertagt worden. Als sie im Gasthaus George an Dragon in Ightham wiederaufgenommen wurde, stellte man ihm einen Schwall von Fragen. Diese mögen wohl darauf abgezielt worden sein, seine Unschuld öffentlich zu erweisen, aber er wurde doch sehr davon aus der Fassung gebracht und meinte später, daß es ein Skandal sei, ihm überhaupt derartige Fragen zu stellen. Er wurde aufgefordert, die drei in Ightham Knoll vorhandenen Revolver vorzuzeigen sowie die Munition, die er in einem Wandschrank im Obergeschoß aufbewahrte. Ein Waffenschmied aus London bezeugte dann, daß die Kugeln, die Mrs. Luard getötet hatten, von anderem Kaliber waren und aus keinem dieser Revolver abgefeuert worden sein konnten. Viel wurde auch im Verhältnis von General Luard zu seiner Frau herumgestochert sowie Fragen über einen hypothetischen Feind gestellt, der einen Racheakt gegen einen der beiden ausgebrütet haben könnte. Er erklärte, daß ihm kein solcher Mensch bekannt sei. Die Dienstleute wurden ebenfalls über die Beziehungen zwischen Ehemann und Ehefrau befragt und sagten aus, die beiden hätten nie ein böses Wort miteinander gewechselt und seien ein wahrhaft einander ergebenes Ehepaar gewesen. Alle diese Fragen mußten selbstverständlich gestellt werden, aber ohne jeden Zweifel haben sie General Luard sehr gequält.

Er hatte sich entschlossen, den Bezirk zu verlassen und nach London zu ziehen und vor seiner Abreise noch eine Nacht auf Einladung bei seinem Freund Colonel Warde (Bruder des Polizeidirektors und örtlicher Parlamentsabgeordneter) zu verbringen. Am Donnerstagnachmittag, dem 17. September – nachdem der General seine Aussagen gemacht hatte, doch während die vertagte Leichenschau noch lief –, fuhr Colonel Warde mit seinem Auto nach Ightham, holte General Luard dort ab und fuhr mit ihm zu seinem Haus Barham Court bei Wateringbury zurück.

Beim Abendessen an diesem Tage schien der General einigermaßen gelöst und heiter zu sein, vielleicht weil er am folgenden Tage seinen Sohn wiedersehen sollte, der nach dem Tod seiner Mutter aus Südafrika zurückgekehrt war. Am Freitagmorgen trank er seine Tasse Frühtee und aß die Butterbrote, die man ihm auf sein Zimmer gebracht hatte. Anschließend nahm er ein Bad. Danach setzte er sich an den Tisch in seinem Schlafzimmer und schrieb Briefe an seinen Gastgeber, an seinen Schwager und an seinen Sohn. Außerdem setzte er eine Anzahl Telegramme auf, die an seine verschiedenen Freunde abgesandt werden sollten. Dann zog er sich an, ging aus dem Haus und begab sich zu der Eisenbahnkreuzung an der hübschen kleinen Brücke bei Teston, ungefähr eine Viertelmeile entfernt. Er versteckte sich in ein paar Büschen neben den Geleisen, und als der 9.09-Uhr-Zug von Maidstone West nach Tonbridge kam, sprang er direkt davor. Er wurde umgestoßen, fiel unter die Räder und starb auf der Stelle. An seinem Anzug befand sich ein mit einer Nadel befestigter Zettel: »Wer mich findet, möge mich zu Colonel Warde bringen lassen.«

In allen seinen hinterlassenen Briefen erwähnte er die »skandalösen und lügenhaften Berichte« sowie die anonymen Briefe. An Colonel Warde schrieb er:

»In den letzten ein oder zwei Tagen scheint irgend etwas in mir gerissen zu sein. Die Kraft hat mich verlassen, und ich sehne mich nur noch danach, wieder mit ihr vereint zu sein.«

Er fügte ein typisches Postskriptum an:

»PS: Ihr werdet mich irgendwo auf den Eisenbahngeleisen finden. C. E. L.«

»Dies ist eines der geheimnisvollsten Verbrechen«, sagte der Untersuchungsrichter in seiner Zusammenfassung des ›Sommerhaus-Mordes‹, wie er damals genannt wurde, »das jemals in diesem Lande begangen wurde. Die Person, die es ausführte, hat sämtliche Spuren ihrer Tat beseitigt. Nicht der geringste Hinweis oder Fingerzeig, der in die Richtung des Täters deutet, ist bis zum heutigen Tage gefunden worden.«

Können wir der Wahrheit ein wenig näher kommen als der Untersuchungsrichter in seiner Zusammenfassung? Indem wir zwei der vorgebrachten falschen Theorien eliminieren, könnte uns das gelingen.

General Luard war *nicht* der Mörder. Ganz abgesehen von seinem nahezu unzerstörbaren Alibi, könnte niemand die von Luard an seinen Gastgeber und andere geschriebenen Briefe lesen, ohne an ihre Wahrheit und an seine absolute Unschuld zu glauben. Nicht der Schatten eines Motivs konnte ihm je vorgeworfen werden, und bei einem Fall, in dem unmögliche Motive so bereitwillig erörtert wurden, bedeutet das eine ganze Menge.

Mrs. Luard wurde *nicht* von einem *Landstreicher* ermordet – jenem nützlichen Landstreicher des Kriminalromans, dem auch hier das Verbrechen schließlich offiziell angehängt wurde. So ein Landstreicher hätte niemals einen Revolver besessen und hätte wohl auch nicht der Versuchung widerstehen können, die geraubten Ringe innerhalb weniger Tage nach der Tat zum Kauf anzubieten. Die Ringe konnten jedoch niemals wieder beigebracht werden, trotz einer das ganze Land umfassenden Warnung an Pfandleiher und Wiederverkäufer von Schmuckstücken. Es ist wohl ziemlich klar, daß ihr Diebstahl ein erfolgreich inszeniertes Ablenkungsmanöver zur Irreführung der Nachforschungen war.

Welch andere mögliche Schlußfolgerung bleibt übrig, als daß Mrs. Luard – trotz der gegenteiligen Aussagen des Generals – von jemandem ermordet wurde, der sie kannte und haßte? Man denke an den Revolver. Der Mörder kam mit einem Revolver in der Tasche zu dem Sommerhaus. Vielleicht hatte er die Luards auf ihrem Spaziergang gesehen und war ihnen gefolgt; vielleicht befand er sich auch schon in der Nähe des Sommerhauses, um Kaninchen oder Eichhörnchen zu schießen. In jedem Fall aber griff er Mrs. Luard an, als er ihr gegenübertrat. Daß es sich um jemand handelte, den sie kennen mußte, läßt sich aus der Tatsache ableiten, daß er nur ein sehr kurzes Stück von ihr entfernt war, als er sie erschoß, und daß sie keinen Versuch machte fortzulaufen, wie sie das sicher getan hätte, wenn sie von einem gänzlich Fremden bedroht worden wäre.

Aber es gibt noch einen Punkt, den die Polizei damals nicht näher untersucht zu haben scheint. Die große Menge anonymer Briefe mit Beschuldigungen von General Luard überraschte alle Leute, und viele dieser Briefe stammten offensichtlich aus der nächsten Umgebung. Nach ihren Urhebern schien zu jener Zeit überhaupt nicht geforscht worden zu sein. Dabei waren es diese Briefe, die zuerst die Aufmerksamkeit auf den General als Verdächtigen lenkten, und es ist sehr wahrscheinlich, daß der Mörder eine Anzahl davon abschickte und eine aktive Rolle in der Flüsterkampagne spielte, die den General zum Selbstmord trieb.

Hinter Nebelschleiern zeigen sich die Umrisse des Mörders: gewiß war es ein Mann; ein Mann, der gewohnt war, einen Revolver bei sich zu tragen; jemand, der zudem einen Haß, vielleicht sogar nur einen leichten oder lächerlichen Groll gegen Mrs. Luard mit sich herumtrug; ein aktiv im gesellschaftlichen Leben des Bezirks stehender Mann, der leicht ein Gerücht in die Welt setzen konnte, so daß es wie natürlicher Klatsch erschien; ein Mann, der das Sommerhaus genauso wie den besten Fluchtweg von dort aus kannte . . .

Schemenhaft zeigt sich die Gestalt und verschwimmt wieder. Und es ist unwahrscheinlich, daß wir den Mörder je bei vollem Tageslicht werden sehen oder mit Namen nennen können, nachdem inzwischen gut sechzig Jahre verstrichen sind.

Edgar Lustgarten

Harriet Staunton: ein Opfer der Habgier

I.

Die inzwischen verstrichene Zeit wie auch neue Erkenntnisse in der pathologischen Anatomie gebieten eine gründliche Neubewertung des Falles Staunton.

Zu lange hat man ihn als eklatantes Beispiel des Sieges erhitzter Gefühle über nüchterne Vernunft zitiert; des Vorurteils anstelle von Beweisen; des in einer Jury kristallisierten und reflektierten Volkszorns, der unfehlbare wissenschaftliche Schlußfolgerungen gar nicht erst aufkommen ließ. Wenn man dieser Interpretation der Ereignisse folgen will, war die Verurteilung der Stauntons wegen Mord ungerecht.

Doch zumindest die beiden männlichen Mitglieder dieser aus vier Personen bestehenden Bande waren schuldig – das kann ich kategorisch versichern.

Die Tünche der Rehabilitierung, die von Regierungsstellen, führenden Zeitungen, etablierten Schriftstellern und medizinischen ›Autoritäten‹ über die Gebrüder Staunton gebreitet wurde, beginnt unter den Blicken kritischer Betrachter seit einem halben Jahrhundert Risse zu zeigen.

Ihre Entfernung ist überfällig.

II.

Der Schlüssel zum Mord liegt gewöhnlich im Wesen des Mörders. Heath mußte seine Mädchen finden, Rouse seinen Tramp, und Burke und Hare waren entschlossen, sich ihre ›Studienobjekte‹ zu beschaffen, komme, was da wolle.

Manchmal liegen die Dinge aber auch umgekehrt, und der Schlüssel zum Mord findet sich im Wesen der ermordeten Person. So war es bei dem furchtbaren Verbrechen, das die Stauntons begingen: ohne jene sonderbare Mischung aus kindlicher Fügsamkeit und kindischem Eigensinn in ihrem Opfer hätte ihr mörderisches Komplott nie zum Erfolg führen können.

Kindlich ist überhaupt die zutreffendste Bezeichnung für Harriet. Obwohl sie geheiratet hatte und Mutter geworden war, bevor sie im Alter von sechsunddreißig Jahren starb, blieb sie doch zeitlebens wissens- und verstandesmäßig ein Kind. Ein ergreifendes und dabei recht unattraktives Kind; denn was in zarten Jugendjahren als frische Unbekümmertheit gilt, wird beim Erwachsenen zur bloßen, leeren Einfältigkeit. Es gibt noch eine Photographie von ihr – eine Aufnahme, die sie in voller körperlicher Reife zeigt –, aus der sich unschwer auf ihre geistige Veranlagung und Verfassung schließen läßt. Die ausdruckslosen Augen mit den schweren, halb herabhängenden Lidern; das etwas schüchterne und dabei doch selbstzufriedene, einfältige Lächeln – Harriet war, in des Wortes wahrster Bedeutung, geistesschwach. Nicht verrückt und auch keineswegs blödsinnig, sondern mit unreifer Geistes- und unzulänglicher Verstandeskraft ausgestattet. »Sie war nie fähig, sich eine einigermaßen ausreichende Bildung anzueignen«, sagte ihre Mutter als Zeugin bei der auf Harriets Tod folgenden Gerichtsverhandlung. »Meine Tochter war ein sehr einfältiges, argloses Mädchen.« Man braucht sich nur noch einmal die Photographie anzusehen: sie bietet reichliche Bestätigung.

Harriet war von vornehmer Geburt und Erziehung. Sie besaß auch eine gute Aussteuer, 3000 Pfund in Bankguthaben und Wertpapieren. Ihre Kindheit und Jugend verlief ungetrübt und alltäglich, abgesehen von den Neckereien und dem Verdruß, denen sie als zurückgebliebenes Kind unter vier Geschwistern ausgesetzt war. In der Regel leidenschaftslos und wenig temperamentvoll, zeigte sie doch gelegentlich Ausbrüche von gereiztem Eigensinn, wie sie für ein wahrhaft kindliches Gemüt in jedem Alter charakteristisch sind. Während sie in ihr drittes Lebensjahrzehnt trat und auf das vierte zuging, wurde es für die anderen naturgemäß immer schwieriger, derartige Ausbrüche in Schranken zu halten.

1874 war Harriet dreiunddreißig Jahre alt. Immer noch ledig und ohne einen annehmbaren Bewerber, hatte sie wahrscheinlich fast alle Hoffnung auf eine Heirat aufgegeben. Ihre Mutter dagegen hatte nach dem Tod ihres ersten Mannes zum zweitenmal geheiratet, und dieser Umstand mag die häusliche Atmosphäre verändert haben. Harriet unternahm auf einmal eine Reihe längerer Besuche bei Verwandten, und bei einem von diesen lernte sie einen unbemittelten Auktionärsgehilfen mit Namen Louis Staunton kennen.

Louis Staunton hätte wohl am besten in die Welt von Dickens gepaßt. Balzac oder Dostojewski mit ihrem scharfen Gespür für die unendlich vielen Abstufungen zwischen dem absolut Bösen und dem absolut Guten hätten Louis' schwarzen Charakter beunruhigend unwirklich gefunden; sie hätten ihn vermenschlicht und in der Darstellung ganz und gar verwässert. Nur Dickens mit seiner unbändigen Begabung für die Karikatur hätte Louis so schwarz zeichnen können, wie er es verdiente. Man wäre versucht zu sagen, daß noch nie ein größerer Schurke gelebt hat als er – wenn man nicht später noch auf seinen Bruder Patrick zu sprechen kommen müßte.

In diesem frühen Stadium eines Lebens, das in nicht zu rechtfertigender Weise verlängert wurde, mußten die Abgründe von Louis' Verruchtheit noch aufgedeckt werden. An der Oberfläche war er lediglich ein vulgärer Mensch mit kaltem Herzen, der sich viel mit Geld und Frauen beschäftigte und stets raubgierig hinter beidem her war. Aber dennoch besaß er mit dreiundzwanzig Jahren weder Geld noch Frau, und sein verdorbener Geist begann neue Quellen zu sondieren.

Harriets Erscheinen auf dieser Szene war schicksalhaft. Ihre Anziehungskraft war, wie gesagt, äußerst begrenzt.

Von Schönheit konnte bei ihr absolut keine Rede sein, wenn sie auch – traurige Ironie im Licht der bevorstehenden Ereignisse – stets frisch und sauber war und einen ausgezeichneten Geschmack in Kleiderfragen hatte. Sie war zehn Jahre älter als Louis. Sie war geistesschwach. Aber sie verfügte über die nötigen Mittel; und nach dem Recht jener Zeit würde ohne einen Ehevertrag alles in den Besitz ihres Mannes übergehen, wenn sie heiratete. Die Situation war außerordentlich günstig, und Louis begann Harriet den Hof zu machen. Es ist nicht anzunehmen, daß er in diesem Stadium der Angelegenheit über sein unmittelbares Ziel hinaus plante. Wenn er nur erst die Hände auf Harriets kleinem Vermögen hatte, konnte er immer noch entscheiden, was mit Harriet selbst geschehen sollte.

Harriets Mutter, die ihre Tochter stets für absolut ungeeignet für die Ehe gehalten hatte, konnte sich angesichts der Person des zukünftigen Bräutigams keineswegs mit dem Gedanken an eine Heirat versöhnen. Sie schätzte ihn als einen billigen Abenteurer ein und war schockiert, als Harriet, die sich über die Verehrung durch einen jüngeren Mann sehr freute, seinen Antrag annahm und ihm ihre Hand versprach. Aber was konnte man dagegen tun? Harriet war volljährig; dringende Bitten oder der Rat, ihre Verlobung aufzulösen, wurden von ihr mit jenem ganz persönlichen Starrsinn beantwortet – dem unbeugsamen, heftigen Starrsinn eines Kindes. Die verzweifelte Mutter versuchte es mit einer drastischen Maßnahme. Sie beantragte, Harriet als Geistesgestörte unter den Schutz des Kanzleigerichtes für Fürsorgefälle zu stellen. So schrecklich sich das anhört, so schrecklich es auch ist, es wäre dennoch ein besseres Schicksal gewesen als jenes, auf das Harriet unaufhaltsam zusteuerte. Der Antrag der Mutter wurde jedoch abgelehnt und hatte lediglich zur Folge, daß Harriets Zorn und Ablehnung sich noch verschlimmerten.

Alles Mögliche war versucht worden, und alles war fehlgeschlagen. Am 16. Juni 1875 heiratete Harriet ihren Louis und gab damit ihr Vermögen und ihr Leben in seine Hände.

III

Harriets Mutter war bei der Hochzeit nicht anwesend. Die verletzten Gefühle überwogen auf beiden Seiten, waren zu stark. Aber in den folgenden Tagen überdachte sie die ganze Situation und kam zu dem Schluß, daß es töricht wäre, die Entfremdung fortzusetzen. Sie mißtraute ihrem Schwiegersohn und empfand eine tiefe Abneigung gegen ihn; doch sie liebte unverändert ihre Tochter, machte sich Sorgen um ihr Wohlergehen und wollte auf jeden Fall den Kontakt mit ihr aufrechterhalten. Es hatte keinen Sinn, überlegte sie, Ressentiments zu pflegen; was geschehen war, ließ sich nicht ändern, und sie mußte versuchen, das Beste daraus zu machen.

An einem Tag im Juli klopfte sie daher an die Tür des Hauses in der Loughbrough Park Road im Londoner Stadtteil Brixton, das von dem jungen Ehepaar bewohnt wurde und mit Harriets Geld möbliert worden war.

Im großen und ganzen verlief die Begegnung recht gut. Harriet öffnete die Tür, bat ihre Mutter sofort herein und rief ihrem Mann zu: »Louis, Mama ist hier.« Die drei unterhielten sich dann ganz freundschaftlich eine Weile im Wohnzimmer, und auf Louis' Vorschlag führte Harriet ihre Mutter durch das Haus. Als sie wieder ging, begleiteten beide sie zur Bahnstation. Es gab keine Meinungsverschiedenheiten, kein scharfes Wort. Das einzige, was noch auf eine gewisse Abkühlung in ihren Beziehungen hindeutete, war die Kürze des Besuches – ganze zehn Minuten.

Gewiß aber war nichts vorgefallen, was Harriets Mutter auf die beiden Briefe hätte vorbereiten können, die sie am folgenden Tage erhielt – einen von Louis, der in heftiger und beleidigender Form schrieb, er wolle sie nicht noch einmal in seinem Hause sehen; den anderen von Harriet, gemäßigter im Ton, aber mit dem Inhalt, da Louis den Besuch ihrer Mutter nicht wünsche, sollte sie lieber nicht mehr kommen, um allen Unannehmlichkeiten aus dem Wege zu gehen.

Dieser Affront war endgültig; ihm folgten keinerlei Gesten des guten Willens oder der Bereitschaft zum Vergeben. Der Besuch ihrer Mutter in den ersten Wochen ihrer Ehe war Harriets letzter echter Kontakt mit der Welt, die sie bisher gekannt hatte – einer Welt, die nicht ihre Schwächen ausgebeutet, sondern sie im Gegenteil mit Sympathie und Freundlichkeit behandelt hatte.

Von diesem Zeitpunkt an schwand die Mutter aus Harriets Leben, und die restlichen Mitglieder der Staunton-Bande tauchten nacheinander auf der Bildfläche auf.

IV.

Patrick Staunton war Louis' Bruder und ihm in Infamie absolut ebenbürtig. Unterschiede zwischen den beiden gab es vielleicht in der Art, nicht aber im Grad ihrer Schändlichkeit. Louis war verschlagen, heimtückisch, treulos, kriecherisch und gemein; Patrick war ein brutaler Rohling, bösartig und unflätige Reden führend. Als ›Künstler‹ kratzte er gerade genug für ein bescheidenes Leben zusammen und bewohnte mit Frau und zwei Kindern ein abgelegenes Haus in einer einsamen Gegend der Grafschaft Kent. Dieses Haus sollte zum Schauplatz von Harriets Martyrium werden.

Patricks Frau Elizabeth läßt sich von dem Staunton-Quartett am schwierigsten einschätzen. Es gibt keinerlei Hinweise, daß sie von Natur aus verworfen und boshaft war wie die beiden Brüder. Wenn man eine Erklärung für ihr Verhalten finden will, ist die Annahme möglich und statthaft, daß sie, die in einer so einsamen Gegend wohnte, abgeschnitten von unparteiischen Freunden und einem Ehemann ausgeliefert, der sie und ihre beiden Kinder oft schlug und herumstieß, nicht die Kraft aufbrachte, seinem Willen erfolgreich Widerstand entgegenzusetzen.

Alice Rhodes, die jüngere Schwester von Elizabeth, macht das Staunton-Quartett voll. Zwar war sie, genau genommen, keine Staunton, weder von Geburt noch durch Heirat; aber da sie sehr bald die Geliebte von Louis wurde, könnte man sie ja eine Staunton durch Ehebruch nennen. Alice war ein gutaussehendes, phantasieloses Mädchen, selbstsüchtig und ziemlich gefühllos in ihrem Streben nach Vergnügen. Ihre gesetzwidrige Liebschaft mit Louis war schon im Gange, als Harriet im Frühjahr 1876 einen Knaben zur Welt brachte.

In jenem Sommer wurde Harriets gesamter Haushalt aufgelöst und, jedes Mitglied einzeln, zu Patricks Haus in Kent geschafft. Das Baby wurde im Mai hingebracht, als es erst wenige Wochen alt war; Elizabeth hatte es übernommen, für das Kind zu sorgen. Harriet ging im August; Louis hatte mit Patrick abgemacht, ihm wöchentlich ein Pfund zu zahlen, damit er sich ›um sie kümmerte‹. Im November bezog Louis, der weiter von Harriets geschrumpftem Vermögen zehrte, mit Alice Rhodes einen nahegelegenen Bauernhof, und der sonderbare Umzug war komplett.

Harriet fügte sich demütig diesen unnatürlichen Maßnahmen. Möglicherweise hatte man ihr vorgeschwindelt, sie seien nur vorübergehend. (»Am letzten Sonnabend bin ich nun einen Monat hier«, schrieb sie an Louis in einem ihrer fehlerhaften und unbeholfenen Briefe. »Es wird Zeit, daß ich nach Hause komme.«) Allerdings wäre eine solche Täuschung gar nicht notwendig gewesen. Wieder einmal war es Harriets kindliches Gemüt, das Louis' schändliches Spiel begünstigte. Wie sie ihrer Mutter unbeugsamen Widerstand entgegengesetzt hatte, so folgte sie jetzt ihrem Manne bedingungslos. Harriet hätte auch nicht im Traum daran gedacht, Louis ungehorsam zu sein. Er war für sie der Herr, sie seine ergebene Sklavin; er erließ Anordnungen, sie anerkannte und befolgte sie, selbst wenn damit eine Trennung von ihrem Kind oder eine Trennung von ihrem Mann verbunden war.

Am 23. Oktober 1876 brachte Louis seine Frau Harriet für einen Tag nach London. Er wollte einen Teil ihrer

Wertpapiere gegen Barzahlung verkaufen und benötigte dazu ihre formelle Zustimmung und ihre Unterschrift. Der mit ihren Rechtsgeschäften betraute Anwalt kannte Harriet seit geraumer Zeit und beobachtete sie wie immer mit mitfühlendem Interesse. Sie war nicht anders als sonst, recht aufgeregt und verwirrt und ohne recht zu wissen, was von ihr verlangt wurde, aber körperlich robust und offensichtlich bei guter Gesundheit. Nachdem das Geschäftliche erledigt war, schüttelte sie ihrem Anwalt die Hand, verabschiedete sich und schickte sich an, ihren Mann zurück nach Kent zu begleiten.

Das war Harriets letztes öffentliches Erscheinen für die nächsten sechs Monate. Hinfort sah sie niemanden mehr mit Ausnahme der Stauntons und kam nicht mehr aus Patricks Haus heraus.

Der Vorhang, der sie abschirmte, war so undurchdringlich, daß nicht einmal vorbeikommende fliegende Händler etwas von ihrer Anwesenheit erfuhren.

v.

In Anbetracht der unerfreulichen letzten Nachricht, die sie von Harriet erhalten hatte, war ihre Mutter zunächst von ihrem Schweigen nicht sonderlich beunruhigt. Erst ein Bericht, der sie im neuen Jahr erreichte, machte sie argwöhnisch – ein Bericht über die Liaison zwischen Louis und Alice Rhodes. Und dieser Argwohn wurde keinesfalls durch eine zufällige Begegnung mit Alice Rhodes zerstreut.

Harriets Mutter kannte Alice und Elizabeth nämlich von früher her: sie gehörten zu ihrer angeheirateten Verwandtschaft. Als sie daher Alice an einem Februartag in der Nähe der London Bridge traf, sprach sie sie sofort an und verlangte, indem sie klug jede direkte Beschuldigung vermied, Informationen und Nachrichten über Harriet.

»Wo wohnt sie denn jetzt?«

Alice Rhodes, die nicht auf diese Begegnung vorbereitet

war, stammelte, wurde rot und erklärte, das wüßte sie nicht.

»Du *mußt* aber wissen, wo sie ist.«

»Auf mein Wort, ich weiß es nicht.«

»Du *weißt* es, Alice«, sagte Harriets Mutter ruhig und bestimmt.

Alice war erst neunzehn Jahre alt; der Respekt vor der älteren Frau machte sie verlegen und unsicher. Sie wechselte ihre anfängliche Lüge gegen eine andere, die leichter durchzustehen war.

»Harriet ist mit ihrem Manne und dem Kind in Brighton«, erklärte sie.

»Wie lautet ihre Adresse?«

»Tut mir leid, aber das weiß ich nicht.«

»Geht es ihr gut?«

»Sie war krank«, antwortete Alice Rhodes, »aber jetzt geht es ihr schon besser; ich glaube jedenfalls, daß es ihr besser geht.«

Mehr war aus dem Mädchen anscheinend nicht herauszubekommen. Harriets Mutter wollte sich schon abwenden und weitergehen, als ihr etwas auffiel.

»Alice, du trägst ja die Brosche meiner Tochter«, sagte sie.

Alice wurde wieder rot bis über beide Ohren, nahm die Brosche ab und legte sie Harriets Mutter in die Hand.

»Sie können sie haben, wenn Sie wollen.«

»O nein, nicht wenn meine Tochter sie dir gegeben hat.« Sie gab die Brosche entschieden zurück. »Aber ich kann nicht verstehen, *daß* sie sie dir gegeben hat; es war ihre *Lieblingsbrosche*.«

»Ich muß jetzt gehen«, rief Alice Rhodes und war wie der Blitz verschwunden . . .

Je mehr Harriets Mutter über die Brosche nachdachte, um so mehr begann sie sich um Harriet zu ängstigen. Entschlossen, ihre Tochter zu finden und die eigene Ungewißheit zu beenden, stellte sie in jedem Viertel, das auch nur die geringste Hoffnung auf Erfolg versprach, Nachforschungen an. Schließlich konnte sie die Früchte ihrer Ausdauer ernten. Jemand gab ihr den Hinweis, daß sie vielleicht einmal in einer gewissen ländlichen Gegend von Kent nachfragen könnte; und so machte sie sich am 5. März mit dem Zug auf den Weg nach Cudham.

Irgend jemand im Dorf wies ihr die Richtung nach Louis Stauntons Farm. Als sie an die Tür klopfte, machte Elizabeth Staunton auf.

»Was wollen *Sie* denn hier?« fragte sie.

»Ich möchte meine Tochter sehen.«

Ehe Elizabeth antworten konnte, betrat Louis die Szene. Sein Gesicht war verzerrt, und seine Stimme überschlug sich fast vor Wut.

»Die bekommst du nicht zu sehen!« schrie er. »Hau ab, du dämliche alte Ziege, hau ab! Kümm're dich gefälligst um deinen eigenen Dreck!«

Es gibt wohl kaum einen bewegenderen Beweis für die quälende Sorge der Mutter, als daß sie auf diese Beleidigungen hin nicht ebenfalls ausfallend wurde.

»Laßt mich doch wenigstens ihre Stimme hören«, bat sie, »laßt mich nur ihre Hand auf dem Treppengeländer sehen, und ich will zufrieden wieder gehen.«

Als Antwort ging Louis mit einem Messer auf sie zu. Selbst Elizabeth war entsetzt.

»Tu's nicht, tu's nicht!« rief sie.

»Ich bitte Sie inständig!« Harriets Mutter wandte sich jetzt an die Frau. »Sie haben selbst Kinder, die Sie vielleicht eines Tages sehen möchten!«

Aber so ein weiches Herz hatte Elizabeth nun auch wieder nicht.

»Für Ihre Tochter wird gut gesorgt«, erwiderte sie, »und mehr brauchen Sie nicht zu wissen.«

Die Tür wurde zugeknallt. Der Schleier über Harriet blieb undurchsichtig und unbewegt.

VI

Er sollte jedoch bald gelüftet werden, aber erst nach einer düsteren Folge schlimmer Ereignisse.

Am 8. April gaben Patrick Staunton und seine Frau ein jämmerliches kleines Bündel in einem Hospital in London ab. Es war Harriets Kind, ein hilfloses, völlig ausgedörrtes kleines Wesen, das in seiner kurzen Lebensspanne auf dieser Erde nur Vernachlässigung erfahren hatte. »Die Mutter ist nicht in der Lage, für es zu sorgen«, sagten sie, als sie fortgingen. Das Kind starb in derselben Nacht – *es war buchstäblich verhungert.*

Am 10. April beauftragte Louis, der dabei seinen Namen als Harris angab, einen Leichenbestatter mit der Beerdigung. Er betonte besonders, daß es keine teure Angelegenheit werden dürfe, »weil der Vater des Kindes verschwunden sei«.

Am 12. April fuhren Louis und Elizabeth nach Penge, einem südöstlichen Vorort von London, vielleicht ein Dutzend Meilen von ihrem Wohnsitz in Cudham entfernt. Sie sprachen dort in einem Apartmenthaus an der Forbes Road 34 vor und mieteten eine Unterkunft – Schlafzimmer und Wohnzimmer – für »eine kranke Dame, die auf dem Lande lebt«. »Ihr Arzt«, meinte Louis herablassend, »versteht nichts von ihrem Fall.« »Wir wollen sie hierherbringen«, fügte Elizabeth hinzu, »damit sie näher an der Stadt ist und besser behandelt werden kann.« Dennoch erkundigten sie sich nach den Ärzten am Ort, und als man ihnen einen gewissen Mr. Dean Longrigg, praktischer Arzt, nannte, gingen sie sofort zu ihm. Sie wiederholten, was sie schon in dem Apartmenthaus gesagt hatten und fügten hinzu, daß die Patientin schwachsinnig und auf einer Seite gelähmt sei. Mr. Longrigg fragte nach dem Namen des gegenwärtigen Arztes der Kranken. Nach einigem Zögern behaupteten sie, es sei ein »Dr. Creasey aus Brastead« – doch das war eine Lüge: weder ein Arzt des von ihnen angegebenen Namens noch überhaupt irgendeiner hatte die »kranke

Dame, die auf dem Lande lebte«, untersucht oder behandelt.

Mr. Longrigg sagte zu, am nächsten Tag zur Forbes Road Nummer 34 zu kommen, und Louis und Elizabeth hasteten nach Cudham zurück.

An diesem Abend handelten alle vier Stauntons mit vereinten Kräften. Kurz vor Einbruch der Dunkelheit brachten sie aus Patrick Stauntons Haus zum Vorschein, was noch von der unglückseligen Harriet übriggeblieben war. Halb bewußtlos, halb gelähmt und unfähig zu sprechen, zu gehen oder zu stehen, wurde sie von der Haustür zur Pferdedroschke gezerrt, von der Droschke zum Zug und vom Zug wieder zur Pferdedroschke und schließlich die Treppen des Apartmenthauses in Penge hinauf. *Man hatte es nicht für notwendig gehalten, irgendwelche Kleidungsstücke von ihr mitzubringen.*

Sie befanden sich jetzt in einem fremden Amtsbezirk. Ärzte, Polizei und Leichenbeschauer kannten keinen von ihnen. Alles war jetzt in bester Ordnung. Man konnte Harriet beruhigt sterben lassen.

VII.

Ihre zeitliche Koordinierung hätte kaum exakter sein können. Am folgenden Tage schon tat Harriet ihnen den Gefallen.

Mr. Longrigg hatte sie das erste Mal um zehn Uhr vormittags besucht (Versuche, ihn schon während der vorhergehenden Nacht zu holen, waren fehlgeschlagen). Sowohl Elizabeth als auch Alice Rhodes waren bei seinem Besuch anwesend. Zu diesem Zeitpunkt war Harriet vollkommen bewußtlos und, wie er notierte, ausgezehrt und schmutzig. Ihre Arme waren steif, ihre Augen eingesunken, ihr Atem ging röchelnd, ihr Puls flatternd und schwach: zweifellos kam jede ärztliche Hilfe für sie zu spät. Nichtsdestoweniger läßt sich kaum bestreiten, daß Mr. Longrigg seine Patientin nur sehr oberflächlich examinierte; er führte keine eingehende Untersuchung durch, sondern erklärte lediglich, daß sie nicht am Leben bleiben würde. Auf Bitten der beiden Frauen schickte er eine ausgebildete Krankenpflegerin.

Als die Pflegerin kam, hatte sich Harriets Zustand noch erheblich verschlechtert, und die Pflegerin bestand darauf, den Arzt nochmals zu holen. Der sah auf den ersten Blick, daß Harriet im Sterben lag. Es gab nichts mehr, was er tun konnte; er sprach ein paar tröstende Worte und ging wieder.

Harriet starb tatsächlich innerhalb einer Stunde. Mr. Longrigg stellte den Totenschein aus: »Gehirnerweichung und Schlagfluß« als Begründung – mehr nach dem, was er gehört hatte, als nach dem Ergebnis seiner Beobachtung.

Die Stauntons trafen rasch alle Vorbereitungen für die Beerdigung. Die Pflegerin baten sie, inzwischen bei der Leiche zu bleiben. Nachdem sie so alle ihre Vorhaben in Penge zur Zufriedenheit erledigt hatten, fuhren sie noch am selben Nachmittag wieder nach Hause.

Es hatte tatsächlich den Anschein, als würden sie ungeschoren davonkommen.

VIII.

Daß sie nicht davonkamen – jedenfalls nicht ganz ungeschoren – lag an einem jener merkwürdigen Zufälle, die sich manchmal im wirklichen Leben ereignen, die aber kein Schriftsteller zu erfinden wagen darf.

Ganz in der Nähe des Apartmenthauses an der Forbes Road in Penge befand sich ein Gemischtwarenladen, dessen Inhaber gleichzeitig das Amt des Posthalters ausübte. Für Fremde in diesem Bezirk war das der gegebene Ort, sich zu erkundigen, wo man einen Sterbefall anzumelden hatte. Am Todestag von Harriet hörte ein Kunde in diesem Laden, wie jemand eben diese Erkundigung anstellte:

im Hause Nummer 34 sei jemand gestorben, wurde dem Posthalter gemeldet – eine Dame, die normalerweise in Cudham wohne.

Der Kunde in jenem Laden – und das überschreitet fast die Grenzen des Zufalls – war zufällig der Mann einer von Harriets Schwestern. Von Harriet wußte er wenig, aber er wußte zumindest dies: daß die letzten Nachrichten über sie aus der Gegend von Cudham gekommen waren und daß ihre Familie den Verdacht hegte, sie würde dort sehr schlecht behandelt.

Er beschloß, diesen Sachverhalt der Polizei zu melden.

Von der Polizei zur Forbes Road 34; von der Forbes Road 34 zu Mr. Longrigg; von Mr. Longrigg zur Inspektion der Leiche. Ihr Schwager identifizierte sie als die verstorbene Harriet und erzählte dem Arzt einiges über sie und die näheren Umstände.

Der Totenschein wurde widerrufen, die Beerdigung verschoben, der amtliche Leichenbeschauer und Untersuchungsrichter informiert. Eine förmliche Untersuchung sowie eine Leichenöffnung wurden angeordnet.

Die Räder der Justiz hatten sich zu drehen begonnen, und nichts würde sie mehr vor der Vollendung ihres Laufes anhalten können.

IX.

Wie man weiß, äußern Pathologen häufig die Ansicht, daß eine Autopsie nicht unbedingt unangenehm sein muß. Bei Harriets Leichenöffnung jedoch sträubten sich selbst diesen erfahrenen Berufsleuten die Haare.

Sie stellten fest – wie schon die Krankenpflegerin, die sie aufgebahrt hatte –, daß der Körper mit einer dicken, teilweise festgetrockneten Schmutzschicht bedeckt war und von Läusen wimmelte. Die Fußsohlen hatten eine dicke Hornhaut, als ob sie lange Zeit barfuß gelaufen wäre. Ein künstliches Haarteil, das sie zu tragen pflegte, war so mit ihrem eigenen Haar verfilzt und durchwachsen, daß es nur mit Hilfe von

Schere und Pinzette von ihrem Kopf getrennt werden konnte.

Auch nicht ein Partikel Fett war an ihrem Körper, und nicht die geringste Spur von Fett fand sich in einem ihrer inneren Organe. Sie wog ein wenig über dreiunddreißig Kilogramm – bei einer Größe von hundertfünfundsechzig Zentimetern. Um eine derartige Auszehrung zu verursachen, mußte sie nach medizinischer Ansicht mindestens drei Monate lang stark unterernährt worden sein.

Am Gehirn fanden sich ›geringfügige‹ Tuberkeln, die den Medizinern jedoch von untergeordneter Bedeutung zu sein schienen. Gewisse Symptome – hauptsächlich Blutandrang in den Organen – ließen darauf schließen, daß ein stark reizendes Gift verabreicht worden sein könnte. Eine Analyse zeigte jedoch, daß kein solches Gift vorhanden war.

An diesem Ergebnis hatten die untersuchenden Ärzte keinen Zweifel. Sie fanden auch keinerlei Anzeichen einer Krankheit als Todesursache. Sie stellten fest, daß die Frau an langandauernder Unterernährung und Vernachlässigung gestorben war.

X.

Die Verhaftung der Stauntons erfolgte nach einer Untersuchung, die nach der Aufnahme sechs Tage lang dauerte und während der sich der Zorn der Öffentlichkeit ständig steigerte, als wenigstens ein Teil der Tatsachen ans Licht kam. Auch die Anstrengungen der Stauntons im Zeugenstand brachten ihnen keinen sichtbaren Erfolg. Wie Mr. J. B. Atlay darlegte, der die Niederschrift der Verhandlung veröffentlichte und keineswegs unangemessen voreingenommen gegen die Stauntons war, machte die Geschichte, die sie erzählten, einen »offensichtlich abgesprochenen Eindruck«. Mehr noch, ein guter Teil davon war offensichtlich erlogen: so zum Beispiel, wenn Louis – loyal von den übrigen unterstützt – behauptete, daß er und Harriet die Trennung vereinbart hätten, weil sie sich dauernd betrunken habe. Demgegenüber erklärte der Spezialist, der die inneren Organe untersucht hatte, er habe »keinerlei Beweise übermäßigen Trinkens gefunden; die Leber zeige nicht die geringsten Veränderungen als Folge einer Alkoholvergiftung«. Und Louis konnte, als man ihn dazu aufforderte, auch nicht eine Person nennen, die Harriet jemals betrunken gesehen hätte.

Die um das Untersuchungsgericht versammelten Menschenmengen wurden mit jedem Verhandlungstage größer und feindseliger, und es besteht wenig Zweifel, daß die Stauntons, wären sie ihnen in die Hände gefallen, nur mit sehr viel Glück mit dem Leben davongekommen wären. Wie verständlich solche Massendemonstrationen unter derartigen Umständen auch sein mögen, man muß sie bedauern. Wenn die Beweise nicht zu dem Ergebnis führen, das die von Emotionen aufgeputschte Masse erwartet, könnten die Geschworenen sich weniger der Beweislast als der Gefühlslast beugen und so zu einem Fehlurteil gelangen. Wenn aber Emotionen *und* Beweise zu dem *gleichen* Schluß führen, kann schon das bloße Vorhandensein solcher Emotionen ein Urteil verunglimpfen, das absolut fair auf den vorgebrachten Beweisen beruht.

Selbst in diesem frühen Stadium des berühmten Penge-Falles gab es Auguren, die nur zu bereit waren, diesen letzteren Fehler zu begehen. Zugeständnis an das Volksgeschrei, erklärten sie mit verachtungsvoller Selbstsicherheit, als die aus Geschworenen bestehende Leichenschaukommission gegen alle vier die Anklage wegen Mordes erhob.

Deshalb war es auch in jeder Hinsicht gut, daß das Appellationsgericht einer Eingabe der Verteidigung stattgab, die eigentliche Verhandlung aus der aufgeheizten Atmosphäre von Kent in das entferntere und unparteiische Kriminalgericht Old Bailey in London zu verlegen.

XI

Bestimmte Punkte in der Verhandlung gegen die Stauntons galten von Anfang an allgemein als unleugbare Tatsachen, auch wenn sie von den Angeklagten bestritten wurden. So zum Beispiel, daß Harriet zumindest während der letzten Monate ihres Aufenthaltes bei Patrick Staunton praktisch im Hause gefangengehalten wurde. Ihr körperlicher Verfall – was auch immer der Grund dafür sein mochte – ging langsam vor sich und mußte von den Mitbewohnern des Hauses unbedingt bemerkt werden, veranlaßte diese jedoch nicht, ärztliche Hilfe herbeizuholen. Ihr Schlafzimmer, an das sie in ständig zunehmendem Maße gebunden war, war verwahrlost, unzureichend möbliert und starrte vor Schmutz. Ob sie tatsächlich mißhandelt wurde, ist weniger gewiß; bei der Verhandlung behauptete das junge Dienstmädchen der Stauntons, daß Harriet bei mehr als einer Gelegenheit von Patrick geschlagen worden war, obgleich sie nichts dergleichen bei der Leichenschau ausgesagt hatte; man kann ihre Angaben also mit dem entsprechenden Vorbehalt zur Kenntnis nehmen.

Doch dieser umstrittene Punkt der Gewalttätigkeit war nicht besonders belangvoll. Niemand äußerte die Ansicht, daß Harriet durch Gewaltanwendung gestorben sei. Und soweit der Nachweis von Gewaltanwendung erbracht wurde, war er für den Hauptgegenstand der Anklage doch nur nebensächlich.

Dieser Hauptgegenstand wurde in drei Alternativen vorgetragen.

Erstens: daß man Harriet bewußt hatte hungern lassen, und zwar mit der Absicht und dem Ziel, daß sie sterben sollte. Wer auch immer das getan oder sich zu diesem Zweck zusammengeschlossen und wer auch immer den Tätern geholfen oder sie dazu ermutigt haben mochte, würde rechtmäßig als des Mordes schuldig verurteilt werden müssen.

Zweitens: daß man sie infolge von Vernachlässigung und Gleichgültigkeit hatte verhungern lassen. In diesem Falle würden alle, die dazu verpflichtet waren – durch freiwillige Übernahme oder gesetzliche Auflage –, dieses hilflose und gefangengehaltene Geschöpf zu betreuen und zu ernähren, rechtmäßig als des Totschlages schuldig verurteilt werden müssen.

Drittens: daß sie von Cudham nach Penge in einem derartigen Zustand gebracht wurde, der ihren Tod verursachte oder beschleunigte. In diesem Falle würden alle, die diese Möglichkeit gekannt und sie dennoch transportiert hatten, sich des Mordes schuldig gemacht haben; andernfalls aber, wenn sie rücksichtslos und sträflich gleichgültig gehandelt hatten, des Totschlages.

Die medizinischen Gutachten bei der Verhandlung (und nicht nur die von der Krone vorgebrachten) bewiesen überzeugend diese dritte Annahme, daß der Transport Harriets Tod zumindest beschleunigt hatte. Es scheint daher kaum denkbar, daß auch nur einer von den vieren – die alle aktiv an dem Fortschaffen von Harriet beteiligt waren – erwartet oder gehofft haben konnte, gänzlich ungeschoren davonzukommen. Ein jeder von ihnen hatte sich schon allein aus diesem Grunde zumindest des Totschlages schuldig gemacht, wenn es da auch große Abstufungen im Ausmaß der Sträflichkeit gab, die der Richter ja in seinem Urteil hätte berücksichtigen können. Nach meiner Ansicht ist es jedoch überaus unwahrscheinlich, daß aufgrund dieses Streitpunktes eine Verurteilung wegen Mordes hätte ausgesprochen werden können; daß die Geschworenen einen plötzlich gefaßten Plan zur Ausnützung eines nicht vorsätzlich herbeigeführten Zustandes voraussetzen würden. Etwa nach diesem Muster: »Seht mal, Harriet ist krank; das ist eine großartige Gelegenheit, sie ein für allemal loszuwerden; laßt uns sie irgendwo anders hinschaffen – sie wird den Transport niemals überstehen.« Eine solche Schlußfolgerung der Jury wäre zwar nicht unmöglich, aber doch sehr weit hergeholt; und auch die näheren Umstände deuteten nicht in diese Richtung.

Eine Verurteilung eines der Stauntons wegen Mordes

– in der Praxis meilenweit von der Theorie entfernt –
hing also davon ab, daß die Geschworenen Harriets Hungertod als absichtlich herbeigeführt voraussetzten. Und bei
dieser Bewertung – tatsächlich in dem gesamten Streitfall
des Verhungernlassens, im Gegensatz zu dem des Weg-
schaffens – konnte keine begründete Anklage gegen Alice
Rhodes erhoben werden. Es gab nicht genügend Beweise,
daß sie – die nicht mit dem Opfer verwandt war und an
einem anderen Orte wohnte – an irgendeinem Komplott
gegen Harriet teilgenommen hatte; genauso konnte sie
nicht dafür verantwortlich gemacht werden, Harriet nicht
mit Nahrung versorgt zu haben, da sie dazu in keiner Weise
verpflichtet war.

Aber was war mit Louis, mit Patrick und mit Elizabeth?

Louis, der Ehemann, der das Geld seiner Frau durch-
brachte und dabei die Umarmungen von Alice genoß (im
Gefängnis brachte sie ein Kind von ihm zur Welt, das amt-
lich auch als solches eingetragen wurde); Patrick, der regelmäßig Geld von seinem Bruder dafür bezog, daß er ›sich
um Harriet kümmerte‹ – was auch immer das bedeuten
mochte; Elizabeth, die Hausfrau, die dafür hätte sorgen
müssen, daß Harriet genügend zu essen bekam. Die Schlußfolgerungen hieraus waren unumgänglich: wenn es sich
beweisen ließ, daß Harriet verhungert war, dann – um ein
weiteres Mal Mr. Atlay zu zitieren – »gab es keine Möglichkeit eines Freispruchs für ihren Ehemann, für ihren Schwager
und für die Ehefrau ihres Schwagers«.

Aber war Harriet denn überhaupt den Hungertod gestorben? Die Ärzte der Krone sagten ja; die Ärzte der Verteidigung sagten nein. Und so – wie in der späteren Verhandlung gegen Norman Thorne – lautete die große Frage im
Falle Staunton: *woran* war die Frau gestorben?

XII

Abgesehen von den Stauntons selbst konnte niemand *aus erster Hand wissen*, ob Harriet verhungert war oder nicht – außer dem jungen Dienstmädchen, dessen Glaubwürdigkeit angezweifelt wurde. Bei der Verhandlung – wiederum in Abweichung von ihrem Zeugnis bei der Leichenschau – sagte sie unter Eid aus, daß Harriet die Nahrung absichtlich vorenthalten wurde; aber niemand konnte oder wollte diese Behauptung ohne befriedigende Bestätigung aus anderem Munde akzeptieren.

Alle hielten sich darum an die medizinischen Gutachten und an die Hypothesen daraus.

XIII.

Mr. Dean Longrigg war der erste und wichtigste ärztliche Zeuge für die Krone.

Er war der letzte Arzt, der Harriet lebend gesehen hatte; der einzige, der sie überhaupt nach dem Transport nach Penge zu Gesicht bekommen hatte; einer von mehreren, die die Leichenöffnung durchgeführt hatten. Folglich hatte er die Gelegenheit gehabt, Harriets Fall mehr und eingehender zu studieren als alle anderen Ärzte. Dies sollte man vielleicht in Anbetracht der Gegenbeweise, die von der Verteidigung angeführt wurden, im Gedächtnis behalten. Unbestreitbar waren die medizinischen Sachverständigen der Verteidigung erfahrener, bekannter und berühmter als Mr. Longrigg, hatten aber mit einem großen Nachteil zu kämpfen: sie hatten Harriet niemals – weder tot noch lebend – zu Gesicht bekommen . . .

Als Antwort auf die Frage des Generalstaatsanwaltes (Sir John Holker) erklärte Mr. Longrigg, er hätte durch bloßen Augenschein erkannt, daß Harriet sterben würde. Er hätte den besagten Totenschein ausgefertigt, weil man ihm berichtet hatte, sie habe einen Anfall gehabt. Von einer

Lähmung habe er sich nicht mittels einer Untersuchung überzeugt; die Patientin sei dem Tode so nahe gewesen, daß er dies nicht mehr für nötig gehalten habe. Bei der Leichenöffnung habe er das Vorhandensein von Tuberkeln am Gehirn bemerkt, aber diese hätten seiner Überzeugung nach nichts mit dem Tod der Patientin zu tun. Nachdem er erfahren hätte, daß kein Gift im Körper gefunden worden sei, habe er sofort auf Tod infolge Verhungerns geschlossen.

»Haben Sie das als Ihre Ansicht vor dem amtlichen Leichenbeschauer vertreten?«

»Das habe ich.«

»Stehen Sie immer noch zu dieser Ansicht?«

»Das tue ich.«

Mr. Longrigg hätte nicht sicherer und entschiedener auftreten können. Doch jetzt mußte er sich den Angriffen im Kreuzverhör stellen.

Die Anwälte der Verteidigung für Louis (Montagu Williams), für Elizabeth (Douglas Straight) und für Alice (Percy Gye) hatten sich geeinigt, daß der medizinische Aspekt des Falles vollkommen von Edward Clarke wahrgenommen werden sollte, der Patrick verteidigte. Das war eine höchst vernünftige Entscheidung. Clarkes drei Kollegen waren sehr gewandte Anwälte – Williams leistete in der Tat Hervorragendes in Strafprozessen –, aber Clarke war dazu bestimmt, in diese kleine Schar von Geistesgrößen aufgenommen zu werden, die wie feste Türme in der Geschichte der Rechtsanwaltschaft aufragten. Zwar war Clarke zur Zeit der Verhandlung gegen die Stauntons erst sechsunddreißig – diese Verhandlung hat seinen wachsenden Ruhm mehr gefestigt als alle anderen –, aber seine Fähigkeiten waren früh gereift, und seine Führung dieser schwierigen und äußerst heiklen Verteidigung steht nicht zurück im Vergleich mit seinen vielen späteren Triumphen. Überdies hatte er noch eine besondere Begabung für das Kreuzverhör von Ärzten – eine Begabung, die er noch durch äußerst fleißige wissenschaftliche Studien förderte. Die Zusammenfassung der Anklage gegen Patrick Staunton war ihm im Juli übergeben worden; die Verhandlung begann erst am 19. September. Inzwischen »ließ ich den größten Teil meiner Ferien fahren«, schrieb Clarke, »um mich intensiv mit dem Studium von Werken über Tuberkulose zu befassen und mit den zu erwartenden Erscheinungen bei Leichenöffnungen, wo der Tod durch Verhungern eingetreten war«.

Er brauchte sich jedoch nicht nur auf sein angelesenes Wissen zu verlassen. Clarke war persönlich sehr gut bekannt mit Dr. J. S. Bristowe, einem berühmten Londoner Arzt jener Zeit, der einen ganz besonderen, viel beneideten Ruf als Experte der pathologischen Anatomie genoß. Nachdem er die Presseberichte der Voruntersuchungen gelesen hatte, kam Dr. Bristowe zu der Ansicht, daß die mit der Leichenöffnung von Harriet betrauten Ärzte die dabei gefundenen Anzeichen falsch gedeutet hätten; sie wiesen nicht auf Verhungern, sondern auf Tuberkulose hin. Er sandte Clarke einen Brief, in dem er ihm das zu verstehen gab; der Verteidiger zog ihn hinfort als Berater hinzu und lud ihn ein, seinen Standpunkt auszubreiten und zu rechtfertigen.

Der Einfluß dieses unerwarteten Alliierten zeigt sich in Clarkes ausgedehntem Duell mit Mr. Longrigg. Die geschickte Führung des Kreuzverhörs war natürlich allein Clarkes Verdienst, aber für die medizinische Fundierung, auf der es doch zum größten Teil beruhte, gebührt die Anerkennung seinem Berater.

Clarke dirigierte das Verhör mit wohlabgewogenen Schritten zu seinem Postulat hin. Der klare, logische Aufbau seiner Verteidigung war stets schön und bewundernswert.

»Als Sie Ihren Totenschein ausstellten«, fragte er, »hatten Sie also keinerlei Grund zu irgendeinem Argwohn?«

»Nein.«

»Sie stellten ihn in gutem Glauben aus?«

»Ja.«

»Sie hegten zu jenem Zeitpunkt keinerlei Verdacht auf Tod durch Verhungern?«

»Nein.«

»Die Symptome deuteten nicht auf Tod durch Verhungern?«

»Nein.«

Hinfort würde Mr. Longrigg zur Stützung der Theorie des Verhungerns ausschließlich auf die Ergebnisse der Leichenöffnung beschränkt sein. Clarke richtete jetzt sein ganzes Feuer auf diese Flanke, indem er gleichzeitig größtmöglichen Nutzen aus der fallengelassenen Hypothese der Ärzte auf Giftanwendung zog.

»Sie haben zu einem gewissen Zeitpunkt angenommen, daß der Tod durch Vergiftung eingetreten war?«

»Ich hegte einen Verdacht in dieser Richtung.«

»Einen *Verdacht*? Sie haben also keine *Schlußfolgerung* angestellt?«

»Nein.«

»Aber die Organe wurden doch aus diesem Grund zur Analyse ins Laboratorium geschickt?«

»Wir konnten nicht genügend Krankheitssymptome als Todesursache finden.«

Clarke blickte dem Zeugen fest in die Augen.

»Würden Sie behaupten wollen, daß das Wort ›verhungern‹ überhaupt bei der Leichenöffnung gefallen ist?«

»Ja, das möchte ich.«

»Haben Sie es gesagt?«

»Ja, ich.«

»In welchem Zusammenhang?«

»Ich erwähnte Verhungern als eine der Todesursachen.«

»Als *eine* der Todesursachen?«

»Eine der *möglichen* Ursachen. Wir alle nahmen an, daß es sich um Vergiftung *oder* Verhungern handelte und daß die Analyse den zutreffenden Grund bestimmen würde.«

Clarke nahm eine Abschrift der früheren eidlichen Aussagen in die Hand.

»Haben Sie zu diesem Punkt vor dem Polizeirichter ausgesagt?«

»Ich glaube ja.«

»Erinnern Sie sich, was Sie da gesagt haben?«

»Nicht genau.« Mr. Longrigg war ein wenig aus der Fassung gebracht. »Das ist jetzt drei oder vier Monate her; ich kann mich nicht mehr erinnern.«

Clarke hielt die Abschrift immer noch in der Hand; er schaute hinein, während er weitersprach.

»Wenn Sie vor dem Polizeirichter gesagt haben, Sie hätten erwartet, die Analyse würde genügend Gift als Ursache für den Tod aufzeigen – wäre das dann richtig?«

»Wenn ich es gesagt habe, ist es richtig.«

Es mutet eigenartig an, daß er die Richtigkeit seiner Auffassung offenbar davon abhängig machte, ob er sie vor dem Polizeirichter geäußert hatte oder nicht. Eines steht jedoch absolut fest – daß Mr. Longrigg bis zur Bekanntgabe des Resultats der Analyse die Theorie einer Vergiftung zumindest genauso, wenn nicht noch stärker, in Betracht gezogen hatte wie die des Verhungerns.

Clarke legte demonstrativ die Abschriften aus der Hand.

»Sie selbst haben den Magen geöffnet?«

»Ja.«

»Und ihn sorgfältig untersucht?«

»Ja.«

»Und Sie haben uns bereits über alle Ihre dabei getroffenen Feststellungen unterrichtet?«

»Soweit ich weiß, ja.«

»Dann dürfen wir also annehmen, daß die Magenwände von normaler Dicke waren?«

»Nein.« Mr. Longrigg zog die Augenbrauen zusammen. »Nein, sie waren eher dünner als normal; auch die Magenschleimhaut war dünn.«

»So, die Magenwände waren also dünn!« wiederholte Clarke die Aussage des Zeugen mit beißendem Sarkasmus. »Wie oft sind Sie im Laufe dieses Falles schon verhört worden?«

»Zwei- oder dreimal«, antwortete Mr. Longrigg unbehaglich.

»Vor dem amtlichen Leichenbeschauer?«

»Ja.«

»Vor dem Polizeirichter?«

»Ja.«

»Und heute hier vor diesem hohen Gericht?«

»Ja.«

»Bevor *ich* Ihnen diese Frage gestellt habe – haben Sie da jemals, *jemals* erwähnt, daß die Magenwände und Schleimhäute dünn waren?«

Während man im Gerichtssaal eine Stecknadel hätte fallen hören können, ließ Mr. Longrigg sich mit der Antwort Zeit.

»Nein«, erklärte er schließlich. »Ich glaube nicht, daß ich das getan habe.«

»Die dünnen Magenwände würden doch aber ein starker Hinweis auf einen möglichen Tod durch Verhungern sein?«

»So ist es.«

»Eines der auffallendsten und natürlichsten Anzeichen?«

»Das ist richtig.«

»Und *Sie* haben bis heute mit keinem Wort davon gesprochen.«

Dieser Punkt bestätigte nur zu sehr den früheren Eindruck, daß Mr. Longrigg zur Oberflächlichkeit neigte, und Clarke hatte diesen Faktor rücksichtslos in seine Berechnungen einbezogen.

»Wir wollen uns nun mit dem Zustand des Gehirns befassen. Sie haben uns doch gesagt, daß es fest und gesund gewesen sei?«

»Ja.«

»Nicht geschrumpft also?«

»Nein.«

»Auch nicht blaß?«

»Nein.«

»Würde es im Falle eines Hungertodes nicht beides sein?«

»Nicht geschrumpft.«

»Blaß?«

Mr. Longrigg befand sich erneut in einer schwierigen Lage.

»Ich würde erwarten, es blaß vorzufinden«, sagte er.

Als nächstes warf Clarke in rascher Folge die Fragen auf, ob Harriet an Schwindsucht, Diabetes oder Addisonscher Krankheit gestorben sein könnte. Aber diese Möglichkeiten schnitt er hauptsächlich nur an, um Nachlässigkeiten bei der Leichenöffnung ans Licht zu bringen, und nicht so sehr, um plausible Alternativen auszuschalten. Denn der Hauptgegenstand und die volle Darlegung von Dr. Bristowes Postulat kamen erst auf dem Höhepunkt des Kreuzverhörs zur Sprache.

»Mr. Longrigg, Sie haben früher bereits von Tuberkeln am Gehirn gesprochen, nicht wahr?«

»Ja.«

»Stellt das Vorhandensein von Tuberkeln am Gehirn nicht eine Krankheit dar, die man unter dem Namen ›tuberkulöse Hirnhautentzündung‹ kennt?«

»Ja.«

»Eine tödliche Krankheit?«

»Ja. Aber in diesem Falle würden die Symptome das nicht begründen. Die Tuberkulose war nicht weit genug fortgeschritten – es waren nicht genügend Tuberkeln vorhanden –, um jene Symptome hervorzubringen, die ich gesehen habe.«

»Nehmen wir einmal«, sagte Clarke, »einen schlimmeren, fortgeschritteneren Krankheitszustand an. Würden Sie mir dann bitte ein Symptom dieses Falles sagen, das nicht von dieser Krankheit hervorgebracht sein könnte?«

Mr. Longrigg antwortet nicht. Die Sekunden ticken dahin.

»*Irgendein* Symptom?« wiederholte Clarke seine Frage.

Mr. Longrigg holt tief Luft.

»Die Rigidität der Muskeln«, erklärt er. »Die Starre der Muskeln in den oberen Extremitäten.«

Clarke faßt zuversichtlich nach.

»Sie behaupten also, daß es keine solche Starre bei Tod infolge Tuberkulose gibt?«

»Ich habe das noch nie gesehen«, erwiderte Mr. Longrigg abwehrend.

»Meinen Sie, es kann sie nicht geben?«

Die Unsicherheit ist Mr. Longrigg vom Gesicht abzulesen. Dies hier sind tiefere Gewässer, als er sie gewohnt ist.

»Das kann ich nicht behaupten. Ich kann lediglich sagen, daß *ich* so etwas noch nie gesehen habe.«

»Sie können also nicht mit absoluter Sicherheit behaupten, daß keine Leichenstarre bei Tod infolge Tuberkulose existieren kann. Und Sie können kein anderes Symptom nennen?«

Mr. Longrigg macht einen sehr unglücklichen Eindruck.

»So ist es«, antwortet er. »Aber ich darf wiederholen – in diesem Falle war die Krankheit nicht genügend weit fortgeschritten, dessen bin ich absolut sicher. Die Menge der Tuberkeln war sehr, sehr gering.«

Clarke hatte sich seine Trumpfkarte für diesen Augenblick aufgehoben.

»Haben Sie das Gehirn mit einem Mikroskop untersucht?«

»Nein.«

»Würden Sie mir zustimmen«, fragte Clarke verbindlich, »daß das Mikroskop von großem Vorteil für eine Diagnose ist?«

»O ja.« Über diesen Punkt kann man sich nicht streiten. »Aber es hätte mir auch nicht mehr zeigen können, als ich bereits wußte – daß Tuberkeln vorhanden waren. Man konnte ihre Anzahl sehr gut mit dem nackten Auge erkennen.«

Doch der Anwalt nutzt seinen Vorteil geschickt aus.

»Können Sie das mit derselben absoluten Sicherheit behaupten, wie wenn Sie ein Mikroskop benutzt hätten?«

Die Frage ist so gestellt, daß sie nur eine Antwort zuläßt.

»Also – nein«, erwidert Mr. Longrigg.

»Sie können mit einem Mikroskop also mehr erkennen als mit dem unbewaffneten Auge?«

»Nun, ja«, sagt Mr. Longrigg.

»So daß Sie also in der Tat nicht haben sehen können, was das Mikroskop Ihnen gezeigt hätte?«

»N-nein«, sagt Mr. Longrigg.

XIV.

Das Kreuzverhör war glänzend gewesen. Es hatte Mr. Long-rigg in ein so schwaches Licht wie nur irgend möglich gerückt; er erweckte den Eindruck, nachlässig in der methodischen Arbeit, schwach im Erinnerungsvermögen und unzuverlässig in der Diagnosestellung zu sein. Doch Mr. Longrigg war nicht allein und ohne Unterstützung. Die anderen Ärzte, die bei der Leichenöffnung geholfen hatten, wiesen ebenfalls vorbehaltlos die Unterstellung zurück, daß die Tuberkeln, die sie gesehen hatten, Tod infolge Meningitis angezeigt haben könnten (»Als Symptom dafür waren sie zu schwach ausgebildet«). Und wenn auch ein Mikroskop dem unbewaffneten Auge überlegen sei, wäre doch das unbewaffnete Auge der Deutung aus zweiter oder dritter Hand bei weitem überlegen.

XV.

Dr. Bristowe erschien nicht als erster Arzt der Gegenseite, als die Reihe an der Verteidigung war, die Theorie zu untermauern, die Clarke in seinem Kreuzverhör entworfen hatte. Der erste Platz war für Dr. Payne reserviert, Anatom und Pathologe von vergleichbar hervorragendem Rang. Möglicherweise hatte die Verteidigung die Reihenfolge so arrangiert, weil Dr. Payne einen großen Vorteil über Dr. Bristowe besaß: er hatte wenigstens die Niederschrift der Zeugenaussagen in den Vorverhandlungen gelesen und die Aussagen der medizinischen Zeugen der Krone in der Hauptverhandlung gehört, während Dr. Bristowe sein Wissen über diese Aussagen gänzlich aus den Zeitungs-spalten bezogen hatte.

Beide hatten sich jedoch ihre Ansicht aufgrund der Fakten bilden müssen, die von den Ärzten der Krone geliefert und bestätigt worden waren – von denen die Verteidigung allerdings wenigstens einen als unzuverlässigen Beobachter dargestellt hatte.

Als Dr. Payne nun seine Ansicht äußerte, daß Harriet an tuberkulöser Meningitis gestorben sei, legte er demzufolge großes Gewicht auf die Feststellung, daß dieser Schluß völlig auf der Annahme einer korrekten Beschreibung der Ergebnisse der Leichenöffnung beruhte. »Ich bin nicht verantwortlich für diese Darstellung«, erklärte er.

»Wenn Sie von tuberkulöser Meningitis sprechen«, fragte ihn der Generalstaatsanwalt, »meinen Sie dann die akute Erkrankung?«

»Ich meine die akute Erkrankung.«

»Wie lange, meinen Sie, hat diese akute Erkrankung schon gedauert?«

»Die Ergebnisse der Leichenöffnung vermitteln darüber keine Information.«

»Aber nimmt die akute Erkrankung nicht normalerweise sehr rasch einen tödlichen Verlauf?«

»Ja«, gab Dr. Payne zu. »Das akute Stadium kann nicht länger als ein paar Tage gedauert haben.«

»Und diese Krankheit tritt eher bei einer Person mit geschwächter körperlicher Kondition auf als bei jemandem, der sich in gesunder Verfassung befindet?«

»Daran gibt es keinen Zweifel.«

»Was hat Ihrer Ansicht nach die Auszehrung verursacht?«

Darüber hatte Dr. Payne keine Ansicht. Er wollte sich nicht festlegen lassen.

»Das kann ich nicht sagen«, antwortete er, »ohne die Vorgeschichte des Falles in Betracht zu ziehen.«

»Ich brauche Sie wohl kaum zu fragen«, meinte der Generalstaatsanwalt, »ob eine Frau, der man ausreichend Nahrung vorenthält, nicht letzten Endes an Auszehrung zugrunde geht?«

»O ja, zweifellos würde sie das.«

Dr. Bristowe war als nächster an der Reihe. In Todesfällen infolge tuberkulöser Hirnhautentzündung, erklärte er, fände man sehr häufig Muskelstarre. Auszehrung sei eines der anerkannten Merkmale bei Tuberkulose – bei ihrer akuten Form oft eines der einzigen Kennzeichen. Die Tuberkeln seien häufig so winzig, daß sie ohne Mikroskop überhaupt nicht entdeckt werden könnten.

»Sie haben die Aussagen der Zeugen gelesen?« fragte ihn der Generalstaatsanwalt.

»Ja.«

»In den Zeitungen gelesen?«

»Ja.«

»Und das ist alles, was Sie über diesen Fall wissen?«

»Ja.«

»Sie haben gelesen, daß sich auch nicht ein Partikel Fett am ganzen Körper fand?«

»Ja.«

Der Generalstaatsanwalt stellte ihm jetzt die Frage, die er Dr. Payne gestellt hatte.

»Was hat ihrer Ansicht nach die Auszehrung verursacht?«

Dr. Bristowe gab die gleiche Antwort wie Dr. Payne.

»Darüber kann ich nichts sagen, ohne mehr über diesen Fall zu wissen.«

»Ist dieser Zustand mit Tod durch Verhungern in Einklang zu bringen?«

»Ja, das ist möglich.«

»Ist er mit Tuberkulose in Einklang zu bringen?«

»Ja, er ist zutreffend bei Tuberkulose.«

Der Richter hatte mit unverhohlener Ungeduld dem akademischen Theoretisieren der beiden Ärzte zugehört. Schließlich konnte er sich nicht eines Kommentars enthalten.

»Meines Erachtens«, warf er ein, »sind Zeugenaussagen dieser Art äußerst unbefriedigend.«

XVI

Richter Hawkins ist die Zielscheibe so vieler bitterer und langer Auseinandersetzungen aufgrund seiner Führung des Staunton-Falles gewesen, daß es vielleicht ganz nützlich ist, ein Bild des Mannes zu entwerfen, ehe man seine Worte und Handlungen in Betracht zieht.

Hawkins' beachtliche und lange Laufbahn als Anwalt endete an der Schwelle des Goldenen Zeitalters der Rechtsanwaltschaft: des Zeitalters, das mit Russell und Clarke auf der Höhe ihres Ruhmes begann und – als Folge sozialer Veränderungen, die auch in der Rechtsprechung ihren Niederschlag fanden – unwiderruflich nach Hastings und Birkett endete. Ob Hawkins, wenn er ein wenig später geboren wäre, sich zu den größten dieses Zeitalters gesellt hätte – zu Carson, Isaaks, Smith und Simon, neben den bereits erwähnten vier –, ist eine offene Frage, die unter Rechtsanwälten endlos debattiert werden mag. Meiner Ansicht nach reichte er nicht ganz an diese Größen heran, sondern gehörte eher zu der Gruppe unmittelbar darunter, in dem sich Männer von so hervorragender Begabung befinden wie Henry Duke und Douglas Hogg. In mancher Beziehung konnte Hawkins es mit jedem aufnehmen: im Kreuzverhör, als Kommentator, als kraftvolle Persönlichkeit. Doch er hatte einen schwerwiegenden Nachteil: Gleichgültigkeit und Mangel an Gespür für Atmosphäre, wodurch manchmal Leistungen beeinträchtigt wurden, die andernfalls vollkommen gewesen wären. Dieser Nachteil schwand auch nicht mit seiner Berufung zum Richter.

Der Staunton-Fall – den er in seinem ersten Jahr als Richter leitete – brachte ihm Bewunderung und Kritik in fast gleichem Maße ein. Niemand konnte ihm Anerkennung für die geistige Beherrschung und theatralische Virtuosität versagen, mit der er während seiner ausgedehnten Zusammenfassung des Falles glänzte. »Als Zurschaustellung eines verläßlichen exakten Gedächtnisses«, schrieb Clarke, »war sie wunderbar. Die Darstellung war lückenlos und perfekt zusammengereiht. Aber«, so fuhr er fort, »von der richterlichen Unparteilichkeit, die eine solche Zusammenfassung kennzeichnen soll, ganz besonders in einem derartig heiklen Fall, fand man nicht die geringste Spur.«

Clarke konnte Hawkins in der Tat niemals dessen, wie er es nannte, skandalöses Verhalten im Staunton-Fall verzeihen. Noch vierzig Jahre danach beschrieb er ihn als einen »gefährlich schlechten Richter«; bemerkte, daß »Hawkins nach der Verhandlung auch weiterhin dem Staat seine schlechten Dienste leistete«; und verweilte mit offensichtlicher Genugtuung bei der Tatsache, daß er bei der Pensionierung des Richters im Jahre 1898 selbst an den Generalstaatsanwalt geschrieben hätte, er würde in aller Öffentlichkeit protestieren, falls bei der offiziellen Verabschiedung Lobreden auf Hawkins gehalten werden würden.

Wie lauteten die Anklagepunkte, die Clarke gegen Hawkins vorzubringen hatte?

Aus der generellen Beschuldigung, daß »Hawkins ständig die Tatsachen unterstrich, die gegen die Angeklagten sprachen« und daß er »jeden Punkt, der zu ihren Gunsten sprach, als belanglos bezeichnete oder nicht beachtete«, lassen sich drei spezielle Gründe für Clarkes Unzufriedenheit herausschälen. Erstens: der Richter machte die Geschworenen nicht darauf aufmerksam, daß Alice Rhodes in diesem Falle so gut wie überhaupt nicht durch die Tatsachen belastet war. Zweitens: seine fast elf Stunden dauernde Zusammenfassung des Falles war in einen einzigen Tag gepreßt und nur von zwei kurzen Pausen von insgesamt knapp drei Viertelstunden unterbrochen. Drittens: er ignorierte praktisch alle ärztlichen Zeugenaussagen für die Verteidigung.

Unter dem ersten und zweiten Punkt findet sich vieles, was Clarkes Argumente rechtfertigt. Es war falsch von Hawkins, eine unzureichend untermauerte Mordanklage gegen Alice Rhodes durchzudrücken. Es war falsch von Hawkins, die Geschworenen so spät am Abend zur Urteilsfindung aus dem Saal zu schicken, als sie schon übermüdet und vielleicht ungeduldig waren. Selbst mit Bezug auf das

Urteil gegen Louis und Patrick, das absolut einwandfrei war, kann dieses letztere Verschulden nicht nachträglich verziehen werden. Gerechtigkeit muß nicht nur geübt werden, es muß auch dafür gesorgt werden, daß sie unparteiisch ausgeübt wird, und die Belastungsprobe, der Hawkins die Geschworenen aussetzte, ließ deren Urteilsspruch in einem schiefen Lichte erscheinen, auch wenn alles korrekt gewesen wäre.

Aber keiner dieser Faktoren hätte die Wiederaufnahme des Verfahrens gegen alle vier Stauntons bewirken können, nachdem jeder von ihnen des Mordes schuldig befunden und zum Tode verurteilt worden war. Was schließlich dazu führte, war Clarkes dritter Beschwerdepunkt: die Behandlung der medizinischen Sachverständigen der Verteidigung durch den Richter. Dieser Umstand entflammte, wie Clarke sich in seinen Aufzeichnungen ausdrückte, »jenen denkwürdigen Protest, der letzten Endes die Aufhebung der Todesurteile zeitigte«.

XVII.

Die Verhandlung endete am 26. September 1877. Am 6. Oktober widmete *The Lancet* – damals wie heute eine repräsentative medizinische Zeitschrift – ihren Leitartikel der Kommentierung dieses Falles. Darin gab sie der Ansicht Ausdruck, daß die Beweise für eine kriminelle *Vernachlässigung* überwältigend seien. Aber »der Richter überantwortete den Geschworenen den Fall mit einer Darstellung des Mordes durch Verhungernlassen. ... Es ist jedoch offensichtlich unmöglich, *Mord* durch Verhungernlassen zu beweisen, ohne zuvor *Tod* durch Verhungern schlüssig darzulegen. ... Der Augenschein bei der Leichenöffnung stimmte nicht mit der Hypothese der angegebenen Todesursache überein; er bietet jedoch unwiderstehliches Zeugnis für anderweitige Ursachen.«

The Lancet stellte sich also mit ihrem vollen Gewicht hinter die von den Ärzten der Verteidigung vertretene Theorie. Und sie gab sich auch nicht mit einer rein passiven Rolle zufrieden. »Es handelt sich hier um eine so ernste Streitfrage«, schloß der Leitartikel, »daß wir glauben, die Ärzteschaft sollte ihren Standpunkt in diesem ernsten Fall durch eine gemeinsame Meinungsbekundung ausdrücken. Dabei möchten wir nochmals betonen, daß diese Betrachtungsweise der Situation nicht im geringsten von Sympathie für die Gefangenen oder einer zu geringen Einschätzung ihres Verbrechens – dem einer ungeheuerlichen Vernachlässigung – bestimmt wird. ... Wir möchten hingegen an dieser Stelle unsere feste Überzeugung zum Ausdruck bringen, daß die an einem Leichnam ersichtlichen und nicht gründlich genug geprüften Symptome falsch interpretiert und daraus Schlußfolgerungen gezogen worden sind, die von den Tatsachen nicht gestützt, sondern im Gegenteil widerlegt werden. Das Interesse der Wissenschaft wie auch gleichermaßen das der Rechtsprechung erfordert ein öffentliches Einstehen für diese Überzeugung. Deshalb bitten wir alle Angehörigen unseres Standes, die diese Überzeugung teilen, uns ihre Namen zu senden, damit wir sie unter die in einer anderen Spalte abgedruckte Denkschrift setzen können, die wir dem Innenminister zu unterbreiten beabsichtigen.«

Als Antwort auf diesen Appell setzte eine regelrechte Flut von Zuschriften ein. Die Ärzteschaft, besonders ihre Oberschicht, war ernstlich von Hawkins verachtungsvoller Gleichgültigkeit gegenüber der Meinung so angesehener Mitglieder wie Payne und Bristowe beleidigt worden; und einige siebenhundert Ärzte, mit dem großen Sir William Jenner an der Spitze, beeilten sich zu erklären, daß sie in der Tat diese Überzeugung teilten – nämlich die, daß die pathologischen Erscheinungen bei Harriets Leichenöffnung, zusammen mit den aus ihrem Leben berichteten Symptomen, auf Tod infolge Erkrankung des Gehirns hinwiesen und *nicht* auf Tod infolge Verhungerns.

»Mit der Vorlage dieser Denkschrift«, schrieb Clarke, »wurde es offenbar, daß die Todesstrafe nicht vollstreckt werden konnte.« Gewiß würde es einem jeden Innenminister schwergefallen sein, einem so gutorganisierten und lautstarken Druck der überwältigenden Mehrzahl jener zu widerstehen, die man doch für Experten auf diesem Gebiet halten mußte. Deshalb reagierte der betreffende Minister auch sofort. Am 14. Oktober wurden die vier Stauntons begnadigt.

The Lancet jener Tage war zweifellos davon überzeugt, daß dem »Interesse der Wissenschaft wie auch gleichermaßen dem der Rechtsprechung« ein guter Dienst erwiesen worden war. Doch die Unrichtigkeit dieses Glaubens wurde später von jemandem demonstriert, der – wie *The Lancet* unserer Tage bescheinigen würde – ein Wissen auf all den verschiedenen Gebieten der pathologischen Anatomie besaß, mit dem die Doktoren Payne und Bristowe sich zu messen, nicht hätten wagen dürfen.

XVIII.

Als einer der sehr wenigen, die es gewagt haben zu schreiben, daß Sir Bernard Spilsbury sich gelegentlich auch einmal geirrt haben könnte, bin ich von seinen Biographen heftig angegriffen worden. Sie haben mich mißverstanden, aber vielleicht ist das meine eigene Schuld. Ich habe über Spilsbury lediglich folgendes geschrieben: daß ihn die öffentliche Meinung einfach durch Fügung des Geschicks und nicht aufgrund eigener Behauptungen für unfehlbar hielt, während ihm wie jedem anderen Sterblichen, so begabt er auch sein mochte, auch gelegentlich ein Irrtum oder Mißverständnis unterlaufen könnte. Wenn man also nicht bereit ist, ihn für übermenschlich zu halten, sollte diese meine Feststellung kein Anlaß für eine Kontroverse sein.

Andererseits aber hätte niemand, der mit Spilsburys Karriere vertraut war, abstreiten können, daß es nur verschwindend wenige Fälle gab, bei denen er sich irrte. Und es gibt auch nicht den geringsten Grund zu der Annahme, daß seine Schlußfolgerung aus dem Beweismaterial im Staunton-Fall zu diesen wenigen Gelegenheiten gehört.

Er interessierte sich lebhaft für diesen Fall und hatte ihn sehr eingehend studiert. Er hatte jedes Wort der amtlichen Verhandlungsprotokolle gelesen – war deshalb wesentlich besser informiert als Dr. Bristowe – und lange über ihren tieferen Sinn nachgedacht, ehe er 1921 der Gerichtsmedizinischen Gesellschaft seine wohlerwogene Entscheidung mitteilte.

Was er sagte, ist in der oben erwähnten Biographie zusammengefaßt (*Bernard Spilsbury*, von Douglas G. Browne und E. V. Tullett, London 1951). Spilsbury legte dar, daß die pathologische Anatomie 1877 noch in ihren Kinderschuhen steckte. Die beteiligten Ärzte damals wußten weniger über diesen Stoff als die heutigen Studenten. *Der Befund der Leichenöffnung,* erklärte er, *deutete genauso »überwältigend auf Todesursache infolge Verhungerns hin wie gegen eine Todesursache infolge tuberkulöser Meningitis«.*

Die Geschworenen und die kleinen praktischen Ärzte von Penge hatten recht gehabt.

XIX.

Nachdem Verhungern als Todesursache erst einmal zweifelsfrei festgestellt ist, fällt es nicht schwer, die Methode des Verbrechens zu rekonstruieren. Man braucht dazu nicht nur die reine Phantasie zu bemühen. Man muß lediglich diejenigen Tatsachen prüfen, die uns über die beteiligten Personen bekannt und unwiderlegbar bewiesen sind.

Nachdem Louis sich Harriets gesamtes Geld angeeignet hatte und von einer glühenden Leidenschaft für die junge Alice Rhodes ergriffen war, überlegte er, wie er sich von Weib und Kind befreien könnte. Über die anzuwendenden Mittel machte er sich keine Gewissensbisse, höchstens Skrupel aus physischer Empfindlichkeit. Denn Louis war (trotz seines theatralischen Auftritts mit dem Messer, als Harriets Mutter ihn in Cudham besuchte) nicht der Typ, der ein ernstes Verbrechen mit Körperverletzung oder physischer Gewaltanwendung begehen konnte, obgleich er nicht im geringsten gegen ein solches Verbrechen zu seinen Gunsten protestieren würde, solange es nur nicht in seiner Gegenwart verübt wurde. Patrick dagegen war ein sadistischer Rohling; seine eigene Familie konnte ein Lied davon singen. Es gibt eine bezeichnende Parallele zwischen den Staunton-Brüdern und dem fiktiven Paar in *Oliver Twist*, Fagin und Bill Sikes. Jeder dieser Männer stellt für einen bestimmten bösen Zweck die vollkommene Ergänzung des anderen dar.

Ich halte es für reichlich unwahrscheinlich, daß die Verschwörung – die meiner Überzeugung nach zwischen ihnen existierte – jemals klar und deutlich ausgesprochen wurde. Man kann sie sich einfach nicht vorstellen, wie sie die Köpfe zusammensteckten und Worte wie »Tod« und »umbringen« und »Mord« aussprachen und sich über eine exakte Teilung der Beute einigten. Die Verschwörung ist höchstwahrscheinlich stillschweigend zustande gekommen, aber beide wußten genau, welche Rolle sie dabei zu spielen hatten. Louis war – und würde das auch weiterhin sein – großzügig bei der Austeilung von Harriets Geld; und Patrick bekam – keineswegs zu seiner Unzufriedenheit – zwei hilflose Opfer, die er methodisch mißhandeln konnte, und zwar in dem Wissen, daß jeder zugefügte Schmerz und jeder Entzug letzten Endes dem Ziel diente, das die Verschwörer ersehnten.

Nachdem dieser halbwegs stumme Handel einmal zustande gekommen war, überließ Louis seinem Bruder Patrick die finstere Seite der Ausführung. Er hatte die Arbeit in zuverlässige Hände gelegt und wollte nichts davon sehen. Nach den Worten des halb vergessenen Romanciers Charles Read, der sich zum inoffiziellen Fürsprecher der Stauntons ernannte, waren Louis und Alice auf ihrem nahe gelegenen Bauernhof »hemmungslose Ehebrecher, ganz in Anspruch genommen von ihrem Ehebruch«. Höchstwahrscheinlich bekamen beide, obwohl sie oft Patrick in dessen Haus besuchten, Harriet kaum zu Gesicht und wollten sie auch nicht sehen. Aber Louis wußte – hatte ja angestiftet –, was da vor sich ging. Alice wußte es vielleicht nicht, weil sie die Unwissenheit vorzog.

Das gleiche kann man jedoch unmöglich zugunsten von Elizabeth sagen. Sie befand sich im Herzen und Zentrum des Verbrechens; es wäre allerdings nicht fair, wenn man sagen wollte, daß sie nichts zu dessen Verhütung tat; sie unternahm lediglich viele Monate lang nichts Wirksames. Eine Einlassung der Verteidigung, man müsse annehmen, daß sie als Patricks Frau unter seinem Zwang handelte und deswegen nicht separat dafür verantwortlich gemacht werden könne, wurde von dem Richter zurückgewiesen, und ich glaube zu Recht. Es ist auch nicht paradox, wenn man hinzufügt, daß Elizabeth niemals aus eigenem Antrieb so gehandelt haben würde, daß sie entsetzt und erschüttert reagierte, als ihr dämmerte, was da im Gange war, und daß sie gelegentlich sogar den Versuch machte, die schlimmsten Scheußlichkeiten von Patrick zu verhindern. Versuchte, aber nicht intensiv und oft genug, um sie ganz von jeder Verantwortung zu entbinden. Elizabeth hätte wegen Totschlages verurteilt werden müssen – nicht, wie Alice, nur wegen Beteiligung am Transport, sondern auch wegen Beteiligung an dem Verhungernlassen.

Als die Monate verstrichen und Patricks grausames Vorgehen allmählich seine Auswirkungen zeigte, begannen alle vier fest mit Harriets Ableben zu rechnen. Die unvermittelte Erkenntnis, daß sie kurz vor dem Tode stehen könnte, schuf eine an Panik grenzende Atmosphäre. Der überhastete Aufbruch nach Penge war nicht Teil eines vorgefaßten Planes, sondern fieberhafte Improvisation, geboren aus jäher Angst – der Angst von drei, wenn nicht gar vier Verbündeten, daß Entdeckung und Vergeltung gefährlich nahe gerückt sein könnten.

Vernünftigerweise kann man einiges zugunsten der beiden Frauen sagen, und letzten Endes erhielten sie auch ihren im großen und ganzen gebührenden Lohn: Alice wurde unmittelbar auf freien Fuß gesetzt (was möglicherweise gerechtfertigt war), nachdem man ihr jegliche Strafe erlassen hatte (was wahrscheinlich nicht gerechtfertigt war), während Elizabeth mehrere Jahre Gefängnis bekam (mehr, aber nicht viel mehr, als ihrer Tat entsprach).

Für die beiden Männer läßt sich jedoch beim besten Willen nichts Positives sagen. Daß sie dem so reichlich verdienten Schafott entgingen (Louis erlangte sogar schon im besten Mannesalter seine Freiheit wieder), erscheint nicht nur als Travestie angemessener Rechtsprechung, es läßt einen auch an eine heimtückische Alternative denken; denn obgleich man weiß, daß Lynchjustiz in der Praxis fast stets ein entsetzliches Unrecht ist, könnte man in diesem speziellen Fall möglicherweise wünschen, man hätte die Staunton-Brüder besser auf Gnade und Ungnade dem Mob ausgeliefert.

Herausgeberin und Verlag danken folgenden Verlagen und Agenturen für die Abdruckserlaubnis:

William Hodge & Company Ltd., Glasgow, für *Triumph der Nerven: Madeleine Smith* von F. Tennyson Jesse und *Dr. Crippen an Bord . . .* von Filson Young, aus: ›Famous Trials 10‹, herausgegeben von James H. Hodge, Penguin Books Ltd., Harmondsworth 1964;

Intercontinental Literary Agency, London, für *Der Sündenbock: Oscar Slater* von William Roughead, aus ›Famous Trials 10‹, herausgegeben von James H. Hodge, Penguin Books Ltd., Harmondsworth 1964, und für *Der Fall Frederick Henry Seddon* von Edward Marjoribanks, aus ›Famous Trials of Marshall Hall‹, die erstmals unter dem Titel ›The Life of Sir Edward Marshall Hall‹ 1929 bei Victor Gollancz, London, erschienen sind;

W. H. Allen & Co. Ltd., London, für *Warum wurde Bentley gehängt? Der Fall der fehlenden Revolverkugel* von David A. Yallop aus ›To Encourage the Others‹, W. H. Allen & Co. Ltd., London 1972;

Curtis Brown Ltd., London, und Hans Hermann Hagedorn, Hamburg, für *Der Freispruch: Alma Rattenbury* und *Harriet Staunton: ein Opfer der Habgier* von Edgar Lustgarten, aus ›The Woman in the Case‹, André Deutsch Ltd., London 1955, sowie für *General Luard: Mord ohne Spur* von Julian Symons, aus ›A Reasonable Doubt‹, Cresset Press, London 1960.

Mary Hottingers Anthologien
im Diogenes Verlag

Mord
Kriminalgeschichten von Edgar Allan Poe bis Raymond Chandler. Mit Vignetten von Paul Flora. detebe 20030

Mehr Morde
Kriminalgeschichten von Cyril Hare bis Henry Slesar. Mit Vignetten von Paul Flora. detebe 20031

Noch mehr Morde
Kriminalgeschichten von Dorothy Sayers bis Peter Cheyney. Mit Vignetten von Paul Flora. detebe 20032

Wahre Morde
Die berühmt-berüchtigtsten Kriminalfälle aus England. detebe 20587

Gespenster
Geschichten aus England von Daniel Defoe bis Edward Bulwer-Lytton. detebe 20497

Mehr Gespenster
Geschichten aus England, Schottland und Irland von Rudyard Kipling bis H. G. Wells. detebe 21027

Noch mehr Gespenster
Geschichten aus aller Welt, von Balzac bis Čechov. In memoriam Mary Hottinger, herausgegeben von Dolly Dolittle. detebe 21310

Ehegeschichten
von Joseph Conrad bis Mary McCarthy, für den Literaturfreund ausgewählt von Mary Hottinger. detebe 21529

Familiengeschichten
von W. Somerset Maugham bis F. Scott Fitzgerald, für den Literaturfreund ausgewählt von Mary Hottinger. detebe 21530

Kindergeschichten
von Charles Dickens bis Doris Lessing, für den Literaturfreund ausgewählt von Mary Hottinger. detebe 21531

Ganz gemeine Geschichten
von Rudyard Kipling bis D.H. Lawrence, für den Literaturfreund ausgewählt von Mary Hottinger. detebe 21532

Unheimliche Geschichten
Eine Sammlung von ungewöhnlichen, kuriosen und gar schauerlichen Geschichten von Ambrose Bierce bis G.K. Chesterton, für den Literaturfreund ausgewählt von Mary Hottinger. detebe 21547